U0574423

权威·前沿·原创

皮书系列为
"十二五""十三五"国家重点图书出版规划项目

BLUE BOOK

智库成果出版与传播平台

湖南蓝皮书
BLUE BOOK OF HUNAN

2021年湖南经济发展报告

REPORT ON ECONOMIC DEVELOPMENT IN HUNAN (2021)

湖南省人民政府发展研究中心
主　编 / 谈文胜
副主编 / 唐宇文　蔡建河

社会科学文献出版社
SOCIAL SCIENCES ACADEMIC PRESS (CHINA)

图书在版编目（CIP）数据

2021 年湖南经济发展报告 / 谈文胜主编. -- 北京：
社会科学文献出版社，2021.5
（湖南蓝皮书）
ISBN 978 - 7 - 5201 - 8305 - 5

Ⅰ. ①2… Ⅱ. ①谈… Ⅲ. ①区域经济发展 - 研究报
告 - 湖南 - 2021 Ⅳ. ①F127.64

中国版本图书馆 CIP 数据核字（2021）第 079609 号

湖南蓝皮书
2021年湖南经济发展报告

主　　编／谈文胜
副 主 编／唐宇文　蔡建河

出 版 人／王利民
组稿编辑／邓泳红
责任编辑／陈　颖

出　　版／社会科学文献出版社·皮书出版分社（010）59367127
　　　　　地址：北京市北三环中路甲 29 号院华龙大厦　邮编：100029
　　　　　网址：www. ssap. com. cn
发　　行／市场营销中心（010）59367081　59367083
印　　装／三河市东方印刷有限公司

规　　格／开　本：787mm×1092mm　1/16
　　　　　印　张：27.75　字　数：460 千字
版　　次／2021 年 5 月第 1 版　2021 年 5 月第 1 次印刷
书　　号／ISBN 978 - 7 - 5201 - 8305 - 5
定　　价／198.00 元

主要编撰者简介

谈文胜 湖南省人民政府发展研究中心党组书记、主任。研究生学历，管理学博士。历任长沙市中级人民法院研究室主任，长沙市房地局党组成员、副局长，长沙市政府研究室党组书记、主任，长沙市芙蓉区委副书记，湘潭市人民政府副市长，湘潭市委常委、秘书长，湘潭市委常委、常务副市长，湘潭市委副书记、市长。主要研究领域为法学、区域经济、产业经济等，先后主持或参与"实施创新引领开放崛起战略，推进湖南高质量发展研究""对接粤港澳大湾区综合研究""湘赣边革命老区振兴与合作发展研究""创建中国（湖南）自由贸易试验区研究"等多项省部级重大课题。

唐宇文 湖南省人民政府发展研究中心党组副书记、副主任，研究员。1984年毕业于武汉大学数学系，获理学学士学位，1987年毕业于武汉大学经济管理系，获经济学硕士学位。2001～2002年在美国加州州立大学学习，2010年在中共中央党校一年制中青班学习。主要研究领域为区域发展战略与产业经济，先后主持国家社科基金项目及省部级课题多项，近年出版著作主要有《创新引领开放崛起》《打造经济强省》《区域经济互动发展论》等。

蔡建河 湖南省人民政府发展研究中心党组成员，二级巡视员。长期从事政策咨询研究工作，主要研究领域为宏观经济、产业经济与区域发展战略等。

摘　要

本书是由湖南省人民政府发展研究中心组织编写的年度性发展报告。全书系统回顾了 2020 年湖南经济发展情况，对"十四五"时期以及 2021 年湖南经济发展面临的问题和形势进行了预测，并针对性提出了对策和建议。本书分为主题报告、总报告、部门篇、地区篇、产业篇及园区篇、附录。主题报告是湖南省领导关于湖南经济发展问题的全局性、战略性论述和思路规划；总报告是湖南省人民政府发展研究中心课题组对湖南省 2020～2021 年经济形势的分析预测的研究成果；部门篇、地区篇是湖南省各部门和市州主要领导从宏观和区域层面对 2020～2021 年湖南经济进行的分析及提出的发展思路；产业篇汇集了省内重点行业领域部门、协会和专家对湖南省重点行业领域的分析和研判；园区篇是通过省内部分优势和特色园区，展现湖南省开发区在经济发展中发挥的积极作用。附录记载了全省 2020 年经济领域的重大事件。

2020 年，面对新冠肺炎疫情之下复杂的国际国内经济形势，以及中美之间长期博弈的大背景，中国作为世界唯一保持经济正增长的主要经济体，在世界经济中的地位不断提升。与此同时，湖南经济接受考验迈上新台阶，GDP 突破 4 万亿元，比上年增长 3.8%，增速比全国高出 1.5 个百分点，增速在全国经济体量十强省份中居首位；人均地区生产总值 60392 元，增长 5%；三次产业结构调整为 10.2∶38.1∶51.7，粮食产量稳定回升，工业快速复工复产，服务业经济企稳回升，产业结构持续向中高端迈进。其中，第一产业增加值 4240.45 亿元，增长 3.7%；第二产业增加值 15937.69 亿元，增长 4.7%；第三产业增加值 21603.36 亿元，增长 2.9%。2021 年是"十四五"开局之年，是构建新发展格局起步之年，也是全面建成小康社会后接续开启建设社会主义

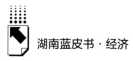

现代化国家新征程的起始之年，湖南以立足新发展阶段、贯彻新发展理念、推动高质量发展为主题，以深化供给侧结构性改革为主线，推动先进制造业、战略性新兴产业和现代服务业成为湖南省现代产业体系高质量发展的主要动力源，以优异成绩庆祝建党 100 周年。

Abstract

This book is an annual development report organized and compiled by the development research center of Hunan Provincial People's government. The whole book systematically reviews the economic development of Hunan in 2020, prospects the problems and situation of Hunan's economic development in the 14th five year plan and 2021, and puts forward countermeasures and suggestions. This book is divided into keynote reports, general reports, comprehensive reports, regional reports, industrial reports and park reports. The keynote report is the overall, strategic discussion and thinking planning of Hunan provincial leaders on the economic and social development of Hunan Province; the general report is the research results of the analysis and prediction of Hunan Province's economic and industrial situation from 2020 to 2021 by the research group of Hunan Provincial People's Government Economic Research Information Center; the departmental and regional chapters are the main leaders of cities, prefectures and departments in Hunan Province from the macro and regional level. the industry part collects the analysis and judgment of key industry departments, associations and experts in Hunan Province; the park part shows the positive role of the Development Zone in the economic development of Hunan Province through some advantages and characteristic parks in the province. The appendix records the major events in the province's economic field in 2020.

Facing the complicated international and domestic economic situation under the new crown pneumonia epidemic, as well as the background of the long-term game between China and the United States, China is the only major economy in the world that maintains positive economic growth, and its position in the world economy is constantly improving. At the same time, Hunan's economy has taken the test to a new level, with GDP exceeding 4 trillion yuan, an increase of 3. 8% over the previous year, 1. 5 percentage points higher than the national level, and the growth rate ranking first among the top ten provinces in the country's economy. The three industrial structure adjustments were 10. 2 : 38. 1 : 51. 7, food production rose steadily, industry quickly resumed work and production, the service industry economy stabilized and rebounded, and the industrial structure continued to move toward the mid-to-high end. Among them, the added value of the primary industry was 424. 045 billion yuan, an increase of 3. 7% ; the added value of the secondary industry was 1593. 769 billion yuan, an increase of 4. 7% ; the added value of the tertiary industry was 2160. 336 billion yuan, an increase of 2. 9% . 2021 is the first year of the "14th Five-Year Plan", the beginning of the establishment of a new development pattern, and the beginning of the new journey of building a modern socialist country after the establishment of a well off s society in an all-round way. Hunan will base on the new development stage, implement the new development concept and promote high-quality development, Taking the deepening of the supply-side structural reform as the main line, promoting advanced manufacturing, strategic emerging industries and modern service industries to become the main power sources for the high-quality development of the modern industrial system in our province, celebrating the 100th anniversary of the founding of the party with excellent results.

目　录

I　主题报告

II　总报告

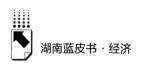

Ⅴ 产业篇

Ⅵ　园区篇

Ⅶ　附录

皮书数据库阅读**使用指南**

CONTENTS ⟩⟩⟩

I Keynote Reports

II General Reports

III Department Reports

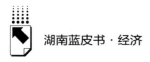
Ⅳ　Regional Reports

V　Industry Reports

Ⅵ　Park Reports

VII Appendices

主题报告
Keynote Reports

B.1
扎实做好2021年经济工作
以优异成绩庆祝建党100周年

2020年12月召开的中央经济工作会议特别是习近平总书记的重要讲话，全面总结了2020年工作，深入分析了国内外经济形势，明确提出了2021年经济工作的总体要求、政策取向和重点任务，为湖南做好2021年和更长一个时期经济工作提供了根本遵循。

一 回顾总结经济发展成绩与经验，进一步坚定推动高质量发展的信心决心

2020年是极不平凡的一年。面对国内外形势的复杂深刻变化特别是突如其来的疫情和罕见的汛情，湖南深入贯彻落实党中央决策部署，统筹疫情防控和经济社会发展，扎实做好"六稳"工作、全面落实"六保"任务，全省经

---

* 许达哲，中共湖南省委书记，湖南省人大常委会主任。

济保持增速稳步回升、结构持续优化、质效不断改善的良好态势。一是经济运行平稳向好。第一时间启动一级应急响应，有力有效防控疫情，率先启动复工复产，率先实现经济增长由负转正，全年 GDP 突破 4 万亿元，增长 3.8%，地方财政收入实现正增长，粮食播种面积和总产双增长。二是三大攻坚战取得决定性成就。全省所有贫困县、贫困村摘帽出列，现行标准下农村贫困人口全部脱贫。在国家污染防治攻坚战考核中获评优秀。完成隐性债务年度化解任务，全省债务风险总体可控。三是创新型省份建设扎实推进。木本油料资源利用国家重点实验室等一批重大科技创新平台加速布局，杂交稻双季亩产突破 1500公斤、再创纪录，高新技术企业突破 8600 家，科技进步贡献率接近 60%。四是产业和项目建设成效显著。蓝思触控玻璃面板、三一邵阳产业园、中联智慧城、IGBT 二期、华为鲲鹏计算服务器生产线等重大产业项目建成投产，黄花机场改扩建、犬木塘水库和 13 条高速公路等开工建设，在湘投资世界 500 强企业达 178 家，特色产业小镇建设加快推进，一批小而精、小而美、小而特的产业小镇相继涌现。五是改革开放亮点纷呈。圆满完成农村承包地确权登记颁证，获批全国首个全域低空空域管理改革试点省，"一件事一次办"改革经验上升为地方标准，自贸试验区成功获批，湘赣边区域合作示范区建设取得积极进展，承接产业转移势头良好。六是民生保障有力有效。民生支出占财政总支出保持 70% 以上，"六覆盖"基本实现，城镇新增就业年度任务及 12 件重点民生实事全面完成，芙蓉学校建设有力改善了贫困地区办学条件，所有村（社区）均建有综合服务平台，村卫生室、乡镇卫生院全科医生和县级二甲公立医院实现全覆盖，城乡居民基本养老保险应保尽保，居民人均可支配收入增长 6.1%。防汛抗灾取得未垮一库一坝、未溃一堤一垸、未发生群死群伤事件的重大胜利。

2020 年是"十三五"收官之年。经过 5 年接续奋斗，湖南经济社会发展取得重大成就，"十三五"规划主要目标任务如期完成。全省经济实力和综合实力跃上新台阶，全面建成小康社会胜利在望，为建设现代化新湖南奠定了坚实基础。

二 准确把握经济形势，进一步强化机遇意识，积极应对风险挑战

谋划推进经济工作，必须全面、辩证地分析经济形势，做到因势而谋、应

势而动、顺势而为。从国际看，世界正处于百年未有之大变局，全球经济2021年有望出现恢复性增长，但复苏不稳定不平衡，海外市场需求不容乐观，全球疫情仍在蔓延，疫情冲击导致的各类衍生风险不容忽视，对湖南产业链供应链稳定、引进消化吸收再创新、外资外贸的冲击仍将继续。世界是一个地球村，外部环境变化的影响都会传导到湖南，中美关系的纷繁复杂更增加了这种不确定性。从国内看，2020年我国成为全球唯一实现正增长的主要经济体，经济稳定恢复态势正在不断巩固拓展，但复苏基础还不牢固，市场有效需求仍显疲弱，企业生产经营还面临不少压力。从省内看，难点和亮点交织，湖南质量变革、效率变革、动力变革有待进一步加强，但经济稳定向好的基本面没有变，就业保持稳定，市场主体稳步增加。

把握经济形势，既要看"形"，也要看"势"。2020年以来，总体上"形"有波动，但"势"仍向好，未来发展面临着一系列重大机遇和有利条件。一是党中央、习近平总书记关心关爱湖南带来新机遇。习近平总书记亲临湖南考察并提出"三高四新"要求，为湖南加快发展注入了强劲动力。二是国家宏观政策总体稳定带来新机遇。2021年国家宏观政策保持连续性、稳定性、可持续性，在创新、开放、产业等方面谋划部署了一系列重大战略和政策举措，为湖南发展带来政策利好。三是经济社会总体预期稳定向好带来新机遇。湖南经济复苏走在全国前列，疫情防控、防汛战贫等交出精彩答卷，凝聚了民心，鼓舞了人心，提振了信心，越来越多的战略投资者看好湖南、落户湖南。四是构建新发展格局带来新机遇。湖南在构建新发展格局中具有"一带一部"区位优势，居民消费潜力较大，投资增长后劲较足，在新基建、能源设施、综合交通、流通体系、新型城镇化等领域有较大空间，自贸试验区获批、RCEP正式签署等对湖南实施更高水平开放带来系列红利。五是产业新动能进一步集聚带来新机遇。工程机械主要企业订单饱满，生物医药、新材料、新能源相关产业快速发展，新型显示器件、新一代半导体、功率半导体等产业链迅速壮大。另外，汽车行业大概率实现反转和恢复性增长，石化、烟草、食品等产业能够企稳，海洋装备等新技术可望实现突破。

同时，也要清醒地看到，全省发展还面临不少风险挑战，面对复杂严峻的外部环境，关键是要集中精力办好自己的事。一方面，要强化机遇意识，充分把握一切积极因素和潜在机遇，准确识变、科学应变、主动求变，用好湖南发

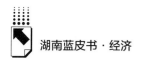

展的重要战略机遇期，加快推动全省高质量发展；另一方面，要强化底线思维，提高风险预见预判能力，积极做好应对各种复杂状况和风险挑战的充分准备，化压力为动力。

三 准确把握2021年经济工作总体要求

2021年是全面开启现代化建设新征程的第一年，是"十四五"开局之年，也是中国共产党成立100周年。做好2021年经济工作，要以习近平新时代中国特色社会主义思想为指导，全面贯彻党的十九大和十九届二中、三中、四中、五中全会精神，坚决落实习近平总书记关于湖南工作系列重要讲话指示精神和中央经济工作会议精神，坚持稳中求进工作总基调，立足新发展阶段，贯彻新发展理念，构建新发展格局，以推动高质量发展为主题，以深化供给侧结构性改革为主线，以改革创新为根本动力，以满足人民日益增长的美好生活需要为根本目的，大力实施"三高四新"战略，坚持创新引领开放崛起，坚持扩大内需战略基点，坚持系统观念和底线思维，更好统筹发展和安全，坚持精准施策，扎实做好"六稳"工作、全面落实"六保"任务，巩固拓展疫情防控和经济社会发展成果，推动经济平稳健康运行、社会和谐稳定，确保"十四五"开好局，以优异成绩庆祝中国共产党成立100周年。

做好2021年经济工作，要围绕构建新发展格局来展开，突出实施"三高四新"战略来推进，坚持稳中求进工作总基调，坚持系统观念，统筹处理好各方面关系。一是当前与长远的关系。既要着眼落实"三高四新"战略开局起步进行考量，又要与"十四五"目标任务和2035年远景目标相衔接，做到立足当前稳增长与着眼长远增后劲相统一。二是战略与战术的关系。把"三高四新"战略落实到全省经济社会发展全过程各方面，转化为各地各部门的行动方案、具体项目、重大工程和工作抓手，做到战略部署和战术铺排有机衔接，推动各方面资源力量向战略落地聚焦。三是供给与需求的关系。扭住供给侧结构性改革这条主线，同时注重需求侧管理，打通堵点、补齐短板，贯通生产、分配、流通、消费各环节，形成需求牵引供给、供给创造需求的更高水平动态平衡，确保今年构建新发展格局见到新气象。四是质量与规模的关系。坚持以高质量发展实绩实效论英雄，既要努力把"蛋糕"做大、实力做强，更要注重提升"含金量"，引导各方面把工作重点放在提高发展质量和效益上，决不能回到粗放式发展的老路上去。五是政府与市场的关系。坚持有所为有所不为，充分发挥市场在资源配置中的决定性作用，更好发挥政府作用，更加注重激发市场主体活力，政府主要是政策引导和服务，发挥财政资金"四两拨千斤"的作用。六是发展与安全的关系。坚持总体国家安全观，树牢底线思维，把困难估计得更充分一些，把风险思考得更深入一些，注重堵漏洞、强弱项，有效防范和化解各类风险挑战。七是抓项目与抓环境的关系。坚定不移抓项目、兴产业、强实体，更加重视软硬环境建设，既通过抓营商环境为项目建设创造良好条件，又通过抓项目建设展现营商环境改善成效，让项目推进更顺畅一些、企业办事更方便一些、投资者更安心一些。八是重点与全面的关系。既统筹兼顾不漏项，又突出重点求突破，不四面出击、平均用力，不搞眉毛胡子一把抓。总书记强调的事、中央关心的事、老百姓揪心的事、关系发展全局的事，就是重点要抓的事。九是全局与一域的关系。对国之大者心中有数，自觉把一地一域的工作放在国家和全省发展大局中来谋划推进，使各项工作既为一域争光，又为全局添彩。十是抓大与保小的关系。既要做强大企业，突出发挥龙头企业支撑作用，又要呵护中小微企业，推进个转企、企升规、规改股、股上市，营造大中小微企业共生共荣的发展氛围。

四　着力抓好2021年经济工作的重点任务

着力打造"三个高地"。省委十一届十二次全会对此已作了全面部署，相应提出"八大工程""七大计划"等具体抓手，要认真落实到位。打造国家重要先进制造业高地，一方面，要锻长板、扬优势，突出工程机械、轨道交通装备、航空航天、新一代信息技术和新材料等重点，集中资源力量攻关，不要面面俱到；另一方面，要补短板、破"卡点"。疫情冲击下，全球产业链供应链面临重构，区域化本地化特征更趋明显，湖南制造业部分关键零部件、关键原材料依然受制于人，必须加大攻关力度，提高产业链供应链自主可控能力。要发展数字产业、智能制造，推进军民融合深度发展。打造具有核心竞争力的科技创新高地，要以扎实推进创新型省份建设为总揽，坚持"四个面向"和战略性需求导向，建好用好一批重大科技创新平台，实施一批科技攻关项目，突破一批"卡脖子"技术，完善一套产学研用结合的有效机制，提高科研成果本地转化率，努力形成开放联合的创新生态。打造内陆地区改革开放高地，要持续深化国企国资、要素市场化配置、"一件事一次办"等重点改革，抓好全域低空空域管理改革、长沙数字人民币等试点，对已部署的重点改革进展情况及时总结评估。简政放权不能"一放了之"，简政不能减责，放权不是放任，事中、事后监管和服务要及时跟上。新格局下的对外开放，不能仅仅理解为传统意义上的对国外开放、引进外资、进出口贸易，也不是"出口转内销"的应急之举，而是全方位、宽领域的开放。不仅要继续开拓国际市场，也要挖掘国内市场，加强与其他省份合作，真正让湖南通江达海，成为国内大循环和国内国际双循环的重要节点。要成为高地，必须敢于解放思想，善于兼收并蓄，学习先进省份的好做法、好经验。

坚持扩大内需这个战略基点。把实施扩大内需战略同深化供给侧结构性改革、改善人民生活品质有机结合起来，加大政策协同力度，进一步挖掘内需潜力。目前疫情不确定性仍然存在，消费全面回暖难度较大。要充分发挥消费的基础性作用，加快实施消费升级行动计划，提档升级汽车、家电、家居等实物消费，提质扩容信息、健康、家政、养老等服务消费，推动电商、冷链物流等下乡带动农村消费，积极培育体验消费、网络消费，打造时尚消费、品质消费和"夜经济"地标。文旅行业是消费新蓝海。要做好文旅融合文章，加快红色旅游景点提质升级，抓好长征国家文化公园（湖南段）建设，发挥好文旅激发消费动能的积极作用。

持续激发市场主体活力。激发市场主体活力，就是激发高质量发展内生动力。要加大政策支持和跟踪问效，落实好减税降费、援企稳岗等各项纾困惠企政策，强化普惠金融服务，充分释放政策效应，让更多金融活水流向实体经济。坚持问题导向，对中小微企业生产经营困难的要加强精准帮扶，既雪中送炭，又扶上马、送一程。一些应对疫情冲击出台的特殊应急性政策到期后要逐一退出，但要把握好时度效，分类施策、稳妥推进，不搞"一刀切""急转弯"。领导干部联系企业要制度化、常态化，真联系、真帮扶。构建亲清政商关系，党员干部要有"心底无私天地宽"的境界。要把功夫下在平时，在帮扶上有求必应，在检查上无事不扰。营商环境的评价不是软指标，要和绩效考核、干部任用结合起来。要大力弘扬企业家精神，支持企业家以恒心办恒业，依法依规经营，扎根湖南、深耕湖南。

推进农业农村现代化。要大力发展精细农业，培育壮大农业优势特色千亿产业，大力发展精深加工业，把农产品的附加值和产值搞上去，打造更多湘字号的优质农副产品品牌。要加快新型职业农民培养，通过发展合作社等形式把农民有效组织起来。要切实抓好高标准农田建设，加强农村小水利建设，畅通"毛细血管"，夯实农业发展基础。全面建成小康社会将如期实现，这是具有里程碑意义的重大成就。要科学谋划推进全面脱贫与乡村振兴有效衔接，统筹做好继续帮扶、宣传总结、舆论引导等工作，帮扶政策总体保持稳定，留足政策过渡期，不断巩固拓展脱贫攻坚成果。要着力抓好乡村建设行动、特色小镇建设、农村改革、促进城乡融合发展等工作，激发农村发展内生动力。湘赣边区域合作示范区要成为推进乡村振兴的示范，湘西地区要在推动全面脱贫与乡村振兴有效衔接上走在前列。

大力保障和改善民生。顺应人民群众对高品质生活的追求，统筹抓好教育、医疗、卫生、社保等各项民生事业，扎实推动共同富裕，使改革发展成果更多更公平惠及全省人民。要尽力而为、量力而行，每年集中财力办一批民生实事。坚持就业优先，完善就业创业政策，强化就业服务，做好高校毕业生、农民工、退役军人等重点群体就业。这些年全省上下采取有力调控措施，房地产市场总体保持平稳。要继续牢牢坚持房住不炒定位，因城施策、保证刚需，多策并举促进房地产市场平稳健康发展。要完善长租房政策，健全住房租赁监管制度体系，规范发展长租房市场。

持续加强生态文明建设。要按照国家2030年前碳达峰行动要求，加快调整优化产业结构、能源结构，大力发展清洁能源，开展大规模国土绿化行动，提升生态系统碳汇能力。要扎实推动长江经济带发展，突出抓整改、抓治理、抓保护、抓建设，统筹推进长江干支流治污治岸治渔，支持岳阳长江经济带绿色发展示范区和郴州可持续发展议程创新示范区建设。继续打好蓝天碧水净土保卫战，深化大气污染联防联控，加快推动矿业转型绿色发展。要坚持问题导向，继续开展污染防治"夏季攻势"，抓好长江经济带生态环境警示片反映的突出问题整改，切实解决中央关注、百姓关心的环境污染问题。深化农村人居环境整治，扎实开展农村"厕所革命"、生活垃圾和污水治理。全面推行重点行业领域清洁生产、绿色化改造，推动生产生活方式绿色转型。

牢牢守住安全发展底线。当前正处于各类风险易发多发期，金融风险防范化解任务繁重，财政收支平衡压力大，能源供给处于紧平衡，意识形态领域斗争激烈。要高度重视，压实各方责任，严密防范这些重点领域出现"灰犀牛""黑天鹅"事件，把风险隐患处置在萌芽状态。完善政府债务风险常态化监控机制，坚决控增量、化存量，对重点地区、重点平台强化调度、及时预警，加快平台公司市场化转型。严格落实安全生产责任制，健全应急管理体系，努力实现"三个坚决、两个确保"目标。加快完善能源产供销体系，实施一批重大能源项目，加强迎峰度夏度冬煤电油气保供，确保能源安全稳定供应。要继续深化社会治理，严厉打击各类违法犯罪活动，深化扫黑除恶，打造更高水平的法治湖南、平安湖南。要牢牢把握意识形态工作主动权，凝聚正能量，营造推动湖南高质量发展、谱写新时代坚持和发展中国特色社会主义湖南新篇章的良好舆论氛围。

五　加强党对经济工作的全面领导，进一步提高立足新发展阶段、贯彻新发展理念、构建新发展格局的能力水平

立足新发展阶段、贯彻新发展理念、构建新发展格局，必须加强党的全面领导。各级领导干部也要进一步提升与之适应的能力水平。

强化战略思维。坚持观大势、谋大局、抓大事，善于从战略的高度思考研究问题，保持战略定力，紧扣战略目标、抓好战略执行，实现纲举目张。没有离开经济的政治，也没有离开政治的经济。要提高政治站位，增强政治敏锐性和政治鉴别力，善于用政治眼光观察和分析经济社会问题，善于洞察经济活动的政治后果，把牢经济发展正确方向。

把握经济规律。现在经济领域的问题，既有周期性的，也有结构性的，主要是结构性的。我们抓经济工作也有一个优化知识结构、提高专业素养的问题。当前，科技变革速度很快，经济社会活动复杂性全面上升，如果我们对科技变化趋势不掌握，对新兴领域情况不了解，对群众期待和诉求变化不敏感，处于盲人摸象或者追风少年的状态，是无法驾驭好经济工作的，也无法领导现代化建设。领导干部要带头学经济、懂经济、抓经济，坚持干什么学什么、缺

什么补什么，尤其要学深悟透习近平新时代中国特色社会主义经济思想，提高经济工作决策科学化水平。

提高治理能力。领导干部的治理能力是国家治理能力的重要组成部分，一定意义上也是发展环境的具体体现。务求精准施策，把握好工作时度效，出台政策要抓住关键点精准发力，定目标、下任务要实事求是，风险化解要精准拆弹。要有见微知著的敏感，见事早、行动快，不要等问题出了才想到去补救，不要做事后诸葛亮。抓经济要结合一地一域的实际，找准优势、精准发力，创造性执行，不要人云亦云、盲目跟风。

狠抓工作落实。经济工作是实打实的，一深入就具体，一具体就深入。对党中央和省委决策部署要扭住不放、狠抓落地，开展必要的督查、督导、指导，着力解决不担当、不作为和表态多调门高、行动少落实差等问题。要强化责任落实，实施台账管理和清单制度，全面梳理经济社会发展重点工作，细化分解任务，明确时间表、路线图、责任人，谁主管谁协调，谁牵头谁负责，确保事事有人管、人人有专责。要树立重实干、重实绩的用人导向，褒奖和重用那些真心干事、善于干事、干净干事的干部，教育和调整那些只会空谈、不干实事的干部，问责和惩处那些弄虚作假、失职渎职、造成重大损失和严重后果的干部。

做好今年经济工作任务艰巨、责任重大。全省上下要紧密团结在以习近平同志为核心的党中央周围，坚定信心、勠力同心，锐意进取、真抓实干，大力实施"三高四新"战略、奋力建设现代化新湖南，以优异成绩庆祝中国共产党成立100周年！

B.2
确保实施"三高四新"战略
迈好第一步　见到新气象

毛伟明 [*]

2020年，面对复杂严峻的国内外形势，特别是新冠肺炎疫情的严重冲击，全省上下坚持以习近平新时代中国特色社会主义思想为指导，认真落实习近平总书记考察湖南时的重要讲话精神，统筹疫情防控和经济社会发展，扎实做好"六稳"工作，全面落实"六保"任务，决胜全面建成小康社会，决战脱贫攻坚，直面大灾大难、投身大战大考，交出了一份优异答卷。地区生产总值增长3.8%，总量突破4万亿元；规模工业增加值增长4.8%；城乡居民人均可支配收入分别增长4.7%、7.7%；地方一般公共预算收入增速由负转正，呈现稳中有进、稳中向好、稳中提质的良好态势。

2021年是我国现代化建设进程中具有特殊重要性的一年，是"两个一百年"奋斗目标交汇之年，是"十四五"开局之年。湖南要坚持以习近平新时代中国特色社会主义思想为指导，立足新发展阶段，贯彻新发展理念，构建新发展格局，推动高质量发展，大力实施"三高四新"战略，加快建设现代化新湖南。

一　全面厚植发展新优势，着力打造具有
核心竞争力的创新高地

坚持高水平的自立自强，以改革集成优势，以创新激发动能，抢占产业、技术、人才、平台制高点。

---

* 毛伟明，中共湖南省委副书记，湖南省人民政府省长。

1. 打好关键核心技术攻坚战

紧盯制约产业发展的关键领域、引领未来发展的核心技术，抓住"卡链处""断链点"，以点带面深入开展"四基"攻关突破行动，重点抓好十大技术攻关项目，即东映碳材高性能碳纤维，汇思光电、湖南大学硅基量子点激光器，湘潭大学碳基生物等先进传感器件，中创空天、中南大学、株硬集团等高端装备用特种合金，中电48所、楚微半导体8英寸集成电路成套装备，中车时代电气、顶立科技、大合新材料等第三代半导体，中联重科、三一重工等高端液压元器件，湘江树图、天河国云区块链底层技术、数字货币加密技术，铁建重工大型掘进机主轴承及数字仿真技术，山河智能工程机械数字样机及孪生技术等科技攻关。

2. 加强科技创新体系建设

深入推进"两区两山三中心"建设，加快郴州国家可持续发展议程创新示范区发展，支持有条件的地区创建国家创新型城市。积极争取布局国家大科学装置、重点实验室等创新平台，推动科研院所、高校、企业等科研力量优化配置和资源共享。发挥企业在科技创新中的主体作用，促进高新技术企业、科技型中小企业和产业领军企业增量提质。

3. 强化科技创新要素支撑

促进创新链、产业链、价值链、人才链良性互动。完善金融支持创新体系，提高科技创新企业融资的可获得性。深入实施芙蓉人才行动计划，完善靶向引才、专家荐才机制。健全科技人才评价体系。深化科技成果使用权、处置权和收益权改革，开展科研经费使用"包干制"改革试点。加强知识产权保护，促进科技成果转化。

二　提升产业链供应链现代化水平　着力打造
国家重要先进制造业高地

把制造业作为强省之基、兴省之要、富省之举，抓企业、兴产业、强产业链，构建上下贯通、集聚集合的产业生态。

1. 大力发展先进制造业

做强做大工程机械、轨道交通装备、中小航空发动机等优势产业，壮大信创工程等新兴产业，培育智能网联汽车等未来产业。支持龙头骨干企业跻身"三类500强"，建立"专精特新"中小企业梯度培育体系。重点抓好十大产业项目：推进大众电动汽车、意华交通装备、山河工业城三期、马栏山视频文创产业园、中联智慧产业城、三一智联重卡、岳阳己内酰胺、三安半导体、蓝思消费电子、华菱涟钢薄板深加工等项目建设。

2. 增强产业链供应链自主可控能力

锻造产业链供应链长板，推行链长制，"一链一策"出台三年行动计划，培育引进领军企业、关键配套企业，提升主导产业本地配套率，促进产业链向两端延伸、向高端攀升。补齐产业链供应链短板，增强产业链供应链抗风险水平。推动企业产品向前端、高端、尖端进军，提升品牌溢价能力。

3. 推动产业数字化、数字产业化

加快数字经济发展，促进经济社会发展数字化、网络化、智能化。加快产业数字化，引导中小企业上云用云，促进数字技术运用于企业设计、生产、营销、管理、服务全过程。加快数字产业化，培育5G应用、人工智能、集成电路、机器人、大数据、云计算等新兴产业。支持长沙创建中国软件名城，推进车联网先导区建设。

4. 推进制造业与服务业融合发展

大力发展工业设计、供应链管理等新业态，推进国家、省级"两业"融合试点。推动制造业服务化和服务型制造，开展研发设计、工程总包、系统控制和维护管理一体化服务，引导服务企业利用信息、创意、营销渠道等优势，向制造环节拓展。

三　积极参与强大国内市场建设，着力打造内陆地区改革开放高地

依托全球规模最大、最具成长性的国内市场，抓好"两端、两有、两带动、一环境"。

1. 深入推进以供给侧结构性改革为主线的重点领域改革

继续完成"三去一降一补"重要任务。建设国家物流枢纽和骨干冷链物流基地。推进土地要素市场制度建设，深化投融资体制改革，增强中小微企业

和民营企业金融服务供给。深入实施企业上市"破零倍增"计划,提高直接融资比重。积极稳妥深化国有企业混合所有制改革,持续深化财税金融、产权制度、工程建设项目审批等改革。开展全域低空空域管理改革试点。

2. 全面促进消费

提振餐饮住宿、文化体育、健康养老等服务消费,促进汽车和家电家具家装消费,培育体验消费、网络消费,打造时尚消费和"夜经济"地标。促进线上线下消费融合发展,扩大信息消费规模。释放农村消费潜力,畅通县乡村三级物流配送网络。加快建设一批区域消费中心城市。

3. 持续扩大有效投资

紧盯完善"四张网",重点抓好十大基础设施项目:新建新化至新宁高速公路、益阳至常德高速公路扩容工程、广电5G覆盖工程、高标准农田建设工程,改建韶山至井冈山红色旅游铁路,续建长沙机场改扩建工程、常益长铁路、永州电厂及雅江特高压(湖南段)等重大能源建设工程、张吉怀铁路、城市防洪排涝工程。

4. 加快推进自贸试验区建设

大力开展首创性、集成性、系统性、链条性改革探索,确保完成改革试点任务50%以上。推动出台自贸试验区条例,编制长沙、岳阳、郴州片区发展规划及产业、园区和走廊专项规划。对接国际规则,巩固扩大对东盟开放合作,深入对接非洲大陆自贸区。

5. 推动外贸高质量发展

培育壮大外贸主体和出口优势产业集群,加快发展跨境电商、市场采购贸易等新业态。加强口岸和国际物流通道建设,推进海关特殊监管区域、临空临港经济区提质升级。加快全货机航线网络建设,打造中欧班列集结中心。大力引进总部经济项目、"三类500强"企业。办好第二届中非经贸博览会等系列经贸活动。

6. 大力优化营商环境

开展优化营商环境攻坚行动,打造市场化、法治化、国际化营商环境。加快社会信用体系建设,完善守法诚信褒奖、违法失信惩戒机制。打破行业垄断和地方保护,加强监管执法。毫不动摇鼓励、支持、引导非公有制经济发展,优化支持非公有制经济发展的市场、政策、法治和社会环境。弘扬企业家精神,依法保护企业产权和企业家权益。

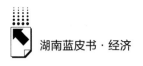

四　巩固脱贫攻坚成果，全面推进乡村振兴

稳住农业基本盘、守好"三农"基础，是应变局、开新局的"压舱石"。

1. 促进农业高质高效

落实粮食安全党政同责和省长责任制及"菜篮子"市长负责制。坚决守住耕地红线。加强农田水利设施建设，巩固提升农业综合生产能力。加强种业科技创新和种质资源保护利用，实施优质粮油、湘猪、菜果茶工程。深化农业供给侧结构性改革，深入实施"六大强农"行动，打造"百千万"工程升级版。促进农村一二三产业融合发展。继续抓好生猪生产恢复工作。

2. 建设宜居宜业乡村

实施乡村建设行动，统筹规划建设县域城镇和村庄。实施农村人居环境整治提升五年行动，因地制宜推进农村改厕、生活垃圾处理、污水治理和农业面源污染治理，打造美丽乡村示范村，保护传统古村落。建立健全城乡融合发展政策体系，促进城乡要素自由流动、平等交换和公共资源合理配置。

3. 推动农民富裕富足

发展富民乡村产业，稳定农民工就业，保持强农惠农富农政策的连续性、稳定性，确保农民稳定增收。丰富农村精神文化生活，建立乡村公共文化服务体系，深化文明村镇和文明家庭创建。大力倡导科学文明之风，推进农村移风易俗。

4. 做好巩固拓展脱贫攻坚成果同乡村振兴的有效衔接

围绕5年过渡期三大任务，保持主要帮扶政策总体稳定，健全防止返贫监测和帮扶机制；做好工作机制、政策举措、机构队伍等衔接转向，推动脱贫攻坚工作体系全面转向乡村振兴；健全农村低收入人口常态化帮扶机制，确保不出现规模性返贫。

5. 深化农业农村改革

开展第二轮土地承包到期后再延长三十年试点、土地经营权流转登记颁证。依法规范、稳妥开展农村集体经营性建设用地入市。探索农村宅基地"三权分置"实现形式。健全农业专业化社会化服务体系，发展新型农村集体经济。深化供销合作社综合改革，健全农村金融等服务体系。

五　坚持生态优先、绿色发展，决不负 "守护好一江碧水"的殷殷嘱托

环境就是民生，青山就是美丽，蓝天也是幸福，要坚决不负"守护好一江碧水"的殷殷嘱托。

1. 继续推动污染防治

扎实推进长江经济带生态环境突出问题整改，推动"一江一湖四水"系统联治，持续发起"夏季攻势"。抓好长江干支流入河排污口、城市黑臭水体等环境问题整治，加强工业园区水环境管理。大力提升空气质量，强化长株潭及传输通道城市大气污染联防联控。加强固体废弃物和磷污染治理、受污染耕地安全利用和严格管控。强化污染源自动在线监控、电力环保智慧监管，以及垃圾、污水等处理设施在线监管。

2. 加强生态保护与修复

加快推进长江岸线湖南段、"一湖四水"流域生态廊道建设，推进湘江流域和洞庭湖生态保护修复工程试点；持续推进河湖"清四乱"和非法矮围专项整治。开展国土绿化行动，推行林长制，加强天然林保护、修复工作。深入推进砂石土矿专项整治和全域土地综合整治试点。严格落实禁捕退捕政策，强化禁食野生动物管控。

3. 加快推动绿色低碳发展

发展环境治理和绿色制造产业，推进钢铁、造纸等重点行业绿色转型，大力发展装配式建筑、绿色建筑。支持探索零碳示范创建。实行能源和水资源消耗、建设用地等总量和强度双控，加强畜禽养殖废弃物无害化处理、资源化利用，加快生活垃圾焚烧发电等终端设施建设。抓好矿业转型和绿色矿山、绿色园区、绿色交通建设。

六　积极对接国家战略，提升区域合作竞争实力

在国家重大部署中抢抓战略机遇，加快构建优势互补的区域经济格局。

1. 参与国家战略合作

拓展与"一带一路"沿线国家合作，推动国际产能、国际铁路港保税监

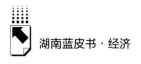

管仓等合作项目平台建设。加强与长江沿线地区产业、基础设施、体制机制合作。全面落实对接粤港澳大湾区实施方案,打造湖南至大湾区3~5小时便捷通达圈。深化与长三角一体化和成渝双城经济圈合作。深入实施湘赣边区域合作示范区十大重点工程。

2. 建设"一核两副三带四区"

大力推进长株潭一体化,支持长沙提升城市能级、湘江新区拓展新片区,带动"3+5"城市群发展。依托京广、沪昆、渝长厦通道,建设各具特色和优势的经济带。加快洞庭湖生态经济区传统产业转型升级和特色产业、园区发展,增强湘南湘西承接产业转移示范区产业链配套能力,继续实施湘西地区开发战略。

3. 推进以人为核心的新型城镇化

实施城市更新行动,提高城市科学化、精细化、智能化水平。加快城镇老旧小区改造,强化城市风貌管控和历史文化保护。深化户籍制度改革。扩大保障性租赁住房供给,促进房地产市场平稳健康发展。

4. 建立国土空间规划体系

划定落实生态保护红线、永久基本农田、城镇开发边界"三条控制线",加快构建"四级三类"国土空间规划体系,形成国土空间规划"一张图"。严格国土空间用途管制,分区分类制定管控规则。

5. 持续壮大县域经济实力

实施特色县域经济强县工程,引导农产品加工、产业转移项目在县域布局。加快特色小镇建设。深化扩权强县改革,实施县域税收增量奖励政策,完善省以下均衡性转移支付、县级基本财力保障机制奖补资金办法。组织经济强县与欠发达县结对帮扶合作。

七　繁荣文化事业和文化产业,加快建设文化强省

不断提高文化软实力,引领风尚、教育人民、服务社会、推动发展。

1. 提高社会文明程度

深入开展习近平新时代中国特色社会主义思想学习教育,加强党史、新中国史、改革开放史、社会主义发展史和爱国主义、集体主义、社会主义教育。

深入推进公民道德、志愿服务、网络文明、家庭家教家风建设。积极推进湖南省全域创建文明城市，拓展新时代文明实践中心建设。加快建设长征国家文化公园（湖南段），加强爱国主义教育基地建设管理，做好红色基因库试点工作。

2. 提升公共文化服务水平

推进城乡公共文化服务一体化，建强用好县级融媒体中心和农村应急广播体系，创新实施文化惠民工程。广泛开展"欢乐潇湘""书香湖南"等群众性文化活动。加强优秀传统文化、传统手工艺保护和传承，强化重要文化和自然遗产、非物质文化遗产系统性保护。广泛开展全民健身运动，积极备战奥运会、全运会。

3. 发展壮大现代文化产业

加强文化市场体系建设，扩大优质文化产品供给。实施文化产业数字化战略。加快马栏山视频文创产业园建设，构建高新视频全产业链体系。推动文化和旅游融合发展，打造伟人故里、魅力湘西、大美洞庭、湘赣边红色旅游等精品线路，提升"锦绣潇湘"全域旅游品牌。支持汝城沙洲红色文化引领绿色发展。

八　着力解决群众"急难愁盼"问题，全面提高社会建设水平

人民是我们党执政兴国最深厚的基础和最大的底气，要努力让人民安居乐业，让老百姓有想头、有盼头、有奔头。

1. 办好重点民生实事

坚持为民办实事传统，在继续办好增加公办幼儿园学位等十方面实事基础上，新办十件重点民生实事：（1）累计建成 100 所芙蓉学校。（2）提高城乡居民低保水平，确保城市低保标准每人每月不低于 550 元，城市低保救助水平每人每月不低于 374 元；确保农村低保标准不低于每人每年 4300 元，农村低保救助水平每人每月不低于 229 元。（3）强化职业培训，城镇新增就业 70 万人；完成政府补贴性职业技能培训 55 万人次。（4）实施疾控中心标准化建设工程，确保 45 家市州、县市区疾控中心达到国家标准。（5）建设农村公路安

防设施1万公里。（6）提升农村通信网络，完成522个行政村通组光纤工程。（7）实施乡村"雪亮工程"，建设乡村公共部位安防设备10万个。（8）实施困难残疾人家庭无障碍改造1.2万户。（9）推进中医药服务基层全覆盖，确保社区卫生服务中心、乡镇卫生院有人员、有场地、有服务、有设施。（10）办理法律援助案件4.5万件。

2. 落实就业优先政策

千方百计稳定和扩大就业，鼓励多渠道灵活就业，全力促进高校毕业生、农民工、退捕渔民、退役军人、残疾人等重点群体就业，兜底帮扶困难人员就业。健全就业公共服务体系，完善"湘就业"平台功能。加强技能人才队伍建设。整治拖欠农民工工资问题，保障劳动者待遇和权益。

3. 办好人民满意的教育

扩大普惠性学前教育资源覆盖面，推动义务教育优质均衡发展和城乡一体化，加强乡镇寄宿制学校和乡村小规模学校建设，引导高中阶段学校多样化发展，推进职业教育改革发展，支持高校"双一流"建设。加快推动中小学幼儿园安全防范建设。加强师德师风建设。平稳推进高考综合改革。

4. 加快建设健康湖南

毫不放松抓好常态化疫情防控，确保不出现规模性输入和反弹。大力加强公共卫生体系建设，加快完善疾病预防控制体系，健全突发公共卫生事件监测预警处置机制，加强卫生应急队伍建设和现场救护；推进国家医学中心、区域医疗中心建设，启动省级区域医疗中心建设，提高县级医院综合能力和乡镇卫生院、村卫生室、社区卫生机构医疗服务水平。加快建立分级诊疗体系，推进药品和耗材集中采购使用改革。深入开展健康湖南行动和爱国卫生运动。发展"互联网＋医疗健康"，加快推进中医药高质量发展。提高优生优育服务水平，促进人口均衡发展。

5. 健全社会保障体系

大力推进基本养老保险全民参保，推进工伤保险省级统筹，建立健全被征地农民社会保障机制，健全重大疾病医疗保险和救助制度，推进社会救助制度改革，增强残疾人制度化保障服务能力。发展社会福利、慈善事业，加强未成年人和农村留守老人、儿童、妇女关爱保护。加快建设居家社区机构相协调、医养康养相结合的养老服务体系。

九　守住安全稳定底线，建设更高水平的平安湖南

坚持生命至上、安全第一，全面提高公共安全保障能力。

1. 统筹防范化解经济金融风险

稳妥化解地方政府存量隐性债务，推进平台公司市场化转型，确保政府隐性债务不新增，并逐年化解。强化专项债券项目合规性审核和风险把控，确保发得出、用得好、见效快。建设全省非法金融活动监测预警平台，持续开展"一非三贷"和金融领域涉黑涉恶专项整治。

2. 加强和创新社会治理

健全党组织领导的自治、法治、德治相结合的城乡基层治理体系。推动社会治理和服务重心向基层下移，强化网格化管理服务。坚持和发展新时代"枫桥经验"，总结推广"溆浦经验"，完善信访制度和各类调解联动工作体系。健全社会心理服务体系和危机干预机制。

3. 维护社会稳定和安全

突出抓好县域风险防控和县域警务工作，构建立体化、信息化社会治安防控体系。巩固扫黑除恶成果，坚决防范和打击涉毒等突出违法犯罪、新型网络犯罪和新形态经济犯罪。严格落实安全生产责任制，加强应急救援管理体系和能力建设。推进自然灾害防治重点工程建设，做好气象、地震、通信保障、人民防空等工作。强化食品药品全过程监管。

办好湖南的事情，关键之关键、重中之重就是把习近平总书记关于打造"三个高地"、践行"四新"使命、抓好五项重点任务的重要指示精神落到实处，把总书记考察湖南作为千载难逢的历史机遇，全方位、全领域、全过程贯彻"三高四新"战略要求，坚持"稳进高新"的工作方针，赢得未来发展主动权。要夯实"稳"的基础，坚持稳中求进工作总基调，巩固经济增速稳步回升、结构持续优化、质效不断改善的良好态势；要找准"进"的方向，瞄准高质量发展的目标，推动实现更高质量、更有效率、更加公平、更可持续、更为安全的发展；要盯住"高"的目标，高水平地把习近平总书记为我们锚定的发展定位落到实处，高标准、高效率地实施"三高四新"战略；要取得"新"的成效，迈出现代化新湖南建设坚实步伐，确保实施"三高四新"战略迈好第一步、见到新气象。

B.3
全面推进乡村振兴　为实施"三高四新"战略贡献"三农"力量

乌　兰*

　　2020年是极不平凡、极不容易的一年，全省上下深入学习贯彻习近平总书记关于"三农"工作重要论述和考察湖南重要讲话精神，努力克服疫情汛情影响，扎实抓好脱贫攻坚收官工作，千方百计稳定粮食生产，大力发展农业优势特色产业，深入推进农村人居环境整治，深化农村重点领域改革，积极探索乡村治理创新，持续抓好农村精神文明建设，着力夯实基层基础，"三农"工作取得了来之不易、可圈可点的显著成绩。习近平总书记来湖南考察时对湖南省"三农"工作给予充分肯定。

　　2021年是全面推进乡村振兴的第一年。习近平总书记出席中央农村工作会议并发表重要讲话，充分体现了党中央对"三农"工作的高度重视。总书记的重要讲话，站在统筹中华民族伟大复兴战略全局和世界百年未有之大变局的高度，精辟阐述了新发展阶段"三农"工作肩负的使命和任务，向全党全社会发出了"三农"工作极端重要、须臾不可放松、务必抓紧抓实的明确信号，为湖南做好新阶段"三农"工作提供了根本遵循。湖南要深学、细照、笃行，善于从政治的高度来看"三农"、抓"三农"，将全面推进乡村振兴与实施"三高四新"战略紧密结合起来，努力开创全省"三农"工作新局面。

一　扛牢实施"三高四新"和乡村振兴两大战略的政治责任

　　"三高四新"是当前湖南省发展的总战略，实施乡村振兴战略是"三农"

---

* 乌兰，中共湖南省委副书记。

工作的总抓手。两大战略都事关全局、事关长远，虽然各有侧重但又紧密联系、相辅相成，只有正确把握两大战略的关系，把两大战略都实施好，推动两大战略落地见效，建设现代化新湖南的蓝图才能变成现实。

从总书记交给湖南的重大使命看，打造"三个高地"、担当"四新"使命，是习近平总书记从战略和全局的高度对湖南提出的殷切嘱托。湖南省委确立实施"三高四新"战略，体现了坚决落实总书记重要讲话精神的政治站位和执行力。2020年习近平总书记到湖南考察时，同时还强调要坚持农业农村优先发展，推动实施乡村振兴战略。因此，实施好"三高四新"和乡村振兴两大战略，都是总书记交给湖南的重大使命，都是须臾不可松懈、必须主动担当的政治责任。

从两大战略的奋斗目标看，实施"三高四新"战略的目标是建设现代化新湖南，而实施乡村振兴战略的目标是加快实现农业农村现代化。湖南作为农业大省，农业农村现代化是全省现代化的题中应有之义，如果不能实现农业农村现代化，就谈不上建成现代化新湖南。因此，"三高四新"与乡村振兴两大战略，可以说是同向发力、殊途同归，二者统一于建设现代化新湖南这一宏伟事业。

从两大战略的具体任务看，有许多密切交集的领域、互为支撑的抓手。比如，打造"三个高地"，其中打造国家重要制造业高地，湖南省的农机制造业将是一个重要支撑；打造具有核心竞争力的科技创新高地，湖南省农业领域拥有多位院士、多个国家级创新平台，杂交水稻等研究在国际上处于领先地位，将成为科技创新高地的一张名片；打造内陆地区改革开放高地，农村是率先改革的源头，农业是对外开放的重要领域，"三农"领域改革开放蕴含着巨大潜力。又比如，担当"四新"使命，要在推动高质量发展上闯出新路子，促进农业高质高效是必然选择；要在构建新发展格局中展现新作为，农业农村具有扩大内需的巨大潜力，同时畅通城乡经济循环也是确保国内国际双循环比例关系健康的关键因素。

因此，在实际工作中，一定要深入研究、正确把握，做到统筹谋划、一体推进，不能把两大战略割裂开来。同时，实施两大战略，不同层级、不同区域有不同的任务、不同的责任。县市区的主要任务就是实施好乡村振兴战略，加快推进农业农村现代化，做到了这一点，就是为实施"三高四新"战略、建

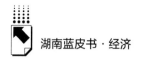
设现代化新湖南做出了应有贡献。一定要提高政治站位，牢记总书记嘱托，胸怀"国之大者"，切实增强做好新发展阶段"三农"工作的责任感、紧迫感。

二 做好规划先行与城乡融合两篇文章

2021年是全面推进乡村振兴的第一年。"起跑决定后程"，开局之年的当务之急，就是要做好规划、打好基础。而要确保乡村振兴的正确方向，走好中国特色的乡村振兴之路，则必须立足新发展阶段、贯彻新发展理念，强化以工补农、以城带乡，推动形成工农互促、城乡互补、协调发展、共同繁荣的新型工农城乡关系。因此，坚持规划引领、推动城乡融合，这既是全面推进乡村振兴的重大理念，又有许多具体工作需要前瞻性谋划、整体性推进。

1. 立足长远发展，切实做好乡村振兴规划

各市州对本地的乡村振兴要有总体规划。各县市区要按照城乡融合、一体设计、多规合一的理念，编制一个统筹全局、立足长远、切合实际的县域乡村振兴规划，对乡村产业、公共服务、基础设施等做出科学布局。中央要求，2021年要基本完成县域国土空间规划编制，明确村庄布局分类。要加快有条件、有需求的村庄尽快实现村庄规划全覆盖。要特别注重乡村规划的前瞻性、科学性、适用性。做好规划，关键是规划主体要深度参与，而不是简单地交给专业团队来做。县、乡政府要对乡、村规划负责，党政主要负责人要亲自参与规划的编制、审核工作。同时，要强化规划执行，保持规划的权威性、严肃性和连续性，真正让规划成为乡村建设的"导航仪"和"施工图"。

2. 加强县域统筹，大力推进城乡融合发展

县域是推进城乡融合发展的主要载体，也最有条件推进城乡基础设施和公共服务一体化建设发展。要把县域作为城乡融合发展的重要切入点，推动公共资源在县域内实现优化配置。要积极推进扩权强镇，着力提升乡镇服务管理功能，把乡镇建成服务农民的区域中心。特色小镇是推进城乡融合发展的重要载体。中央和省委、省政府对特色小镇建设都非常重视，出台了一系列支持政策。各地要抓住机遇，发挥优势，以产业为支撑、以文化为灵魂、以生态为保障、以市场为导向，因地制宜打造一批特色鲜明、要素集聚、宜居宜业、富有活力的特色小镇。目前，全省公布了50个农业、工贸、文旅省级特色小镇，

其中农业特色小镇 15 个。2021 年，要将其作为重点，推动特色小镇发展。要围绕优势特色产业建设，完善特色小镇规划布局；研究制定特色小镇建设规范和标准；完善和落实支持特色小镇建设有关政策。

三　突出乡村建设与产业发展两大重点

全面推进乡村振兴既要统筹抓好五大振兴，又要突出抓好乡村建设与产业发展两大重点任务。

1. 大力抓好乡村建设

党的十九届五中全会首次提出实施乡村建设行动，并强调要把乡村建设摆在社会主义现代化建设的重要位置。2021 年是实施乡村建设行动的第一年，我们一定要开好局、起好步。乡村建设首先要加快补上基础设施短板，统筹水、电、路、气、信、广电、物流"七张网"建设。其次要按照县域内公共服务一体化理念，针对短板弱项，着力提升农村教育、医疗、卫生、养老、文化等公共服务水平，特别是要关注解决好"一老一少"的问题。再者，要巩固农村人居环境整治成果，持续推进农村人居环境提升五年行动，统筹推进农村"厕所革命"、生活垃圾处理、污水治理、村庄清洁和绿化等工作，促进农村环境持续改善。乡村建设要办的事很多，一定要区分轻重缓急，聚焦阶段任务，找准突破口、排出优先序，一件事情接着一件事情办，一年接着一年干，稳扎稳打，久久为功，决不能贪大求快、刮风搞运动。

2. 持续抓好产业发展

习近平总书记对湖南省提出"三个着力"，其中之一就是着力推进农业现代化，要坚持不懈抓好落实。发展现代农业，在保障粮食、生猪等重要农产品有效供给的基础上，关键要按照精细化的理念，着力提高农业的质量效益，做大做强农业优势特色千亿产业。目前，湖南省粮食、蔬菜、畜禽三个产业全产业链产值均已过千亿，油料、水果、茶叶产业已达到七八百亿，预计近两三年都可以达到或接近千亿。要咬定目标不放松，按照原有的思路，在延长产业链、提高附加值上下功夫，确保如期实现目标。对于水产、中药材、南竹等优势特色产业，也要努力加快实现千亿目标。中央农村工作会议提出，要把农业现代化示范区建设作为推进农业现代化的重要抓手，以县市区为单位，五年内在全国创建500个农业现代化示范区。要抓住机遇，积极推动湖南省开展农业现代化示范区建设，并统筹抓好现代农业产业园、农业科技园、农产品加工园、农村一二三产业融合发展示范园等建设，促进产业集群发展。优势特色产业发展离不开科技支撑，要加大关键核心技术和"卡脖子"技术攻关力度，特别是要发挥湖南省优势，大力推进种业创新，为打好种业"翻身仗"做出湖南贡献。此外，要突出抓好乡村产业，依托乡村优势特色资源，推动农村一二三产业融合发展，切实把产业链主体留在乡村、把价值链收益主要留给农民，多渠道促进农民增收。2020年，湖南省农村居民人均可支配收入高于全国平均水平，实现了年初既定目标，2021年要继续把促进农民增收作为"三农"工作的"牛鼻子"来抓。

四　用好改革创新和典型示范两个抓手

推进农业农村高质量发展，既要通过深化改革，激发农村发展活力，又要通过典型示范，形成辐射带动效应。

1. 改革创新是乡村振兴的重要法宝

要积极稳妥推进农村各项改革。一方面，要大胆探索。对中央提出的改革试点任务，对国家法律和政策范围内允许的改革事项，要大胆试、大胆闯、自主改，积极探索可复制、可推广的经验。比如，在深化农村集体产权制度改革方面，要围绕"资源变资产、资金变股金、农民变股民"，积极开展探索，通过多种形式发展壮大新型农村集体经济，努力消除空壳村、提升薄弱村、壮大一般村、做强富裕村。习近平总书记指出，要把发展壮大村级集体经济作为基层党组织一项重大而紧迫的任务来抓。对于发展新型农村集体经济，要从政治高度去把握，深刻认识到这既是激发农村经济发展活力的需要，也是提高基层治理能力、更好服务农民的需要，更是巩固农村基层政权的需要。2021年省委组织部还将专门出台有关政策文件，各地要结合实际认真抓好落实。另一方面，要守住底线。习近平总书记指出，凡是涉及农村基本权益、牵一发而动全身的事情，必须看准了再改，保持历史耐心。对中央提出要稳妥推进的改革任务，湖南要准确把握中央的要求，可以先搞试点，等时机成熟再从面上铺开。特别是要守住总书记提出的"四条底线"，即不管怎么改，都不能把农村土地集体所有制改垮了，不能把耕地改少了，不能把粮食生产能力改弱了，不能把农民利益损害了。比如，在推进农村土地制度改革上，要依法保障进城落户农民土地承包权、宅基地使用权和集体收益分配权。

2. 办点示范是抓好"三农"工作的重要方法

就全省而言，重点抓好 1 个示范市、14 个示范县、若干重点县和一批省级示范点。1 个示范市，就是发挥长沙市在乡村振兴中的示范引领作用；14 个示范县，就是支持每个市州选择 1 个县作为乡村振兴示范县来打造；若干重点县，就是按照中央要求选取部分巩固脱贫成果任务较重的脱贫县作为重点帮扶县；一批省级示范点，就是继续支持各县市区建设若干省级美丽乡村示范村，建成的要继续巩固提升。同时，要发挥红色资源等优势，着力打造湘赣边乡村振兴示范区。湖南各市州、县市区要结合本地实际，建设一批示范乡镇、示范村。对各地推进乡村振兴的经验做法，要及时总结推广。通过办点示范，让各地"学有榜样、干有目标"，带动全省乡村振兴的推进。

五　抓好党建引领与要素保障两大关键

习近平总书记强调，要把"三农"工作作为全党"重中之重"的工作，坚持五级书记抓乡村振兴。湖南要坚决贯彻落实。

1. 全面推进乡村振兴，关键要加强党对"三农"工作的全面领导，特别是要发挥好基层党组织的战斗堡垒作用

各级党委都要高度重视乡村振兴工作，特别是县委书记要当好"一线总指挥"，树立正确的发展观、政绩观，把主要精力放在"三农"工作上。习近平总书记指出，凡是搞得好的村，都有一个好支部、一个好支书。在脱贫攻坚中，农村基层党组织发挥了重要的战斗堡垒作用，全面推进乡村振兴任务更重、要求更高，更要发挥基层党组织的作用。各地要选优配强乡镇领导班子和村"两委"成员特别是村党组织书记，切实建强农村基层党支部和村委会。要坚持和完善向有必要的村选派驻村第一书记和工作队制度。基层党员干部在推进乡村振兴过程中要切实发挥好先锋模范作用。要突出抓基层、强基础、固基本的工作导向，继续落实好省委"1＋5"文件，推动各类资源向基层下沉，切实关心基层干部，减轻基层负担，为基

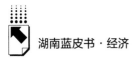
层干事创业创造更好条件。

2. 要全面提升乡村治理水平，突出抓好"自治、法治、德治"工作

党的十九大提出，要加强农村基层基础工作，健全自治、法治、德治相结合的乡村治理体系。这几年，湖南省各地在贯彻落实中形成了不少好经验、好做法，要加大总结提升推广力度。坚持自治为基，厘清乡镇街道与基层群众自治组织权责边界，提升基层自治水平。坚持法治为本，推进乡村法治文化建设，健全农村地区扫黑除恶常态化机制，严厉打击农村非法宗教活动，依法制止利用宗教干预农村公共事务和向未成年人传教，建设法治乡村。坚持德治为先，持续加强农村精神文明建设，深入开展好"听党话、感党恩、跟党走"活动，让农村群众既"富口袋"，更"富脑袋"，以饱满的热情共同建设好美好家园。

3. 全面推进乡村振兴，要落实"四个优先"要求，着力解决好"人、地、钱"的问题

要健全投入保障机制，国家出台了关于调整完善土地出让收入使用范围优先支持乡村振兴的意见，要不折不扣抓好落实，逐年提高计提比例。在"三农"投入方面，不仅要算经济账，更要算好政治账，该投入的一定要舍得投入。全面推进乡村振兴需要大量投入，光靠财政资金还远远不够，必须充分运用市场机制，撬动金融和社会资本投入。要促进乡村人才振兴。乡村人才不足是普遍问题。需要建立健全人才下乡返乡留乡激励机制，加大农村本土人才培养力度，吸引各类人才投身乡村建设，注重发挥新乡贤作用，推动乡村人才振兴。要保障乡村产业用地。习近平总书记指出，乡村建设用地需要给一些新增建设用地指标，更要靠内部挖潜。各地要盘活用好农村存量建设用地，优先保障乡村产业用地。

B.4

立足"三新一高"服务"三高四新"
推动全省经济高质量发展

谢建辉*

以习近平同志为核心的党中央做出了我国进入新发展阶段的重大判断，强调必须完整、准确、全面贯彻新发展理念，提出加快构建以国内大循环为主体、国内国际双循环相互促进的新发展格局，推动"十四五"时期高质量发展。这是党中央根据我国发展阶段、环境、条件变化，特别是基于我国比较优势变化做出的重大决策，是与时俱进提升我国经济发展水平的战略抉择，也是解决我国社会主要矛盾、推动高质量发展的主动选择。湖南必须深刻学习领会习近平总书记的重要论述，全面认识和准确把握"三新一高"，以此为引领谋划好发改工作，服务"三高四新"战略，推动湖南"十四五"高质量发展。

一 应对新挑战、彰显新担当，全省高质量
发展基础持续巩固

2020年是极不平凡的一年。面对新冠肺炎疫情的严重冲击和国内外复杂形势，湖南全面落实党中央、国务院和省委、省政府决策部署，积极作为、主动担当，推动湖南省率先控制疫情、率先复工复产、率先实现经济正增长。2020年地区生产总值增长3.8%，总量突破4万亿元；规模工业增加值增长4.8%；固定资产投资增长7.6%；进出口增长12.3%；城乡居民人均可支配收入分别增长4.7%、7.7%；地方一般公共预算收入实现正增长，呈现稳中

* 谢建辉，中共湖南省委常委，湖南省人民政府常务副省长。

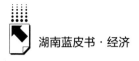

有进、稳中向好、稳中提质的良好态势。

1. 精准履职、主动作为，在战疫情、稳经济当中彰显了新担当

一是全力保障抗疫物资。采取全球采购、企业转产、调产、新开等措施，实现防护口罩"由少到多"、N95口罩和防护服等特殊防护用品"从无到有"、物资保障"从点到面"、由充分保障自己到出口支援国外的重大转变。二是全力组织复工复产。组织24小时专班服务，积极协调解决原材料缺乏、物流不畅、劳动力短缺、要素保障困难等重大问题。到3月底，全省重点项目、规模工业企业复工复产都达到全国最好水平，服务业、商业等恢复经营走在全国前列。三是全力以赴纾困解难。围绕企业在复工复产中反映的资金、物资、环境等问题，及时出台了支持重点项目八条政策、助企纾困30条综合政策和其他一系列有力举措，为企业排忧解难。

2. 精准发力、强化保障，在谋大局、促发展当中彰显了新作为

一是研判重大走势。聚焦疫情影响、产业链重构、复工复产、国际国内经济变化等及时研判、跟踪研判、精准研判，为省委、省政府重大决策提供重要参考。二是编制重大规划。聚焦"十四五"深入开展重大课题研究，科学编制规划《纲要》，指导专项规划编制，认真谋划重大项目，将一批"三个重大"项目纳入国家规划笼子。三是推进重大项目。建立重大项目库和专项债项目库，组织1547个重大项目集中开工，新开工项目共计6000多个，长沙黄花机场改扩建等一批原来想开工但没有开工的项目加快推进，投资增速全国领先。四是谋划重大战略。深入贯彻落实习近平总书记考察湖南重要讲话精神，制定了全省"三个高地"实施方案，谋划了长株潭一体化、"一核两副三带四区"发展、县域经济高质量发展等一批重大战略。五是推进重大改革。全国唯一的全域低空空域改革落地湖南，国家自贸区成功获批，数字货币试点在长沙启动，要素市场化配置改革、投融资改革和"放管服"改革等深入推进。六是推进重大产业。持之以恒抓产业项目建设年活动，加快推进"五个100"建设。以20条工业新兴优势产业链为重点，积极培育壮大产业链，工程机械、功率半导体、手机平板电脑等产业链进入了国家支持"笼子"。"卡脖子"工程和创新平台建设等取得良好成效。七是防范重大风险。积极保障迎峰度冬能源供应，有效应对历史罕见的洪涝灾害，应急救援、安全生产、债务风险防范稳妥有序。

3. 精准施策、高效服务，在强攻坚、补短板上实现了新突破

一是统筹抓好易地扶贫搬迁。建成 2400 多个集中安置区，安置到位 18.7 万户 69.4 万人。推进出台了后续帮扶一系列政策，排查问题整改清零。脱贫攻坚在全国会议上作了经验交流，获得国务院真抓实干督查激励表彰。二是统筹抓好污染防治。长江经济带突出问题整改和洞庭湖三年行动计划实施工作卓有成效。三是统筹抓好民生保障。认真做好"六覆盖"各项工作，制订公共卫生体系建设三年行动计划，区域医疗中心等方面实现重大突破，就业、教育等民生保障水平不断提升。

二　认清新形势、服务新使命，推动高质量发展迈出更坚实步伐

习近平总书记在中央经济工作会议上指出，2021 年是具有特殊重要性的一年。这一年是建党 100 周年的喜庆之年，是全面开启社会主义现代化国家新征程的起步之年，是"十四五"规划开局之年。贯彻落实习近平新时代中国特色社会主义思想，推进高质量发展，必须以"三新一高"为统揽，以服务"三高四新"战略实施为关键，以解决"五感"问题为抓手，谋划好全省工作。

1. 坚持从政治高度分析研判经济工作，把握方向感

必须要从政治的高度做好经济工作，善于用政治眼光分析判断经济社会问题，尤其要做到"五个必须"和"四个善于"。"五个必须"：一是必须学懂、弄通、做实习近平新时代中国特色社会主义思想，尤其是习近平经济思想和关于中部崛起、长江经济带、考察湖南等重要讲话，深刻把握蕴含其中的立场、观点、方法，从政治高度做好经济工作。二是必须坚持党对经济工作的绝对领导。定方向、做决策、促改革、把大局，始终坚持党的领导。三是必须坚持以人民为中心的思想发挥人民群众的创造性，依靠人民群众做好经济工作，让人民群众共享发展成果，不断提升获得感、幸福感、安全感。四是必须坚决贯彻新发展理念。新发展理念是一个系统的理论体系，回答了关于发展的目的、动力、方式、路径等一系列的政治立场、价值导向、发展模式、发展道路等重大政治问题。必须完整、准确、全面、坚决贯彻新发展理念，将其体现到谋划重大战略、制定重大政策、部署重大任务、推进重大工作、建设重大项目的实践

中，经常对标对表，及时校准偏差。五是必须守住发展的底线。坚决守住生态环保、安全生产、社会稳定和重大经济风险等底线。"四个善于"：一是善于从党和国家的工作大局当中思考本地区、本领域根本性、全局性、长远性、战略性发展问题。二是善于从一般性经济事物中发现政治问题，透过现象看本质，解决经济工作深层次问题。三是善于从倾向性或者共性经济问题当中发现政治的端倪，积极思考背后的原因。四是善于从错综复杂的经济矛盾中把握政治逻辑。

2. 坚持从战略视角认识新发展阶段，把握方位感

我国已进入了新发展阶段，这是以习近平同志为核心的党中央着眼于党和国家事业取得历史性成就、发生历史性变革做出的战略判断。要从五个方面来认识"新"。一是新发展基础。新发展阶段源于新发展基础。目前，全面小康社会已经建成，综合国力、经济实力、科技实力和人民生活水平迈上了新台阶，2020 年我国 GDP 超过 100 万亿元，是世界第二大经济体、第一大工业大国，人均 GDP 超过 1 万美元，中等收入群体超过 4 亿人。这为我们进入新发展阶段、朝着第二个百年奋斗目标进军奠定了坚实基础。二是新发展任务。总书记强调，新发展阶段是我国社会主义发展进程中的一个重要阶段，是我们党带领人民从站起来、富起来到强起来历史性跨越的新阶段。新发展阶段核心任务是全面建成社会主义现代化强国，体现在全面小康要向美好生活转变，一部分人先富起来要向共同富裕转变，其发展程度、标准和老百姓的期望都更高。三是新发展主题。总书记反复强调，高质量发展是新发展阶段的主题。实现高质量发展，要推动动力变革、质量变革、效率变革等"三大变革"，实现发展速度、质量、规模、效率、安全、结构等"六个统一"。四是新发展环境。总书记指出，我国仍然处于重要战略机遇期，但机遇和挑战都有新的发展变化，总体机遇大于挑战。这个新变化就是新发展环境。从国际看，百年未有之大变局的格局之变、治理之变、模式之变、科技和产业之变带来了深远影响。从中美关系看，美国打压和遏制中国不仅仅是两种实力之争，也是两种道路、两种制度和两种治理模式之争，斗争和摩擦不可避免。从国内看，周期性和结构性矛盾、短期性和长期性矛盾交织，加之疫情不确定性，给发展带来了新的环境变化。要清醒认识新发展环境变化，敢于担当、敢于作为，于危机中育先机，于变局中开新局。五是新发展目标。从发展目的看，特别强调坚持以人民为中心发展思想,将共同富裕作为重要目标。从发展规模看,到2035年要达到中等发达国家水平,GDP达到200万亿元。从发展质量上看,必须体现高质量发展要求。谋划做好全省工作,必须弄清新发展阶段这个大历史方位,搞清楚从哪里来、往哪里去,才能真正有的放矢、行稳致远。

3. 坚持用全局眼光准确把握新发展格局,增强使命感

新发展格局是以习近平同志为核心的党中央统筹两个大局和国内国际形势变化后做出的战略决策。要从四个层面来理解其内涵。从理论上看,新发展格局具有"四性"特征。创新性:新发展格局是马克思主义再生产理论的创新发展;人民性:新发展格局是以人民为中心思想的充分体现;系统性:新发展格局是全面协调、内外联动的系统布局;主动性:新发展格局是基于国家比较优势变化,充分释放自我发展潜能的自觉安排。从本质上看,新发展格局有三方面本质特点。构建新发展格局是把握发展主动权的先手棋,不是被迫之举和权宜之计;是开放的国内国际双循环,不是封闭的国内大循环、单循环;是以全国统一大市场为基础的国内大循环为主体,不是各地区搞自我的小循环,布局项目、思路思维不能着眼于一地一域,必须融入大局。从实践上看,要处理好"四个关系"。一是构建新发展格局与供给侧结构性改革的关系。循环是供和需的循环,供给要适应需求的变化,与需求相匹配,供给侧结构性改革是主线。二是构建新发展格局与扩大开放的关系。国内国际双循环一定要以扩大开放为基础。三是构建新发展格局与扩大内需的关系。扩大内需是战略基点。必须抓住这个基点,扩大有效投资,提升消费水平。四是构建新发展格局与区域发展的关系。区域发展和新型城镇化是构建新发展格局的引擎,必须把区域发展与构建新发展格局联动起来。从效果上看,要注重"四个提高"。需求方面,提高国内需求占总需求的比重。分配方面,提高居民可支配收入占国民收入的比重、劳动报酬在初级分配当中的比重、中等收入群体的比重。生产方面,提高消费品产业占国民经济的比重。着眼14亿人消费市场,推动消费从低端向中、高端升级。创新方面,提升自主可控技术及其产业占国民经济的比重。从湖南实际出发构建新发展格局,要对标对表中央部署、结合湖南实际,积极融入大局抓紧推动,以扩大内需为基点,以打造"三个高地"为支撑,以强化区域发展和新型城镇化为引擎,以深化改革为动力,以破除制度体制桎梏为基础,以构建流通体系、强化基础设施为根本,以坚持以人民为中心、守

住不发生系统性区域性风险为底线，努力在构建新格局中找准突破口和切入点，持续发力、久久为功。

4. 坚持用时代的眼光、只争朝夕的精神抢抓新发展机遇，增强紧迫感

新一轮发展还面临不少挑战，比如，全球经济循环畅通性问题、疫情影响和经济复苏不确定性问题、全球金融体系脆弱性问题，需要高度重视和关注。比如，当前国内出现的企业分化、市场分化、区域分化、产业分化等情况，说明经济稳定复苏的基础尚不牢固。比如，全省经济复苏过程中，需求侧慢于供给侧、服务业慢于工业、小企业慢于大企业复苏等问题，还需要认真研究解决。但从宏观上看，湖南现在仍面临前所未有的发展机遇，必须只争朝夕，等不得，慢不得。一是抢抓理论指导的机遇。习近平总书记考察湖南时赋予了湖南"三高四新"的新使命，为湖南指明了方向，提供了动力。总书记在中央经济工作会议上总结的中国共产党的领导、制度优势、科学决策、创新应对和人民至上等中国经济发展五条规律性认识，为湖南抢抓机遇提供了理论指导。二是抢抓政策环境的机遇。总书记在中央经济工作会议上反复强调宏观政策要保持稳定性、连续性、可持续性，不搞"急转弯"，这是湖南当前最大的政策机遇。抓住这三性，把政策用好用足，湖南就抢抓了发展机会。三是抢抓科技创新和产业发展的机遇。立足新发展阶段，国家正在推进国家战略科技力量建设和解决"卡脖子"、突破产业链"瓶颈"等重大战略实施。湖南高校和科技创新平台多，具有较好的自立自强科技创新基础。20条工业新兴优势产业链、世界级的产业集群和国家级的产业集群在这一轮提升自主可控能力、稳定产业链供应链中有很好的条件。这为争取更多创新和产业项目落到湖南提供了难得机遇。

5. 坚持用求真务实、敢于担当的作风推进"三高四新"战略落地落实，增强责任感

省委全会明确将"三高四新"作为未来湖南发展战略，围绕这一战略，省里将先后出台"十四五"规划纲要、"三个高地"实施方案、长株潭一体化五年行动计划，一批重大项目、重大产业、重点企业、重大平台被密集铺排，发改系统要认真谋划、扎实推进，高质量做好各项工作。一要突出重点。各市州、各部门要从自身实际出发，梳理出实施"三高四新"战略的重大项目，形成关键带动作用；梳理出领航性企业、小巨人企业、独角兽企业和隐形冠军

企业等重点企业，实现大企业顶天立地，小企业铺天盖地；梳理出园区等重点平台，推动园区特色化、市场化、高质量化转型；梳理出重点引资，加大招商引资力度，集中精力瞄准重点区域进行产业链和园区招商，持续推进上市"破零倍增"，营造良好金融环境。二要注重特色。各地落实"三高四新"战略要从发展实际出发，找到各自的发展方向和任务，形成自己的特色和亮点，以具体项目为牵引，形成一县一特、一市一特或一市几特、一园一特，让"三高四新"百花齐放。三要强化保障。要强化政策保障，精准提供政策供给；强化环境保障，推动提升市场化、法制化、国际化营商环境；强化服务保障，专班服务重点企业、重点园区；强化要素保障，在土地、资金、技术、数据等方面给予倾斜。四要抓好统筹。要在实施"三高四新"战略中，统筹抓好发展与安全、乡村振兴与脱贫攻坚有效衔接等重大问题，统筹抓好生态环境治理、民生保障、城乡融合发展等工作。

三　坚持党建引领、加强系统建设，推动高质量发展迈上新台阶

总书记在中央经济工作会议、中央政治局常委会会议和中央政治局民主生活会上多次强调，领导干部要增强政治判断力、政治领悟力、政治执行力。新征程要求新作为，必须坚持以政治建设为统揽，以党建为引领，不断强化自身建设、提升能力水平，为推进全省高质量发展贡献力量。

1.思维上，要强化"五种思维"

一是强化政治思维。旗帜鲜明讲政治，将绝对忠诚作为第一品质，将增强"四个意识"、坚定"四个自信"、做到"两个维护"作为第一要求，内化于心、外化于行，持续提升政治判断力、政治领悟力、政治执行力。二是强化战略思维。"不谋万世者，不足谋一时；不谋全局者，不足谋一域。"发改工作要胸怀"两个大局"，站在战略高度和全局背景下去思考、推进；把湖南放在全国大局和全球格局，把湖南各市州放在全省和全国大局中去定位、谋划，思考战略方向、战略目标、战略重点和工作机制、推进方式。三是强化创新思维。总书记指出："问题是创新的起点，也是创新的动力源。"身处新时代，新问题、新矛盾层出不穷，必须创新思维、理念、方法，打破陈规陋习，破除

经验主义、本本主义，创造性开展工作。四是强化系统思维。进入新时代，谋发展、促改革、搞建设的背景、要求、标准都发生了深刻变化，必须坚持系统观念，强化系统思维，增强工作系统性、全面性、前瞻性。五是强化底线思维。2019年1月，习近平总书记在省部级主要领导干部专题研讨班上，就七大领域重大风险做出深刻分析、提出明确要求。"备豫不虞，为国常道。"必须高度警惕"黑天鹅"和防范"灰犀牛"事件，把困难估计得更充分些、风险思考得更深入些，堵漏洞、补短板、强弱项、守底线。

2. 能力上，要提升"四种能力"

一是分析研究能力。要紧贴实际、深入实地、力求实效加强分析研究，把准发展趋势、政策走势、改革大势，及时加强预研预判，及时发现苗头性、倾向性问题，提出针对性政策建议。二是统筹协调能力。湖南发改部门需要协调的跨地区、跨领域、跨行业等重大问题很多，既要抓重点、重点抓，又要抓全面、全面抓，做到"主动、及时、精准、高效"，形成抓落实强大合力。三是决策执行能力。出政策、作决策既要审时度势、因时制宜，又要杀伐决断、敢于拍板，对于经科学论证、看准的事，要敢于决策、善于决策。同时，要坚决执行中央和湖南省委、省政府重大决策部署，建立"三单一制"，有力有序推进重点政策、产业、项目、改革等工作。四是破解难题能力。面对难题要精心研究、细心调查、静心思考、虚心学习，把政策吃透吃准、把问题摸实摸准，找准切入点和突破口，找到解决问题的办法和依据。

3. 政策上，要紧盯"三个环节"

一是坚持对标对表。准确掌握国家政策动态，坚持先学一步、学深一层，对于全局性、战略性政策举措要积极对接、融入，在落实中捕捉发展机遇。二是抓好贯彻落实。在吃准吃透政策精神基础上，结合实际做好政策细化、实化、具体化工作，使其更具可操作性。同时，充分挖掘政策"含金量""含新量"，围绕"用好、用活、用足"下功夫，最大限度发挥政策效应。三是注重发展实效。实践是检验政策效果的唯一标准。要及时跟踪政策实施，加强政策绩效评估。同时，及时收集整理政策实施过程中基层、群众和企业的意见、建议，坚持问题导向、目标导向、结果导向，与时俱进调整政策，使其更加完善、简洁、管用。

4. 作风上，要克服"两个主义"

习近平总书记强调："作风问题本质上是党性问题。"作风直接关系党委政策的决策部署能否落地、能否取得实效。要坚决克服形式主义和官僚主义。具体要解决四个问题。一要防止纸上谈兵倾向。高质量发展不能表态多调门高、行动少落实差，更不能当"二传手""打太极""踢皮球"。要持续转变文风、会风、学风，坚决整治形式主义、官僚主义，出实策、办实事，不图虚名，不务虚功。二要防止故步自封倾向。抓大事、难事、急事，不能拍脑袋、想当然，搞唯我独尊、唱独角戏，必须集思广益、兼容并蓄，遵守组织原则和程序，科学民主依法决策。三要防止因循守旧倾向。要适应新发展阶段形势要求，破除思维定式、工作惯性和路径依赖，善于运用新知识、新方法去破解新挑战、新难题。尤其要鼓励创新、勇于创新、包容创新，为担当者担当、为负责者负责、为干事者撑腰，理直气壮地支持敢闯敢干、锐意进取的干部。四要防止急功近利倾向。出政策、谋项目，不能脱离实际、头脑发热，也不能"捡进篮子都是菜"、眉毛胡子一把抓，瞎干蛮干、顾此失彼，留下难以挽回的遗憾。只有坚持实事求是、因地制宜，量力而行、尽力而为，才能以实实在在的工作获得实实在在的高质量发展成果。

B.5
以开放型经济高质量发展
助力内陆地区改革开放高地建设

何报翔[*]

一 科学总结湖南省"十三五"开放型经济发展成绩

"十三五"期间，面对复杂的外部环境和各类风险挑战，全省上下攻坚克难、积极作为，推动开放型经济发展取得了全方位历史性的成就。

一是开放发展成效突出。内外贸、内外资、外经合作、口岸平台等竞相发力、齐头并进，多项指标逆势上扬、全国领先。2020年全省完成进出口总额4874.5亿元、增长12.3%，增速多年居全国前列、中部第一，总量排全国第14位，比"十二五"末上升5位。2020年实际使用外资210亿美元、增长16%，实际到位内资8737.3亿元、增长22.5%，全年内、外资总额突破1万亿元大关，外商直接投资增幅居全国前列、中部第1；对外实际投资14.9亿美元、增长54.7%，总量居全国第10、中部第1；实现社会消费品零售总额16258.1亿元、下降2.6%，降幅小于全国1.3个百分点；航空口岸执飞国际全货机航班1021架次、货值39亿美元，分别增长225%、417.5%；中欧班列开行546列、货值22.4亿美元，分别增长22.4%、94.3%。

二是平台建设全面突破。"十三五"的5年是湖南省开放平台数量快速增长、质量不断提升的5年，湖南高桥大市场采购贸易方式试点、岳阳城陵矶汽车平行进口试点、湘南湘西承接产业转移示范区，以及长沙、岳阳、湘潭、郴州跨境电商综试区等开放平台相继获批，中非经贸博览会长期落户并成功举办第一届，以及中国（湖南）自由贸易试验区挂牌成立，"宽领域、多层次、高

---

* 何报翔，湖南省人民政府副省长。

水平、全方位、立体化"的开放平台体系逐步建立。

三是发展能力持续提升。十一次党代会以来，全省构建了"1+2+5+N"的开放崛起政策体系，深入实施开放崛起五大行动，制定出台稳外贸、稳外资、促消费、自贸区建设、对非经贸合作等一揽子政策举措，为开放型经济发展提供了坚实的政策支撑。针对湖南外贸发展短板，实施破零倍增、综合服务、融资支撑、新业态突破、四个百亿美元项目、万企闯国际"六大举措"；针对县市区开放型经济发展弱项，推出"三重一点"措施；针对外贸融资难题，推出外贸供应链平台和融资担保机制、风险补偿机制的"一平台两机制"，有效提升了开放型经济发展质效。

尽管"十三五"期间湖南省开放型经济发展取得了巨大的成绩，但同发达省市相比，无论是在发展的"量"上，还是"质"上，湖南还存在很多不足，离建设内陆地区改革开放高地的要求还有较大差距。

二　准确把握开放型经济发展面临的形势

2021年是"十四五"的开局之年，也是实施"三高四新"战略提出后的首战之年。湖南省开放型经济发展既面临挑战，也面临机遇。从全球看，当今世界正经历百年未有之大变局，新冠肺炎疫情加剧了大变局的演变，和平与发展仍然是时代主题，新一轮科技革命和产业深入发展，推动世界经济结构、产业结构、国际分工发生深刻变革；国际环境日趋复杂，经济全球化遭遇逆流，不稳定性不确定性明显增加。但也存在诸多利好因素，如多双边经贸合作取得重大突破，RCEP、中欧投资协定签署，非洲自贸区正式启动，中日韩自贸区谈判、加入CPTPP等快速推进，为湖南对外开放提供重大机遇。从国内看，虽然目前经济复苏基础还不牢固、市场有效需求仍显疲弱，但有以习近平同志为核心的党中央坚强领导的政治优势，有中国特色社会主义制度优势，有宏观政策的稳定支持，有全球最完整、规模最大的工业体系，有超大规模内需市场，有巨大的人力人才资源，我国经济稳中向好、长期向好，潜力足、韧性好、活力强、回旋空间大，2020年我国成为全球唯一实现正增长的主要经济体，这为湖南省开放型经济发展提供了坚强的支撑。从省内看，湖南省区位优势明显，产业基础坚实，各种发展机遇叠加，习近平总书记提出的"三高四

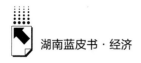

新"要求，长江经济带发展、中部地区崛起等国家战略提供的区域发展机遇，以及中非经贸博览会长期落户、中国（湖南）自由贸易试验区成功创建等，带来巨大的机遇、蕴含巨大的潜力。推进开放型经济高质量发展，需要全面辩证认识和把握发展大势，增强机遇意识和风险意识，准确识变、科学应变、主动求变，做到因势而谋、应势而动、顺势而为。

三　奋力推进湖南省开放型经济高质量发展

"十四五"期间，湖南应以习近平同志为核心的党中央做出的重大决策为指引，认真贯彻落实十九届五中全会和中央经济工作会议精神，锚定目标、笃行实干，奋力推进湖南省开放型经济高质量发展，以开放型经济高质量发展助力内陆地区改革开放高地建设。

1. 紧扣"三高四新"战略要求

2020年9月，习近平总书记考察湖南时，勉励湖南打造"三个高地"、践行"四新"使命。"三个高地"是湖南进入新发展阶段、构建新发展格局的新定位，"四新"使命体现了新发展阶段、新发展理念、新发展格局的实践要求，这是习近平总书记从战略和全局高度对湖南做出的战略指引，是全省"十四五"及更长时期经济社会发展的方向和根本遵循。实施"三高四新"战略是省委深刻领会习近平总书记重要讲话精神、顺应新阶段湖南发展需要做出的重大决策。湖南应该把思想和行动统一到中央、省委决策部署上来，将"三高四新"战略要求贯彻到开放型经济工作的全领域、全过程，加快推进规则、规制、管理、标准等制度型开放，探索内陆地区改革开放新路径，建设更高水平开放型经济新体制。

2. 推动对外贸易创新发展

持续推广外贸"六大举措"、健全"四大体系"，推动外贸创新发展。一是稳住外贸基本盘。推进园区外贸综合服务中心建设，服务外贸"破零倍增"工作开展，不断壮大外贸主体。加强外贸供应链平台支持，鼓励市州培育外贸供应链企业。支持县市区、园区建立外贸融资风险补偿机制和外贸融资担保机制，完善中小微外贸企业出口便利优惠融资办法。二是优化外贸结构。推动产业聚集显著的县市区实施特色优势产品出口计划。扩大先进技术、重要装备、关键零部件和优势消费品、非洲非资源性产品进口。推动企业国际市场开拓数字化转型，组织参加进口博览会、广交会等境内外重点展会。三是加快转型升级。发挥外贸转型升级基地作用，培育壮大外贸优势产业集群。提升加工贸易，促进二手车、二手工程机械设备出口，鼓励开展保税检测、全球维修和再制造出口。出台服务贸易创新发展政策，促进数字贸易、技术贸易和文化贸易，推动服务外包转型升级。四是发展贸易新业态。持续发展跨境电商，打造中西部跨境电商集散中心。深入推进市场采购贸易试点建设，打造湖南出口产品集聚区，探索建立市场采购风险补偿融资模式。探索对非易货贸易模式。五是促进内外贸融合。大力推动出口转内销，支持企业开发生产"三同"产品（同线、同质、同标），开展内外贸产销对接，畅通内外贸一体化渠道。

3. 推动招商引资提质增效

坚持招大引强与招新引优并行，通过高水平引进来，大幅提升招商引资对外贸、产业、区域协调发展的贡献度。一是稳住外资基本盘。全面落实外商投资法及其实施条例，认真执行外商投资准入前国民待遇加负面清单制度。搭建稳外资工作专班，开展外商直接投资"破零倍增"行动和重大签约项目资金到位倍增行动。二是聚焦招大引强。深入实施"对接500强提升产业链"行动，每年新引进"三类500强"重大产业项目100个以上。加大重大项目服务和保障力度，建立重大项目部门协同服务机制。三是突出产业链招商。聚焦"两新一重"、先进制造业、数字经济和外贸实体等领域，围绕产业链龙头企业开展链主制招商，着力建链、补链、延链、强链。四是持续推进市场化招商。进一步完善招商云平台。在北京、香港新设承接产业转移综合服务中心，加强对环渤海湾、粤港澳大湾区产业对接。推动专业园区运营商与省内园区的对接合作，建设市场化"园中园"。线上线下融合、创新务实办好"港洽周"。

4. 推动高质量"走出去"

坚持共商共建共享原则，聚焦重点国家和领域，加强与"一带一路"沿线和非洲国家务实合作。一是深耕重点市场。全面推进对非投资合作，探索以投资带易货贸易、加工贸易的对非合作新模式，推进在坦桑尼亚、安哥拉、乌干达等重点国家的项目落地。以RCEP为切入点，积极开展"园区＋抱团＋投建营一体化"合作。举办湖南装备与制造走进东盟系列活动。二是深化重点领域合作。以境外经贸合作园区为载体，推动农业、工程机械、轨道交通、生物医药、能源电力等优势产业重点企业"走出去"。以德国、以色列等国家为重点,推进高新技术领域跨国并购。积极参与全球产业链重构,加强国际产能合作。三是推进援外与投资、工程融合发展。用好援外培训和援外项目资源,系统开发重点国别、行业市场,推进马达加斯加"农业援助＋市场运营"和老挝农业合作项目。四是提升服务保障能力。优化政策支持体系,完善"政策支持＋项目共享＋利益均沾"抱团机制,做实"湖南省企业'走出去'联盟"。加强湘企出海平台建设,完成平台二期开发。建强境外服务网络,抓好境外风险防控,服务重大项目落地。

5. 高标准建设自贸试验区

建设自贸区是全省实施"三高四新"战略、打造内陆开放新高地的首要关键举措。一是落实改革任务。深入贯彻落实《中国(湖南)自由贸易试验区总体方案》和《中国(湖南)自由贸易试验区建设实施方案》,加快推进121项改革试点任务的落地实施,深入复制推广自贸试验区改革试点经验。聚焦经济社会发展的难点、堵点和痛点问题,大力开展首创性、集成性、系统性、链条性改革探索。依托省内外高校、科研机构成立自贸试验区智库,建立制度创新项目库。二是强化机制保障。加快出台自贸试验区条例,建立健全考评激励、风险防控等机制。尽快编制出台长沙、岳阳、郴州三个片区发展规划和"一产业一园区一走廊"三大专项规划,并抓紧推进实施。高标准制定自贸试验区人才、产业发展等政策。有序将省级经济社会管理权限依法下放至自贸试验区。三是推进项目落地。聚焦产业发展和物流通道建设,紧密跟进自贸试验区内在建在谈重点招商引资、平台、通道、产业等项目,建立项目库,推动一批标志性项目落地。四是注重联动发展。发挥自贸试验区辐射引领作用,制定自贸试验区协调联动发展方案,在有条件的省内重点园区、平台设立联动发展区,支持联动发展区开展自贸试验区相关改革试点。

6. 持续加强对非经贸合作

突出落实好"两大任务"。精心筹备办好第二届中非经贸博览会。以国际化、专业化、市场化为导向,统筹品牌造势与平台做实,做好宣传推介,精准邀商招展,加强经贸对接撮合,探索市场化办会途径,不断增强各方的参与感和获得感。做好展会常态化疫情防控工作,动态调整展会活动安排,推进数字化转型,确保博览会安全有序成功举办。全力推动中非经贸深度合作先行区加快发展。推动中非经贸合作创新示范园、非洲非资源性产品集散交易加工中心、中非跨境人民币中心、中非经贸合作研究会、中非经贸合作研究院、中非驻地服务中心和中非经贸合作职业教育产教联盟等机制平台建设，探索开展对非易货贸易，创新搭建中非易货贸易平台，深化地方对非经贸合作机制。建设对非国际物流体系，打造中西部对非物流核心枢纽。支持邵阳、岳阳、浏阳等中非经贸产业园建设，引导各市州、县市区和园区找准对非合作突破口，培育新增长点。

7. 建好用好一批开放平台

着力推进海关特殊监管局错位高质量发展，加快建设长沙、岳阳、湘潭、郴州跨境电商综试区，推动构建"一核三极多园区"的跨境电商差异化发展格局。拓展以货运航线、中欧班列、江海航线、铁海航运为重点的国际物流大通道，研究开通高铁货运快线，岳阳至香港、日韩的直航航线，打通湖南至非洲的铁海联运通道。加快融入西部陆海新通道，扩大与东盟的经贸往来。高质量办好中国国际轨道交通和装备制造产业博览会、湖南－粤港澳大湾区（湖南－长三角地区）投资贸易洽谈周、中国国际食品餐饮博览会、长沙国际工程机械展、湖南国际通用航空产业博览会等重大经贸活动，进一步拓宽合作范围和领域，拓展国际"朋友圈"，打造新的经济增长点。

B.6
做实文化和旅游融合发展大文章
努力在"三高四新"战略中
展现文化和旅游新作为

谢卫江 *

推动文化和旅游融合发展，是以习近平同志为核心的党中央做出的重要决策。十九届五中全会强调，要推动文化和旅游融合发展，建设一批富有文化底蕴的世界级旅游景区和度假区，打造一批文化特色鲜明的国家级旅游休闲城市和街区，发展红色旅游和乡村旅游。习近平总书记强调，"要坚持以文塑旅、以旅彰文，推动文化和旅游融合发展，让人民在领略自然之美中感悟文化之美、陶冶心灵之美"。特别是 2020 年 9 月，习近平总书记亲临湖南考察指导，对湖南省文化和旅游工作寄予了新的期望。湖南要以十九届五中全会精神和习近平总书记关于文化和旅游工作的重要论述为根本遵循，着力推动"十四五"时期湖南文化和旅游高质量融合发展。

一 2020年湖南文化和旅游融合发展取得新成绩

2020 年是极不平凡的一年。面对错综复杂的国际国内形势和前所未有的风险挑战，全省文化和旅游系统坚决贯彻落实党中央国务院和省委省政府决策部署，大力推动文化和旅游高质量融合发展，各项工作取得新成效。

一是着力强化政府主导，形成了齐抓共管新局面。省委常委会、省政府常务会专题研究全域旅游、文旅小镇建设，把文化和旅游工作纳入全省真抓实干督查考核项目。许达哲书记做出了"文化和旅游是消费的新蓝海"的重要判

---

* 谢卫江，湖南省人民政府副省长。

断，并亲自部署 2020 年红色旅游博览会和特色文旅小镇遴选建设工作。毛伟明省长做出批示，强调要将"文化＋旅游"打造成全省经济发展的重要增长点。各省直部门通力协作，深入推进文化和旅游与一二三产业融合发展；各市州、县市区在深化文化和旅游融合发展上推出新举措，形成了省市县三级联动抓文化和旅游融合发展的生动局面。

二是着力推动复工复产，文化和旅游促消费成为新热点。2020 年，全省 3779 家规模以上文化企业实现营业收入 3395 亿元，实现由负转正增长，比上年增长 2.8%；全省接待国内外游客 6.9 亿人次，实现旅游收入 8261 亿元，均恢复到 2019 年的 85%。在全国率先创建云上湖南非遗馆，联合淘宝、京东等 10 大电商平台成功举办"湖南非遗购物节暨网红直播带货大赛"，带动非遗产品成交金额超 6000 万元。全年组织 292 家旅行社在大湘西、神奇湘东 13 条精品线路发团 3.29 万次，送客 195.27 万人次精准到达 198 个扶贫村镇，带动消费 123.15 亿元，文化和旅游扶贫成为脱贫攻坚重要渠道。

三是着力扩大文化供给，公共服务水平得到新提升。围绕全面建成小康社会、建党 100 周年等主题开展艺术精品创作，《大地颂歌》《桃花烟雨》《半条红军被》入选文化和旅游部舞台艺术精品创作工程。推进湖南智慧文旅和公共服务数字化建设，制定出台了《湖南省实施〈中华人民共和国公共文化服务保障法〉办法》，在全国率先建成以湖南公共文旅云为省级中心，覆盖城乡、互联互通的全省公共数字文化和旅游服务网，如期完成全省现代公共文化服务体系建设和旅游厕所建设新三年行动计划，人民群众文化和旅游生活不断丰富。

四是着力打造文化和旅游品牌，景区建设取得新进展。制订并实施"锦绣潇湘"品牌营销五年规划和三年行动计划，"锦绣潇湘"走进"一带一路"文化和旅游合作交流系列活动荣获中国旅游业最具影响力品牌活动第二名。常德柳叶湖旅游度假区成功创建国家级旅游度假区，成为湖南省第二家国家级旅游度假区。桃花源景区成功创建国家 5A 级景区。目前，湖南省有首批国家全域旅游示范区 3 个，A 级景区 482 家，全国乡村旅游重点村 34 个，国家级文化产业示范基地 11 个。

五是着力优化营商环境，文化和旅游市场展现新气象。推动"一件事一次办"改革，全面梳理 83 项事项，64 项入住政务大厅，审批办结压缩了 4 个

工作日，实现办理事项"零超时、零差错、零投诉"。部署开展文化和旅游市场专项整治及"不合理低价游"查处活动，出动执法人员 1.46 万人次，联合相关部门 73 次，责令整改 109 起，立案查处 21 起，实现全省文化和旅游行业无感染疫情病例、无重大安全事故、无重大旅游投诉，整治工作成效显著。

二　牢牢把握当前湖南文化和旅游融合发展新机遇、新挑战

1. 新机遇

从国家大势来看，党的十九届五中全会明确指出，要加快发展文化、旅游等现代服务业，培育国际消费中心城市，形成强大国内市场。"十四五"时期，以国内大循环为主体、国内国际双循环相互促进的新发展格局正在加速构建，扩大内需成为战略基点，国家对文化和旅游消费的政策扶持力度不断加大。要坚持用战略眼光和辩证思维分析文化和旅游业面临的新形势，牢牢抓住历史性机遇，主动融入新发展格局，增强做好湖南文化和旅游融合发展工作的科学性、预见性和主动性。从市场需求来看，文化和旅游消费正处在快速增长期。研究表明，当人均 GDP 超过 5000 美元时，即为文化和旅游消费爆发增长期，目前，全国人均 GDP 已超过 1 万美元，湖南已超过 8000 美元（长沙超过 2 万美元），湖南省文化和旅游消费群体已进入爆发式增长期，市场需求庞大。特别是 2021 年是建党 100 周年，随着学党史主题教育的深入开展，红色旅游必将迎来新的春天。从湖南省实际来看，文化和旅游资源丰富，拥有万年自然景观、千年历史文化和民族风情、百年革命圣地；"一带一部"区位优势明显，高铁、高速公路、航空等综合交通运输体系日益完善；在"三高四新"战略引领下，湖南省正在加快推进文化强省和全域旅游建设，文化和旅游发展政策支撑、制度保障更加健全，为加快文化和旅游融合发展奠定了坚实基础。

2. 新挑战

从外部环境来看，当前，全球疫情蔓延态势仍没见底、大国竞争加剧、民粹主义思潮蔓延、地缘冲突加剧，疫后外部环境更加复杂严峻，对国际文化和旅游推广交流产生不利影响。从区域竞争来看，广东、江西、湖北、贵州等周

边兄弟省市文化和旅游业迅猛崛起，对湖南省造成"东西挤压、南北夹击"态势，不进则退、慢进也是退。从发展质量来看，湖南省文化和旅游规模企业数量仍然偏少、产业效益仍然不够高，旅游人均消费水平偏低，产业发展质量有待进一步提升。此外，湖南市县级文化设施总体滞后，乡村旅游"最后一公里建设"还需加强，旅游高峰期景区道路行车难、停车难、如厕难等问题依然存在，文化和旅游融合发展环境有待进一步优化。

总体来说，推动湖南文化和旅游融合发展，机遇与挑战并存，机遇大于挑战。全省应当立足新发展阶段、贯彻新发展理念、构建新发展格局，在新形势下努力走出一条文化和旅游高质量融合发展的新路子。

三 加快推动湖南文化和旅游高质量融合发展

2021年是建党一百周年，也是"十四五"开局之年。全省文化和旅游工作必须坚持以文塑旅、以旅彰文、融合创新的工作思路，以供给侧结构性改革为主线，以扩大内需为战略基点，大力推进文化和旅游转型发展、融合发展、高质量发展，努力把"文化 + 旅游"打造成为全省经济发展的重要增长点，加快旅游产业"过万亿"步伐，在湖南省深入实施"三高四新"战略以及奋力建设现代化新湖南中彰显文化和旅游新担当。

1. 加强顶层设计，推进规划融合

高水平编制"十四五"文化和旅游发展专项规划，优化全域旅游顶层设计。全面优化长株潭、环洞庭湖、大湘西、雪峰山、大湘南五大文化和旅游区域板块功能定位、项目布局。对标世界级旅游景区和度假区、国家级旅游休闲城市和街区、红色旅游和乡村旅游等"四种形态"，抓好重点景区、精品线路、区域板块等点线面布局，连点串线成面，形成"四种形态"可复制、可推广的成熟模式。规划编制时，要顺应休闲度假的行业发展趋势，以构建"吃住行游购娱""商养闲情奇"等旅游要素为着力点，培育孵化一批新产品新业态，推进旅游产业转型升级；顺应消费升级新趋势，以文化赋能、增强体验互动，推动景区转型升级；进一步引导各市州、各景区往休闲度假和"月光经济"方向发展转化，从顶层设计、爆款打造和文化赋能等方面推动产业转型升级。

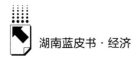
2. 加强机制创新，推进工作融合

建立健全上下联动、左右协同的文化和旅游融合发展工作协调机制，筹备召开全省文化和旅游融合发展大会、全省文化和旅游投融资大会，全面营造省市县三级联动抓文化和旅游融合发展的浓厚氛围。办好湖南红色旅游文化节，积极参与中国红色旅游博览会，加快实施艺术创作精品工程、文化和旅游人才培养工程，以大活动、大工程引领文化和旅游融合发展。强化政策法规推动，着力抓好刺激文化和旅游消费潜力的系列政策落地见效，在财政、金融、用地、人才保障方面为文化和旅游融合发展提供有力支撑。强化项目引领，树立项目为王理念，坚持政府主导、市场主体、企业化运作的项目推进机制，突出抓好文化和旅游项目招商及市场化投资建设运营，以重大项目建设促进文化和旅游融合大发展。

3. 整合优势资源，推进业态融合

实施"文化＋旅游""旅游＋""＋旅游"战略，找准产业结合点，推动文化和旅游产业与相关产业融合发展，打造兼具文化和旅游特色的新业态、新主体、新模式。围绕庆祝建党100周年，加快伟人故里韶山、沙洲村红色文化旅游特色园区、国家长征文化公园（湖南段）、湘赣边红色旅游、湘鄂川黔革命根据地、"两山"红色旅游专线等重点红色旅游项目建设。加大文化资源和旅游资源普查、梳理、挖掘、阐发力度，推动将更多文物资源、文化内容、文化品牌纳入旅游线路、融入景区景点，使文化成为景区景点金字招牌。以韶山、沙洲村为重点，完善周边生态，拓展"红色旅游＋乡村振兴＋研学＋……"发展模式，进一步挖掘内涵，丰富业态。加强对国家级文化产业示范园区和基地的调度和服务，加快马栏山视频产业园建设，推动一批省级文化产业园区创建为国家级文化产业园区，推进全域旅游示范区创建走向深入，形成气候。发挥湖南广电宣传优势，加强对"锦绣潇湘"旅游品牌整体营销包装，对重点景区市场化专项营销，助力各市州、各景区打造形成各具文化特色的旅游子品牌。

4. 优化资源配置，推进市场融合

深入推进"放管服"改革，优化营商环境，促进各类资源要素合理流动、高效配置，积极培育文化和旅游市场主体、提升活力竞争力。鼓励文化机构和旅游企业对接合作，推动形成一批以文化和旅游为主业、以融合发展为特色、具有较强竞争力的领军企业、骨干企业。促进文化和旅游市场监管融合，加强综合监管，推进文化和旅游市场"打非治违"三年专项整治行动，联合相关部门落实"黑名单"制度，确保文化和旅游市场健康有序发展。

5. 发挥综合效益，推进服务融合

统筹公共服务设施建设、管理、使用，建设、改造一批文化和旅游综合服务设施，提高公共服务覆盖面和适用性。统筹公共服务机构功能设置，在旅游公共服务设施修建、改造中，增加文化内涵，彰显中国特色、中华元素、地方特点，充满文化味。推动公共文化服务进入旅游景区、旅游度假区，在游客聚集区积极引入影院、剧场、书店等文化设施，构建主客共享的文化和旅游新空间。

6. 巩固脱贫攻坚，推进乡村振兴融合

以大湘西、大湘东地区精品旅游线路为依托，持续推进文化和旅游助力脱贫攻坚成果巩固及乡村振兴实施。推动建设一批精品民宿，着力推进"送客入村"办法落实落细，加快精品线路云平台完善并升级。加强二十大特色文旅小镇服务管理，跟踪考核，举办湖南特色文旅小镇发展论坛，推动特色文旅小镇继续提质升级。坚持把举办乡村文化旅游节与实现乡村振兴发展相结合，办好四季乡村文化旅游节，使乡村旅游成为乡村振兴的重要驱动力。

总 报 告

General Reports

B.7

2020~2021年湖南经济发展报告

湖南省人民政府发展研究中心课题组*

摘　要：　2020年，国内外形势纷繁复杂，湖南克服新冠肺炎疫情、罕见
洪涝灾害等严峻挑战，经济发展动能持续恢复、发展质量持
续改善、发展韧性持续增强。展望2021年，全球经济复苏分
化，国际国内环境变化更加深刻复杂，湖南经济持续稳中向
好趋优，但风险挑战仍存，预计全省经济增速回升至8.5%左
右，规模工业、固定资产投资、社会消费品零售总额等主要
经济指标增速继续回升。湖南经济要保持高质量发展，必须
围绕"三个高地"建设开好新局，强化需求侧管理形成新平
衡，开创农业农村现代化发展新局面，构建区域协调发展新
格局，推动民生品质有新提升，并做好防范化解各种衍生风
险和挑战的工作。

---

* 课题组组长：谈文胜（湖南省人民政府发展研究中心党组书记、主任）；副组长：唐宇文（湖
南省人民政府发展研究中心副主任、研究员）；成员：李学文、龙花兰、黄玮、黄君、张诗逸。

关键词： 经济 高质量发展 湖南

2020年，面对国内外形势的深刻复杂变化，特别是面临突如其来的新冠肺炎疫情、历史罕见的洪涝灾害等严峻挑战，湖南省委省政府坚决落实党中央、国务院决策部署，率先启动复工复产，统筹推进疫情防控和经济社会发展，扎实做好"六稳"工作、全面落实"六保"任务，全省经济呈现发展动能持续恢复、发展质量持续改善、发展韧性持续增强的特点，脱贫攻坚战取得全面胜利，决胜全面建成小康社会取得决定性成就，为全面开启"十四五"新征程、大力实施"三高四新"战略、奋力建设现代化新湖南打下了坚实基础。

一 2020年湖南经济发展情况

（一）湖南经济运行的主要特点

1. 发展动能持续恢复

一是 GDP 增速持续回升，经济总量迈上新台阶。受新冠肺炎疫情严重冲击，2020 年一季度全省 GDP 增速明显回落，较上年同期下降 9.5 个百分点，随着复工复产的全面推进，经济增长动能逐渐恢复，上半年、前三季度 GDP 增速分别达到 1.3%、2.6%，全年经济增长 3.8%，较全国同期高 1.5 个百分点，在 GDP 总量排名前 10 位的经济大省中，湖南经济增速位居第 1，地区生产总值首次突破 4 万亿元大关，达到 41781.5 亿元，稳居全国第 9 位、中部第 3 位。二是规模工业、投资和进出口等主要经济指标增速全面回升，增速居全国前列。2020 年，全省规模工业增加值、固定资产投资、进出口总额同比分别增长 4.8%、7.6% 和 12.3%，较一季度分别提高 6.9 个、11.6 个和 6.9 个百分点，比全国同期平均水平分别高出 2.0 个、4.7 个和 10.4 个百分点，增速分别排名全国第 12、第 9 和第 8 位，其中进口增速排名全国第 2；社会消费品零售总额增速比上年下降 2.6 个百分点，降幅较一季度收窄 8.9 个百分点，比全国同期水平高 1.3 个百分点。三是市场主体保持良好增长势头。2020 年全

省新登记企业 21.66 万户，同比增长 6.4%，日均登记企业近 600 家。四是
"新基建"赋予新动能。2020 年湖南发布了 30 个 5G 典型应用场景和 100 个
"数字新基建"标志性项目，共建成 5G 基站 2.9 万座，四家基础电信运营商
累计完成 5G 投资 96 亿元。

表 1　2020 年全省主要经济指标增长情况

单位：%

指标名称	一季度	上半年	前三季度	全年
地区生产总值	−1.9	1.3	2.6	3.8
规模工业增加值	−2.1	1.9	3.5	4.8
固定资产投资	−4	4.7	6.5	7.6
社会消费品零售总额	−11.5	−6.6	−4.6	−2.6
进出口总额	5.4	13.4	6.9	12.3
出口	−4.4	5.9	0.5	7.5
进口	26.5	30.9	22.4	24.1
地方一般公共预算收入	−5.6	−8.7	−3.5	0.1

资料来源：湖南省 2021 年统计公报及 2020 年统计月报。

2. 发展质量持续改善

一是新兴产业增长强劲。2020 年，全省高新技术产业增加值增长 10.1%，
其中，规模工业高技术制造业增加值增长 16.0%，服务器、集成电路、传感
器、工业机器人、锂离子电池等高新技术产品产量分别增长 2.3 倍、1.8 倍、
50%、46% 和 45.4%；信息传输、软件和信息技术服务业增加值增长 20.9%，
移动互联网产业营业收入增长 22%；岳麓山大科城、马栏山视频文创园集聚
企业超过 5600 家。

二是企业效益稳步提升。2020 年，全省规模工业企业实现利润总额首次
突破 2000 亿元，同比增长 8.7%，比全国增速高出 4.6 个百分点。2020 年末，
湖南"四上"法人单位在库数量为 46641 家，较上年末增加 3580 家；全年新
增"四上"单位 7582 家，较上年多增 156 家。

三是财政收入质量提升。2020 年，全省地方一般公共预算收入 3008.7 亿
元，增幅由负转正，全年增长 0.1%，较一季度回升 5.7 个百分点，增速比全
国平均水平高 4 个百分点；其中，非税收入占比为 31.6%，比一季度下降 7 个

百分点。

四是投资结构稳步优化。重大项目投资勇挑大梁，2020年全省总额在5000万元以上的重大项目投资增长44.2%。工业投资保持较快增长。2020年，全省工业投资同比增长11.4%，制造业投资增长8.1%，比全部投资增速分别快3.8个、0.5个百分点；蓝思触控玻璃面板、中联智慧城、华为鲲鹏计算服务器生产线等标志性重大产业项目的建成投产，推动产业投资增长10.7%、高新技术产业投资增长25.4%，其中计算机、通信和其他电子设备制造业投资增长73.7%，居国民经济各行业投资增速之首。新基建及短板领域投资不断加强，新基建项目实际完成投资增长17.1%，铁路运输业，电信、广播电视和卫星传输服务业分别增长13.3%和16.5%；生态保护和环境治理业、卫生和社会工作投资分别增长16.2%、19.8%。民间投资呈现恢复性增长态势。2020年，全省民间投资同比增长3.0%，比全国民间投资增速高2.0个百分点。

3. 发展韧性持续增强

一是内需潜力逐步释放。基本民生类商品需求较旺，2020年全省限额以上批发零售、住宿餐饮业法人单位零售额增长4.9%，中西药品类、粮油食品类零售额分别增长22.1%、13%。消费升级热度不减，化妆品类、体育娱乐用品类、通信器材类零售额分别增长18.5%、22.9%和23.1%，汽车类零售额增长3.3%。网络消费持续旺盛，全省实现网上零售额增长17.7%，其中实物商品网上零售额比上年增长21.6%。旅游消费较快回升，2020年全省共接待国内外游客6.7亿人次，实现旅游收入7410亿元，其中"五一""端午"假期全省旅游收入在全国分别排第二、第一位，"十一"假期全省游客总量61735万人次，旅游收入达421.2亿元，分别居全国第三和第二位。新年百姓民生期待调查结果显示，2021年湖南居民增加消费的意愿强烈，农村居民更为迫切。

二是招商引资持续向好。2020年，全省全年内、外资总额突破1万亿元大关，其中实际到位内资8737.33亿元，实际使用外资209.98亿美元，分别增长22.5%、16%，增速比上年同期分别提高3.7个、4.2个百分点；外商直接投资增幅居全国前列、中部第一。全年全省引进165家"三类500强"企业投资项目321个，投资总额4321.3亿元，三项指标均创历年新高。仅三个月时间，湖南自贸试验区新设企业705家，引进重大项目75

个，投资总额超过 1000 亿元。长沙马栏山视频文创产业园抢抓疫情衍生的"数字机遇"，布局"视频＋"新业态，引进了爱奇艺华中总部等一批头部企业项目。

4. 全面建成小康社会取得决定性成就

一是民生保障有力有效。稳岗就业效果显著。2020 年，全省新增城镇就业 72.42 万人，失业人员再就业 35.76 万人，就业困难人员再就业 13.84 万人，分别完成年度目标任务的 103.5%、119.2% 和 138.4%。城乡收入差距进一步缩小。全年全省城镇、农村居民人均可支配收入分别增长 4.7%、7.7%，均超过 GDP 增长速度；城乡居民可支配收入比值由 2019 年的 2.59 缩小为 2.51。重点民生实事顺利完成。2020 年，全省筹措各类资金 271.29 亿元，统筹抓好就业、教育、医疗、卫生、社保等各项民生事业；城乡基础设施进一步完善，城镇老旧小区改造、农村公路提质改造、农村厕所改（新）建等圆满完成或超额完成目标任务；城乡居民基本养老金、城乡低保、特殊群体补助标准继续提高，全省农村低保标准和救助水平、困难残疾人生活补贴和重度残疾人护理补贴发放标准均高出年度目标任务；全年增加公办幼儿园学位 39.15 万个，接受政府补贴性职业技能培训和农村转移劳动力培训的人次数超标准完成年度目标任务；启动一批公共卫生防控救治能力提升项目，全省 1533 个建制乡镇卫生院 2 名及以上全科医生配备率达 100%；狠抓安全生产和防汛救灾，最大限度保障了人民群众生命财产安全。

二是三大攻坚战取得重大突破。脱贫攻坚任务如期全面完成，现行标准下，剩余的 19.9 万名贫困人口全部脱贫，所有贫困县、贫困村摘帽。污染防治成效显著，2020 年全省空气质量优良天数比例上升到 91.7%，市级城市平均空气质量首次达到国家二级标准；国考断面水质优良率为 93.3%，地级城市建成区黑臭水体消除率达到 98.37%。防范化解重大风险取得成效，2020 年全省新发非法集资案件数、涉案金额、涉及投资者人数同比分别下降 18.3%、51.4% 和 45.6%，互联网金融、各类交易场所、"一非三贷"等行业领域重大风险隐患有序化解或稳控，金融生态环境持续改善。

（二）湖南经济运行中存在的突出问题

受突发性（新冠肺炎疫情、罕见洪涝灾害）、政策性（严控政府债务、防范金融风险、减税降费）、外部性（新冠肺炎疫情、中美贸易摩擦）、周期性（前几年高速增长行业向常态回归）等因素影响，2020年以来湖南省经济面临的下行压力前所未有。

一是投资恢复不平衡，尤其是第一产业、民间投资恢复慢，固定资产投资效益受损迹象明显。2020年全省一产投资增速降幅收窄，但与全国19.5%的增速形成巨大差距，与全省全部投资7.6%的增速产生强烈对比，其中唯一增长的畜牧业投资增速比全国平均水平低17.4个百分点；全省民间投资增速快速回落，占全部投资的比重也有所下降，主要投资领域的民间投资呈现退缩态势，制造业、农林牧渔业、批发和零售贸易业的民间投资占全部投资的比重分别同比降低0.5个、0.8个和0.3个百分点；湖南省统计局测算结果显示，全省固定资产投资效果系数（指一定时期内单位固定资产投资带动国内生产总值的增加额）为0.07，比上年降低0.06，投资边际效益递减。

二是工业增长后劲不足。2020年，专用设备制造业、计算机通信和其他电子设备制造业、通用设备制造业等三个行业对全省工业增加值、营业收入和利润总额的贡献率分别达到61.4%、81.5%和111.6%，全省工业对这些重点行业的依赖程度较高，一旦这些重点行业连续高增长后出现回调，全省工业增长将面临较大压力；全年全省规模工业企业亏损面达8.0%，同比增加1.0个百分点；39个大类行业有17个行业利润总额同比下降，部分企业经营压力加大，将使工业进一步承压。市州均反映工业增长基础不牢、效能不够。

三是疫情后服务业复苏困难。互联网和相关服务、研究和试验发展等新兴行业营收状况良好，但不足以完全弥补住宿餐饮业、租赁和商务服务业等聚集性、接触性服务业受疫情冲击的影响；一半以上的市州反映服务业下滑严重是拖累经济增长的主要因素，尤其是生活性服务业恢复不及预期。

四是市州经济增长基础依然薄弱，且财政收入增长乏力。受新冠肺炎疫情冬季新一轮暴发的冲击，许多国家被迫采取新的和更严格的封锁限制措施，世界经济恢复的不确定性增大，这给各市州经济尚不坚实的增长基础带来新压力和新挑战。市州普遍反映受经济下行压力加大及减税降费政策影响，财政收支矛盾较为突出，部分市州在债务化解、民生保障、政策兑现等方面面临较大压力。

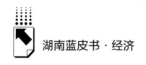

二 2021年湖南经济发展环境分析和走势预测

（一）2021年湖南经济发展环境展望

1. 2021年全球经济复苏，但前景尚不确定

2020年受新冠肺炎疫情这一"黑天鹅"事件冲击，全球经济陷入"大衰退"，除中国外的主要经济体经济增速均为负值。展望2021年，世界经济开启复苏进程，世界各国在统筹经济增长和疫情防控方面积累了一定经验，有效阻止了经济从衰退滑向萧条，疫苗的接种推广有助于控制疫情，提振市场和消费者信心，推动经济活动逐步恢复；部分主要经济体追加政策支持，也将助力经济复苏。但完成大规模疫苗接种工作至少需要6个月或更长时间，且新冠疫苗在发达国家和新兴经济体之间分配非常不平衡，全球范围疫情何时得到真正控制还不确定，2020年冬新一轮疫情来袭，加之冠状病毒变异株的出现，都给经济复苏进程带来巨大的不确定性；逆全球化思潮愈演愈烈，贸易保护主义再次抬头，全球价值链、供应链、产业链重构，各国政府也面临大幅举债所导致的债务风险，叠加地缘政治冲突等因素影响，全球经济复苏仍面临重大风险，各国的复苏势头也存在明显差异。基于当前经济发展趋势及疫苗研发应用预期，国际货币基金组织（IMF）、经合组织（OECD）、世界银行分别预测2021年全球经济增长6.0%、5.6%、4%，和上一轮预测相比，IMF将预测值上调了0.5个百分点，OECD的预测值向上修正了1.4个百分点；但IMF、世界银行和OECD等机构也警告，如果疫苗推广缓慢、病毒突变和各国政策支持过早退出，复苏会缓慢乏力，经济增速将低于预期。

发达经济体继续复苏，但进程充满挑战。受疫情第二波反弹影响，多个主要经济体再次实行"全面封锁"，2020年三季度刚出现的经济复苏迹象陷入短暂停滞，随着疫苗接种工作的加速推进，英国、美国等接种率较高国家的日新增确诊病例数已出现了明显好转，即使疫苗对新冠病毒及其变异毒株的预防效果理想，要完成大规模接种工作还需时日，且美、法等国家民众"疫苗犹豫"现象严重，预计经济发达国家至少要到2021年三季度完成免疫屏障的建立，届时疫情有望出现明确的控制迹象，叠加新增的财政刺激措施等作用，下半年经济复苏势头更加稳定，但高失业率的阵痛短期难以消除，社会总需求尚未恢复到疫情前水平，复苏之路充满挑战。IMF和世界银行分别预测2021年发达经济体经济增长5.1%、3.3%。

美国经济进入复苏阶段。2021年，美联储将继续执行宽松货币政策，市场继续维持较高流动性，1.9万亿美元的新一轮财政刺激法案获得通过，更提振经济复苏，IMF在最新的预测报告中将美国2021年经济增长预期上修1.3个百分点至6.4%，认为美国经济或将在2021年下半年恢复到2019年底的水平。

欧元区经济复苏势头较弱。欧洲在防疫和复工上一度走在美国前面，但第二波疫情来袭迫使德、法、英等国实施新一轮的经济封锁限制措施，商业活动的停滞显著增加了欧元区经济复苏的难度。尽管欧洲央行将一直保持宽松的货币政策，但未来欧盟层面更大规模的财政刺激政策落地的可能性不大，这在一定程度上影响货币政策的效用最大化；英国"硬脱欧"短期内也将产生不利影响。IMF对欧元区2021年的经济增长预测由2021年1月的4.2%小幅上调至4.4%，但仍低于2020年10月预测值0.8个百分点。

日本经济进入"V"形复苏区间。因疫情冲击、日元升值及出口目的地国家需求下滑影响，社会总需求和出口受到打击，但宽松货币政策和财政刺激政策的积极影响将逐渐由宏观金融领域传导到实体经济领域，疫情明显受到控制有助于提振消费者信心，2021年日本举行奥运会也将为经济增长带来助力，叠加低基数效应，IMF预计日本经济或将在2021年下半年恢复到2019年底的水平，并将2021年经济增速继续上调0.2个百分点至3.3%。

新兴经济体在低基数背景下经济进入恢复性增长，但恢复水平明显分化。越南等亚洲国家因抗击疫情得力，经济稳步恢复，有望成为2021年全球复苏的动力之一；基于2020年经济严重萎缩的低基数效应，印度在解除封锁措施及国内大力推广疫苗接种后，经济增速或将大幅回升；但大部分发展中国家陷入了"新冠肺炎疫情冲击经济，经济资源应对不足疫情恶化，经济资源随之恶化"的循环，金融环境收紧将加剧公共和私人债务高企国家的脆弱性，且新冠疫苗在发达经济体和新兴经济体之间分配非常不均衡，发展中国家疫情何时得到真正控制还不确定，经济何时恢复也不确定。考虑到2020年经济负增长的前提，总体来看，新兴经济体在2021年将出现恢复性增长，但复苏前景

大幅分化。IMF 预测新兴市场和发展中经济体 GDP 将增长 6.7%；其中，东盟五国（印度尼西亚、马来西亚、菲律宾、泰国和越南）增长 4.9%，印度、俄罗斯、巴西和南非经济分别增长 12.5%、3.8%、3.7%、3.1%。

2. 我国经济运行保持韧性，有望恢复至正常经济周期

2020 年以来，新冠肺炎疫情冲击、世界经济衰退给我国经济带来前所未有的影响，全年经济增速较上年同期回落 3.8 个百分点，至 2.3%。其中，一季度下降 6.8%，二季度由负转正后逐步回升，第二、三、四季度分别增长 3.2%、4.9%、6.5%。我国是世界范围内第一个也是唯一实现正增长的主要经济体；经济总量也成功迈上百万亿元新的大台阶。

展望 2021 年，从外部环境来看，世界经济复苏的基础依然比较薄弱，各国宏观经济政策的持续力度及可操作空间存在不确定性，各国之间也存在协调不畅的潜在威胁；虽然随着疫苗研发推广，新冠肺炎疫情得到有效控制的迹象已经出现，但病毒变异、疫苗分配不均等给世界经济复苏蒙上阴影。美国总统换届后，中美两国关系尚未出现好转迹象，未来在众多领域的博弈还将进一步加剧，贸易摩擦具有长期性和日益严峻性，我国贸易环境仍然不容乐观。从内部环境来看，新冠肺炎疫情对国内经济的负面冲击逐渐趋弱，社会生产经营活动加快恢复，超大规模市场优势加速释放，消费、服务业继续回暖将成为经济复苏的主要动力，制造业投资尤其是产业升级带动的高技术制造业投资增长提速，以及全面乡村振兴战略实施，都有利于投资稳定增长；扩大新型消费、扶持小微企业发展等系列新政出台，助力进一步提振市场信心；宏观政策上全面深化改革、扩大对外开放，叠加上年低基数影响，预计 2021 年我国经济将实现较快增长。国内外机构近期预测 2021 年我国经济增速均将超过 7%；其中，国家信息中心预测 2021 年我国经济增长 8% 左右，IMF 和世界银行分别预测我国 GDP 增长 8.4%、7.9%。

（二）湖南经济发展前景预测

1. 经济企稳回升，叠加基数效应，GDP 增长 8.5% 左右

受新冠肺炎疫情影响，2020 年，湖南 GDP 增长 3.8%，较上年回落 3.8 个百分点。展望 2021 年，面临的内外环境依然复杂多变，但 2021 年国内宏观政策总体稳定，不会"踩急刹"，对"六稳""六保"，特别是实体经济的支持不

会减弱，"双循环"格局将加快形成，经济持续增长，海外经济有所复苏，加之"十四五"开局之年的政策红利和基数效应，湖南省在高质量发展、"三个高地"建设等方面取得新进展，经济向好的有利因素正不断累积。受益于国内大循环加速、大消费产业升级，疫后零售、餐饮、酒店、文旅等服务行业正逐步回暖；数字"新基建"、民生服务以及公共卫生、应急保障等领域投资力度加大，将促进相关服务业快速发展；数字技术创新推动服务业新模式新业态发展，为第三产业增长提供新动力；乡村振兴战略的全面实施，有利于湖南加快推动产业扶贫向产业振兴转变，实施好乡村建设行动，实现农民增收、企业增利、财政增税。加之较低的增长基数，市州对2021年经济增长普遍乐观，调研结果显示，全省14个市州均认为2021年经济将出现反弹。综合判断，2021年湖南省稳中向好趋优的态势仍将持续，预计全省GDP突破4.4万亿元，增速达到8.5%左右，其中第一、二、三产业分别增长3.5%、8%、9.5%左右。

2. 工业生产仍将保持中高速发展，预计全年规模工业增加值增长9%左右

2020年，湖南规模工业增加值同比增速达4.8%，比全国平均水平高出2个百分点。展望2021年，全省工业经济的韧性和后劲依然较强：一是"放管服"改革持续深化、营商环境进一步优化，各项纾困惠企政策精准有效落实，将支撑实体经济发展；二是湖南围绕产业链布局的各类重大产业项目，是工业投资和生产稳步增长的强大保障；三是在国产替代加速的前提下，湖南拥有较强竞争力的优势产业，特别是关键核心产业，或将迎来快速发展期；四是工业新动能持续集聚，2020年全省高技术制造业增加值增长16.0%，比规模工业快11.2个百分点，占规模以上工业的比重较上年提高0.4个百分点至11.7%；全年高新技术产业投资同比增长25.4%，比全部投资高17.8个百分点，占全部投资的比重12.1%，同比提高1.7个百分点。未来在大数据、人工智能、区块链等新技术新应用的助推下，工业企业加快向数字化、网络化、智能化转型，将推动高技术制造业和高新技术产业较快发展，为工业经济增添后劲。

但工业生产隐忧仍存。一是部分重点行业引领性作用明显减弱。湖南省传统重点产业如烟草制品、汽车、石化、农副食品加工等，短期内难以扭转低迷态势；受外需乏力影响，传统出口型行业也增长乏力。二是少数增长快、带动作用强的重点行业增速趋缓的概率逐步加大，工业增长或将放缓。三是企业发展面临的结构性困难仍存，叠加疫情导致的市场需求不足、资金链紧张、出入

境限制、产业链上下游导致的订单及合同履行困难、合同及订单转移等问题，企业经营面对的风险有所增加，而生产要素价格上涨、工业品出厂价格指数持续低位运行将压缩企业的利润空间。综合判断，因低基数影响，全省规模工业增加值增速将明显回升，预计全年增长9%左右。

3. 稳投资效应累积显现，预计全年固定资产投资增长12%左右

2020年，全省固定资产投资增长7.6%，比上年下降2.5个百分点。展望2021年，保障投资平稳增长的有利因素不断累积：一是稳定投资有抓手，"两新一重"作为国家明确的投资重点领域，将提供坚实的项目储备基础，有关财政和产业政策精准发力引导更多的资金进入，释放的政策红利是基建、产业、民生等投资平稳增长的"助力器"。"十四五"规划开局，湖南紧扣"三个高地"建设，围绕基础设施、生态环保、社会民生和产业发展等方面实施扩投资"十大行动"，这一批省重点建设项目是投资平稳增长的"定心丸"。二是产业投资有支撑，"双循环"新格局加快构建过程中，部分外需回流、内需不断扩大，以及全球经济缓慢复苏，终端需求有所改善，随着各项惠企纾困政策落实落细，企业经营状况好转，企业资本开支将明显恢复，投资意愿有所回升；在数字化转型加速、消费升级持续的助推下，高技术产业以及文旅康养、医疗教育等投资将继续发挥结构性支撑作用。三是房地产开发投资不会成为拖累，在"房住不炒"常态化的背景下，房地产库存较低，地产竣工可能仍有增长，房地产开发投资不会出现明显失速。四是经济社会预期稳定向好有保障。湖南经济率先复苏，疫情防控、脱贫攻坚、防汛等工作都有精彩表现，越来越多投资者看好湖南、落户湖南。但国家特别国债的不可延续、专项债发行力度或将缩减，以及湖南财政收支矛盾加剧，将使得政府投资增长上限承压。综合判断，2021年湖南固定资产投资增速有所回升，预计全年增长12%左右。

4. 消费需求继续复苏，预计全年社会消费品零售额增速13%左右

2020年一季度，全省社会消费品零售总额增速断崖式下滑，之后逐季度回升，最终全年社会消费品零售总额同比下降2.6%。展望2021年，消费需求将继续复苏。利好条件相互叠加：一是环境持续好转，疫情形势整体稳定向好，经济不断回暖，全省居民消费信心和市场预期持续修复，加之一系列刺激消费政策以及下发消费券等各种活动，消费市场日益活跃，假日经济的复苏也

预示着消费持续向好的趋势没有改变；二是新热点形成新支撑，疫情防控常态化下，健康消费和新兴消费品类成为新的消费热点，消费热点多元化是消费复苏增长的新动力；三是新模式释放新潜力，基于"新技术、新产品、新渠道、新客群、新模式"等维度的"消费升级"作用显著，有力推动服务消费"提质扩容"、实物消费"提档升级"；四是下沉市场有深耕空间，在国内大循环加速、智慧供应链建设加快的情况下，湖南省部分外流的中高端消费需求回归，城乡高性价比消费市场也存在巨大潜力，消费增量市场有望持续扩大。从不利因素看：一是受疫情冲击，居民收入实际增速放缓，特别是低收入群体减收明显，消费能力的提升受到制约；二是部分主要商品消费增长放缓，对消费品市场增长有下拉作用。综合判断，2021年湖南省消费品市场继续复苏，消费增长或将进一步恢复至常态化水平，叠加低基数效应，预计全年社会消费品零售总额增长13%左右。

5. 对外贸易保持平稳增长，预计全年出口总额（人民币，下同）增长25%左右，进口总额增长20%左右

2020年，全省进出口总额达到4874.5亿元，比上年增长12.3%；其中，出口3306.4亿元，进口1568.1亿元，分别同比增长7.5%、24.1%。展望2021年，从支撑湖南外贸增长的有利因素来看：一是"十四五"期间，湖南着力打造内陆地区改革开放高地，坚定实施开放崛起战略，开放大通道将进一步打通，一方面湖南与传统贸易伙伴的关系将更为紧密，另一方面与"一带一路"沿线国家和地区以及非洲市场的良好合作，也将为湖南开拓新的对外经贸空间；二是充分发挥湖南自贸试验区、中非经贸博览会以及国家进博会等重大对外开放平台功能，有利于提振湖南外贸进出口增长；三是国内外疫情的不同步性加强了中国制造在全球产业链上的不可替代性，有助于湖南企业开拓更广阔的海外市场空间，争取更多"走出去"的国际产能合作机会。从不利因素看：一是受疫情影响，国际贸易和跨境交流受到限制，海外疫情二次扩散导致主要经济体复苏进度或不及预期，外需增长疲软将制约湖南出口快速增长；二是拜登当选美国总统后，目前选择强硬态度处理与中国之间的关系发展，中美贸易摩擦风险尚未缓解。综合判断，全省进出口总额整体将保持平稳增长态势，预计全年湖南进出口总额或将迈上6000亿元的新台阶，增速达23%左右；其中，出口总额增长25%左右，进口总额增长20%左右。

6. 物价平稳上涨，预计全年CPI上涨2%左右、PPI增长0.5%左右

2020年，全省居民消费价格指数（CPI）比上年同期上涨2.3%，增速回落0.6个百分点；工业品出厂价格指数（PPI）下降1.0%，降幅比上年扩大0.6个百分点。展望2021年，CPI保持平稳上涨态势。从支撑物价上涨因素看：一是为应对疫情对宏观经济的影响，国家采取一系列超预期货币政策工具向市场投放了流动性，价格上涨的货币压力将在后期逐步释放，推高物价涨幅；二是受疫情和贸易摩擦等影响，产业链供应链部分受阻，在一定程度上影响产品供应，进而推高商品价格；三是全省单位就业人员平均工资持续稳步增长，导致劳动力成本刚性上扬，也是价格上涨的一大支撑因素；四是在全球疫情逐步得到控制、市场流动性宽松（美元弱势）等影响下，2021年国际大宗商品价格回升，对CPI存在一定的传导作用。从抑制价格上涨因素看：一是宏观需求总体偏弱，稳定物价具备需求基础；二是粮食和猪肉等主要农产品供给稳定，尤其是猪肉价格有望继续小幅下降，为稳定物价奠定坚实基础；三是供给侧结构性改革政策进一步落实，将有效降低企业运营成本；四是高基数使得物价难以维持较快上涨的趋势。综合判断，2021年全省CPI仍将平稳上涨，但涨幅收窄，预计上涨2%左右。因经济持续修复，产出缺口不断缩小，加之低基数效应，随着大宗商品价格波动回升，PPI降幅将继续收窄，年内增速有望由负转正，预计全年全省PPI上涨0.5%左右。

表2 2021年湖南主要宏观经济指标测算

单位：亿元，%

指　标	2020年实际		2021年预测	
	绝对数	增长率	绝对数	增长率
国内生产总值*	41781.5	3.8	45400	8.5
第一产业*	4240.4	3.7	4400	3.5
第二产业*	15937.7	4.7	17600	8.0
第三产业*	21603.4	3.9	23400	9.5
规模工业增加值	—	4.8	—	9.0
固定资产投资	—	7.6	—	12
社会消费品零售总额	16258.1	-2.6	18400	13
出口总额	3306.4	7.5	4100	25
进口总额	1568.1	24.1	1900	20
居民消费价格指数（上年=100）	102.3	2.3	102	2

注：1. 带 * 指标绝对数为当年价，增长速度按可比价计算；

2. 自2013年起，规模工业增加值绝对数不对外公布，2020年固定资产投资绝对值未公布。

三 2021年对策建议

1. 打造"三个高地"开好新局

一是抓紧制定并出台打造"三个高地"十年行动方案，明确各个阶段的主要目标、重点任务和重大行动，成为未来十年的行动纲领。二是在工程机械、轨道交通、航空航天、高端装备、集成电路等优势领域精耕细作，聚焦关键基础材料、核心基础零部件等领域，培育更多具有独门绝技的单项冠军企业。三是打造一批"头部"科技创新平台。依托岳麓山大学科技城建设综合性国家科学中心，以长株潭国家自主创新示范区为载体争创综合类国家技术创新中心和区域性科技创新中心，以国防科技大学、中南大学、湖南大学、湘潭大学、南华大学为依托，争取在计算机科学、化学、数学、物理学等方面设立国家级基础学科研究中心。四是进一步向改革要动力、向开放要活力，围绕"放管服"、要素市场化配置、国企国资、财税体制等重点领域，总结一批典型改革案例成功经验并向全省推广，加快破除深层次体制机制障碍；加快推进中国（湖南）自贸区建设，给予自贸区范围市州更多的"试验探路""先行先试"权；将部分自贸区政策拓展到全省的综合保税区、海关特殊监管区等开放平台。

2. 强化需求侧管理形成新平衡

一是进一步激活消费市场潜力。打造以文旅消费为核心的"网红长沙"消费品牌，推进金鹰电视艺术节、橘子洲音乐节等文化消费活动与餐饮、旅游、会展业联动，通过延长产业链拓展消费链。依托武陵源、凤凰、韶山等世界级旅游载体，精心设计推广红色记忆、宗教祈福、森林康养、休闲娱乐等慢游线路，打造国际知名休闲康养目的地。以互联网激活下沉市场，焕发消费新活力，引导电子商务与传统商业深度融合，培育壮大以兴盛优选为龙头的社区实体商业新模式，推动互联网生活方式加速向县域、乡村"下沉"，充分挖掘县乡消费潜力。不断完善制度，营造放心消费环境，对不涉及安全、权益保障的消费新模式、新业态采取"包容审慎"监管模式，逐步放宽健康医疗、文化创意、休闲娱乐等新兴消费行业准入，完善商业服务质量标准体系，优化信用消费环境，加快食用农产品、食品、药品等重要产品追溯体系建设，健全消费者权益保护机制。

二是继续发挥投资的关键作用。统筹"两新一重"和其他重大项目投资，加大5G、特高压、轨道交通以及新能源汽车充电设施等新型基础设施建设力度；推动"四网"等重大基础设施项目建设；推进以城镇老旧小区改造、智慧城市为重点的城市更新行动；围绕提升生活品质建设美丽宜居乡村，进一步推进农村道路、供水、供电、网络等基础设施提档扩容；推动具备条件的"十四五"规划重大投资项目早开工、早见效。强化制造业重大项目投资，着力推进制造业数字化转型升级，强化山河智能、三一重工、中联重科、中车株机等骨干企业"智能化"引领作用，扩大制造业设备更新和技术改造投资，推动固定投资中占比最高的制造业投资保持稳定增长态势。

3. 开创农业农村现代化发展新局面

一是守牢重要农产品稳产保供底线。强化政策扶持，落实好中央扶持粮食生产政策，强化省级扶持，调动农民和主产区"两个积极性"，稳定粮食播种面积和总产量；落实好各项支持政策，继续稳定生猪生产恢复势头。强化种质资源保护利用，建设一批种质资源库、圃、场，强化重大品种联合攻关，培育一批具有自主知识产权的"湘"字号重大品种；强化现代育种体系建设，培育一批育繁推龙头企业和特色优势企业。二是打造农业"百千万"工程和"六大强农"行动升级版，提升农业精细化发展水平。加强现代农业基础设施建设，加快农业机械化和农机装备产业转型升级，加大特色农产品机械化生产的研发和推广力度，大力推进"机器换人"。围绕打造湘米、湘猪、五彩湘茶等全省特色区域品牌，提升产业链现代化水平，培育一批知名"湘味"品牌。三是全面推进乡村振兴。以美丽乡村建设为抓手，大力发展农村特色经济，深入实施农村基础设施建设和乡村公共服务提质工程、乡村治理能力提升工程，加快农村综合配套改革。

4. 构建区域协调发展新格局

一是打造长株潭中部地区崛起核心增长极，建立省委省政府主要领导任组长的长株潭一体化推进机制，推动三市在城市发展上相向而行。推动湘江新区跨市域扩区，将株洲、湘潭两市部分功能区纳入湘江新区，实施分片区、一体化管理。进一步推动基础设施的互联互通和公共服务的互认共享，重点解决三市的地铁、部分道路连通问题，在三市间建设高水平的国际学校和医院，为三市引进高层次人才提供支撑。二是要进一步明确岳阳、衡阳两个副中心的功能定位，从全省发展的需要提出"十四五"时期两个"副中心"建设的目标，制定具体的建设规划，出台实实在在的支持政策，推动副中心城市有效承接长株潭并辐射带动周边其他地市。三是加快湘赣边区域合作示范区建设。把握迎接建党 100 周年的新机遇，积极推动"两山"铁路的建设运营，推进湖南（沙洲）红色文旅特色产业园，把湘赣红色文化旅游和乡村振兴有机融合起来，进一步扩大"湘赣红"区域公用品牌影响力。

5. 推动民生品质有新提升

一是实现巩固拓展同乡村振兴有效衔接，出台系列政策措施，健全返贫监测预警和动态帮扶机制，探索推行"防贫保"业务和建立"救助基金"。二是推动高质量就业。落实援企稳岗政策举措，完善"湘就业"平台功能，基于"新基建"、新业态、新消费等变化，实施针对高校毕业生、农民工、脱贫劳动力、退补渔民和困难人员等重点群体的专项行动，加大基层社区服务、公共卫生等公益性岗位开发力度，提升零工市场综合服务功能和综合服务水平。三是聚焦群众"急难愁盼"，建立问题发现、解决、评价等机制，继续提高全民参保率和退休人员基础养老金标准，加快完善养老保障体系，加强公共卫生体系建设。四是促进居民收入增长。落实各项增收政策，稳定居民收入预期，研究制定扩大中等收入群体实施方案，积极争取共同富裕示范区建设。五是跟踪监测与民生密切相关领域商品市场的价格变化情况，做好粮油肉蛋菜等生活必需品保供稳价，及时防控市场投机异常波动。

6. 防范化解各种衍生风险和挑战

一是防范财政收支矛盾突出存在的潜在风险。尽管中央提出了要保持宏观政策的稳定性和连续性，但受疫情冲击、经济减速、企业效益不佳以及大规模减税降费等因素影响，省市县各级政府的财政收支矛盾都比较突出，部分县"三保"压力较大，要继续维持并兑现大规模的支持政策难度大，政策支持力度减小对企业尤其是中小企业经营影响较大。二是防范就业领域存在的潜在风险。受疫情和中美多领域博弈加剧的影响，未来贸易环境仍将难有改善，将对湖南省农民工外出转移就业带来持续影响。疫情冲击下，中小微企业岗位特别是服务业岗位需求降幅大，吸纳就业能力下降。线上消费加快取代实体消费，

新的消费结构就业带动能力差，带来新的消极影响。灵活就业对缓解就业压力贡献巨大，但这些领域社保覆盖、劳动合同以及法律保障等就业正规化程度仍不清晰，就业质量不高。此外，预计2021年普通高等院校大学毕业生人数达42万人，创历史新高，高校毕业生就业难度将进一步增大。三是防范金融领域存在的潜在风险。2021年以来湖南省金融机构贷款保持较快增长，总体杠杆率出现反弹，金融机构尤其是中小银行风险积聚，部分城商行、农商行的信贷资产质量承压更大。疫情之下部分企业主营业务下滑、收入回款变差，财务费用上升，导致现金净流入缩减，偿债资金来源减少，企业债违约风险将有所上升。

B.8

2020～2021年湖南产业
经济发展报告

湖南省人民政府发展研究中心课题组[*]

摘　要： 2020年，在省委、省政府坚强领导下，湖南上下坚持稳中求进
　　　　 工作总基调，对标高质量发展要求，产业经济展现出强大的
　　　　 韧性，产业结构持续向中高端迈进，产业高质量发展迈出坚
　　　　 实步伐。2021年湖南要立足新发展阶段，贯彻新发展理念，大
　　　　 力实施"三高四新"战略，从提升产业基础能力、培育小巨
　　　　 人企业、加速产业数字化转型、强化产业开放引领、完善产
　　　　 业服务体系等方面促进湖南产业经济高质量发展。

关键词： 产业经济　　"三高四新"战略　　高质量发展

　　2020年是极不平凡、极其不易的一年。面对复杂严峻的国内外形势特别是新冠肺炎疫情的严重冲击，在以习近平同志为核心的党中央坚强领导下，全省上下认真落实习近平总书记考察湖南重要讲话精神，凝心聚力，坚持稳中求进总基调，坚定不移地抓产业项目建设，产业经济高质量发展迈出坚实步伐。2021年是"十四五"规划开局之年，我国经济发展环境虽面临新冠肺炎疫情前景未卜、世界经贸环境不稳定、不确定等诸多不利因素，但经济稳中向好、长期向好的发展趋势没有也不会改变。在分析2020年我国宏观经济形势基础

---

　* 课题组长：谈文胜（湖南省人民政府发展研究中心党组书记、主任）；副组长：唐宇文（湖南省人民政府发展研究中心副主任、研究员）；禹向群（湖南省人民政府发展研究中心副主任）；成员：左宏、李银霞、侯灵艺、贺超群、戴丹、言彦。

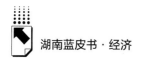

上，我们提出提升产业基础能力、培育小巨人企业、加速产业数字化转型、强化产业开放引领、完善产业服务体系等对策建议，供参考。

一　2020年湖南产业经济运行基本情况

2020年面对新冠肺炎疫情考验，湖南以GDP突破4万亿元的新成就实现"十三五"圆满收官，3.8%的经济增速比全国高出1.5个百分点，增速在全国经济体量十强省份中位居首位。按常住人口计算，人均地区生产总值60392元，增长5%。得益于率先控制住疫情，全省产业经济展现出强大的韧性，三次产业结构调整为10.2∶38.1∶51.7，粮食生产稳定回升，工业快速复工复产，服务业经济企稳回升，产业结构持续向中高端迈进。其中，第一产业增加值4240.45亿元，增长3.7%；第二产业增加值15937.69亿元，增长4.7%；第三产业增加值21603.36亿元，增长2.9%。

1.第一产业

2020年，全省上下大力实施乡村振兴战略，紧扣打赢脱贫攻坚战和补上全面小康"三农"领域突出短板两大重点任务，大力发展精细农业，实施三个"百千万"工程，推进"六大强农"行动，着力打造粮食、畜禽、蔬菜、油茶、油菜、茶叶、水果、水产、中药材、竹木等十大优势特色千亿产业，农业现代化水平稳步提升，质量效益和竞争力持续增强。第一产业增加值4240.45亿元，增长3.7%。农林牧渔业总产值突破7000亿大关，达到7511.96亿元，增长17.3%。其中，农业产值3364.8亿元，增长4.1%；林业产值428.0亿元，增长8.3%；牧业产值2721.6亿元，增长2.5%；渔业产值477.5亿元，增长4.3%。受调结构影响，粮食总产量301.51亿公斤，比上年增加4.03亿公斤，上涨1.35%，处于历史较高水平；受市场需求调节，生猪出栏4658.93万头，下降3.2%，存栏3734.60万头，上涨38.4%，猪肉产量337.70万吨，下降3.1%。

主动调优水稻生产布局，种植结构不断优化。2020年全省粮食播种面积达到7132.13万亩，比上年增长3.0%。总产量301.51亿公斤，亩产422.75公斤。稻谷产量263.89亿公斤，其中，早稻71.87亿公斤，双季晚稻81.00亿公斤，中稻及一季晚稻111.02亿公斤。稻谷播种面积3993.85千公顷

（5990.78 万亩），其中，早稻 1225.73 千公顷（1838.60 万亩），双季晚稻 1292.02 千公顷（1938.03 万亩），中稻及一季晚稻 1476.10 千公顷（2214.15 万亩），种植结构不断优化。同时，加快发展特色旱杂粮产业。2020 年全省专用型早稻 450 万亩，高档优质稻 1302 万亩，高蛋白大豆、鲜食甜糯玉米等特色旱杂粮作物面积达到 1141.4 万亩，油料作物产量 260.67 万吨，蔬菜及食用菌播种面积 2032.54 万亩，产量 4110.08 万吨。

大力发展高效设施农业机械化，农业现代化水平持续提升。2020 年，全省建成高标准农田 391 万亩，主要农作物机械化水平 52.2%，水稻耕种收综合机械化水平 78.4%，油菜耕种收综合机械化水平 62%。截至 2020 年末，全省拥有各类农业机械 920 万台套，农机总动力达 6568.90 万千瓦，农业生产设施装备及科技水平稳步提高。

重点打造特色农产品和品牌，农业品牌影响力不断扩大。截至 2020 年底，全省绿色食品、有机农产品和农产品地理标志有效总数达到 2912 个，其中绿色食品 2554 个、有机农产品 242 个、农产品地理标志 116 个。湖南省级公用品牌"湖南红茶"、"湘江源"蔬菜、"湘九味"中药材，区域公用品牌"两茶两油两菜"（湖南红茶、安化黑茶、湖南茶油、湖南菜籽油、湘江源蔬菜、湖南辣椒）、片区品牌"岳阳黄茶""南县小龙虾"以及"一县一特"品牌"湘潭湘莲"等知名度不断提升。

2. 第二产业

2020 年，全省自二季度社会经济秩序逐步恢复以来，通过大力开展"产业项目建设年"活动，不断延伸、补齐、壮大 20 条工业新兴优势产业链，深化供给侧结构性改革，落实"三去一降一补"任务，推进工业结构转型升级，培育新动能等一系列举措，全省第二产业率先实现显著修复并持续加快改善，全年规模以上工业增加值 15937.69 亿元，同比增长 4.7%，产业优势不断凸显。

工业经济运行平稳，产业结构向中高端迈进。2020 年全省实现规模工业增加值 12363.48 亿元，工业增加值比上年增长 4.8%，比全国平均水平快 2.0 个百分点，比地区生产总值增速快 0.8 个百分点。规模工业增加值占全省地区生产总值的 29.6%，拉动地区经济增长 1.7 个百分点，对经济增长的贡献率达 43.9%，比上年提高 4.6 个百分点。规模工业中，高技术制造业增加值增长

16.0%，比规模工业增速快 11.2 个百分点。高技术制造业增加值占规模以上工业的比重为 11.7%，拉动规模工业增长 1.7 个百分点，增长贡献率为 34.7%。装备制造业增加值增长 10.4%，占规模以上工业的比重为 32.4%，比上年提高 1.9 个百分点。从主要产品看，工业机器人、服务机器人、智能手表等新兴产品实现了高速增长，2020 年产量分别比上年增长 46.0%、42.1% 和 63.7%。

传统产业转型提质加速，产品结构优化明显。高耗能行业比重继续降低，六大高耗能行业增加值增长 2.7%，比规模工业增速低 2.1 个百分点，增加值占规模工业的比重为 28.5%，比上年下降 0.6 个百分点。加快实施"三去一降一补"，重点淘汰煤炭开采和洗选业、造纸和纸制品业、化学原料和化学制品制造业、黑色金属冶炼和压延加工业、有色金属冶炼和压延加工业等落后产能行业，产品结构优化升级明显，以钢冶炼和压延加工为例，2020 年钢筋、线材（盘条）等传统建材钢产量占全部钢材的 32.8%，中高端钢材产量占比明显提升。

以先进制造业为核心的战略性新兴产业不断发展壮大，产业优势凸显。2020 年，全省计算机通信和其他电子设备制造业、专用设备制造业分别增长 21% 和 20%。从利润总额看，排名前五位的大类行业中，专用设备制造业 413.2 亿元，增长 50.0%；计算机、通信和其他电子设备制造业 151.7 亿元，增长 17.4%；非金属矿物制品业 216.3 亿元，增长 4.8%；化学原料和化学制品制造业 149.2 亿元，增长 3.4%。高新技术产业增加值增长 10.1%，占地区生产总值的比重为 23.5%；战略性新兴产业增加值增长 10.2%，占地区生产总值的比重为 10.0%。装备制造、材料、食品轻工 3 大板块营业收入过万亿，通用设备、专用设备、汽车、电气器材、计算机通信设备、化工、医药等 15 个行业营收过千亿元。智能制造加速迈进，全省 16 家企业被列为国家智能制造试点示范，28 个项目被列入国家智能制造专项，居全国前列、中部六省第 2 位。湖南作为全球唯一同时拥有 4 家世界工程机械 50 强企业（三一重工、中联重科、铁建重工和山河智能）的城市，2020 年全省工程机械产业实现营收 2563.8 亿元，同比增长 52.1%，湖南工程机械产业规模已连续 10 年居全国第一。

建筑业保持快速发展，不断突破。2020 年，全省有资质的总承包和专业承包建筑业企业完成产值继 2019 年破万亿后，再登新台阶，达到 11863.77 万元，同比增长 9.8%。其中，房屋建筑业产值 8275.62 亿元，占全部建筑业总产值比重为 69.8%；土木工程建筑业产值 2888.67 亿元，占全部建筑业总产值比重为 24.3%；建筑安装业产值 475.17 亿元，占全部建筑业总产值比重为 4%；建筑装饰、装修和其他建筑业产值 224.30 亿元，占全部建筑业总产值比重为 1.9%。

3. 第三产业

2020 年，全省通过制造业与服务业持续深度融合带动生产性服务业更好发展，通过文化创意旅游等优势领域的推陈出新带动生活性服务业创新发展，服务业对经济支撑作用不断增强，全年实现增加值 21603.36 亿元，增长 2.9%。生产性服务业增加值对经济增长的贡献率为 24.0%，比上年提高 0.2 个百分点。

服务业内部结构不断优化，新业态新模式不断涌现。2020 年全省规模以上服务业企业数量达 6577 家，实现营业收入 3965.68 亿元，其中，营业收入超 10 亿元的企业 60 家。从营收占比看，排名前五的大类行业中，商业服务业占比 16.6%，增长 0.5 个百分点；道路运输业占比 12.8%，下降 0.9 个百分点；电信、广播电视和卫星传输服务占比 12.7%，下降 0.1 个百分点；专业技术服务业占比 11.6%，上升 1 个百分点；广播、电视、电影和录音制作业占比 4.7%，下降 0.5 个百分点，总体来看，传统服务业比重下降。从行业运行看，得益于中车集团、腾讯云计算、拓维信息、潭州教育、兴盛优选等头部企业的助力，服务业新业态、新模式不断涌现，数字经济、平台经济、共享经济等现代服务业发展迅速，全省规模以上互联网和相关服务、研究和试验发展、多式联运和运输代理、专业技术服务、软件和信息技术服务等现代服务业快速发展，营业收入分别为 108.77 亿元、112.83 亿元、45.33 亿元、458.25 亿元、139.3 亿元，支撑作用持续增强。从区域分布看，长株潭地区 2549 家规模以上服务业企业实现营业收入 2456.09 亿元，占全省的比重为 61.9%，其中，互联网、软件、研发、广电等优势行业不断壮大，规模在全省行业中的比重均超过 80%。常德、岳阳、衡阳依托商贸物流不断加快发展步伐，规模以上服务业营业收入年均增速分别达到 25.5%、19.8% 和 19.5%，远高于全省平均水平。湘西地区立足本地独特旅游资源，着力打造品牌旅游、创新文化特色，

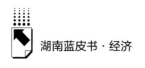
2020 年旅游景区开发管理和文化艺术行业共实现营业收入 15.78 亿元。

房地产平稳健康发展，供给结构不断优化。2020 年，全省房地产完成开发投资 4880.44 亿元，比上年增长 9.8%。其中，住宅投资 3615.06 亿元，占房地产开发投资的比重为 74.1%；办公楼、商业营业用房投资分别为 175.30亿元、605.24 亿元，占比分别为 3.6%、12.4%，同比分别下降 1.0 个和 4.1个百分点。全省商品房施工面积 40757.41 万平方米，新开工面积 10916.16 万平方米，分别增长 12.9%、35.1%。全省商品房销售面积 9437.44 万平方米，同比增长 3.7%。

二 2021年产业发展面临的宏观经济形势

2020 年，面对百年未有之大变局、百年未遇之大疫情，湖南率先控制住了疫情，率先复工复产，通过深入实施创新引领开放崛起战略，统筹疫情防控和经济社会发展，全省经济呈现稳中有进、稳中向好、稳中提质的良好态势。2021 年作为"十四五"开局年，在全国经济继续稳定恢复的宏观环境下，全省产业发展持续向好的态势不会改变，但也面临一系列的压力，需要清醒认识，积极应对。

1. 从国际看

新冠肺炎疫情成为推动全球产业链供应链加速调整的重要力量。近年来，受综合成本上升、中美经贸摩擦、发达国家大力吸引制造业回流等叠加因素影响，我国制造业部分行业出现了产业链外迁。2020 年新冠肺炎疫情大流行，导致全球经济活动暂停乃至经济深度衰退，推动全球产业链供应链向着区域化、本地化、分散化方向发展，引发国内外经济格局变动和结构调整。2021年世界经济总体呈现修复性增长态势，但国际主要经济体疫情发展和影响仍有很大不确定性，后疫情时代产业链外迁风险依然存在，我国经济运行的外部环境变化增加了经济复苏的不确定性。

数字化成为主导国际竞争的关键力量。传统部门生产率低迷的同时，数字化进程推动着生产方式、产品形态、商业模式、产业组织和国际格局的深刻变革，成为推动未来经济社会发展变革的重要驱动力量。在数字化深刻改变经济社会发展各个领域的同时，各国都在加快数字经济发展布局，未来围绕信息化的技术、资源、标准的竞争将日趋激烈，数据和信息要素的重要性大幅提升，将成为国际竞争的新前沿。

2. 从国内看

短期因素助力经济供给面较快恢复。我国工业生产增长加快，装备制造业和高技术制造业增势良好。受基数较低等因素影响，2021年1~2月，全国规模以上工业增加值同比增长35.1%，比2019年1~2月增长16.9%。41个大类行业中，有40个行业实现同比增长。其中，17个行业增长10%~30%，13个行业增长30%~50%，8个行业增速在50%以上。装备制造业、高技术制造业增加值同比分别增长59.9%、49.2%；汽车、电气机械、通用设备、专用设备、电子、医药行业分别增长70.9%、69.4%、62.4%、59.2%、48.5%、41.6%。工业出口交货值同比增长42.5%，对工业生产增长的贡献率达到11.7%。电气机械、汽车、通用设备、专用设备、金属制品等主要装备行业出口增速均超过50%；国外防疫抗疫产品需求较上年同期大幅增加，医药制造业出口增长92.2%。受出口需求高增长等因素带动，笔记本计算机、金属集装箱以及电冰箱、冷柜等家电产品生产均实现较快增长。服务业逐步恢复，服务业商务活动指数位于扩张区间。2021年1~2月，全国服务业生产指数同比增长31.1%，房地产业，信息传输、软件和信息技术服务业同比分别增长51.4%、26.1%，零售、餐饮、娱乐等行业商务活动指数均位于扩张区。

长期来看，全国经济增长压力不减。2020年全国多数省份财政收入负增长，地方债发行规模大幅度增加，财政状况由于刚性支出在进一步恶化，部分省市信用风险尚未缓释。产业结构优化的科学性和韧性有待进一步改进，服务业在新冠肺炎疫情冲击下受到极大影响，其负增长状态仍在持续。2020年基础建设投资增速的增长主要依赖财政赤字率的提高和信贷政策的宽松，长期依靠新基建拉动经济增长不可持续，仍需寻求新的支撑点。受疫情影响，失业率上升引致的居民收入下降、居民收入分配差距扩大等因素拖累了内需扩容升级，全球供应链、价值链的中断对我国出口仍具有持续性、滞后的不利影响。

3. 从全省看

经济动能结构性修复。粮食播种面积和产量双增长，总产稳定在600亿斤左右，岳麓山种业创新中心挂牌运行，生猪出栏量全国第二，建设高标准农田

390万亩，粮食保障有实力、有基础。农业优势特色千亿产业和特色小镇加快打造，农产品加工业销售收入增长3.2%，达1.9万亿元。产业链供应链相对稳定，工业固定资产投资同比增长11.4%，比全部投资快3.8个百分点；高新技术产业投资增长25.4%，其中，计算机、通信和其他电子设备制造业投资增长73.7%，医药制造业投资增长36.3%；蓝思视窗面板、中车株洲所IGBT二期、邵阳彩虹盖板玻璃等重大产业项目竣工，工程机械、轨道交通装备、电子信息等产业链自主可控能力增强。消费潜力加快释放，社会消费品零售总额连续10个月稳步回升，限上企业网络零售额增长33%，仓储、邮政业营业收入分别增长25.8%、19.7%。旅游总收入达8262亿元，服务业成为拉动经济增长的重要力量。发展后劲持续增强，减税降费630亿元以上，金融让利165亿元，净增"四上"企业3700家，新获批国家"专精特新""小巨人"企业60家，新增A股上市公司13家，内外双循环、上下游贯通的发展格局渐露雏形。

经济增长超预期不可持续。2020年全省地方财政收入增幅虽由负转正，但财政收入排名（全国第12位）低于GDP排名（全国第9位），总体表现偏弱。地方债发行规模大幅度增加，2020年全省共发行新增债券1168亿元，是上年的2.1倍，其中地方政府再融资债券发行规模813亿元，原本就紧张的地方财政承受的压力就更大。工业重点行业增长压力较大，部分企业经营效益不佳。2020年工业经济发展对专用设备制造业、计算机通信和其他电子设备制造业、通用设备制造业等重点行业的依赖程度较高，连续高增长后的回调压力较大。同时，2020年全省规模工业亏损企业达1399家，亏损面为8.0%，同比增加1.0个百分点。全省39个大类行业中，有17个行业利润总额同比下降。

三 2021年湖南产业发展对策建议

2020年9月16～18日，习近平总书记为湖南擘画了"着力打造国家重要先进制造业、具有核心竞争力的科技创新、内陆地区改革开放的高地"的宏伟蓝图，殷殷嘱托湖南"更加重视激活高质量发展的动力活力，更加重视催生高质量发展的新动能新优势"。2021年是"十四五"开局之年，是构建新发展格局起步之年，也是全面建成小康社会后接续开启建设社会主义现代化国家新征程的起始之年，我们要立足新发展阶段，贯彻新发展理念，以推动高质量发展为主题，以深化供给侧结构性改革为主线，推动先进制造业、战略性新兴产业和现代服务业成为全省现代产业体系高质量发展的主要动力源，以优异成绩庆祝建党100周年。

1. 提升产业基础能力

2021年政府工作报告中强调了基础研究是科技创新的源头。没有强大的产业基础能力作为支撑，就不可能有强大的现代产业体系。因此，"十四五"期间提升产业基础能力是全省经济工作的重中之重。

健全研发投入稳定支持机制。争取国家加大对湖南科技投入。湖南要紧盯国家"十四五"规划加速谋篇布局的机遇，举全省之力，以建促升，争取重大科技装置、科技项目落户湖南。要加强与中科院、中国工程院的战略合作，谋划推动国家级的大院大所在湖南设立分院。加大省级财政资金倾斜支持力度。进一步建立健全省市县各级财政性科技投入稳定增长机制，参照安徽、山东、湖北等省经验，探索设立省级科技引导基金，在关键共性技术、前沿引领技术、现代工程技术、颠覆性技术，加大科研投入力度。加快构建多元化科技投入机制。加强科技与金融的深度融合，政府引导设立种子基金、创投基金，通过基金方式撬动社会资本、金融资本重点支持初创型、创业型科技企业开展研发活动。

建立关键核心技术攻关机制。坚定不移地把锻造长板、补齐短板、解决"卡脖子"问题作为战略目标，强化优势特色领域和颠覆性前沿技术领域布局，落实"揭榜挂帅"制。实施"卡脖子技术攻关工程"，紧盯制约产业发展的关键领域、引领未来发展的核心技术，抓住"卡链处""断链点"，进行任务导向的科技攻关，引导企业研发布局前移，破解头部企业缺乏所带来的核心技术无人引领的窘境。建设创新共性技术平台和核心技术验证平台，完善关键核心技术"研发－验证－回馈－优化"的攻关机制。

2. 培育"小巨人"企业

加快产业兴湘、产业强湘，就是要培育一批核心技术能力突出、科技创新要素集聚、引领重要产业发展的国内一流、世界一流的创新型"小巨人"企业，构建上下贯通、集聚集合的产业生态。

建立"专精特新"中小企业梯度培育体系。针对全省工程机械、轨道交通装备、中小航空发动机等优势产业，信创工程等新兴产业，智能网联汽车等未来产业，定期筛选一批"专精特新"中小企业入选"小巨人"培育库，建立动态管理机制，鼓励企业向"窄而深""精而强"方向发展。系统梳理省内优势资源和产业链，围绕"三个高地"建设，高度关注以上领域高新技术产业、战略性新兴产业领域的中小微企业，加强跟踪随访，将符合条件的及时纳入培育范围，挖掘一批"专精特新""小巨人"潜在企业，扩大培育企业群体。对照单项冠军示范企业要求，推动一批"专精特新""小巨人"企业向单项冠军企业提升发展，推动企业产品向前端、高端、尖端进军，提升品牌溢价能力。加大对"单项冠军"企业的资金、要素和政策的倾斜支持力度，进一步扩大省认定的"专精特新"中小企业、成长型小微企业的支持范围。加大对全省"专精特新"品牌宣传力度，在央视、湖南卫视、红网等主流媒体集中推介，提升产业出湘的知名度、美誉度，打开全国乃至全球的市场。

3. 加速产业数字化转型

产业数字转型是一项循序渐进的系统工程，营造产业数字化和数字产业化的生态环境势在必行。

以数字产业化为引擎推动产业数字化转型发展。加快数字产业化进程，大力培育5G应用、人工智能、集成电路、机器人、大数据、云计算等、物联网、区块链等新一代信息技术产业。以数字产业化为契机，发挥长沙智能制造研究院等软件及信息技术服务市场主体作用，加大对传统产业数字化转型解决方案设计服务的推广与应用，前期以政府购买服务等方式引导数字企业面向实体企业开展数字化转型服务，推动传统产业数字化、网络化和智能化升级。

推进产业数字化转型技术创新。加快产业数字化，探索智能制造系统解决方案，引导中小企业上云用云，发展更多自动工位、智能车间、智能工厂，促进数字技术运用于企业设计、生产、营销、管理、服务全过程。强化数字产业化创新支撑，支持数字经济企业和实体经济企业共建技术研发机构，联合开展大数据、云计算、人工智能、5G、物联网和区块链等数字技术在汽车、生物医药、高端装备、绿色化工及新材料等支柱产业中的应用和集成创新，加速数字产业化技术向实体经济企业输出。

优化产业数字化转型的要素资源配置。引导金融机构普惠金融定向降准、发行"云量贷"等方式，加大对实体经济企业的贷款投放力度，将企业数字化转型投入纳入免税范围，降低实体企业数字化转型成本。针对传统产业数字化转型的人才瓶颈问题，积极引导数字技术人才跨界有序流动。推动实体企业数据与数字企业数据对接，充分挖掘数字企业的数据运营能力，助力企业挖掘新应用场景、实施数据驱动型生产。

4. 强化产业开放引领

聚焦产业、做实平台，使国内外生产要素资源与湖南发展实际实现深度精准对接，以开放聚资源、兴产业、促创新、优环境，以高水平开放引领产业高质量发展。

做实湖南自贸区开放合作平台。聚焦创新、深化合作，推动出台自贸试验区条例，编制长沙、岳阳、郴州片区发展规划及产业、园区和走廊专项规划，支持联动发展区开展相关改革试点，增强创新赋能产业的能力水平。培育壮大外贸主体和出口优势产业集群，大力引进总部经济项目、"三类500强"企业、产业龙头企业。加强口岸和国际物流通道建设，着力将长沙打造成为国家级中欧班列集结中心。

加快建设 RCEP 湖南经贸合作先行示范区。抢抓 RCEP 带来的贸易投资合作新机遇，深度融入"一带一路"等一系列重大国家战略，紧紧围绕高端装备制造、新材料、新一代信息技术等 20 个新兴优势产业链发展需求和产品，与各有关方深化发展对接、沟通交流、产业互补、贸易往来。深度挖掘湖南与 RCEP 成员国经贸互补性，加大在农业、中医药、制造业、知识密集型产业、可再生能源、绿色经济、文化旅游、交通基础设施、物流、数字技术和数字经济等领域深化交流合作。定期举办"RCEP 开放机遇湖南研讨会"，尽快召开行业性对接会，加强专业性行业交流，促进务实合作。充分发挥湖南商会、行业协会在 RCEP 建设中的作用，积极对接各成员国的工商界，推动产业深度合作。

5. 完善产业服务体系

聚焦环境、优化服务，持续打造一流营商环境。全省产业结构正处在转型与创新发展的关键期，中小民营企业已成为全省先进制造业及战略性新兴产业的生力军，是 GDP 的主要创造者、税收的主要上缴者、技术创新的主要实践者。要让湖南新一代民营企业顺利成长，公平、稳定、可预期的营商环境是民

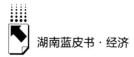

营企业成长的"沃土"，也是人才、金融等产业发展要素集聚和发挥作用的重要前提。因而，亟须建立以市场主体为导向、以创新需求为导向的营商环境，对新产业、新业态坚持包容审慎监管。破除阻碍市场活力发挥的各类垄断，在守住基本规则和安全底线前提下，支持省内20大新兴产业链创新发展。总结常德市市场监管"免罚清单"经验并推广至全省，探索形成跨领域省级"免罚清单"，对首次、轻微的违规经营行为，依法免于行政处罚。

加快现代服务业配套建设。发挥湖南科教资源优势，加快推进教育、科技、第二总部经济、金融、物流、咨询信息等现代服务业配套建设，从人才培养、创新推动、区域统筹、资金支持、物流运输、咨询服务等方面着手，吸引市场主体的集聚，改善竞争不足引起的价格偏高等市场现象。

完善科技金融和技术转移服务。完善金融科技服务的市场制度安排，提高金融服务实体经济能力，特别是"三农"、小微等普惠金融、科技金融和绿色金融的比例，增加先进制造业中长期贷款，发展企业直接融资，完善制造业股权投资和债券融资体系，推动有实力的科技企业上市融资。大力发展技术要素市场，完善技术交易、技术转让等技术转移服务。大力培育和引进高端科技服务中介机构，加大企业的国内外科技合作、知识产权保护、商务信息共享力度。

部 门 篇
Department Reports

B.9
2020年湖南发展改革情况
及2021年展望

2020年，面对突如其来的新冠肺炎疫情、复杂严峻的国际经贸形势、历史罕见的洪涝灾害，全省上下坚持以习近平新时代中国特色社会主义思想为指引，认真贯彻党的十九大和十九届二中、三中、四中、五中全会精神，尤其是习近平总书记考察湖南重要讲话精神，在省委、省政府的坚强领导下，坚持稳中求进工作总基调，深入实施创新引领开放崛起战略，扎实做好"六稳"工作，全面落实"六保"任务，努力争取最好结果，奋力夺取疫情防控和经济社会发展双胜利。全省经济保持增速稳步回升、结构持续优化、质效不断改善的良好态势。地区生产总值增长3.8%，总量迈上4万亿元大关，决胜全面建成小康社会、决战脱贫攻坚取得决定性成就。

* 胡伟林，湖南省政协副主席、湖南省发展和改革委员会党组书记、主任。（收稿日期2021年3月）

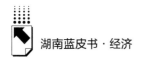

一 2020年全省发展改革情况回顾

（一）疫情防控有力有效，经济运行全面恢复

第一时间启动一级应急响应，推进联防联控、群防群治，推行"大数据分析＋网格化实地排查"。推进防疫物资生产扩能，在3个月内将全省口罩日产能从34万只提升至1亿只。仅用39天实现本土确诊病例零新增、54天实现确诊病例清零，是全国首个确诊病例千例以上清零的省份。在此基础上率先做出复工复产部署。通过省领导联市州、派出防疫联络员驻企服务，出台援企稳岗、减税降费等系列举措，率先实现经济增长由负转正。全年累计减免税费超过630亿元，金融让利165亿元。规模工业增加值增长4.8%，装备制造业贡献突出，增长10.4%。通过组织重大项目集中开工、派发消费券等举措，促进内需潜力释放。分两批组织全省1547个重大项目集中开工，长沙机场改扩建、犬木塘水库、椒花水库和13条高速公路开工建设，全面实现县县通高速目标。固定资产投资增长7.6%，其中工业投资和高新技术产业投资分别增长11.4%和25.4%。社会消费品零售总额连续10个月稳步回升，限上企业网络零售额增长33%。

（二）顺势加快创新开放，新兴动能不断壮大

坚持在危机中育先机，在危局中开新局。以创新激发新动能，深入推进创新型省份建设，启动实施一批"卡脖子"重大科研攻关计划，木本油料资源利用国家重点实验室等一批重大科技平台落地湖南，第三代杂交稻双季亩产突破1500公斤，"两山"集聚企业超过5600家。全省技术合同成交额增长50%，高新技术产业增加值增长10.1%。抢滩布局新基建项目，累计建成5G基站2.9万座。数字经济加快发展，移动互联网产业营业收入增长22%。以开放引进新动能，中国（湖南）自贸区成功获批。引进组建湖南航空公司。积极培育跨境电商、市场采购等新业态。进出口总额增长12.3%，其中对"一带一路"沿线国家增长19.7%。大力开展市场化、产业链招商，实际使用外资、实际到位内资分别增长16%和22.5%，引进"三类500强"企业投资项目306个。

（三）持续深化重点改革，市场预期保持稳定

持续深化"一件事一次办"改革，出台服务规范地方标准，省直单位审批服务"三集中、三到位"改革基本完成，企业开办平均时间压缩到1.5个工作日以内。明确政商交往负面清单，建立民营企业家数据库。加强社会信用体系建设，建立"信易贷"银企对接服务机制。推动国有经济布局优化和结构调整，制定出台国企改革三年行动实施方案，稳妥推进省属国企混合所有制改革，推动高新创投、国资公司分别改组组建国有资本投资、运营公司。获批全国首个全域低空空域管理改革试点省份。工程建设项目审批、土地管理使用等改革加快推进。全省日均新增市场主体2148个，全年净增"四上"企业3700家，新增A股上市公司13家。

（四）协调推进重大战略，城乡区域协调发展

对接融入国家重大区域发展战略，制定对接粤港澳大湾区实施方案。全面融入长江经济带发展，岳阳获批长江经济带绿色发展示范区。深入推进长株潭一体化，出台《长株潭区域一体化发展规划纲要》，"三干"主线项目通车，"半小时交通圈"初步形成。扎实推进湘赣边区域合作示范区建设，发布实施总体规划和三年行动计划，醴茶铁路恢复运营，成功举办中国红色旅游博览会。加快建设湘南湘西承接产业转移示范区，印发实施示范区发展规划，示范区基础设施和公共服务平台建设加快推进。深入实施乡村振兴，培育农业优势特色千亿产业，全省农产品加工业经营收入1.9万亿元，同比增长3.2%。绿色、有机和地理标志农产品达到2912个，增长33.9%。农村人居环境整治三年行动圆满收官，创建美丽乡村示范6757个。建成高标准农田390万亩，粮食面积和总产双增长。支持特色产业小镇建设，新增20个特色产业小镇，总数达到50个。

（五）统筹推进三大攻坚，全面小康成效斐然

扎实推进脱贫攻坚，19.9万名未脱贫人口全部脱贫，易地扶贫搬迁工作取得决定性成效，69.4万名搬迁群众全部入住。强化风险防控，推动平台公司市场化转型，市县平台公司再压减1/3，隐性债务化解任务超额完成。大力

整治非法集资等金融乱象，农信系统不良贷款实现"双降"。压实房地产调控城市主体责任，房价总体稳定。扎实打好污染防治攻坚战，持续开展污染防治"夏季攻势"，中央环保督察及"回头看"反馈问题、长江经济带生态环境警示片披露问题整改有序推进。湘江、洞庭湖治理成效明显，长江流域"十年禁渔"实施有力。洞庭湖总磷平均浓度下降9.1%，14个市州城市PM2.5平均浓度下降14.6%。

（六）切实兜牢民生底线，民生保障持续提升

着力稳定就业，实施促进就业五大行动，上线"湘就业"平台，实现城镇新增就业72.4万人，全体居民人均可支配收入增长6.1%。强化基本民生保障，民生支出占一般公共预算支出比例达70.4%。继续提高基本养老金、城乡低保、残疾人"两项补贴"标准，建立农村留守儿童基本生活补贴制度。12件重点民生实事全面完成，"六个全覆盖"基本实现，全年新增公办幼儿园学位39.2万个，43所芙蓉学校竣工投入使用，提质改造农村公路4598公里，开展孕产妇免费产前筛查41.7万人。建制乡镇卫生院配备2名全科医生实现全覆盖，启动实施一批公共卫生防控救治能力提升项目。坚决做好保供稳价工作，居民消费价格涨幅2.3%。全力做好防汛救灾，全省未垮一库一坝、未溃一堤一垸。较大以上安全生产事故起数同比下降14.3%。

二 2021年分析展望

2021年是全面开启现代化建设新征程的第一年，是"十四五"开局之年，也是中国共产党建党100周年。

全省发展面临系列重大机遇和有利条件。一是有党中央、习近平总书记的关心支持。习近平总书记亲临湖南考察并提出"三高四新"要求，为湖南加快发展注入了强劲动力。二是有国家宏观政策总体稳定的大环境。尽管一些阶段性刺激措施不能延续，但宏观政策总体稳定，不会出现急刹车，对"六稳""六保"，特别是实体经济的支持不会减弱。三是有经济社会稳定向好的总体预期。本省经济复苏走在全国前列，疫情防控、防汛战贫交出精彩答卷，越来越多的战略投资者看好湖南、落户湖南。四是有构建新发展格局的重大机遇。

有沟通连接国内大市场腹地"一带一部"的区位优势，在新基建等领域有较大投资空间，还有自贸区获批、区域全面经济伙伴关系协定（RCEP）正式签署等系列红利。五是有产业发展的良好基础。工程机械主要企业订单饱满，新型显示器件、新一代半导体等产业来势向好，生物医药、新材料、新能源等产业蓬勃发展。只要把握机遇、主动作为，集中精力办好自己的事，就一定能够保持经济稳定向好的势头。要为"十四五"开好局、起好步，2021年要重点抓好以下八个方面工作。

（一）着力打造国家重要先进制造业高地，培育壮大企业主体

支持大企业跻身"三类500强"，培育一批"小巨人"企业和制造业单项冠军、隐形冠军。力争新增规模工业企业1000家以上，扶持优势特色产业，大力支持工程机械、轨道交通等优势产业集群发展。壮大新兴产业，加快发展5G应用、大数据、云计算等前沿产业。实施军民融合发展工程，深入推进军民融合创新示范基地建设，提升产业链供应链现代化水平。实施产业链供应链提升工程，推动20个工业新兴优势产业链集聚升级为产业集群。实施产业基础再造工程，不断提升核心基础零部件（元器件）、关键基础材料、先进基础工艺、产业技术基础和基础工业软件供给能力。涵养产业发展生态。精准开展产业链服务，提升主导产业本地配套率。推进先进制造业与现代服务业深度融合，加快发展工业设计、现代物流等生产性服务业，增强金融服务实体经济能力。

（二）着力打造具有核心竞争力的科技创新高地，提升产业自给能力

完善"卡脖子"技术清单和进口替代清单，加快推进"卡脖子"技术攻关项目，集中攻克碳化硅半导体材料、显示功能材料等一批关键核心技术。提升技术创新能力。实施创新主体增量提质计划，力争高新技术企业突破9500家。积极对接国家"一带一路"科技行动计划，拓展与粤港澳、长三角等地区科技交流合作。实行自然科学基金重大项目"揭榜制"。壮大创新人才队伍。深入实施芙蓉人才行动计划、海外高层次人才引进计划和湖湘高层次人才集聚工程，培养引进一批科技领军人才、创新团队、青年科技人才和基础研究

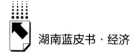
人才。用好用足创新平台。持续推进长株潭国家自主创新示范区等创新平台建设。推动"两山"、国际版权交易中心、月湖文创小镇等建设。积极争取布局国家实验室和大科学装置、国家工程研究中心、国家企业技术中心。

（三）着力打造内陆地区改革开放高地，激发要素市场活力

加快要素市场化配置改革，提高要素资源利用率和产业效益。加快培育数据要素市场，完善数据资源产权、交易流通等制度。增强营商环境吸引力。继续深化"一件事一次办"改革，全面实施政务服务"好差评"制度。持续深化工程建设项目审批制度改革，推广"三零"审批。提升重点改革带动力。加快国有企业战略性重组和专业化整合，继续推进国有企业混合所有制改革。完善预算管理制度，全面推进零基预算改革。推进全域低空空域管理改革等试点。增强开放平台承载力。高标准推进湖南自贸区建设，出台自贸试验区条例。办好第二届中非经贸博览会。积极对接 RCEP，加强与东亚、东盟的深度合作，加快构建以长沙为中心的"四小时航空经济圈"，打造中欧班列（长沙）集结中心。大力引进总部经济项目、"三类 500 强"企业、产业龙头企业。围绕"三个高地"开展精准招商。

（四）着力打造国内大循环和国内国际双循环的重要节点

实施消费升级行动。促进汽车、家电家居等大宗商品消费实现恢复性增长。加快发展网络消费、定制消费等新业态新模式。推进步行街改造提升，支持长沙创建国际消费中心城市，加快打造一批区域消费中心城市。引进电商总部，培育本土电商，开展数字商务企业认定，引进培养一批跨境电商人才。扩大农村消费。构建新型农产品供应链，畅通农产品进城、工业品下乡渠道，加快推动电商进农村与乡村振兴有效融合。建设现代流通体系。持续推进流通"千百工程"，完善县乡村三级物流配送网络。加快补齐冷链物流短板。完善应急物流体系，合理布局建设一批应急物流中心。大力推动"四网"等重大基础设施项目建设。新建 5G 基站 3 万座，建成 40 个大型云数据中心。补齐民生基础设施短板。加大民生项目投入，完成老旧小区改造 50 万户、棚户区改造 3.6 万套，新建改造排水管网 500 千米以上。加强防灾减灾、水安全、应急物资储备等重大项目建设。

（五）着力推进农业农村现代化，大力发展精细农业

实施"六大强农"行动，打造一批现代精细农业示范基地。新建高标准农田460万亩，稳定粮食播种面积和总产量，继续抓好生猪生产恢复。打造一批湘字号的优质农副产品品牌。全面推进乡村振兴。创建300个以上省级美丽乡村示范村、100个省级特色精品乡村。实施村庄基础设施建设和乡村公共服务提质工程。持续整治农村人居环境，因地制宜发展乡村旅游业。持续深化农村改革，开展第二轮土地承包到期后再延长三十年试点。依法规范、稳妥开展农村集体经营性建设用地入市，探索农村宅基地"三权分置"实现形式。加快推进农业水价综合改革，巩固拓展脱贫攻坚成果同乡村振兴有效衔接，健全防止返贫监测和帮扶机制。继续对脱贫地区开展产业帮扶，强化易地扶贫搬迁后续扶持，加强配套基础设施和公共服务建设。

（六）着力促进区域协调发展和新型城镇化

大力构建"一核两副三带四区"区域经济格局。研究制定促进中部崛起高质量发展省内实施方案，打造湖南至大湾区3～5小时便捷通达圈。加快推进长株潭一体化。制订出台《长株潭一体化发展五年行动计划》，推进共建共享，支持娄底、益阳建设成为长株潭都市圈的拓展区和辐射区。加快湘赣边区域合作示范区建设，推进实施湘赣边区域合作示范区建设三年行动计划。推进湘赣红色文化旅游与乡村振兴融合发展。推动洞庭湖生态经济区绿色发展，积极引导湖区产业转型升级，加快岳阳长江经济带绿色发展示范区建设。推动湘南湘西地区发展，加快湘南湘西承接产业转移示范区建设，继续实施湘西地区开发战略，推进新型城镇化。实施城市更新行动，加快建设海绵城市、城市智能交通网等市政设施。实施县城城镇化补短板强弱项工程，支持全国县城新型城镇化示范县建设。规范推进特色小镇建设。

（七）着力改善生态环境，持续推动污染防治

打好蓝天碧水净土保卫战，持续发起"夏季攻势"。持续实施生态保护修复，打好长江保护修复攻坚战。推行林长制，加强天然林保护修复。加快推进"绿色矿山"建设，健全尾矿库污染防治长效机制。开展重点领域生态环境安

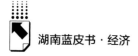
全隐患排查整治，持续推动绿色低碳发展。优化调整产业、能源、交通结构，大力发展清洁能源，加强绿色技术、绿色建筑、新能源车推广，全面推行重点行业领域清洁生产、绿色化改造。

（八）着力提高人民生活品质，以高水平的就业创业提升获得感

落实援企稳岗政策举措，完善"湘就业"平台功能，实施促进就业专项行动，确保零就业家庭动态清零。研究制定扩大中等收入群体实施方案，积极争取共同富裕示范区建设。提高公共服务质量。慎终如始抓好常态化疫情防控，加强公共卫生体系建设，健全疾病预防控制、重大疫情救治、应急物资保障体系。深化公立医院、"三医联动"等改革。加快芙蓉学校建设，促进职业教育产教融合。实施全民健身设施补短板和公共文化服务提质工程。坚持"房住不炒"，促进房地产市场平稳健康发展。提升社会治理效率。加强价格监测分析，做好保供稳价，确保物价不出现大幅波动。巩固扫黑除恶成果，坚决防范和打击各类经济犯罪。扎实开展安全生产"三坚决两确保"巩固提升行动，持续做好食品安全、信访维稳等工作。

B.10
2020年湖南财政运行情况
及2021年展望

石建辉*

一 2020年全省财政运行及改革发展情况

2020年，全省地方收入完成3008.66亿元，增长0.1%，好于全国平均水平，其中地方税收2057.98亿元，下降0.2%；非税收入950.68亿元，增长0.6%；非税占比31.6%，排全国第12位，为近年来最好水平。一般公共预算支出完成8402.7亿元，增长4.6%。全省主要做了以下工作。

（一）以非常之功应对非常之势，全力支持疫情防控和复工复产

面对来势汹汹的疫情，全省财政系统闻令而动、听令即行，推动全省疫情防控取得重大战略成果。一是优先保障疫情防控经费。在全国率先安排疫情防控资金，启动库款紧急调度和物资紧急采购机制，开辟资金拨付"绿色通道"。湖南省是除湖北省外全国第一个安排防控专项资金的省份，全年疫情防控财政投入达到107亿元。二是紧急出台和实施一揽子财税政策。在减轻患者救治费用、提高抗疫人员待遇、保障应急物资供应、加强科研攻关、帮助企业纾困等方面，出台一系列财税支持政策。指导和支持财信金控集团为一线抗疫群体免费提供保险服务。向疫情防控重点企业发放专项再贷款，贴息后平均利率仅1.4%。坚决把减税降费政策落到实处，全年为各类市场主体新增减负超550亿元。三是第一时间拨付中央直达资金。省财政仅用7天时间，就将首批中央直达资金分配下达市县，全年支出进度居中部六省第1位。建立监控机

---

* 石建辉，湖南省财政厅党组书记、厅长。

制，加强督导检查，推动资金安全精准投放到终端。中央电视台专题报道湖南省管好用好直达资金保基层运转的做法。

（二）实施更加积极有为的财政政策，主动服务经济高质量发展

充分发挥财政政策逆周期调控优势，促进全省经济企稳回升、稳中向好。一是着力支持产业建设和实体经济发展。出台"135"工程升级版奖补政策，将增值税、企业所得税省级税收增量的50%返还给市县。健全财政信贷风险补偿机制，深化农业担保体系改革。出台移动互联网财税政策3.0版。支持推进实施农业"百千万"工程，培育打造十大优势特色千亿产业，加大产粮大县奖励力度，建成高标准农田390万亩。二是着力推动创新开放。设立"两山"基金，加力推动重大创新平台建设。落实普惠性奖补、税收优惠政策，鼓励各类主体加大研发投入。支持国际航空客货运发展，推动湘欧快线迈入中欧班列第一阵营，力促湖南自贸区成功获批。三是着力稳投资、扩内需。全年发行政府债券2550.2亿元，筹集中央和省级预算内基建资金267.9亿元，推动一批"两新一重"项目加快建设。发放亿元消费券，带动文旅、餐饮、住宿等行业人气回流、消费回补。落实个人所得税改革措施，惠及全省1044万人，人均减负1478元。

（三）坚持力度不减、节奏不变、尺度不松，奋力打好"三大攻坚战"

强化攻坚保障，精准聚焦发力，推动"三大攻坚战"取得决定性成就。一是支持如期打赢脱贫攻坚战。省级安排专项扶贫资金51.2亿元，增长12%；争取中央专项扶贫资金60.9亿元，增长10.5%；统筹整合涉农资金142亿元，支持6920个贫困村全部出列，51个贫困县全部摘帽。二是支持打好污染防治持久战。强化资金保障，支持打好污染防治标志性战役。在全国率先出台禁食野生动物退出补偿政策，支持做好重点水域禁捕退捕渔民安置保障工作。出台乡镇污水处理设施建设四年行动财政奖补办法。设立全国首支省级土壤污染防治基金。三是持续强化债务风险防控。多渠道筹措资金，超额完成年度化债任务。用好"六个一批"政策，缓释平台公司到期债务2000多亿元。实施专项债券负面清单管理，建立项目动态调整机制。支持平台公司加快推进市场化转型，纠正制止市县"不实化债"。

（四）牢固树立以人民为中心的发展思想，着力保障和改善民生

千方百计加大民生投入，推动"六个全覆盖"全面实现，12件重点民生实事全面完成。一是优先支持稳就业。国省就业补助33.1亿元，支持重点群体就业。阶段性减免社保缴费，扩大失业保险保障范围，支持开展职业技能提升行动。二是稳步提高社会保障水平。企业退休人员基本养老金实现"十六连调"，达到每人每月2506元。城乡居民基础养老金达到每人每月113元。社会救助保障标准与物价上涨挂钩联动，补贴标准实现翻倍。城乡低保平均标准分别达到588元/月、5003元/年。三是支持教育文体事业发展。推动省委、省政府出台促进城乡义务教育优质均衡发展若干政策。用好用活"双一流"资金，出台高校债务审核管理办法。拓展全域旅游资金支持范围，促进文旅产业深度融合。对公共文化服务体系建设绩效好的市县给予奖补。四是支持解决看病就医难题。城乡居民医保人均补助标准达到550元/年，基本公共卫生服务人均补助标准提高到74元/年。加快推进医保市级统筹，全面实施基本医保支付方式改革。支持提升基层公共卫生服务能力。五是助力平安湖南建设。多渠道筹集资金，全力支持扫黑除恶、交通顽瘴痼疾整治、禁毒反恐、社区矫正等工作，全面提高农村治安防控能力。

（五）协同推进财税改革与财政管理，持续提升财政法治化水平

坚持向改革要动力，向管理要效益，推动财政现代化治理取得新成效。一是纵深推进预算管理改革。压减省直部门一般性支出近40亿元，收回省直部门结转结余资金19亿元，李克强总理两次对湖南省相关做法给予肯定。建立财政审计协同联动机制，推动全面预算绩效管理落地见效。在国务院第三次廉政工作会议上，许达哲书记作为地方唯一代表作了经验推介。二是稳步推进省以下财政体制改革。出台交通运输、教育、科技等领域省与市县财政事权和支出责任划分办法，省级支出责任由平均60%提高到近70%。省对下财力性转移支付增长31%，是近年来力度最大的一年。省以下法检"两院"财物省级统管改革经验得到中央司改办、财政部的重点推介。三是进一步规范财政管理。划定"六条红线"，建立"四项机制"，在49个县市区开展预算编制事前审核，实行"全面报告＋重点关注"预算执行动态监控。"电子财政"一体化

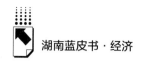

系统上线运行，财政大数据中心初步建成。出台国有金融资本出资人职责暂行规定，支持财信金控、融资担保集团、湖南农担公司做强做优做大。

二　当前及今后一个时期财政经济形势预判

当前湖南省发展仍处于重要战略机遇期，经济长期向好的基本面没有改变，但高质量发展仍面临许多挑战。经济是财政的基础，财政是经济的反映，预计2021年湖南省财政形势总体稳中向好，但收支矛盾依然突出，面临的挑战和压力可能会更大。

收入方面：2020年受疫情影响湖南省收入基数偏低，加上2021年经济逐步回暖，预计全年财政收入将出现恢复性增长。但由于湖南省税源结构不优，加之清欠等一次性收入减少，预计全年地方收入增长的空间有限。同时，2021年中央仍将保持一定的减税降费力度，也将造成一定程度的减收。收入质量方面，2020年为对冲收入下滑，外省普遍加大了国有资源资产处置力度，非税占比上升较快。财政部要求各地抓住2021年有利时机，把2020年过高的非税占比降下来，湖南省要保持和巩固收入质量在全国的排名难度较大。

支出方面：中央经济工作会议强调，2021年积极财政政策要提质增效、更可持续。财政部已明确适当降低赤字率，适当减少专项债券规模，不再发行抗疫特别国债和安排特殊转移支付。湖南省财政对上依存度高，中央部分阶段性政策退坡，势必对湖南省可用财力造成较大影响。与此同时，各种刚性支出仍在增长，部门增支的惯性依然很大，预计2021年全省财政仍是紧平衡下的负重前行。

总的来看，2020年全省财政的"数据不太好看"，但得益于中央特殊支持政策，市县"日子还可以过"；2021年经济形势好转，全省财政的"数据会比较好看"，但实际可用财力增量十分有限，部分市县"日子会比较难过"。全省财政系统要下好先手棋，打好主动仗，做好随时应对各种复杂局面和风险挑战的准备，确保财政稳健运行、可持续发展。

三　2021年财政重点工作

2021年是"十四五"开局之年，是湖南省实施"三高四新"战略的首战之年，做好财政工作意义重大。要按照中央和省委、省政府决策部署，扎实做好以下工作。

（一）大力实施"三高四新"财源建设工程，稳步提高财政收入占 GDP 的比重

启动实施"三高四新"财源建设工程，落实落细"提升税收占比三年行动计划"，通过三年时间的努力，使湖南省税收占比达到中部平均水平。一是充分调动省级产业主管部门积极性。加强部门协同联动，对税收占比明显偏低的行业，逐个分析查找原因，精准制定改进措施。省财政在安排省直部门产业专项资金时，把产业税收增量和税收占比提升情况作为调整专项额度的重要依据。二是强化对市州的激励约束。建立市州税收占比定期通报制度，并将其纳入市州绩效考核、高质量发展考核和真抓实干督查激励的重要内容。对税收占比提升幅度大的市州给予引导性奖励。三是加强财政税务等涉税部门联动。压实征管主体责任，强化部门沟通协作，完善征管体制，进一步提升征管效能。

（二）提质增效实施积极财政政策，全力推动经济社会高质量发展

充分发挥财政职能作用，为全省经济高质量发展提供坚实的财力保障和政策支持。一是全力实施"三高四新"战略。省级制造强省专项的75%以上，集中用于支持优势产业、新兴产业和未来产业发展。出台财政政策，支持科技创新"七大计划"，推进高水平创新型省份建设。对湖南省首创并被国家复制推广的经验或案例给予奖励，助力湖南自贸区成为"三个高地"的先行示范区和集中展示区。二是积极扩大有效投资。探索建立预算内基建资金与财政专项资金协同安排机制，形成投资合力。深化投融资体制改革。用好用活专项债券，优先支持在建工程后续融资。三是全面推进乡村振兴。完善财政支农政策，着力保障粮食安全，大力发展精心农业，持续改善农民生产生活条件。落实"四不摘"要求，保持扶贫投入、政策总体稳定，重点向巩固拓展扶贫攻坚成果任务重、乡村振兴底子差的地区倾斜。四是持续保障和改善民生。坚持经济发展与民生改善相协调，民生支出占比稳定在70%以上，全力支持落实就业优先政策，加快推进教育文体事业高质量发展，持续深化医药卫生体制改

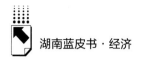

革，健全社会保障体系和社会安全网络。坚持资金投入与污染防治攻坚战任务相匹配，大力支持生态文明建设。

（三）注重系统集成、协同高效，持续深化财税改革

围绕建立现代财税体制目标任务，聚焦突出问题短板，加快财税改革步伐，持续释放改革红利。一是深化预算管理制度改革。全面推进"零基预算"改革，加强对预算编制的宏观指导，所有支出先定政策、后定资金。建立健全项目全生命周期管理机制，完善支出标准体系。深化综合预算改革，规范单位账户及实有资金管理。加强财审联动，强化预算编制执行挂钩约束。二是完善省以下财政体制。进一步优化转移支付分配办法，稳步推进水利、文化、自然资源、生态保护、应急救援、国防等领域省与市县财政事权和支出责任划分改革。持续完善省以下法检"两院"财物省级统管改革。三是在地方权限内创新推进税制改革。密切关注中央消费税征收环节后移和下划地方改革，提前做好预案。推进契税、城市维护建设税地方配套立法工作。研究调整城镇土地使用税政策。四是加快推进其他重点领域改革。全面提升国有金融资本管理水平。盘活存量国有资产，完善国资报告和成果运用机制。深化政府采购制度改革，提高政府购买服务绩效。强化政府投资基金财政归口管理。继续深化政府会计改革。

（四）进一步强化财政运行管理，全面推进法治财政建设

持续建机制、打基础、提效能，不断提升财政工作法治化水平。在财政部对地方财政管理考核中，湖南排全国第 2 位，获国务院真抓实干表彰激励。一是抓好减税降费政策贯彻落实。对 2020 年疫情期间出台的阶段性政策分类调整、有退有留。适当调整阶段性减免、缓缴社保费政策。全面落实中央 2021年新出台的减税降费措施。加大各类违规涉企收费整治力度。二是牢牢守住基层"三保"底线。坚持"三保"支出在财政支出中的优先地位，严禁挤占挪用"三保"支出。在 87 个县市区开展预算编制事前审核，加强预算执行监控。精准调度国库资金，持续清理财政暂付款。压实市县党政一把手"三保"主体责任，对违反"六条红线"和"四项机制"的严肃问责。规范用好中央直达资金。三是持续加强政府债务管理。牢固树立风险底线意识，坚决控、着

力还、加速转、确保化，扎实做好隐性债务风险化解、专项债券使用、平台公司市场化转型、常态化风险监测及应急处置等工作，确保政府债务风险总体可控、逐年缓释。四是进一步夯实财政管理基础。开展重大财税政策、重大民生项目资金监督检查。组建会计咨询专家库，提升会计准则制度实施质量。深化国库集中支付制度改革。加快完成预算管理一体化建设。

（五）坚持和加强党对财政工作的领导，纵深推进全面从严治党

全面落实新时代党的建设总要求，坚定不移地把党的领导贯穿于财政工作的全过程、各方面，以高质量党建引领财政高质量发展。一是狠抓理论学习。将习近平新时代中国特色社会主义思想作为"指南针"和"定盘星"，持续深入学、融会贯通学、结合工作学。认真开展党史学习教育，努力做到学史明理、学史增信、学史崇德、学史力行。二是全面加强机关党的建设。始终把政治建设摆在首位，不断深化对财政工作政治性的认识。严格执行新形势下党内政治生活若干准则，认真落实重大事项请示报告制度。强化抓基层、抓支部鲜明导向，深入推进党建与业务深度融合。三是持之以恒正风肃纪。认真贯彻执行《党委（党组）落实全面从严治党主体责任规定》，支持和配合纪检监察派驻机构履行监督责任。常态化开展警示教育，抓早抓小，防患于未然。狠抓财政内控制度执行，细化廉政风险清单。四是着力打造忠诚干净担当财政干部队伍。用好近距离考察干部和干部平时考核成果，真正让吃苦者吃香、优秀者优先、有为者有位。强化思想淬炼、政治历练、实践锻炼、专业训练，着力增强财政干部的政治判断力、政治领悟力、政治执行力，不断提高聚财、管财、用财、理财水平。

B.11
2020年湖南工业
和信息化发展情况及2021年展望

曹慧泉*

一 2020年和"十三五"湖南工业和信息化发展情况

2020年是极不平凡的一年,全省工信系统深入学习宣传贯彻习近平总书记考察湖南重要讲话精神,坚决落实党中央国务院和省委省政府决策部署,统筹推进疫情防控和经济发展,以贯彻落实"三高四新"战略的实际行动,践行"四个意识"、做到"两个维护",扎实做好"六稳"工作,全面落实"六保"任务,为"十三五"收官画上了圆满的句号。

1. 全力做好疫情防控医疗物资保障,展现了工信铁军新形象

面对突如其来的新冠肺炎疫情,在党中央统一指挥和省委省政府坚强领导下,发动省内骨干企业和各界人士全球采购捐赠紧缺物资打赢遭遇战,重点企业全力攻关,重要物资快速形成量产,完善常态化阶段应急物资保障体系,医用防护服、N95口罩从无到有,创造10天从申请到量产的湖南速度;口罩产量快速增长,不到50天日产量从34万只提升到1000万只,日产能最高峰近1亿只;核酸检测试剂盒、呼吸机、红外测温枪和消杀用品等快速扩产。经此一战,湖南省初步形成有较强竞争力的医疗物资生产体系,为湖北省、全国、全球抗疫提供大量防疫物资支持,得到国务院、工信部和省委省政府充分肯定。

2. 先行一步抓复工复产和工业稳增长,有力支撑了全省经济稳中有进

坚决贯彻省委超前部署,2020年1月30日在全国率先建立复工复产调度平台,突出领军企业带动、重大项目拉动、信息技术推动产业链协同复工复

---

* 曹慧泉,湖南省工业和信息化厅党组书记、厅长,湖南省国防科技工业局局长。(收稿日期2021年3月)

产。2020年2月25日全省规模工业企业复工率超过90%，1~4月累计增速由负转正，在全国率先企稳回升。中办国办复工复产调研工作组肯定湖南"见事早，行动快，措施有力"，湖南省六次在国家发改委、工信部会议上介绍典型做法。全年全省规模工业增加值增长4.8%，高于全国2个百分点，增速居全国第12位、中部第3位。新增规模工业企业2608户，再创新高。

3. 持续推进工业新兴优势产业链建设，扩大了优势产业集群影响力

出台产业链政策升级版，持续落实省领导联系产业链制度，分链协调服务438家产业链重点企业，提升20个工业新兴优势产业链发展水平。推进重点项目建设，14个项目获国家重点专项支持近4亿元，三安光电第三代半导体、中石化巴陵己内酰胺搬迁、中联智慧产业城、三一云谷产业园等重大项目加快实施，全年工业投资增长11.4%，高于全国11.3个百分点。工程机械、轨道交通装备、中小航空发动机三大产业集群服务国家战略参与全球竞争的成效做法，在全国工业和信息化工作会议上推介。确定首批17个省级先进制造业集群培育对象。引导园区产业高质量发展，创建国家新型工业化产业示范基地1个、省级基地11个。

4. 落实创新引领开放崛起战略，增强了制造业竞争力

国家轨道交通装备创新中心正式揭牌，新增10家省级制造业创新中心，形成"1+10"创新中心发展格局。发布智能网联汽车等3个产业链技术创新路线图。120个重大产品创新项目竣工62个，突破关键技术425项。实施中小企业技术创新"破零倍增"行动，150家企业实现"破零"，新增发明专利授权266项。5家企业被认定为国家技术创新示范企业，居全国第2位。68台（套）设备、27个新材料项目获国家保险补偿。促进军民融合深度发展，大飞机地面动力学试验平台等一批项目落地，航空航天、网络空间、海洋等领域形成一批先进产品，北斗导航地面设备等关键领域技术达到国际先进水平。世界计算机大会、互联网岳麓峰会、全国工业App和信息消费大赛、走进中国商飞合作对接会等重大活动成功举办，全年组织各类产业对接活动17场。

5. 深化供给侧结构性改革，促进了工业绿色转型

出台沿江化工企业搬迁改造实施方案，110家企业全面启动搬迁改造，24家完成拆除，42家城镇人口密集区危化品企业搬迁改造年度任务提前完成。严防地条钢死灰复燃，"散乱污"企业整治任务全面完成。绿色制造体系建设

步伐加快，获批国家级绿色园区 3 家、绿色工厂 27 家、绿色设计产品 28 个、绿色供应链管理示范企业 3 家，7 家单位中标国家绿色制造系统解决方案供应商，国内首个动力电池第三方回收平台上线运营。全省提前超额完成国家下达的"十三五"节能目标任务。

6. 抓实平台载体和应用示范，加快了数字化、网络化、智能化步伐

出台数字经济发展规划、移动互联网政策 3.0、全国首个区块链产业发展行动计划等政策文件。移动互联网产业营业收入突破 1600 亿元，增速超过 20%，兴盛优选、安克创新成长为独角兽。全国第二家国家网络安全产业园区揭牌，全国第三家车联网先导区获批，国家智能网联汽车（长沙）测试区建设并启用"两个 100"项目，全国首条智慧公交示范线开通，无人驾驶出租车上线。发布"数字新基建"标志性项目 100 个、人工智能和"5G + 制造业"应用场景 38 个，建设首个"5G + 工业互联网"先导区、2 个省级区块链产业园。新增中小企业上云 101465 家、上平台 7384 家、标杆企业 40 家，入选全国企业上云典型案例 4 家、数量全国第一。智能制造新培育省级示范企业 7 个、示范车间 26 个，支持优秀系统解决方案 19 个。各地数字经济新动能加快积蓄。

7. 做强大企业、培育"小巨人"，推动了"专精特新"发展

华菱集团营业收入突破 1500 亿元，三一集团、中联重科、中车株机、蓝思科技等企业行业影响力增强，圣湘生物等 10 家工业企业上市。新增国家制造业单项冠军 8 个、省级 20 个，全国"专精特新""小巨人"企业 60 家、省级 267 家。获评"全国质量标杆"3 家，认定省级"工业质量标杆"10 家、"工业品牌培育示范企业"10 家、工业设计中心 20 家。望城经开区获评第三批国家双创升级特色载体，4 家单位获评国家小型微型企业创业创新示范基地。缓解企业融资难题，疫情期间帮助企业获专项再贷款 100 多亿元，3 家企业获国家制造业转型升级基金支持，新增产融合作"白名单"企业 811 家，制造强省融资对接会为 1020 家企业获银行贷款 908 亿元，省中小企业融资服务平台为小微企业争取续贷 20.54 亿元。《中小企业促进法》实施办法修订通过。清欠工作年度无分歧欠款全部清偿到位。工信部调研组肯定"湖南中小企业工作有特色，多项工作走在全国前列，形成了湖南模式"。

"十三五"期间，全省工信系统坚持以习近平新时代中国特色社会主义思

想为指导，认真落实党中央国务院和省委省政府决策部署，坚持稳中求进工作总基调，攻坚克难、砥砺奋进，较好地完成"十三五"规划主要目标任务。五年来，全省规模工业增加值年均增长7.0%以上，工业对经济增长的贡献率从31.6%提高到43.9%，持续保持高质量发展。打造了两张国家名片。工程机械产业规模连续10年居全国第一，三一集团、中联重科、铁建重工、山河智能等成长为世界级企业，与国际巨头同场竞技。轨道交通装备产业核心竞争力持续提升，建设行业唯一国家制造业创新中心，开发世界最高时速米轨动车组、世界首辆超级电容100%低地板有轨电车等一批高端产品。新增了三家千亿企业。华菱集团、湖南中烟、三一集团营业收入先后迈上千亿台阶。实现了四个显著变化。产业突破为国家战略贡献了湖南力量，第四代涡轴、涡桨发动机填补相关领域国内空白，起落架及机轮刹车系统配套国产大飞机C919，湖南因信创工程成为全国6个示范应用省份之一，IGBT实现从跟跑到并跑、领跑的转变。产业平台建设展现了湖南形象，国家智能网联汽车（长沙）测试区、国家级车联网先导区、国家网络安全产业园等国字号平台揭牌，世界计算机大会成为全球行业极具影响力展会，互联网岳麓峰会形成"冬有乌镇、春有岳麓"行业品牌。传统产业脱胎换骨彰显了湖南决心，冶金行业企业利润持续提升，有色行业增速稳步回升，建材行业集中度提高。新兴产业快速发展凸显了湖南潜力，数字经济增加值超过1万亿元，移动互联网产业五年突破千亿，新型显示、新一代半导体等产业链迅速壮大，工业互联网发展走在全国前列。

二 "十四五"发展思路和2021年工作重点

省委擘画了"十四五"湖南经济社会发展新蓝图，确立了"三高四新"战略，吹响了建设现代化新湖南的号角。制造业是实体经济主体，工业和信息化战线是落实"三高四新"战略的主战场、主力军。"十四五"全省工业和信息化工作的发展思路是，坚持以习近平新时代中国特色社会主义思想为指导，以习近平总书记考察湖南重要讲话精神为根本遵循，坚决贯彻党中央国务院和省委省政府决策部署，坚决落实"三高四新"战略，坚持稳中求进工作总基调，立足新发展阶段，贯彻新发展理念，构建新发展格局，以推动高质量发展为主题，以深化供给侧结构性改革为主线，以智能制造为主攻方向，以产业链为抓手，全力建设"3＋3＋2"先进制造业集群，推进先进装备制造业倍增、战略性新兴产业培育、智能制造赋能、食品医药创优、军民融合发展、品牌提升、产业链供应链提升、产业基础再造等"八大工程"，构建现代化制造业新体系，奋力打造国家重要先进制造业高地。

2021年是建党100周年，"十四五"规划开局之年。全省工信系统将进一步把思想和行动统一到中央和省委的决策部署上来，重点落实工信部十大标志性工程和省委全会"八大工程"，结合实际抓好贯彻实施，确保"十四五"迈好第一步，见到新气象。

1. 抓好"三稳"实现开门红

稳运行。密切关注疫情变化和外部环境存在的诸多不确定性，加强对重点产业、重点企业和重点园区的实时调度与实地调研。力争全省规模工业增加值增长8%以上，制造业增加值增长8.5%以上。用好工业数据云，做好行业分析、重点监测、预测预警。稳投资。抓好在建重大项目，推动惠科第8.6代超高清新型显示器件、比亚迪动力电池宁乡生产基地等项目早投产早达产。继续实施工业企业技术改造税收增量奖补政策，鼓励企业加大技改投入。加强国家重大战略规划、专项资金对接力度，争取将更多重大项目纳入国家笼子。强化产业链招商，谋划引进一批延链、强链、补链项目。稳企业。建立政策落实动态跟踪机制，推动减税降费等政策措施落地见效。继续做好清欠。精准帮扶重点骨干工业企业和纳税大户企业，有效协调解决能源、用工、资金等要素保障和具体困难。推动个转企、小升规、规改股、股上市，全年新培育规模工业企业1000家以上。

2. 培育集群增强竞争力

主导产业扬优势。以代表国家参与全球竞争、实现并跑领跑为目标，发挥集群促进机构主导作用和领航企业主体作用，提升工程机械、轨道交通装备、航空航天产业竞争力。工程机械抓好重大项目实施，构建主配协同创新发展产业生态，办好第二届长沙国际工程机械展。轨道交通装备要发挥国家制造业创新中心作用。巩固重点产业竞争优势，支持龙头企业并购延链、整合资源。战略产业补短板。紧盯国家部署，在"两芯一生态"、集成电路、第三代半导体、新型显示、新材料等领域实施一批关键技术攻关和重大技术产业化项目，形成新的竞争优势。集中优质资源，支持重点企业提升生态主导力，打造新的产业龙头。培育壮大以信创为代表的电子信息、新材料、新能源装备等产业集群。传统产业抓升级。实施品牌提升工程，继续认定一批"工业质量标杆"、创建一批"全国质量标杆"，开展消费品行业"三品"标杆企业创建行动，每年认定100家左右标杆企业，提升湖湘品牌影响，引领消费模式升级。新兴产业抢布局。培育发展智能网联汽车、5G应用、移动互联网等新兴产业，鼓励探索新型应用场景，拓展应用广度深度，不断完善产业生态。

3. 坚持创新引领

紧盯创新平台建设。把创新中心建设作为工信系统落实"科技自立自强"的主要抓手，加快建设以制造业创新中心为核心节点，企业创新中心、产学研创新联合体等多层次、网络化制造业创新体系，围绕工业新兴优势产业链、重点产业集群，再培育3家以上省级制造业创新中心，新认定20家企业创新中心。紧盯关键核心技术。实施产业基础再造工程，瞄准工程机械等优势产业链，全面梳理装备和技术短板，发布关键共性技术引导目录、技术创新路线图，支持信创、集成电路、新型显示等领域龙头企业牵头突破产业关键核心技术。围绕卡链处、断链点，集中攻克碳化硅半导体材料、高性能合金钢、高端液压元器件、大型轴承等一批"卡脖子"技术。支持产业链重点企业参与国家"揭榜挂帅"和"工业四基"攻关，关键环节做出湖南贡献。努力实现重大技术装备、核心技术、关键元器件（零部件）、重要基础材料等自主可控，确保关键时刻不掉链子。改善创新产品应用生态。聚焦省内产品应用的痛点，优化重大技术装备首台（套）、重点新材料首批次和软件首版次应用支持政策，持续实施"100个重大产品创新项目"，推动政府采购优先采用省内创新产品，加快推广应用和迭代升级进度。

4. 深化新一代信息技术与制造业融合

提速数字新基建，再发布100个"数字新基建"标志性项目。在重点企业、重点园区和高流量价值区域实现5G网络深度覆盖。推动基础电信企业建设覆盖全省重点园区的高质量外网，加快构建工业互联网标识解析体系。科学布局大数据中心建设，支持国家超级计算长沙中心加快发展。推动工业互联网创新发展，创建工业互联网国家级示范区，推动设立中国工业互联网研究院湖南分院，建设国家工业互联网大数据分中心。建设企业级、区域级、行业级工业互联网平台体系，认定一批省级工业互联网平台，建设一批工业互联网应用推广中心。建好省级"5G＋工业互联网"先导区，打造一批"5G＋工业互联网"示范工厂。实施中小企业"两上三化"三年行动计划，每年推动10000户以上企业深度"上云"、5000户以上企业"上平台"，组织实施300个数字化、200个网络化、100个智能化项目。实施智能制造赋能工程，全面推进智能制造，创建一批智能制造标杆企业，培育一批省内智能制造系统解决方案供应商，研发生产一批智能制造装备和产品，拓展应用广度深度。推进服务型制造，培育建设一批工业设计中心和研究院，促进工业设计与制造业融合发展。

5. 促进中小企业"专精特新"发展

加力培育"小巨人"和单项冠军，制订《湖南省专精特新"小巨人"企业培育计划（2021～2025）》，每年重点培育认定300家左右省级"专精特新""小巨人"企业、20个制造业单项冠军，梯度培育一批国家"专精特新""小巨人"企业和单项冠军。深入推进中小企业技术创新"破零倍增"行动，进一步强化中小企业技术创新主体地位，建立以企业为主体、市场为导向、产学研深度融合的中小企业技术创新体系，每年实现300家以上中小企业发明专利零的突破，培育一批中小企业创新工程师。持续做好融资服务，完善产融合作制造业企业"白名单"机制，推动涉企政务数据整合共享，依托中小企业融资服务平台为中小企业提供一站式融资服务，实施小微企业融资担保业务奖补政策，支持一批"专精特新""小巨人"企业成长为上市企业。持续做好权益保障，落实《中小企业促进法》实施办法和《保障中小企业款项支付条例》，确保中小企业权益不受侵害。持续完善服务平台，深入推进中小企业公共服务综合窗口平台建设，加快培育标杆核心服务机构，开展中小企业品牌提升行动，办好中小企业服务大会、"创客中国"大赛，推进国家双创载体升级项目建设，继续实施中小企业领军人才培训和银河培训工程。

6. 深化工业和信息化改革开放

深化优势特色，做好顶层设计。推进《湖南省先进制造业促进条例》立法工作，全力确保年内出台。抓好全省工业和信息化领域"十四五"规划编制，加强与国家和省级相关规划衔接，立足比较优势规划产业发展。深化"放管服"改革。推进"双随机一公开"日常监管，通过工业数据云升级"互联网＋"政务服务，借鉴北上广和江浙等发达地区经验探索"企业码""亩均论英雄"等改革，开展减轻企业负担政策落实情况调查评估，加强企业精准服务。深化供给侧结构性改革。法治化市场化推动落后产能退出，保持打击取缔"地条钢"高压态势，做好冶金、建材、石化行业产能置换工作。继续推进城镇人口密集区危化品生产和沿江化工企业搬迁改造工作。全面构建绿色制造体系，重点培育一批绿色园区、绿色工厂和绿色供应链，推广一批绿色设计产品。扎实推进工业节能提效，重点推广一批高效节能技术产品，提高能源资源利用效率。实施工业低碳行动，制定碳排放达峰路线图。推进新能源汽车动力蓄电池回收利用试点。深化开放合作。继续办好2021世界计算机大会、长沙国际工程机械展等重大展会活动，促进产业交流。组织省内优势企业积极参与"一带一路"建设，开拓国际市场，扩大国际产能合作。

B.12
2020年湖南住房和城乡建设情况及2021年展望

鹿 山[*]

2020年是极不寻常的一年，面对各种风险挑战和繁重发展任务，特别是经历新冠肺炎疫情的大考，全省住房和城乡建设系统始终坚持以习近平新时代中国特色社会主义思想武装头脑、指导实践、推动工作。坚决落实住建部和省委、省政府决策部署，坚持稳中求进工作总基调，充分发挥"一个统筹"牵总作用，全力擘画"一条主线"发展蓝图，持续构建"一大体系"蓄力发展，全省上下勠力同心、开拓奋进，在全国全省改革发展大局中展现湖南住建作为、贡献湖南住建力量！

一 2020年和"十三五"时期工作回顾

——这一年，齐心协力，战疫复产，同舟共济，共克时艰。系统支持疫情防控捐款（物）1.098亿元，强化人员防护，省内城建行业30多万名一线从业人员、建筑工地200多万名从业人员未发生一例感染。全省物业、环卫、城管投入防疫60.87万人，严格处置医疗废物废水、废弃口罩等特殊有害垃圾600多吨，确保供水供气安全稳定、污水垃圾处置有序。开通项目审批"直通车"，建立招投标"绿色通道"，顺延工期及资质资格有效期，实施住房公积金阶段性扶持政策，为企业减负8.4亿元。积极帮扶中小微企业和个体工商户累计减免房租13.18亿元。防疫发展两手抓、两不误，首次举行了全省二级造价工程师考试，完成5.8万多人土建系列初中级职称组考。举办住建行业职业

* 鹿山，湖南省住房和城乡建设厅党组书记、厅长。

技能大赛9项，12人获"省五一劳动奖章"、6人获评"省技术能手"。建筑业实现逆势增长，全年完成总产值1.186万亿元，同比增长9.8%，建筑业增加值占全省GDP比重8.6%。全省19家单位、22人获评全国及部、省抗疫先进集体、优秀个人。

——这一年，尽锐出击、连续作战，大考之年成效斐然。污水垃圾治理、黑臭水体整治、城市供水节水，棚改、危改、旧改，绿色建筑与科技等17项工作被纳入国家脱贫攻坚战、国务院"水十条""土十条"、省污染防治攻坚战等考核。全省上下顶压前行，加压奋进，一场硬仗接着一场硬仗打，全面完成了国家及省级各项考核任务。常德市棚改、通道县危改工作被国务院表彰为真抓实干成效明显地区。浏阳市、沅江市，长沙县、韶山市分别获批全国农村生活污水治理、生活垃圾分类与资源化利用示范县市。湘潭、浏阳、韶山等3市获批全国无障碍创建示范市。全省老旧小区改造6条经验做法入选首批全国推广经验清单。岳阳市东风湖治理重现水清岸绿得到达哲书记高度肯定。全省建筑节能工作全国免检，株洲市超低能耗建筑示范居全国前列。

——这一年，勤勉求索，创优创新，锲而不舍，金石可镂。在全国首创建立BIM审查标准体系，率先在房屋建筑工程开展BIM审查试点，施工图BIM智能化审查被列入住建部首批试点，"零跑腿、零接触、零付费"典型经验做法被国务院办公厅通报表扬。湖南省获批全国唯一绿色建造试点省份。全国首个省级装配式建筑全产业链智能建造平台上线试运行。工程建设项目审批制度改革成效居全国前列。全力根治拖欠农民工工资，省厅被国务院表彰为全国农民工工作先进集体。长沙稳控房地产市场促经济健康发展做法获中央政治局常委韩正副总理批示肯定。厅机关、株洲市城管局成功创建第六届全国文明单位。厅驻村扶贫点七家坪村获评全国文明村镇。省质安监总站荣记全省脱贫攻坚专项奖励大功。

——这一年，果敢勇毅，整治痼疾，不畏艰难敢管善治。首次开展全省住建领域行政管理机构职能大梳理、大调研。全省建设工程招投标突出问题专项整治，农村危房改造及公租房建设分配领域突出问题专项治理完成整改率100%。严格落实"黑名单"和联合惩戒制度，招投标巡视整改获省委巡视组充分肯定。全省住房公积金和维修基金审计发现问题整改到位率95.8%。

回顾2020年，主要做了以下工作。

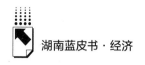

（一）着力塑特色、强品质，推进新型城镇化建设有新进展

2020 年全省常住人口城镇化率预计达到 58.5%，增速高于全国平均水平。城镇空间布局更趋合理，依托湘江发展轴，"3＋5"环长株潭城市群联动发展强劲，宁乡、浏阳、韶山－湘乡、醴陵－攸县等城镇组团呈加速成长态势，长岳、长益常、长邵娄等经济走廊初现规模。长株潭一体化"三干"项目通车试运行，长沙地铁 3 号线、5 号线一期工程载客运营，"半小时经济圈"加速形成，城镇承载和辐射带动作用明显增强。城市人居环境显著改善，长江保护修复、洞庭湖水环境综合治理等专项行动顺利收官。

（二）着力稳市场、强保障，房住不炒、住有所居有新成效

2020 年年初疫情影响下冰封的楼市，考验着市场极限承压能力，全省严格落实房地产市场平稳健康发展城市主体责任制，保持了投资平稳回升、房价趋稳可控，全年完成房地产开发投资总量居全国第 10、增速居中部第 2。完成城镇棚户区改造 89301 套，公租房建设开工 28334 套、发放租赁补贴 13.21 万户，棚改、公租房中央财政专项补助资金居全国首位。开工改造城镇老旧小区 2135 个，惠及居民超 30 万户。全年争取农村危房改造中央资金居全国第 3，全面完成"因疫因灾"动态新增 2.88 万户危房改造，高质量通过国家脱贫攻坚检查。170.15 万户建档立卡贫困户住房安全保障核验"不漏一户、户户可查"。长沙住房租赁市场试点新增筹集租赁住房 4 万套。推进全省既有住宅加装电梯工作完成安装 1372 台。

（三）着力补短板、强弱项，城乡人居环境改善有新提升

全年争取中央城市管网及污水处理资金居全国第 3，地级城市污水集中收集率上升 10.18 个百分点。完成地级城市建成区黑臭水体整治 181 条，消除比例 98.36%。全省新增建成（接入）污水处理设施乡镇 340 个。长沙市基本建成生活垃圾分类处理系统，其他地级城市（含吉首市）实现公共机构生活垃圾分类全覆盖。常德市、长沙市、郴州市出台生活垃圾管理条例。全省建筑垃圾资源化利用工作获住建部推介。督促市县筹措 12.23 亿元用于垃圾填埋场问题整改，力度之大为历年之最。完成全省 1277 个农村非正规垃圾堆放点整治

工作，全省约40%镇村实行了农村生活垃圾付费制度。"气化湖南"连续两年超额完成任务，郴州市、湘西州首次开通长输管道天然气。湘西自治州被成功列为中国传统村落集中连片保护利用示范点，获中央财政资金支持1.5亿元。全省658个传统村落实现挂牌全保护。永州市、湘潭县等7个市县申报国家园林城市（县城），申报数量创历史新高。

（四）着力夯责任、促转型，推进优质安全发展有新亮点

全力推进工程建设组织模式改革，在政府投资和国有资金项目中推广采用全过程咨询，出台工程总承包、全过程咨询招投标管理办法。大力发展绿色建筑，全省8个试点地区45个钢结构住宅项目加快实施，浅层地热能建筑规模化应用试点工作正式启动。深入开展"四不两直"季度执法检查、质量管理和安全生产标准化考评，试点推行住宅工程质量潜在缺陷保险。完成2020版湖南省建设工程计价办法和消耗量标准编制及宣贯工作；配套发布建设工程电子数据标准，在国内首次实现不同计价软件生成计价文件互看互导互编。严格规范全省消防设计审查验收工作，消防施工被纳入质量标准化考评。普铁安全环境整治和马路市场专项整治工作全部整改销号。先后编制、修订了供水、燃气等6个应急预案，累计排查城市道路（桥梁、隧道）隐患点段1761处，整改率97.4%。

（五）着力提效能、优服务，深化"放管服"改革有新突破

持续深化工程建设项目审批制度改革，建成了全省统一的制度体系及管理系统1.0版。全面优化住房公积金归集、提取、贷款等业务办理流程，基本实现"一件事一次办"。大力推进"互联网＋政务服务"，建筑业企业资质、人员资格、施工许可等电子化证照管理升级。全省施工和监理招投标全面实现电子化，各市州监管平台和交易系统互联互通形成"全省一张网"，各地远程异地评标工程项目占比超过20%。认真开展"立改废释"工作，《湖南省绿色建筑发展条例》被列入省政府2020年立法计划预备审议项目，长沙、郴州、株洲、湘潭4市率先启动建筑垃圾立法。

历史于时序更替中前行，梦想在砥砺奋进中实现。2020年是"十三五"收官之年，五年来，全省上下在同心同德中奋力奔跑，在群策群力中奋勇攻

坚。湖南住建人敢闯敢试、敢为人先的精神在迸发，勇争一流、唯旗是夺的斗志在增强，解困纾难、攻坚拔寨的本领在提升，这是全省住房城乡建设事业实现高质量发展、新时代振兴的底气所在、力量所在、信心所在！

"十三五"时期，在推进高质量发展中探索形成了"湖南住建"特色。立足推进系统治理体系和治理能力现代化，提出并形成了"三个一"发展脉络。坚持"一个统筹"引领全局，全省常住人口城镇化率年均增长1.5个百分点，增速位居中部六省前列。坚持"一条主线"贯穿始终，"人文住建"借力"基层党建＋"推动"共同缔造"，在全国率先将党建引领业主自治写入业主大会和业主委员会指导细则，业主自治示范、"基层党建＋"试点工作富有成效。"绿色住建"助力湖南成为全国唯一的装配式建筑科技创新基地、国家首批钢结构装配式住宅建设试点省份。连续四年举办"筑博会"，绿色建材、绿色建筑评价标识数量分别居全国第1、第6。"智慧住建"强化"三基五智"推进思路，建成省级行业统一数据交换、共享、管理中心，打造基础关键平台，拓展业务系统应用，基本实现"平台之外无审批、平台之上全监管"。BIM技术从单一、"机械化"应用向数字化全产业链及行政审批应用转型。"廉洁住建"在全国率先出台"打招呼登记""黑名单管理"等制度，构建完善"1＋x"招投标政策体系。连续三年开展城管执法"强基础、转作风、树形象"行动。打造"一大体系"推动发展，创新建立"政府部门＋协会学会＋科研院校＋企业单位"的住建大格局体系。建筑业成长为全省3个万亿产业之一，年吸纳就业人数近300万。

"十三五"时期，湖南省住建系统用不懈地奋斗共同见证了"三湘大地"城乡换新颜。全省城乡环境基础设施建设投资超1200亿元，年均增长16%，新增日供水能力458万吨、污水处理能力194.2万吨、垃圾处理能力1.7万吨。累计建成11条1209公里天然气省支干网，92个县市区、1900万名城乡居民用上安全清洁天然气。打造了长沙圭塘河、后湖和常德穿紫河等一批黑臭水体治理典范。国家级、省级园林城市（县城）占全省县以上城市比例达到56%。成功创建了14个国家历史文化名城名镇，确定历史建筑1603处，留住浓浓乡愁乡韵带来诗和远方。全省县以上城镇建成区人均公园绿地面积、绿地率分别达到12.1 m^2 、36.8%，步入全国先进行列。

"十三五"时期，在三大攻坚战全面小康中打硬仗啃硬骨彰显"住建担当"。三大攻坚战涉及住建领域方方面面，战战相关，战战不易。全力以赴助推精准脱贫，以高度的政治责任感、使命感，高质量打好了十八洞村援建"百日大会战"。累计完成农村危房改造75.9万户，全面实现贫困农户住房安全有保障。全力以赴推进污染防治，实施县以上城市污水治理提质增效三年行动，污水处理率提升至97.3%；开展乡镇污水处理设施建设四年行动，设施覆盖率达到45%，一湖四水及全国重点镇实现全覆盖。开展城乡垃圾治理攻坚行动，城镇生活垃圾无害化处理率达到99.71%，农村生活垃圾收运处置体系覆盖行政村比例达到93.8%，比2015年提高43个百分点。洞庭湖生态环境专项整治、湘江流域存量垃圾场污染问题整改等，为全省污染防治攻坚战在国考中评定优秀做出了巨大贡献。全力以赴防范金融风险，加强住房公积金监管，保证资金安全和有效使用，全省累计归集2962.17亿元，发放贷款1983.47亿元。加强房地产市场调控，保持开发投资平稳增长，全省房地产实现税收收入占地方税收比重保持在40%左右。习近平总书记来湘视察时对湖南房地产"三稳"工作给予了高度肯定。

过去五年，深受教育的是，在不忘初心、牢记使命中提高了政治站位，强化了责任担当。接受了1次全面巡视、2次专项巡视、2次巡视整改督查，165项整改措施全部落实到位。持续"纠四风、治陋习"，开展违规收受红包礼金、"雁过拔毛"式腐败问题专项整治，交办立案调查95件。连续六年提交省级精神文明建设承诺项目，农村危房改造整体推进省级示范，在全省为民办实事考核项目中排名第一。推进城镇保障性安居工程精神文明示范项目建设，棚改工作连续4年、危改工作连续3年获国务院表彰。

二 "十四五"时期发展思路及主要目标

"十四五"时期，全省住房和城乡建设系统要立足新发展阶段、贯彻新发展理念、构建新发展格局，将"三高四新"战略要求贯穿全省住建事业发展全方位、全领域、全过程，夯实稳的基础，找准进的方向，盯住高的目标，坚定沿着"三个一"发展路径，推动人文住建"铸魂"、绿色住建"筑福"、智慧住建"赋能"，廉洁住建"夯基"，努力实现"美丽城乡、幸福人居"发展愿景。重点把握"5432"发展要求。

1. 协调处理"五种"关系

一是布局"点与网"，以社区、园区为点，城市为网，建设完整社区、融合园区（产城融合），提升基础设施公共服务配套；依托CIM、城市综合管理服务平台，推进城市运行一网统管、政务服务一网通办。二是统筹"城与乡"，推进以县城为重要载体的就地城镇化和以县域为单元的城乡统筹发展，以城带乡、以城补乡，统筹规划推进县、村基础设施一体布局、建设和管护。三是平衡"新与旧"，推动城市发展由大规模增量建设转为存量提质改造和增量结构调整并重，建立健全城市既有建筑保留利用和更新改造工作机制。四是匹配"供与需"，精准供需对接，释放消费潜力。根据人口流动新趋势，解决城市不同层级人口的不同需求，提高城市多层级需求保障能力。五是落实"硬与软"。以"硬措施"优化营商"软环境"，深化"放管服"改革，完善监管标准体系，降低制度性交易成本，激发市场主体活力。

2. 全力推进"四化"建设

一是集成化要"系统集成、集成系统"，在企业发展、监督管理、项目实施中，推动集约强企联盟拓展，集中连片整体改造、区域联动打捆治污等。二是智能化要"智能应用、应用智能"，通过创新管理、技术赋能实现智慧工地到智能建造，智慧物业、智慧社区到智慧城管再到智慧城市的质量变革、效率变革、动力变革。三是绿色化要"绿色发展，发展绿色"，持续强化绿色意识、构建绿色空间、实施绿色建造，营造绿色生活，以减量化再循环再利用筑牢生态整体观。四是科技化要"科技推动，推动科技"，集聚科创资源，加强研发投入、标准应用、平台管控，以企业为主体、市场为导向，搭建产学研深度融合技术创新体系。

3. 始终紧扣"三全"发展

一是全产业链打造。聚焦聚力"三业三链"，加快建筑业延链，建立咨询－设计－生产－施工－运维一体的完整产业链，重点培育全过程咨询行业，做强装配式智能建造全产业链配套能力；推动房地产业强链，拓展投资、开发优势，提升建筑品质和后期物业服务功能配套；着力市政基础设施补链，夯短板强弱项。二是全生命周期管理。推进房屋建筑和市政基础设施工程全寿命期全过程管控，质量责任全程追溯。三是全要素协同。加大政策供给、标准规范、评价体系、技术工艺、材料设备等各要素保障支撑。

4. 切实提升"两项"能力

一是决策力，通过"基础完善、完善基础"，在房产信息、市政管网等行业基础数据上做到底子清、情况明。二是执行力，通过"统筹规划、规划统筹"，做好系统各专项规划与全省国土空间规划的有效衔接；科学规划推进工作，谋划好"十四五"规划并确保各项决策部署落实落地。

三　2021年工作重点

深入贯彻落实习近平新时代中国特色社会主义思想，特别是习近平总书记考察湖南提出的"三高四新"战略和实践要求。2021年，全省住房和城乡建设系统要始终坚持以人民为中心，践行新发展理念，深挖"一个统筹"资源，激发"一条主线"能量，释放"一大体系"潜力，做亮特色、提升能级，确保全省住建事业"十四五"起好步、开好头。重点抓好以下几个方面工作：

（一）坚持品质提升，全力促进新型城镇化高质量发展

深入推进以人为核心的新型城镇化，构建协调发展的新型城镇化体系，全面提升城镇发展水平。

优化城镇格局。发挥中心城市和城市群的辐射带动作用，形成都市圈、大中小城市和小城镇协调发展的新型城镇化空间格局。加快融城示范社区建设，推动长株潭区域一体化，建设高质量现代化都市圈。推进以县城为重要载体的城镇化建设，大力发展各类产业园区，不断增大城镇吸纳就业容量。推动出台与新型城镇化配套的人口、土地、环境等方面的政策措施，建立都市圈、城市群沟通协商和共建共享机制。

完善城镇功能。全面准确把握城市更新的内涵、目标和任务，加快建立和完善与城市更新相适应的体制机制和政策体系。实施城市更新行动，加大城市市政公用设施、公共服务设施、新型基础设施建设力度，修复城市自然生态系统，建设韧性城市、海绵城市、智慧城市。借鉴长沙样本城市经验，开展城市体检。

提升人居品质。全省30%以上城市社区达到绿色社区创建要求。以城市居住社区建设补短板为重点，加强居住社区市政配套基础设施、公共服务设施

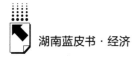

建设，通过试点示范打造一批"小街坊、密路网、高配套"完整居住社区。加大历史文化名城名镇名村和历史文化街区保护力度，推进历史建筑保护利用试点工作。全面开展城市设计，加强新建高层建筑、城市风貌管控。

（二）坚持民生为本，全力推动住房发展双向发力

加强住房市场体系和保障体系建设，着力提升安居宜居品质。

保持市场健康发展。各市州要认真编制"十四五"住房发展规划，明确住房发展目标。落实房地产融资新规，切实降低房地产行业杠杆率。全面落实城市主体责任，建立完善全省房地产市场监测指标体系和风险预警机制。有序化解非住宅商品房库存。开展整治规范房地产市场秩序三年行动，加大对开发、交易、租赁、物业服务等环节的监管力度。推进房地产市场信用体系建设，打造全省统一的住房领域信息化平台，推进全过程、全链条管理，实现"一网办、掌上办、一次都不跑"。提升物业服务水平，健全住宅物业服务竞争机制，推进规范化、品牌化、智慧化管理，加强物业小区社会治理。推动住宅全装修工作，提高装配式住宅精装修比例。大力推进既有住宅加装电梯工作，开展三年行动计划，鼓励市场化运维，建立考核评价制度。

有序发展租赁住房。扩大保障性租赁住房（包括公租房和政策性租赁住房）供给。新筹集公租房10000套，完善公租房建设和分配运营管理机制，实现低保、低收入家庭应保尽保，中低收入家庭在轮候期内合理保障。开展公租房分类处置和盘活工作。政策性租赁住房，主要面向无房新市民，鼓励多主体投资、多渠道供给，政府给予政策支持，实行政府指导价。发展住房租赁市场，盘活存量和闲置住房，健全住房租赁监管制度，规范租赁市场行为。长沙市至少筹集租赁住房2.5万套，其中建成政策性租赁住房5908套。

加大住房保障力度。扎实推进城镇棚户区改造，确保完成2021年35618套开工计划任务，加快历年城镇棚改及公租房在建项目进度，尽快形成有效保障。全面推进城镇老旧小区改造，确保列入往年计划的小区全部完工，2021年的3529个小区全部开工，其中1500个被列入民生实事的完成投资50%以上。建立全省城镇老旧小区改造规划"一张图"系统，各地要做好五年规划、三年滚动项目库，因地制宜制定政策文件和标准规范，加强方案审核和项目检

查。全面打造"智慧住房公积金"，抓好5项服务事项"跨省通办"。研究住房公积金资本金拆借，开展住房公积金支持政策性租赁住房试点工作。

（三）坚持系统协同，全力推进城乡建设事业健康发展

加快补齐短板弱项，突出抓好污染防治工作，统筹推进市政公用设施建设和美丽宜居乡村建设。

强力推进城市生活垃圾分类及垃圾处理设施建设。推进垃圾分类示范片区建设，2021年底前，一个市辖区的地级城市至少要将2条街道建成示范区；两个以上市辖区的地级城市至少要将1个市辖区或4条街道建成示范区。有条件的县级城市要逐步建立生活垃圾分类制度。2021年，怀化市、祁阳县、永顺县等9个垃圾焚烧项目要开工建设，湘潭、岳阳、永州等9个餐厨垃圾处理设施要建成投产，确保地级城市餐厨垃圾处理设施全覆盖。开工建设永州市诸葛庙存量垃圾场封场等17个亚贷项目。实现95座填埋场大排查问题整改销号。

加快推进城市生活污水治理。打好县以上城市污水治理提质增效三年行动收官战，地级城市建成区要基本消除生活污水直排口，基本消除污水收集处理设施空白区，地级城市、县级城市生活污水集中收集率要在2018年基础上分别提高15个、12个百分点，设市城市污水处理厂进水BOD浓度在2018年基础上提高30%。要统筹推进海绵城市建设、排水防涝、黑臭水体整治工作，围绕"赶外水、收污水"，全面提升污水收集处理效能。加强管网排查检测，科学制定实施"一厂一策"方案，推进溢流污染控制设施建设。结合道路改造、旧改棚改等，系统推进雨污分流，消除管网空白区。强化污水处理厂运营管理，从2021年起，对污水处理设施运营效能实施等级评价管理。

推进供水供气等其他基础设施建设。加大城市供水设施、供水管网建设改造力度，推进城市分质供水和应急备用水源配套设施建设，有条件的地方要将城市供水管网向周边乡镇（农村）延伸。加强"气化湖南"工程统筹协调，确保全年完成新建天然气管道300公里，积极推进燃气下乡。开展园林城市（县城）创建活动，有条件的要积极创建生态园林城市，大力开展公园绿地5~10分钟服务圈和城市绿道建设工程。优化城市道路布局和功能结构，提升城市道路网密度。科学编制步行与自行车专项规划，开展自行车专用道建设行动。推动市政基础设施升级改造，加强城市轨道交通规划建设管理，推进城市智慧停车、共享车

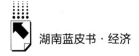

位、充电桩等建设，推动"多杆合一"试点，加强城市供水、排水、桥隧等市政公用设施信息化平台建设运用，提升设施运行质量和水平。

开展乡村建设行动。着力改善农村人居环境，加快推进乡镇污水处理设施建设四年行动，2021年要建成280个，并加强对已建设施的运行管理；建成乡镇生活垃圾中转设施103座，出台农村生活垃圾收转运体系运行维护管理指南，对已整改销号的农村非正规垃圾堆放点开展"回头看"；推动乡镇污水处理和农村生活垃圾处理收费制度建设。加强农村建房风貌管控，开展宜居农房建设试点，规范和推进乡村民宿建设。建立农村脱贫人口住房安全动态监测和农村低收入家庭住房安全保障机制，将动态新增危房纳入农村危房改造计划。继续开展7度设防地区农房抗震改造。完成农村房屋安全隐患排查和用作经营的自建房安全隐患整治。继续开展美好环境与幸福生活共同缔造。

严实生态环境问题整改。对中央环保督察、长江经济带警示片、全国人大执法检查等反馈的突出问题，要抓紧进行"回头看"，建立长效机制，防止污染反弹，确保达到"污染消除、生态修复、群众满意"要求。对2020年底前尚未完成整改的问题，要与2021年项目合并纳入整改台账，一同整改。坚持问题导向，坚持实事求是，实行清单管理，各地制定的整改目标要量力而行，整改措施要具有操作性。坚持"系统改、全面改、彻底改"，各地要避免就事论事，改表象不改根源，改近期不改长远，改局部不改全局，改设施不改机制，要长短结合，标本兼治，系统解决。

（四）坚持改革创新，全力促进建筑行业转型升级

转变行业发展方式，铸强"湖湘建造"品牌，提高发展质量和效益。

增强内生发展动力。加强政策引领，开展强企评选，深化服务指导，在企业混改、兼并重组上因势利导，促进资源优化配置和产业转型升级，加快培育具有国际竞争力的大企业、大集团。推动建筑湘军紧扣"一带一路"、雄安新区、粤港澳大湾区、长江经济带等国家战略，依托中非经贸博览会等平台，加快"走出去"步伐。大力发展全过程咨询和工程总承包，发挥政府投资和国有投资项目带头作用，提升全要素、全链条、全周期的资源调动、配置和集约管理能力，全年力争实现建筑业产值同比增长10%左右。扩展BIM技术在工程项目全生命周期的应用，推广智慧工地，推进智能建造，推动建筑业和数字

经济融合发展。

推动发展绿色建造。全力做好《湖南省绿色建筑发展条例》出台工作。纵深推进绿色建造、钢结构装配式住宅建设、浅层地热能开发应用等试点工作，全年城镇绿色建筑竣工面积占新建建筑比例要达到70%，城镇装配式新建建筑占比要达到32%。加快推进建筑垃圾管理和资源化利用示范工作，全年建筑垃圾资源化综合利用率达到35%，培育7个以上示范县（市、区），打造一批示范企业。各地要加快推进建筑垃圾立法，将源头减量纳入施工图审查、绿色施工等评价体系，推动再生产品列入绿色建材和政府采购目录。

优化行业发展环境。打造工程建设项目审批制度体系及管理系统2.0版，深化"用地清单制＋告知承诺制"、规划审批等改革。加快推进施工图BIM智能化审查，进一步落实和规范政府购买施工图审查服务。配套完善招投标政策体系，推进省市互联互通，实现全省工程招投标全流程电子化、远程异地评标常态化。加强违法违规行为稽查处理。全面推行施工过程结算和工程款支付担保，推进源头化解"两个拖欠"。大力推进工程造价改革，推动"清单计价、市场询价、自主报价、竞争定价"。落实建筑工程企业资质改革要求，承接好资质审批权限下放试点。开展建筑业企业资质动态核查，推进行业诚信体系建设，加快信用信息交换与共享，推动联合奖惩。召开第五届"筑博会"暨世界建造业大会，打造全国领先的建筑产业生态展示平台。

（五）坚持多域发力，全力提升城市治理能力和治理水平

将城市作为生命体、有机体，敬畏城市、善待城市，推进科学化、精细化、智能化管理，使城市更健康、更安全、更智慧。

加强城市管理和执法监督。理清城管与住建及其他部门职责边界，建立城市管理领域事中事后监管与行政处罚权的衔接机制。梳理完善行政执法事项清单。出台《湖南省住建领域行政执法监督办法》，建立完善工作制度。全面推行行政执法"三项制度"和"双随机、一公开"监管，开展行政执法案卷评查，严格规范执法行为。加强城市网格化管理，推动城市管理进社区。合理规范流动摊贩经营，加强户外广告管理。推进全省城市管理综合执法系统创建省级文明行业。

大力推进信息赋能工程。加快城市综合管理服务平台建设，2021年地级城

市要完成数字城管向城市综合管理服务平台升级，实现部省市联网互通和数据共享。推进城市信息模型（CIM）基础平台建设试点，开展CIM＋城市体检、城市综合管理服务和城市安全等方面的应用研究，以"标配＋特配"实现全省一个基础平台全覆盖。推进"智慧住建"迭代升级，进一步推进试点工作。

坚守行业安全发展底线。深化城市建设安全整治三年行动。开展城镇燃气、供水及道路（桥梁、隧道）安全管理调研评估，抓好地下管网等市政公用设施安全隐患大排查大整治行动。强化建筑施工质量安全监管，突出建设单位首要责任、落实施工单位主体责任，严格"打非治违"，落实基本建设程序。持续规范质量安全标准化考评，落实监理报告制度，强化安全生产目标管理，严控建筑业百亿元产值伤亡人数。推进住宅工程质量缺陷保险试点。加强消防设计审查验收全过程监管，制定出台消防检测信用评价办法。强化白蚁防治工作。加强社会安全风险防控，持续提升平安建设和信访维稳工作水平，推动扫黑除恶斗争长效化开展。抓好新冠肺炎疫情防控常态化工作。

（六）坚持全面从严治党，全力深化党风廉政建设工作

树牢"四个意识"，坚定"四个自信"，做到"两个维护"，坚持"不想腐、不能腐、不敢腐"一体推进，绷紧纪律规矩之弦，守住廉洁自律底线。

强化政治建设。加强和改进新时代机关党的建设，严明党的政治纪律和政治规矩。隆重纪念中国共产党成立100周年，教育引导党员干部坚守初心使命。全面落实意识形态工作责任制，加强"一网一微"阵地监管，完善舆情预判和协同处置机制，牢牢把握意识形态领导权。深入打造"人文住建"，推广应用"基层党建＋"，选树"最美住建人"，推动试点扩容、业务扩充、影响扩大。

深化专项治理。继续深入抓好建筑领域招投标、"洞庭清波"以及涉及民生领域的公租房分配和农村危房改造等专项整治。加强事中事后监管，制定出台住建领域行业项目库、绩效评价、后评估等管理办法，坚持"花钱必问效"。持续深入纠治形式主义、官僚主义，推进"微腐败"有效治理。

加强队伍建设。摸清全省住建系统机构队伍状况，梳理优化省市县镇村五级住建业务工作，推动行业管理流程再造，着力打通基层工作落实和服务群众"最后一公里"。改革完善土建专业初中级职称考试及高级职称评定办法。持续开展"建筑业人才培训百千万工程"，大力培养农村建筑工匠。

B.13
2020年湖南交通事业发展情况及2021年展望

赵　平*

一　2020年湖南交通主要工作

在极不平凡的2020年，面对严峻复杂的发展环境和艰巨繁重的发展任务，湖南省交通运输厅坚决应对新冠肺炎疫情的严重冲击，准确判断形势、精心谋划部署、抢抓发展先机，团结带领交通运输系统广大干部职工，坚定不移抓重点、抓关键、扎硬寨、打硬仗，交出了一份来之不易的亮丽成绩单，在湖南省交通运输发展史上写下了浓墨重彩的一笔。

（一）抗疫战疫复工复产成效斐然

面对突如其来的新冠肺炎疫情，全省交通系统勇当逆行者、争当先行官，用汗水甚至生命谱写了可歌可泣的抗疫壮歌，为全省夺取疫情防控和经济社会发展双胜利做出了重大贡献。疫情暴发初期。严格落实"一断三不断"，精准做好环鄂入湘113处公路通道防疫检查，严禁随意阻断交通，确保全省路网安全畅通。全面加强机场、火车站、服务区、客运站、客运码头卫生防疫，累计检查旅客1.1亿人次。坚决执行"三不一优先"，出色完成交通运输部应急运输11批次，组织调配应急车辆2057台、船舶73艘。复工复产阶段。及时撤除公路检疫点。全面恢复公共交通。包车运送复工人员10.8万人。专项安排直达运输企业纾困资金5002万元。高速公路免费放行车辆约1亿台次、免收通行费66.8亿元。率先推动复工复产，在全国交通运输系统作典型发言。常

---

* 赵平，湖南省交通运输厅党组书记、厅长。

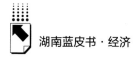

态化防疫阶段。因时完善交通运输防疫措施，注重强化冷链物流疫情防控，全力推动运输业强势复苏，2020年完成货运量19.6亿吨、货物周转量1746亿吨公里，同比分别增长6%、0.4%。

（二）交通项目建设实现历史性突破

完成年度交通投资734.4亿元，同比增长32.5%，是年度目标的146.9%，完成比例创历史性新高，为全省"六稳""六保"注入了强劲动力。高速公路建设迎来里程碑。长益扩容、石门至慈利等3条（段）149公里高速公路建成通车，全面实现"县县通高速"。新开工建设高速公路13条近1000公里，总投资1495亿元，超额完成年度目标任务，争取交通运输部资金支持223.36亿元，年度实质性开工建设规模和争取资金规模均创历史新高。干线公路建设成效明显。新改建普通国省道647公里。完成路网有效衔接项目14个。与华夏基金会签约捐建项目8个，捐资达55亿元。农村公路建设实现重大跨越，新改建农村公路2万公里。完成自然村通水泥（沥青）路7904公里，全面实现全省"组组通"，走在了全国前列。改造危桥484座。完成安保工程1.6万公里。水运项目建设持续发力。湘江二级航道二期、岳阳城陵矶港区二期工程建成投产。湘江永州至衡阳航道二期工程启动建设。

（三）三大攻坚战取得阶段性成就

交通扶贫成果丰硕，51个脱贫县完成交通投资324亿元，为年度计划的124.5%，新开工桑龙、炉慈等6条350公里高速公路，完成自然村通水泥（沥青）路建设2338公里，贫困地区交通面貌焕然一新。海员就业培训、汽修技能扶贫、农村公路公益岗位等扶智又扶志，探索了行业扶贫新路子。污染防治强力推进。《岳阳港总体规划》正式批复。完成长江湖南段34个码头泊位提质改造。彻底拆除"一湖四水"391处非法码头，102公里岸线全面复绿。全省所有船舶垃圾实现免费接收。岳阳港化学品洗舱站建成投运。风险防控实效突出。创新高速公路建设模式，13个新开工项目中12个为社会资本投资建设，筹资达1272亿元，困扰多年的高速公路建设筹资难题有效破解。高速公路遗留问题逐步化解。

（四）交通规划编制获得重大成果

全面完成交通运输中长期发展规划，高起点、高水平编制"114"水运规划和公路网布局规划（2021~2050）。到2050年，将全面构建起以"一江一湖四水"为骨干的全省航道网布局和"一枢纽、多重点、广延伸"的港口体系总体布局；构建形成规模适度、内畅外联的高速公路网，基本形成结构合理、衔接高效的普通国省道网，打造形成覆盖广泛、便民惠民的农村公路网。高质量编制"十四五"规划。注重远近结合、集思广益，突出前瞻性、操作性，深入开展调查研究，广泛征求各方意见，率先开发和推广应用基于地理信息平台的规划编制与管理系统，创新应用公路网需求分析技术，基本形成"1+2+7"规划体系。

（五）行业治理能力大幅提升

综合行政执法改革全面推进，全面完成省级改革。14个市州和103个设置执法机构的县级行政区全部挂牌。放管服改革成效明显。调整公布2020版权力清单。下放行政审批事项9项，取消证明事项153项、精简80%。高速公路管理不断加强。取消高速公路省界收费站后续工作圆满完成，ETC客服指标全国靠前。运输服务展现新貌。4个省级城乡客运一体化示范县顺利验收，株洲荣获"全国公交都市"称号。湘潭荣获"全国综合运输服务示范城市"称号，管养效能稳步提升。"十三五"高速公路、普通干线公路迎国评工作得到部评价组充分肯定。农村公路养护改革试点扎实推进。法治建设成色更足。《湖南省铁路安全管理条例》颁布实施，《湖南省道路运输条例》等5部地方性法规完成修正。

（六）平安交通建设水平明显提高

水上运输、港口运营、铁路专用线、城市轨道交通运营等领域实现"零事故"，2020年安全生产事故死亡人数和受伤人数分别同比下降31.7%、58.8%，未发生重大及以上生产安全事故，圆满实现省政府"三坚决两确保"目标。专项整治强力推进。安全生产专项整治三年行动、交通顽瘴痼疾整治等扎实开展。马路市场整治提前清零。在建高速公路Ⅲ级以上风险源监管实现全覆盖，淘汰 800 公里以上班线客车 520 台，撤销关停渡口 254 个。整治普铁安全隐患 9380 处，工作经验全国推介。科技兴安实效明显。"两客"安全智能监管平台高效运行，及时发现处理安全风险 5.6 万起，联网联控考核 23 个月稳居全国第一。危货智能监管系统建成上线。科技治超稳步推进，不停车检测非现场执法实施办法和治超网规划相继印发。安全保畅成效突出。果断处置沪昆高速雪峰山隧道半挂车起火燃烧事件。争取部分灾毁重建资金 11 亿元、居全国前列，57 处国省干线、342 处农村公路水毁路段全部抢通，有效解决农村公路"通返不通、畅返不畅"问题。

（七）党的建设进一步强化

学习型机关建设富有成效，大力开展大讲堂、大阅读、大调研、大竞赛"四大活动"，建设机关"知行书屋"，获评全省"学习强国"学习平台推广使用先进单位。持续深化全面从严治党。厅直系统政治建设考察全面完成，走在省直单位前列。"三表率一模范"机关建设卓有成效。形式主义、官僚主义有效整治，意识形态工作责任制严格落实。精神文明建设卓有成效。全省交通运输系统荣获全国先进集体 1 个、省部级先进集体 23 个、省部级先进个人 26 名，涌现出鲁力、李益仲等英模代表。新华社、中央电视台等主流媒体多次报道关注，负责任、敢担当的行业形象更加彰显。

二 2021年交通运输重点工作安排

（一）高质量推进交通重大项目建设

2021 年预计完成交通投资 808 亿元。大力开展"高速公路高质量建设"活动。突出抓好项目建设质量、安全、进度、造价、廉洁，全力打造精品工程、样板工程、平安工程、廉洁工程。扎实推进平伍益、衡永、醴娄扩容等 24 条 1602 公里项目建设，建成通车 128 公里。继续抓紧推进前期工作，确保益常扩容、新化至新宁等 3 个项目 358 公里高速公路开工建设，力争京港澳末宜段扩容、沪昆金鱼石至醴陵段扩容等 3 个项目 176 公里高速公路开工建设。稳步推进干线公路提质升级。完成路网有效衔接项目 9 个，建成普通国省道

600 公里。完成国省道危桥改造 99 座。加强战备公路建设。全力加快水运发展。大力推进湘江永州至衡阳、澧水石门至澧县等 7 个航道项目建设。加快长沙港铜官港区二期等 5 个港口项目建设。实现湘祁二线船闸建成投产。加快开展湘桂运河项目前期研究。探索水运发展新模式，研究制定水运建设筹融资新政策。

（二）加快推动交通强国试点建设落地见效

加强全域旅游公路建设，编制全域旅游公路设计指南，完善全域旅游公路建设规划，出台交旅融合发展指导意见。推进湘赣边区域合作示范区交通建设。加快高速公路建设，续建 6 个项目 511 公里，新开工 3 个项目 176 公里。推动干线公路提质升级，续建 8 个项目 122 公里，新开工 6 个项目 100 公里，建设资源产业路约 200 公里。建设旅游通景公路约 150 公里。推动交通科技兴安。优化"两客一危"智能监管平台。加快不停车治超网点建设。深化城乡客运一体化改革，完成第一批城乡客运一体化 8 个示范县创建验收，推进第二批 20 个示范县创建。

（三）推进巩固拓展脱贫攻坚成果同乡村振兴有效衔接

扎实办好交通民生实事，建设 4000 公里旅游路、资源路、产业路，完善10000 公里农村公路安防设施，推进乡乡通三级路，农村公路危桥发现处置率达到 100%。扎实推进农村公路管理养护。推动实施《湖南省深化农村公路管理养护体制改革实施方案》，积极开展农村公路管养体制改革试点，指导督促市县出台农村公路管养体制改革实施方案。大力开展"最美农村路"系列评选活动，评选 10 条"最美农村路"，继续评选"四好农村路"省级示范县。

（四）不断提高运输服务供给质量

大力提升高速公路服务区服务水平，科学制定服务区高质量发展规划和总体制度设计，研究制订规范服务区"建管养运"指导意见。扎实开展 ETC 服务专项提升行动，优化完善 ETC 客服体系，扎实做好货车 ETC 发行。继续推动公交优先发展。积极支持常德、娄底等市创建国家公交都市建设示范城市，全面启动省级公交优先示范城市创建。鼓励推动新业态健康发展。规范发展定

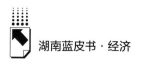

制客运，加快推进网约车三证落地。大力发展智慧物流，加快建立多式联运公共信息平台。

（五）持续提升行业现代治理能力

深化综合行政执法改革，巩固综合行政执法改革成果。完善综合行政执法运行新机制。加强重点领域改革。推进"证照分离"改革，深化"放管服"改革，深化"三集中三到位"改革，按照省委部署深化厅属事业单位改革。提升公路管养水平。提高燃油税养护资金比重，健全养护资金管理制度。推进公路运行监测体系建设。强化预防性养护。增强行业监管效能，加强工程项目造价监管。推进招投标全程信息化、电子化、智能化。用好人员履约、重大风险源监测等信息化系统。强化行业法治工作，推动《湖南省货物运输车辆超限超载治理条例》出台，完成《湖南省高速公路条例》调研论证。

（六）大力发展绿色智慧交通

扎实推进绿色交通，持续深化长江经济带船舶和港口突出问题整治。全面完成"一湖四水"码头渡口专项整治。推动船舶污染物全流程管理。扶持引导港口岸电设施建设。不断加强智慧交通建设。积极开展交通运输数字化体系和服务能力建设，逐步构建交通大脑体系。加快建设省交通运输综合智能监管（监测）中心，大力推动重点科技创新项目研究。加快推动运输结构调整，继续推进城陵矶新港等3个多式联运示范工程试点，加快完善岳阳港集疏运体系。

（七）着力建设本质安全交通

强力开展各项专项整治，继续集中整治道路交通问题顽瘴痼疾。开展坚守质量安全红线专项行动，实施隧道提质升级、公路危旧桥梁改造行动，加快船舶碰撞桥梁隐患整治，强化水上客渡运、船载危化品等专项整治，开展自然灾害综合风险公路、水路承灾体普查。深化高铁普铁安全环境整治，继续完善安全发展体系。建立健全安全生产监管监察信息系统，构建安全风险分级管控和隐患排查治理双重预防控制体系。进一步加强应急保障工作，大力提升隧道安全应急能力，加强交通安全应急设施建设，不断完善突发事件应急处置机制。

毫不松懈抓好疫情防控，因时因势调整完善交通运输防控措施，严格落实公共服务场所和公共交通工具防疫措施。

（八）坚持涵养风清气正政治生态

持续加强政治建设，学深悟透习近平新时代中国特色社会主义思想。积极争创"三表率一模范"机关，提质升级支部"五化"建设，持续深化学习型机关建设。巩固扩大"不忘初心、牢记使命"主题教育成果。大力开展庆祝"中国共产党成立100周年"系列主题活动，继续开展湖南交通大讲堂、知识竞赛、交通青年大学习等活动，积极争创"书香交通"品牌。驰而不息正风肃纪，巩固拓展落实中央八项规定及其实施细则精神成果。扎实开展巡察工作，大力整治违法违规问题。持续深化整治形式主义、官僚主义，全面加强干部队伍建设。坚持正确选人用人导向，大力选用事业心强、作风务实、自我要求严格的干部。充分发挥真抓实干督查激励"指挥棒"作用，进一步提升行业良好形象，巩固扩大文明创建成果，认真做好主题宣传，用心讲好新时代交通故事。

B.14
2020年湖南农业农村发展情况
及2021年展望

袁延文　吕剑平*

　　2020年以来，全省农业农村部门认真贯彻落实习近平总书记关于"三农"工作重要论述和对湖南工作的重要指示精神，按照省委、省政府的决策部署，加快实施乡村振兴战略，深化农业供给侧结构性改革，推动农业高质量发展，全力推进稳产保供，保持了农业农村稳定发展的好势头，推动了乡村振兴迈出新步伐。全省第一产业增加值达4240.45亿元、增长3.7%，绝对值排全国第6位、中部第2位，增幅排全国第11位、中部第1位；农村居民人均可支配收入达到16585元，增长7.7%，绝对值排位由全国第13位提升到第12位，增速排位由全国第23位跃升至第13位。

一　2020年湖南农业农村发展状况

（一）狠抓粮食和生猪生产，稳产保供目标圆满实现

　　省政府出台支持春耕生产10条措施，争取省财政投入粮食生产资金9.7亿元，派出66个工作组到66个水稻生产重点县蹲点指导，做好洪涝、"寒露风"等防减救灾工作，全省落实粮食面积7132万亩，增长3%，扭转了连续5年播面下降势头，对全国粮食面积增长贡献率达19.7%；产量603亿斤，增长1.4%，超额完成国家下达的目标任务。建立生猪生产发展责任考核机制，狠抓新增产能项目建设，严防严控非洲猪瘟，加快发展优质湘猪产业，在全国率

---

　　* 袁延文，中共湖南省委农村工作办公室主任，湖南省农业农村厅党组书记、厅长；吕剑平，甘肃农业大学财经学院院长、教授、硕士生导师，主要研究方向为区域经济、农业农村经济。

先开展生猪活体抵押贷款试点。全省生猪存栏 3734.6 万头，增长 38.4%，恢复到 2017 年水平的 94.1%，高出全国平均水平 3.1 个百分点，超额完成国家下达的 77% 目标任务；生猪出栏 4658.9 万头，居全国第 2 位。统筹抓好"菜篮子"产品生产，油菜、水果产量均增长 10% 左右，蔬菜、牛羊、家禽、水产品等产量稳定增加。

（二）狠抓产业发展和产业扶贫，农业质量效益稳步提升

重点培育了"湘江源"蔬菜等 6 个省级区域公用品牌和"湘赣红"等 5 个片区公用品牌。新认定 307 家省级龙头企业和 156 家省级农业产业化联合体，支持打造了 15 家标杆龙头企业，全省农产品加工业营业收入增长 3.2%。创建了一批优质农副产品供应示范基地、现代农业特色产业园、农业产业强镇和特色小镇，永顺县成功创建国家现代农业产业园。休闲农业与乡村旅游业加快恢复。增加绿色、有机、地理标志农产品 738 个，推进农产品"身份证"、合格证和国家追溯平台管理，全年农产品质量安全例行监测总体合格率达到 98.8%，居全国前列。成功举办或组织参加第 22 届中部农博会、"国际茶日"、中国国际食博会等展销活动，全省农产品出口达 117 亿元，增长 28.3%。实施"互联网＋"农产品出村进城工程，建成省贫困地区优质农产品展示展销中心。深入开展"千企帮村、万社联户"产业扶贫行动，全省累计 356 万名贫困人口通过发展产业实现脱贫。

（三）狠抓设施装备和科技支撑，农业现代化步伐进一步加快

建立农机推广服务"331"机制，落实农机购置补贴 11.7 亿元，增长 94%。深入实施农机"千社"工程，开展农机作业补贴试点，全省主要农作物耕种收综合机械化率达 52.5%，提高 2 个百分点，其中水稻机插率 39%，提高 5 个百分点，是"十三五"期间增幅最高的一年。在长株潭、"湘江源"品牌产区、大湘西等区域建设设施栽培示范基地 11 个。深入实施信息进村入户整省推进示范工程，益农信息社基本覆盖到所有行政村。完善现代农业产业技术体系，南繁科研育种园建设取得重要进展。第三代杂交水稻双季亩产达到 1530.7 公斤，创历史新高。培育高素质农民 12667 人，开展第 3 届"全省十佳农民"评选。利用"农技大课堂""湘农科教云"等平台开展网络培训，实

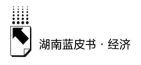

施基层农技特岗人员定向培养计划和农技推广服务特聘计划，农技推广服务能力进一步增强。

（四）狠抓禁捕退捕和耕地保护，农业绿色发展取得新进展

开展渔民精准识别，公开公正做好渔船网具评估与拆解工作，全省禁捕区域基本实现"四清四无"，将符合参保条件的退捕渔民全部纳入养老保险，渔民转产安置工作基本完成。与公安、市场监管等部门联合开展打击非法捕捞等专项行动，禁捕秩序明显好转。建成高标准农田391万亩，同步发展高效节水灌溉面积32万亩，在岳阳整市推进高标准农田工程质量金融保险创新试点。推进受污染耕地安全利用，长株潭种植结构调整任务清零，全省500.78万亩中轻度污染耕地落实一项以上农艺措施，47.55万亩严格管控区退出水稻生产。全省畜禽粪污综合利用率达85%以上，农药、化肥使用量分别减少1.95%、1.61%，秸秆综合利用率、农膜回收率分别达到88%、85%。

（五）狠抓乡村建设和农村改革，农村发展面貌持续改善

牵头打好农村人居环境整治三年行动收官战，突出抓好厕所革命，全面推行"首厕过关制"，改（新）建农村户厕106.1万个，建成农村公厕1071座。深入开展村庄清洁行动，推进"一市十县百镇"全域美丽乡村建设，创建省级美丽乡村示范村107个、精品乡村80个。培育壮大新型经营主体，全省家庭农场、农民合作社分别发展到16.5万户、11.2万家。推进适度规模经营，全省承包耕地流转比例达54.1%，居全国前列。开展农业生产社会化服务试点，服务组织达到6.9万家，居全国第3位。第二轮土地承包到期后再延长30年试点顺利开展，农村集体产权制度改革整省试点、国有农场办社会职能改革基本完成。推进农村宅基地管理体制改革，在浏阳、汨罗、宁远、凤凰开展了全国试点。深化农业综合行政执法改革，市级改革基本完成、县级改革积极推进。扎实推进农民维权减负和"互联网＋监督"工作，积极开展乡村治理全国试点示范，成功举办第3届"中国农民丰收节"湖南主题活动。益阳市现代农业综合改革稳步推进。湘赣边区域合作示范区建设初见成效。

2020年全省农业农村工作卓有成效，圆满完成了中央和省委、省政府下达的各项任务，多项工作走在全国前列、得到部省表彰，为决胜全面小康、稳

定经济社会大局提供了基础支撑。2021是"十四五"规划实施的开局之年，也是实施"三高四新"战略的第一年。2021年和今后一个时期，将按照习近平总书记重要指示精神和省委、省政府决策部署，坚定不移走精细农业发展之路，不断提升农业农村现代化水平。

二 2021年工作展望

（一）确保粮食稳产增产

2021年中央下达湖南粮食生产指标播种面积7100万亩（约束性指标），产量603亿斤（参考性指标）。湖南将进一步加大粮食生产投入，并对产粮大市、大县、大户予以奖励。强化属地责任，把目标任务及早落实到县市区、乡镇和村组。各市、县尤其是粮食大县将增加投入、整合资金，支持抓好集中育秧、机插、机抛等关键环节。突出抓好早稻集中育秧，计划新（改）建200个以上标准化、规模化集中育秧中心，带动全省发展早稻集中育秧1000万亩以上，比上年增加180万亩以上，其中为小散户服务的集中育秧面积350万亩以上，比上年增加50万亩以上。坚决制止耕地抛荒，对出现集中连片抛荒3亩以上的县市区，将取消评先评优资格。大规模开展粮食绿色高质高效行动，提高主推技术到位率，促进大面积均衡增产增效。协调扩大粮食生产保险覆盖面，抓好防灾减灾，保障农民种粮基本收益。在抓好粮食生产的同时，统筹推进全省油料、蔬菜、水果、茶叶等主要农产品生产。

（二）稳定生猪生产恢复势头

中央要求，2021年生猪产能要恢复到正常年份水平，即全省年末生猪存栏要恢复到3900万头以上。湖南将以实施"优质湘猪"工程为抓手，继续稳定养殖用地、环评承诺制、贷款担保等扶持政策，支持新建项目尽快投产达产，确保高质量完成生猪稳产保供任务。支持养殖大县和龙头企业发展，重点推进养宰加销全产业链项目建设，打造一批产值100亿元以上养殖大县和年出栏100万头以上的大型企业，推进产业转型升级。突出抓好非洲猪瘟常态化防控，持续落实好现行有效防控措施，重点抓好流通监管、屠宰场和

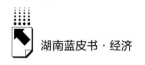
病死动物无害化处理中心的规范管理。同时，稳定发展家禽、草食动物和水产品生产。

（三）打好"十年禁渔"持久战

从2021年开始，湖南省从禁捕退捕攻坚战转向全面禁渔持久战。将强化政治意识和责任意识，紧盯非法捕捞易发水域和频发时段，扎实开展专项打击整治行动"冬春攻势"。全省农业农村部门将加强与公安、市场监管等部门配合，严厉打击"电毒炸""绝户网"等非法捕捞和非法渔获物交易行为，坚决查处"三无"船舶涉渔等风险隐患，形成"水上打、岸上管、市场查"的监管格局。全面加强渔政执法队伍和装备设施建设，构建专管群管相结合、人防技防并重的监管机制。继续配合人社等部门，做好渔民转产就业后续跟踪服务，巩固渔民安置成果。"十年禁渔"目的在于保护渔业资源、维护生态平衡，统筹加快建立水生生物及生态环境监测评价体系与监测信息共享机制，落实养殖尾水达标排放，加快"一江一湖四水"水生生物多样性恢复。

（四）着力打造全国种业创新高地

大力推进种业创新，为打好"种业翻身仗"做出湖南贡献。一是积极拓展平台。以岳麓山种业创新中心为引领，抓好芙蓉区国家现代农业种业产业园、南繁科研育种基地建设，推进面向全行业的开放性生物分子育种、生物智能大数据、湖南种质资源数据库等共性技术平台建设。二是突出重点领域。积极开展第三代杂交稻、耐盐碱稻、镉低积累水稻、优质绿色超级稻新品种研发。扎实开展湘系瘦肉型猪新品系协作攻关，力争核心群生产性能达到国际先进水平。推进油菜"三高"新品种选育。抓好果菜茶种业高质量发展和淡水鱼类种业创新，创制鲈鱼、鳜鱼、小龙虾等名特优水产品优良品种。三是培育壮大龙头种业企业。遴选一批创新强、潜力大的育繁推一体化企业，支持产学研深度融合，促进技术、人才、资金等创新要素向企业集聚。支持隆平高科成长为全球种业前5的航母型领军企业，培育一批特色型优势企业，打造2~3家国内领先的瘦肉型大型种猪企业。四是加强种质资源保护。开展农作物、畜禽、水产品种质资源调查收集，做好资源登记保护、鉴定评价等工作，压实保种主体责任。

（五）着力打造全国智慧智能农机产业链发展新高地

围绕促进农机全产业链发展，着力打造"一中心两基地"，即以中联农机为龙头、省内农机企业参与、相关高校和科研院所提供智力支撑的长沙农机研发中心，以汉寿县、双峰县为重点的两大农机制造业基地。以智慧智能为方向，加强农机科技创新，重点支持中联农机牵头组建农机科技联盟，聚焦粮油和果蔬、茶叶、畜禽等优势特色产业，加大农机装备研发力度。加快研究适合丘陵山区地形的轻巧节能、高效可靠智能农业装备。推动双季稻全程全面机械化、智慧农业、高标准设施农业、自动化农产品加工等示范基地建设，抓好望城、西洞庭、贺家山数字农业示范，探索"数字农场""无人农场"建设。加强农业机械创新人才培养，推动农业院校加大农机产业实用技能人才培养。同时，借助中非经贸博览会、中南农机机电产品展示交易会等平台，推动湘产农机"走出去"。

（六）着力解决好耕地问题

一是守住耕地红线。落实最严格的耕地保护制度，明确耕地利用优先序，严格控制耕地转为林地、园地等其他类型农用地，坚决制止耕地"非农化"，防止"非粮化"。二是大力推进高标准农田建设。想方设法争取财政投入，撬动金融和社会资本投入，提高农田建设标准，保证建设质量。尽快完成2020年390万亩建设任务扫尾工作，推动早招标、早开工2021年460万亩建设任务。充分利用土地调查成果，将高标准农田和永久基本农田、"两区"一并纳入最新土地利用现状图，实行"一张图"管理。三是扎实推进重金属污染耕地治理和安全利用。继续巩固拓展长株潭地区耕地治理试点成果，抓好轻中度污染耕地安全利用，落实以镉低积累品种替代、"淹水法"为主的安全利用农艺措施，稳步提升农产品合格率。严格管控区范围内，全面调整种植结构，坚决不能再种口粮水稻，鼓励种植其他安全的粮食作物。四是加强"两区"管理。按照分解下达的"两区"划定任务，提前做好自查，发现问题及早解决，确保"两区"范围内永久基本农田数量不减少、质量不降低。五是着力提升耕地质量。积极推广稻油、稻肥等水旱轮作模式，加大轮作休耕耕地保护和改造力度，开展土壤酸化问题治理，恢复发展绿肥生产，不断培肥地力。

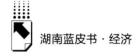

（七）大力推进优势特色千亿产业发展

紧紧围绕粮食、蔬菜、畜禽、油料、水果、茶叶、水产、中药材、南竹等产业，咬定千亿目标，着力提升产业链供应链现代化水平。一是大力发展农产品加工业。启动实施农产品加工业和生态绿色食品产业链三年行动计划，健全生产、加工、仓储保鲜、冷链物流等全产业链。实施新一轮"百企"培育工程，新打造20家标杆龙头企业，支持100家龙头企业创建农业产业化示范联合体和实施重大技术改造。二是注重产业融合发展。推动柑橘、生猪、茶叶、中药材、油菜、稻虾等产业集群建设，开展农业现代化示范区创建，推进特色小镇、产业强镇和"一村一品"发展。大力发展休闲农业、乡村旅游、康养度假、电子商务等现代服务业。因地制宜推动棉花、蚕桑等特种产业高效园艺作物发展，拓展农民增收空间。三是保障农产品质量安全。全面实行农产品达标合格证制度，切实加强农产品"身份证"管理，实施"治违禁促提升"行动，深化农产品质量安全综合治理，严格落实基层网格化监管责任，推进农产品生产经营主体信用管理，确保不发生重大农产品质量安全事件。四是巩固发展产业扶贫成效。补齐脱贫产业技术、设施、营销等短板，加大主导特色产业扶持力度，提升产业增收带富能力。

（八）扎实做好农产品产销对接

一是强化品牌引领。抓紧编制农业品牌建设五年规划，建立湖南省农产品区域公用品牌名录制度，以区域公用品牌带动企业品牌与产品品牌协同发展。二是搭建产销对接平台。充分发挥各类农业展会的示范引领作用，办好第23届中国中部（湖南）农业博览会，在京津冀和长三角、粤港澳大湾区举办湖南优质农产品产销对接活动，建设并运营好省农产品展示展销中心等产销对接公益性服务平台。三是持续推动湘品出湘出境。在精准对接粤港澳大湾区"菜篮子"工程的同时，支持认定一批"湘字号"农业国际贸易高质量发展基地，扩大蔬菜、中药材、茶叶、畜产品和水产品等优势农产品出口，组织重点农产品出口企业参加香港美食展、东盟博览会、东南亚展销会等国际展会，继续支持"湘品入俄"平台建设，积极推动湖南农业对外开放。

（九）抓好农村人居环境整治和乡村建设

启动实施农村人居环境整治提升五年行动。2021年继续将100万户农村改厕纳入省政府重点民生实事，召开全省农村人居环境整治暨美丽乡村建设现场推进会专题部署。继续抓好厕所革命，全面深化"首厕过关制"，确保按时按质完成改厕任务。持续推动"千村美丽、万村整治"工程，启动38个全域美丽乡村示范乡镇的创建工作，重点打造300个以上省级美丽乡村示范村、100个省级特色精品乡村。全面深化村庄清洁行动，统筹推进农村生活垃圾污水治理，整体改善村容村貌。推进农村基础设施建设和乡村治理。加强乡村规划引领，积极改善农村水电路气房讯、物流等设施条件。组织开展第二届"湖南省最美新乡贤"评选推介，认真总结推广"屋场会"议事、积分制管理等社会治理经验。保护传承农耕文化，积极开展第六批中国重要农业文化遗产申报工作。办好农民丰收节。推进湘赣边区域乡村振兴示范区建设。认真落实示范区建设三年行动计划，重点在乡村产业兴旺、乡村建设、乡村善治、农旅融合等四个方面打造样板、做好示范。

（十）深化农村改革

持续推进农村承包地"三权分置"制度改革。加快农村承包地确权信息化建设，创新推动成果运用。继续开展宁远、澧县、鼎城、新田4个县区农村承包到期后再延长30年试点工作，抓好第二轮土地承包政策衔接与落实。加快推进农村土地经营权流转管理服务体系建设，开展土地经营权流转颁证试点。稳慎推进宅基地改革。结合全省国土"三调"和房地一体确权登记工作成果，进一步摸清底数，精准掌握宅基地基本情况。配合自然资源部门搞好宅基地使用权确权登记颁证，引导农民科学合理修建住宅。组织开展农村集体产权制度改革整省试点"回头看"，巩固拓展农村集体产权制度改革试点成果。加强农村集体资产监管，搭建全省农村集体资产监管和农村产权交易平台，深入推进农村资源变资产、资金变股金、农民变股东"三变"改革，发展新型农村集体经济，力争到2022年基本消除空壳村、薄弱村。扎实推进农业综合执法改革。力争2021年上半年市、县两级农业综合执法队伍整合组建完成、"三定"方案印发、机构挂牌运行、人员转隶到位、工作正常开展。对新并入的畜牧兽医、渔业渔政等行业执法工作，加强衔接，防止出现监管空白期。继续深化农垦改革，大力推进国有农场企业化改造。

B.15

2020年湖南商务和开放型经济
发展情况及2021年展望

徐湘平*

一 2020年湖南商务和开放型经济发展情况

2020年是极不平凡的一年。在省委省政府的坚强领导下，全省商务系统统筹疫情防控和商务发展，团结奋进、迎难而上，稳住了外贸外资基本盘，推动了消费企稳回暖，商务和开放型经济发展稳中向好、好于预期。全省完成进出口总额4874.5亿元、增长12.3%，总量排名全国第14位、较2019年前进1位，增速高于全国10.4个百分点、居全国第8位。其中，出口3306.4亿元、增长7.5%，总量排名全国第11位，增速居全国第12位。实际使用外资210亿美元、增长16%，实际到位内资8737.3亿元、增长22.5%，全年内、外资总额首次突破1万亿元大关。外商直接投资14亿美元、增长26.5%，增幅居全国第4、中部第1。对外实际投资14.9亿美元、增长54.7%，总量居全国第10、中部第1。实现社会消费品零售总额16258.1亿元、下降2.6%，降幅小于全国1.3个百分点，自9月以来连续4个月实现正增长。航空口岸执飞国际全货机航班1021架次、货值39亿美元，分别增长225%、417.5%；中欧班列开行546列、货值22.4亿美元，分别增长22.4%、94.3%。

（一）惠企纾困，统筹推进抗疫保供和复工复产

疫情暴发以来，全省商务系统及时响应、精准施策，各级干部躬身入局、主动作为，抗疫保供与复工复产卓有成效。迅速建立健全工作机制，成立工作

---

* 徐湘平，湖南省商务厅党组书记、厅长。（收稿日期2021年3月）

专班，建立重点批发市场、零售和储备企业保供调度机制，动员全省流通企业提前复工，加强全省生活必需品供应调度和保障。建立"政银企"对接机制，帮助企业获得银行贷款545亿元，出口信保向112家企业授信近10亿元。启动稳外贸稳外资"春融行动"，定向解决企业融资需求逾千亿元。全力帮助企业解决人员入境、资金到位、租金减免、防疫物资短缺、物流受阻等困难，为保供单位和外贸外资企业发放口罩逾1000万个，紧急向武汉捐助100万个一次性餐盒，得到了国务院联防联控机制和商务部的充分肯定。加强对国际客货运航班、人员和进口冷链食品的疫情防控监管，协调查验国际航班4446架次，检疫出入境人员28.7万人次。

（二）攻坚克难，迅速推动创建湖南自贸试验区

疫情期间，克服诸多困难，就51个国家部委提出的205条修改意见反复沟通，最终争取到121项改革试点任务。全面启动筹备工作，细化分解改革试点任务，高效完成标识建筑设计、揭牌仪式、动员大会和新闻发布会等准备工作。2020年9月21日，中国（湖南）自由贸易试验区正式获批，9月24日高规格举行揭牌仪式暨建设动员大会，成立领导小组，湖南省委常委会、省委深改委会议、省政府常务会议、领导小组第一次会议等先后召开，审议方案意见，全力推进自贸区建设。获批短短三个月，自贸区已新设企业705家，引进重大项目75个，投资总额超过1000亿元。

（三）稳中求进，有效稳住外贸基本盘

以"六大举措""四大体系"为牵引，大力推动医疗物资、日用消费品出口，有效稳住了外贸基本盘。加强园区外贸综合服务中心建设，基本实现省级以上园区全覆盖，全年"破零倍增"企业超过1500家、新增进出口额占全省总额1/4左右。加强金融信保支持，推进外贸"无抵押式三单融资"和"一平台两机制"建设，促进中小微企业扩大进出口。开展"万企闯国际"行动，维持东盟、美国、日韩等传统贸易伙伴，拓展"一带一路"沿线国家、非洲、拉美等新兴市场，分别实现19.7%、18.3%、12.6%的增长。新增湘潭、郴州跨境电商综试区，总数居中西部首位。综试区实现"9610、1210、9710、9810"跨境电商业务模式全覆盖。跨境电商进出口140.3亿元、增长137.6%。

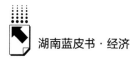

市场采购方式出口69.4亿元、增长54.5%。新增7家国家外贸转型升级基地，总数达18家，总量和增量均居中部第1。株洲成功获批国家二手车出口试点。四季度实施"转正保位攻坚战"成效明显，11个市州全年实现正增长，怀化、岳阳、益阳、永州、常德、长沙、娄底7市高于全省增速，湘潭、株洲由负转正。

（四）外引内联，着力推动招商引资提质增效

坚持内外资并重，强化投资促进，稳外资工作得到商务部充分肯定并专报党中央、国务院。出台湖南招商"黄金十条"（《湖南省进一步加强招商引资工作的若干政策措施》），政策引导效应明显，BP石油、蓝思科技、盈德气体等企业纷纷增资扩股，外企增资占外商直接投资一半以上。合同签约引进165家"三类500强"企业投资项目321个，投资总额4321.3亿元，三项指标均创历年新高。实施重大签约项目到位资金倍增行动，平均资金到位率达33.5%，远超预期目标。开发湖南招商云平台并上线运营。深圳、昆山两个服务中心共引进转移企业175家，投资总额超200亿元。成功举办"沪洽周"，主体活动湖南投资环境及重点产业推介会首次全球直播，签约重大项目319个，投资总额2979亿元，引资2673亿元。

（五）精准施策，有力推动外经合作平稳发展

受疫情影响，湖南省"走出去"企业面临诸多挑战，但仍然保持了较好发展态势。制定"走出去"抱团发展指导意见和境外园区考核办法，规范境外园区建设。制定境外湖南商（协）会建设和服务指引，完善境外服务网络。出台对外劳务特色培训基地认定办法，加强特色基地建设。蓝思科技收购可利可胜、中联重科H股增持、老挝现代农业产业园，以及越南火电站投建营一体化等一批具有重大影响的合作项目相继落地。充分发挥"湘企出海＋"综合服务平台作用，加强对"走出去"项目信息的收集、调度以及事中事后监管服务。

（六）多措并举，强力促进消费市场企稳回暖

面对疫情冲击，湖南采取多种手段稳市场、活流通、促消费。新增限上企

业超1000家，总量突破1.2万家。"茶颜悦色""文和友"等成为闻名全国餐饮名片，中百罗森、7－ELEVEn等国际知名便利店落户湖南。出台提振消费的意见，成功举办"火红七月、湘府有礼""双品网购节""走向欧洲进出口名品交流月""2020中国国际食品餐饮博览会"等促消费活动。黄兴南路步行街入选商务部试点步行街。绿色商场数量居全国第4、中部第1。获批电子商务进农村综合示范县14个，总数达到62个，居中部前列。新建改建集贸市场948个。全省电子商务交易额1.54万亿元、增长17.4%，网络零售额3043.5亿元、增长17.1%。国家级数字商务企业4家，数量居中西部第1。全省通过电商销售农产品246.6亿元、增长30.5%；51个贫困县通过电商销售农产品110.9亿元、增长32.6%，带动超120万名贫困人口增收。驻村扶贫通过国家、省级考核验收，实现整村脱贫出列。"百城万村"家政扶贫带动就业超3万人。

（七）挖潜拓新，不断提升口岸通道质效

2020年是湖南口岸开放30周年，口岸平台和国际物流通道发展逆势向上。复航和新开国际全货机航线10条，保障国际客改货包机497架次。航空国际货邮吞吐量7.6万吨、增长48.2%。中欧班列运营规模跻身全国5强。岳阳城陵矶水运口岸运输集装箱50.9万标箱，进出口货运量1128.2万吨、增长12.4%，平行进口汽车数量居内陆港第1，肉类、粮食进口业绩居内陆港前列。深入推进综保区百亿美元项目，7家海关特殊监管区进出口额达207.2亿美元、增长39.1%，总额占全省外贸比重提升到27.6%。国际贸易"单一窗口"服务功能加快提升，落地实施外贸服务功能模块14项。成立工作专班，为蓝思科技、三一重工等42家重点企业提供"一对一"通关物流保障服务。成功举办首届口岸博览会。

（八）求索创新，务实推进对非经贸合作

以习近平总书记贺信精神为指导，建立起对非经贸合作长效机制。制定出台打造对非经贸合作新高地的若干意见，编制中非经贸深度合作先行区规划和湖南对非经贸合作"十四五"规划，初步构建形成数字化支撑、全链条金融、全方位服务、立体化物流、省市区三级政策支持"五位一体"的服务保障体

系。中非经贸合作创新示范园一期已经建成，首批集中入驻了 72 家头部企业，可可、咖啡、坚果三大营销中心相继落地。成立中非经贸合作研究会，构建阵容强大的中非经贸研究团队。启动邵阳、岳阳、浏阳等中非经贸产业园以及非洲非资源性产品集散交易加工中心等平台建设。创新举办第二届中非经贸博览会上海推介会等系列闭会年活动，启动第二届博览会筹备工作。

2020 年是"十三五"收官之年。回望"十三五"，在省委省政府坚强领导下，全省商务系统立足发挥"一带一部"区位优势，全面实施开放崛起战略和"五大开放"行动，奋力拼搏、砥砺前行，全省商务和开放型经济实现了追赶式跨越发展。

——对外贸易实现新跨越。外贸进出口额连续迈过 2000 亿元、3000 亿元、4000 亿元大关，年均增速达 21.7%、排名全国第 1；外贸依存度从 2015 年底的 6.3% 上升到 2020 年的 11.7%，进出口额全国排位从第 19 位上升到 2021 年的第 14 位。

——招商引资取得新突破。招商引资规模从 2015 年底的 4503.7 亿元到 2020 年首次迈过万亿元大关。实际利用外资从 2015 年底的 115.6 亿美元增至 2020 年的 210 亿美元，年均增长 12.7%，基本实现翻番。在湘投资的世界 500 强企业达 178 家。

——外经合作展现新作为。国际经贸朋友圈拓展至 200 多个国家和地区，1671 家企业走进 102 个国家和地区，累计外派出劳务人员 5.8 万人次。

——消费市场得到新发展。全省社会消费品零售总额从 2015 年末的 1.2 万亿元增长至 2020 年的 1.6 万亿元，年均增长 5.9%。

——口岸通道形成新格局。8 个民航机场客运航线实现了五大洲全覆盖、累计开通 57 条国际客运航线，国际全货机航线从无到有，并开通定期航线 11 条，中欧班列开行国际班列线路 10 条、运营规模跻身全国 5 强，中欧班列、城陵矶港吞吐量分别进入国家一级梯队。

——开放平台开创新局面。中非经贸博览会长期落户，第一届成功举办。中国（湖南）自由贸易试验区成功获批，121 项改革试点任务赋予湖南先试先行。湘南湘西承接产业转移示范区、4 个跨境电商示范区、18 个国家级外贸转型基地相继落地，建成了 16 个国家级园区、123 个省级园区、7 个海关特殊监管区、3 个国家一类口岸、10 个指定口岸，59 个外贸综合服务中心覆盖全省主要园区，"港洽周""沪洽周"成为较大影响力的招商活动品牌，形成了内陆地区最齐全完备的开放平台体系。

——营商环境迈出新步伐。"放管服"改革持续推进，"互联网＋政务服务"取得重大进展，复制推广自贸区经验全国先进，国际贸易"单一窗口"覆盖率100%，外商投资企业商务备案与工商登记"单一窗口、单一表格"受理模式全面实施，企业开办时间压缩到3个工作日以内，货物通关时间压缩1/3，高于全国平均水平。分别于2016年、2019年入选国务院促进外贸外资稳定增长和优化营商环境成效明显激励支持的地区。

二　2021年湖南商务和开放型经济工作展望

2021年商务工作的指导思想是：坚持以习近平新时代中国特色社会主义思想为指导，全面贯彻党的十九大和十九届二中、三中、四中、五中全会以及习近平总书记考察湖南重要讲话精神，立足新发展阶段，贯彻新发展理念，服务构建新发展格局，以推动高质量发展为主题，以深化供给侧结构性改革为主线，以改革创新为动力，大力实施"三高四新"战略，坚持稳中求进工作总基调，坚持扩大内需战略基点，坚持创新引领开放崛起，扎实做好"六稳"工作、全面落实"六保"任务，致力搞活流通促进消费，致力推动外贸创新发展，致力推动高水平"引进来"和高质量"走出去"，致力强化开放平台通道支撑，奋力打造内陆开放新高地。

2021年商务工作主要预期目标：社会消费品零售总额增长9%；进出口额增长10%；实际到位外资增长10%，到位内资增长12%；"走出去"各项指标实现恢复性增长。

（一）建设强大消费市场，服务畅通国内大循环

紧扣供给侧结构性改革这条主线，注重需求侧管理，立足扩大内需战略基点，全面促进消费升级，完善现代商贸流通体系，打通内循环堵点，构建形成强大消费市场。

1. 全面促进消费升级

顺应发展趋势，提升传统消费，培育新型消费，建强消费平台。提升传统

消费能级。提档升级汽车、家电、家居等实物消费，开展汽车下乡活动。提质扩容服务消费，推动生活服务业向高品质和多样化升级。发展绿色、安全、健康餐饮消费，推进光盘行动和无接触配送。推进绿色商场创建，力争年内国家绿色商场达到25家。推动流通领域塑料污染治理，促进再生资源回收利用与垃圾分类"两网融合"。加快培育新型消费。出台加快消费新业态、新模式发展意见，加快培育消费新增长点，鼓励发展在线教育、在线医疗、在线文娱、智慧旅游、智能体育等消费新业态，推动线上线下消费双向提速。培育体验消费、网络消费，打造时尚消费、品质消费和"夜间经济"地标。促进零售实体转型升级，探索发展智慧商超。发展电商新业态，支持"无接触"交易，扩大跨境电商零售进口试点。搭建消费升级平台。推动长沙争创区域消费中心城市，建设一批县域消费中心。开展便利店品牌化、连锁化三年行动，因地制宜增设便利店、农贸市场等配套设施，打造"一刻钟便民生活服务圈"。支持黄兴南路步行街创建全国示范步行街，推进省级示范步行街创建。创新举办"乐购潇湘、美好生活"等促进消费系列活动，建立常态化消费促进新机制。加快区域和行业展会的开发、培育，办好2021中国国际食品餐饮博览会等品牌展会活动。

2.完善现代商贸流通体系

着眼提升流通效率，降低物流成本，建设更高水平现代商贸流通体系。壮大流通主体。培育壮大限上企业队伍，培育一批竞争力强的现代流通企业。推动老字号传承创新和提质升级。培育数字商务企业，支持本土新兴电商龙头企业做大做强。优化流通网络。加强商贸流通标准化建设，降低商贸领域物流成本，复制推广商贸物流标准化和流通领域供应链试点经验，开展省级物流标准化试点。健全打造农产品流通体系。持续推进农商互联和电商进农村示范工作，建设县乡村三级物流共同配送体系，大力发展农产品冷链物流，着力降低农村物流成本。大力发展农村电商。推进农村电商与乡村振兴有效衔接，持续培育网销"一县一品"品牌，巩固脱贫攻坚成果。

（二）全面扩大开放，服务畅通国内国际双循环

以贯彻落实"三高四新"战略、打造内陆开放新高地为主线，充分利用两个市场两种资源，促进内外贸易、双向投资高质量协调发展，推进实现更大范围、更宽领域、更深层次对外开放。

1. 推动对外贸易创新发展

持续推广外贸"六大举措"、健全"四大体系",推动外贸创新发展。着力稳住外贸基本盘。推进园区外贸综合服务中心建设,服务外贸"破零倍增",不断壮大外贸主体。加强外贸供应链平台支持,鼓励市州培育外贸供应链企业。支持县市区、园区建立外贸融资风险补偿机制和外贸融资担保机制,完善中小微外贸企业出口便利优惠融资办法。深入推进县市区"1231"计划。不断优化外贸结构。推动产业聚集显著的县市区实施特色优势产品出口计划。扩大先进技术、重要装备、关键零部件和优势消费品、非洲非资源性产品进口。推动企业国际市场开拓数字化转型,组织参加进口博览会、广交会等境内外重点展会,优化市场结构。加快外贸转型升级。发挥外贸转型升级基地作用,培育壮大外贸优势产业集群。提升加工贸易,促进二手车、二手工程机械设备出口,鼓励开展保税检测、全球维修和再制造出口。出台服务贸易创新发展政策,促进数字贸易、技术贸易和文化贸易,推动服务外包转型升级。发展贸易新业态。持续发展跨境电商,打造中西部跨境电商集散中心。深入推进市场采购贸易试点建设,探索建立市场采购风险补偿融资模式,打造湖南出口产品集聚区。探索对非易货贸易模式。促进内外贸融合。大力推动出口转内销,支持企业开发生产"三同"产品(同线、同质、同标),开展内外贸产销对接,畅通内外贸一体化渠道。

2. 推动高水平引进来

坚持招大引强与招新引优并行,通过高水平引进来,大幅提升招商引资对外贸、产业、区域协调发展的贡献度。稳住外资基本盘。全面落实外商投资法及其实施条例,认真执行外商投资准入前国民待遇加负面清单制度。搭建稳外资工作专班,开展外商直接投资"破零倍增"行动和重大签约项目资金到位倍增行动。聚焦招大引强。深入实施"对接500强提升产业链"行动,新引进"三类500强"重大产业项目100个以上。加大重大项目服务和保障力度,建立重大项目部门协同服务机制。突出产业链招商。聚焦"两新一重"、先进制造业、数字经济和外贸实体等领域,围绕产业链龙头企业开展链主制招商,着力建链、补链、延链、强链。持续推进市场化招商。进一步完善招商云平台。在北京、香港新设承接产业转移综合服务中心,加强对环渤海湾、大湾区产业对接。推动专业园区运营商与省内园区的对接合作,建设市场化"园中园"。线上线下融合,创新务实办好"港洽周"。

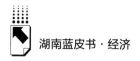
3. 推动高质量"走出去"

坚持共商共建共享原则，聚焦重点国家和领域，加强与"一带一路"沿线和非洲国家务实合作。深耕重点市场。全面推进对非投资合作，探索以投资带易货贸易、加工贸易的对非合作新模式，推进在坦桑尼亚、安哥拉、乌干达等重点国家的项目落地。以 RCEP 为切入点，积极开展"园区＋抱团＋投建营一体化"合作。视情举办第二届湖南装备与制造走进东盟系列活动。深化重点领域合作。以境外经贸合作园区为载体，推动农业、工程机械、轨道交通、生物医药、能源电力等优势产业重点企业"走出去"。以德国、以色列等国家为重点，推进高新技术领域跨国并购。积极参与全球产业链重构，加强国际产能合作。推进援外与投资工程融合发展。用好援外培训和援外项目资源，系统开发重点国别、行业市场，推进马达加斯加"农业援助＋市场运营"和老挝农业合作项目。提升服务保障能力。优化政策支持体系，完善"政策支持＋项目共享＋利益均沾"抱团机制，做实"湖南企业'走出去'联盟"。加强湘企出海平台建设，完成平台二期开发。建强境外服务网络，抓好境外风险防控，服务重大项目落地。

4. 加强口岸和国际物流通道建设

聚焦"畅通道降成本"，打造口岸物流新通道。提升国际航空货运能力。巩固、加密和拓展国际航空货运航线航班，加快建设 4 小时航空经济圈。加快中欧班列扩容提质。进一步扩大中欧班列开行规模，着力打造精品线路，申报建设中欧班列（长沙）集结中心。推进区域性国际货运物流枢纽建设。开通城陵矶水运口岸国际直航班轮，推进形成近海直航、远洋接力的航线结构，大幅提高集装箱吞吐量。创新发展多式联运体系。主动融入西部陆海新通道建设，加快构建连接东盟的陆海连通、班列直达通道。发展对非陆空铁海多式联运。推进海关特殊监管区高质量发展。用足用好综保区政策，推进制度创新，强化绩效评估结果运用，推进海关特殊监管区高水平开放、高质量发展。

（三）依托自贸区和中非经贸博览会两大平台，打造内陆开放新高地

建好用好两大平台，核心是制度创新。围绕构建开放型经济新体制，探索区域经济合作新模式，建设国际化、法治化、便利化营商环境等深入实践，敢闯敢试，着力破解制度性难题。

1. 高标准建设自贸试验区

建设自贸区是全省实施"三高四新"战略,打造内陆开放新高地的重大关键举措。落实改革任务。深入贯彻落实《中国(湖南)自由贸易试验区总体方案》和《中国(湖南)自由贸易试验区建设实施方案》,加快推进121项改革试点任务的落地实施,确保年内改革试点任务完成率超过50%。深入复制推广自贸试验区改革试点经验。突出制度创新。聚焦经济社会发展的难点、堵点和痛点问题,大力开展首创性、集成性、系统性、链条性改革探索。依托省内外高校、科研机构成立自贸试验区智库,建立制度创新项目库,力争年内形成并上报10项以上制度创新经验和案例。强化机制保障。加快出台自贸试验区条例,建立健全考评激励、风险防控等机制。尽快编制出台长沙、岳阳、郴州三个片区发展规划和"一产业一园区一走廊"三大专项规划,并抓紧推进实施。高标准制定自贸试验区人才、产业发展等政策。有序将省级经济社会管理权限依法下放至自贸试验区。推进项目落地。聚焦产业发展和物流通道建设,紧密跟进自贸试验区内在建在谈重点招商引资、平台、通道、产业等项目,建立项目库,推动一批标志性项目落地。注重联动发展。发挥自贸试验区辐射引领作用,制定自贸试验区协调联动发展方案,在有条件的省内重点园区、平台设立联动发展区,支持联动发展区开展自贸试验区相关改革试点。

2. 健全完善对非经贸合作长效机制

突出抓好"两大任务"。精心筹备办好第二届中非经贸博览会。以国际化、专业化、市场化为导向,统筹品牌造势与平台做实,做好宣传推介,精准邀商招展,加强经贸对接撮合,探索市场化办会路径,不断增强各方的参与感和获得感。做好展会常态化疫情防控工作,动态调整展会活动安排,推进数字化转型,确保博览会安全有序成功举办。全力推动中非经贸深度合作先行区加快发展。推动中非经贸合作创新示范园、非洲非资源性产品集散交易加工中心、中非跨境人民币中心、中非经贸合作研究会、中非经贸合作研究院、中非驻地服务中心和中非经贸合作职业教育产教联盟等机制平台建设,探索开展对非易货贸易,创新搭建中非易货贸易平台,深化地方对非经贸合作机制。建设对非国际物流体系,打造中西部对非物流核心枢纽。支持邵阳、岳阳、浏阳等中非经贸产业园建设,引导各市州、县市区和园区找准对非合作突破口,培育新增长点。

B.16
2020年湖南文化和旅游业
融合发展情况及2021年展望

禹新荣*

一 "十三五"期间和2020年工作情况

"十三五"期间，湖南文旅坚持以习近平新时代中国特色社会主义思想为指导，在省委、省政府的坚强领导下，全省文化和旅游发展成绩斐然。一是艺术精品创作再攀高峰。先后新创作140多台大型优秀剧目，5部剧目入选国家舞台艺术精品重点创作剧目名录，《月亮粑粑》入选国家舞台艺术精品创作工程10台重点扶持剧目，共有159个项目入选国家艺术基金支持项目。二是公共文化服务体系建设主要指标超额完成。123个县市区基本完成全省现代公共文化服务体系建设三年行动计划的任务目标，优秀率为53%。县级图书馆、文化馆总分馆制建设完成率分别为138%、127%。三是文化遗产保护走在全国前列。圆满完成省博物馆改扩建工程并开放。争取国家文物保护专项资金近25亿元，投入省级文物保护专项资金5亿元左右，实施省级以上文物保护利用项目1463个。第五批国家级非遗代表性项目新增19项，全国排名第三。四是文旅产业成为高质量发展新引擎。2019年，全省3633家规模以上文化企业实现收入3351.24亿元，同比增长5.4%。全省实现旅游业总收入9762.32亿元，同比增长15.56%，已达到"十三五"规划目标值。五是文旅扶贫成为脱贫攻坚的重要渠道。全省通过文化旅游直接和间接减少贫困人口累计100余万人，以2015年为基数约占全省贫困人口的20%。"让妈妈回家"计划获全国优秀非遗扶贫品牌行动。六是文旅推广交流助推开放崛起战略实施成效显著。

---

* 禹新荣，湖南省委宣传部副部长（兼），湖南省文化和旅游厅党组书记、厅长。

2019 年，全省接待入境旅游者 467 万人次、同比增长 24.49%，实现旅游创汇 23 亿美元、同比增长 34.79%，均提前一年实现湖南省旅游业"十三五"发展规划制定的 400 万人次和 17 亿美元的目标。七是体制机制改革取得新突破。新组建文化和旅游厅，完成机构改革各项任务。湖南作为国有文艺院团社会效益评价考核工作六个试点省份之一，获得文化和旅游部肯定并在全国经验交流会上做典型发言。省市县三级文化市场综合行政执法改革任务基本完成。

2020 年，在湖南省委、省政府的坚强领导下，湖南文旅在大战大考中提升文旅干部抓落实的能力，以战疫情促发展为主线，产业和事业发展齐头并进，全省文化建设和旅游发展迈上新台阶。一年来，主要特色和亮点工作如下。

1. 精品艺术创作好戏连台、成果丰硕

在文旅部和扶贫办推荐的 12 部精准扶贫舞台剧中，湖南有《大地颂歌》等 2 部入选。在文旅部实施的庆祝建党 100 周年"百年百部"舞台艺术精品创作工程中，湖南有 11 部作品入选，并列全国第二。民族歌剧《半条红军被》入选文旅部 2020~2021 中国民旅歌剧扶持工程全国 7 台剧目之一。

2. 公共文化服务体系建设取得新突破

全省旅游厕所建设管理新三年行动计划完成率为 132.88%。以湖南公共文旅云为省级中心，覆盖城乡、互联互通的全省公共数字文旅服务网在全国率先建成。出台了《湖南省实施〈中华人民共和国公共文化服务保障法〉办法》。

3. 文化遗产保护利用改革进展顺利

在全国率先创建云上湖南非遗馆。成功举办"湖南非遗购物节暨网红直播带货大赛"，带动非遗产品成交金额超 6000 万元。"考古中国"重大项目重要进展工作会公布 4 项重要考古成果，湖南 2 处遗址在列。

4. 因地制宜，精准施策，文旅消费强劲复苏

在全国率先推动文旅企业复工复产工作，湖南 3779 家规模以上文化企业实现营业收入 3395 亿元，实现由负转正增长、比上年增长 2.8%；全省接待国内外游客 6.9 亿人次，实现旅游收入 8261 亿元，均恢复到上年的 85%。"五一、端午、十一"假期湖南旅游收入在全国分别排第二位、第一位、第二位，湖南推动文旅企业复工复产工作入选文旅部典型案例。

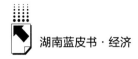

5. 举办上百场湖南人游湖南系列推广活动

全省各地先后举办 2020 湖南（国际）旅游产业博览会等上百场湖南人游湖南系列推广活动。深入开展"发放亿元消费券·促进文旅大消费"活动，报名登记人数达 26 万人，在各大媒体累计曝光量达 3 亿次。跨省游恢复后，赴珠三角、长三角、中西部城市、东北三省深入开展"锦绣潇湘任你游"湖南文化旅游推广周活动，又联合湖南天闻地铁传媒推出"湖南人游湖南——文旅春暖公益行动"，有效促进跨省游、省内游市场复苏。

6. 强化政策引导，促进复工复产

在全国率先从省级文旅专项资金中安排 2 亿元文旅企业纾困资金，对 1160 家旅行社暂退质保金 1.82 亿元。与金融部门合作，确定 120 个信贷重点支持文旅项目，举办文旅产业投融资大会，文旅企业获得贷款 99.129 亿元。全省文化旅游产业项目库入库项目 1137 个，项目总投资 7130.2403 亿元。

7. 成功举办2020中国红色旅游博览会

规格高，时间跨度长，横跨大半年时间，举办了三个主体活动、六个分会场活动、六个系列活动及 48 个配套活动，全国红色联盟等 24 个省市区参展，集中呈现各地红色旅游资源和发展成果，吸引 4 万余人次参观红博会，中央及省市主流媒体竞相报道，累计发布稿件 659 篇（条），点击量 1.3 亿余次，影响广泛深入。

8. 文旅扶贫成为脱贫攻坚重要渠道

省文旅厅被省委评为"2019 年度脱贫攻坚工作先进单位"，在湖南脱贫攻坚示范村中有 41% 是文旅扶贫重点村。深入推进"送客入村"工作，2020 年组织 292 家旅行社在大湘西、神奇湘东 13 条精品线路发团 3.2926 万次，送客 195.27 万人次精准到达 198 个扶贫村镇，带动消费 123.15 亿元。

9. 品牌景区建设取得新进展

常德柳叶湖旅游度假区成功创建国家级旅游度假区，成为湖南第二家国家级旅游度假区。长沙市浏阳苍坊旅游区（胡耀邦故居景区）通过 5A 景观质量评价，常德桃花源景区成功创建国家 5A 级景区。在 2019 年遴选 10 家文旅小镇的基础上，2020 年又遴选 10 家特色文化旅游小镇候选名单，并经省政府常务会议研究确定予以重点支持。

10. 全省文旅市场平稳有序

全省文旅行业无感染疫情病例、无重大安全事故、无重大旅游投诉，政务服务实现办理事项"零超时、零差错、零投诉"，文旅市场专项整治工作成效显著，湖南阳光娱乐节成为全省群众享受文旅大餐的重要节日，因安全生产和消防工作连续多年被省委省政府评为优秀单位。

二 "十四五"时期总体思路和2021年工作安排

当今世界正面临前所未有之大变局。要坚持用宽广的视野、战略的眼光和辩证的思维分析和把握湖南文旅工作面临的新形势，努力增强工作的科学性、预见性和主动性，提振发展信心。从有利形势看，"三高四新"为湖南赋予新使命，为建设文化强省和旅游强省赋予了丰富内涵、指明了实践路径、注入了强劲动力。习近平总书记视察湖南的四处地方有三处是文旅场所；以国内大循环为主体、国内国际双循环相互促进的新发展格局逐渐形成，供给侧改革持续推进，文化和旅游消费必将得到进一步释放；各级党委政府高度重视文旅消费，文化和旅游发展的政策支撑和制度保障更加完善，其效应正逐步释放；湖南文化和旅游工作基础扎实，"十三五"以来，湖南文化和旅游综合实力明显增强，项目建设成效显著，基础设施不断改善，服务质量不断提高。从不利形势看：国际形势复杂，大国竞争加剧、民粹主义思潮蔓延、地缘冲突加剧等问题，使疫情后的外部环境变得更加复杂严峻，对国际文化和旅游推广交流产生不利影响；周边区域合作竞争加剧，广东、江西、湖北、贵州四省文旅的迅速崛起和发展，对湖南造成了"东西挤压、南北夹击"的态势，不进则退、慢进也是退；湖南文化和旅游工作仍存在贯彻落实习近平总书记关于文旅融合发展要求的思想认识有差距、产品有效供给不足、文旅公共服务质量有待提升等问题。综合研判，时与势总体于湖南有利，湖南文旅完全有条件、有能力、有信心战胜各种风险挑战。

"十四五"时期的指导思想：坚持以习近平新时代中国特色社会主义思想为指导，坚持创新、协调、绿色、开放、共享五大发展理念，坚决贯彻落实"三高四新"战略，坚持以人民为中心的工作导向，坚持守正创新、以文化人、以文育人、以文培元，坚持以文塑旅、以旅彰文、为民惠民、融合创新，以供给侧结构性改革为主线，以扩大内需为战略基点，大力推进文化强省和旅游强省建设，努力走出一条文化和旅游转型发展、融合发展、高质量发展的新路子，把"文化＋旅游"打造成经济社会发展的新增长点，不断满足人民群众美好生活新期待，为建设美丽幸福新湖南贡献文旅力量。

"十四五"时期的发展目标：通过实施"25553"工作思路，即实施艺术创作精品工程、文旅人才培养工程"两项工程"；构建现代公共文旅服务体系、现代文旅资源保护利用体系、现代文旅产业创新体系、现代文旅市场管理体系、现代文旅传播推广体系"五个体系"；打造建设长株潭伟人故里文化旅游融合发展板块、环洞庭湖湿地生态文化旅游融合发展板块、大湘西民族文化生态旅游融合发展板块、雪峰山抗战文化旅游融合发展板块、大湘南休闲文化旅游融合发展板块"五大板块"；与周边省份共建湘赣边区红色旅游协作区、湘鄂赣天岳幕阜山文化旅游协作区、湘鄂渝黔武陵山文化旅游协作区、湘粤南岭文化旅游协作区、湘桂崀山文化旅游协作区"五大协作区"；建设大湘西民族文化旅游走廊、大湘东红色文化旅游走廊、长征文化旅游走廊"三个走廊"，努力实现三大目标。一是围绕满足人民群众的文化需求推动文旅事业发展。到 2025 年，人均文化事业费达到 128 元，平均每万人拥有公共图书馆、群众文化设施建筑面积分别达到 100、307 平方米。人均公共图书馆藏量达到 0.78 册。全省博物馆总数达到 195 个。二是围绕打造万亿产业的目标推动文旅产业发展。"十四五"期间，全省铺排文化和旅游产业项目 1611 个，投资总额达到 15322 亿元，其中重点项目 68 个、投资总额 1956 亿元，在加大投资的基础上，加快产业发展。力争"十四五"期间，全省接待游客和旅游收入年均增长 10% 以上，游客平均消费水平达到 1300 元以上。三是围绕基本实现现代化新征程提升文旅的综合效应。文旅发展体系更加完善，在稳增长、转方式、调结构、增就业、惠民生等方面的作用更加凸显。到 2025 年，文化产业增加值占 GDP 比重达到 7.3% 左右；旅游增加值占 GDP 的比重达到 7.9% 左右。旅游直接就业人数达到 320 万人以上，带动就业人数达到 960 万人以上。省级以上重点文物保护单位"四有"工作实现 100%，重大文物险情排除率达到 100%。文物保护与考古的科技能力有明显提升。

2021 年工作的总体要求：坚持以习近平总书记考察湖南重要讲话精神为指导，全面贯彻落实党的十九大和十九届二中、三中、四中、五中全会和省委十一届十一次、十二次全会等会议精神，深入实施"三高四新"战略，突出庆祝建党100周年，坚持稳中求进工作总基调，以保促稳、以稳求进，牢固树立以人民为中心的工作导向，不断推进文化和旅游融合发展，在推进文化强省和旅游强省的奋斗中体现新担当，在为民惠民、融合创新中取得新成绩，在湖南经济社会现代化建设中展示新形象。

1. 深入贯彻落实习近平总书记考察湖南重要讲话精神，以贯彻落实的实际行动践行"四个意识""两个维护"

把贯彻落实习近平总书记视察湖南重要讲话指示精神，作为湖南文旅工作的新起点，积极筹备召开全省文化和旅游融合发展大会，进一步营造省市县三级联动抓文旅融合发展的浓厚氛围。紧紧围绕庆祝建党100周年、推进国家长征文化公园和湘赣边红色旅游融合创新发展区建设等重点工作，进一步抓好一批重大红色旅游项目建设，推进韶山至井冈山红色旅游线路的打造，办好湖南红色旅游文化节和参加好中国红色旅游博览会等一批重大活动，发挥好红色旅游五好讲解员培养项目在提升全省红色旅游讲解服务水平中的重要作用，强化红色旅游融合创新发展，推出一批重点红色旅游村镇和研学基地。大力发展文创产业，培育一批在国内外有较强竞争力和影响力的骨干动漫游戏企业，打造一批动漫游戏原创品牌。

2. 围绕建党百年大庆时间节点，突出抓好精品艺术创作

大力推动现实题材革命历史题材作品创作生产，精心筹办好第七届湖南省艺术节。大力实施演艺惠民工程，继续开展"送戏曲进万村、送书画进万家"惠民活动，实施"雅韵三湘"高雅艺术普及计划，开展"戏曲进校园"活动，精心策划举办戏曲春晚。加快推进国有文艺院团体制改革，加大专业艺术人才培养力度，不断激发精品艺术创作活力。

3. 坚持以人民为中心，加强文旅公共服务体系建设

实施全省公共文化服务高质量发展五年行动计划，加快推动将公共文化设施建设纳入市州、县市区城镇化补短板强弱项项目。以实施全省乡村公共服务"家前十小"示范工程为牵引，持续推进基层综合性文化服务中心建设。推动建设以市州级公共图书馆文化馆为中心馆、县级公共图书馆文化馆为总馆的区域总分馆体系。进一步完善"湖南公共文旅云"服务平台，加快实施数字图书馆、数字文化馆等建设项目，建立线上线下相结合的分布式数字资源库。

4. 坚持项目带动战略，促进文旅产业持续健康发展

开展全省旅游资源普查省级统筹，不断提升资源转化为产品的水平，争取创建1家国家5A级旅游景区或国家级旅游度假区，推出一批4A级景区和旅游度假区、五星级乡村旅游区和研学旅游基地。积极推动文旅企业金融合作，建设全省文化和旅游产业重点项目和重点企业数据库管理平台，建立健全文化旅游产业融资白名单和上市企业后备名单制度，做好重点企业项目金融对接，举办全省文旅投资大会。加强对国家级文化产业示范园区和基地的调度和服务，重点指导马栏山视频产业园创建国家级文化产业园区。按照文化和旅游部的部署开展国家级旅游休闲城市和街区建设工作。推进全域旅游示范区创建走向深入，形成气候。

5. 推动湖湘优秀文化创造性转化创新性发展

贯彻落实习近平总书记在中央政治局第二十三次集中学习时重要讲话精神，积极参与"中华文明起源与早期发展综合研究"和"考古中国"等国家重大项目的实施。切实做好重大建设工程中的文物保护与考古工作，做好湖南出土简帛的研究与价值阐释工作。突出湘赣边、红军长征沿线、长征国家文化公园建设所涉省级以上文物保护单位的保护利用，扎实做好革命文物保护利用工作。推动省级大遗址与考古遗址公园项目建设，组织划定第八批全国重点文物保护单位保护范围和建设控制地带，开展省级文物保护单位文物构成确认工作。切实做好湖南石窟寺与石刻文物的考古调查与保护，强化非物质文化遗产保护工作制度建设，研究完善省级非物质文化遗产代表性项目和代表性传承人认定和管理办法。进一步落实《湖南省传统工艺振兴计划》，抓好湘西传统工艺工作站建设，推动第一批传统工艺项目振兴。

6. 大力发展乡村旅游，促进全面脱贫与乡村振兴有效衔接

以大湘西、大湘东地区13条精品旅游线路为依托，持续推进脱贫攻坚成果巩固。推动建设一批精品民宿，推动民宿产业集聚发展。着力推进"送客入村"办法落实落细，加快精品线路云平台完善并升级。加强二十大特色文旅小镇服务管理，跟踪考核，举办湖南特色文旅小镇发展论坛，推动特色文旅小镇继续提质升级。办好四季乡村文化旅游节，坚持把举办乡村文化旅游节与实现乡村振兴发展相结合。加大力度推进全国和省级乡村旅游重点村的建设和宣传，推动传统的乡村观光向乡村生活体验和度假转型。加强古城、古镇、古村文物保护与创新发展工作，发挥文物保护成果在乡村振兴中的独特作用。

7. 加强文化和旅游推广交流，进一步提升"锦绣潇湘"品牌形象

创新举办湖南国际文化旅游节。持续推进"锦绣潇湘"文旅形象品牌在央视的投放工作，实施湖南文旅品牌机场、地铁、高铁等传统媒体和新媒体全覆盖工程，加强国内重点文旅市场营销。实施多平台矩阵营销，开展线上营销，线下推广活动。深化"锦绣潇湘"走进"一带一路"文化旅游周，做好国际直航城市文旅品牌形象宣传，进一步开拓欧美等"一带一路"国际市场。

8. 大力促进文旅与科技融合，塑造发展新优势

加强科技创新和技术应用，打造文旅装备制造高地。实施文旅标准化战略，加强标准修订和实施工作，推动文旅高质量发展。发挥"文旅智库"作用，打造文旅思想库、人才库。规范发展研学旅游，评选命名一批研学旅游基地。谋划智慧文旅建设，在智慧景区、智慧图书馆（艺术馆）的建设及智慧监管、公共服务智慧营销等方面有新的突破，加快文旅大数据中心建设，推进文旅产业数字化和文旅数字产业化发展。

9. 突出示范带动，进一步激发文化和旅游消费

总结推广长沙市、株洲市、郴州市国家文化和旅游消费示范城市试点城市的经验模式，支持常德市、张家界市、湘潭市等创建国家文化和旅游消费试点城市。积极创建国家级夜间文旅消费集聚区、国家文化和旅游产业融合发展示范区。研究推动省级文化和旅游消费示范城市、省级夜间文旅消费集聚区遴选工作。持续完成文旅消费券发放工作，推动疫后文旅消费振兴。

10. 全面提升治理能力，牢牢守住文旅市场安全底线

进一步落实疫情常态化防控措施，认真规范行政审批权限，创建文化和旅游市场行政审批规范示范单位。实施"双随机一公开"抽查、完善"双公示"机制，建立信用信息交互共享及联合惩戒机制。加强综合监管，推进文化和旅游市场"打非治违"三年专项整治行动，联合相关部门落实"黑名单"制度，公布一批惩戒单位。完善文化旅游安全专委会机制。严格落实意识形态工作责任制，深化文化市场综合行政执法改革，加强综合行政执法队伍建设。加强扫黑除恶和对跨境赌博的打击力度，确保文旅市场平安。

B.17
2020年湖南国资国企改革发展情况及2021年展望

丛培模*

一 2020年湖南国资国企改革发展情况

2020年，湖南省国资委坚持以习近平新时代中国特色社会主义思想为指导，深入贯彻落实习近平总书记考察湖南重要讲话指示精神，认真贯彻国务院国资委和省委、省政府决策部署，全面加强党的领导，深化各项改革发展措施，各项工作取得了明显成效。

（一）聚焦疫情防控，彰显国企责任担当

面对新冠肺炎疫情，全省国资国企闻令而动、勇挑重担，在关键时刻发挥了"稳定器"和"压舱石"作用。一是抓好严防严控。第一时间成立疫情防控工作领导小组，出台防控工作措施，组织监管企业和在湘央企摸排境内人员148万人次，未发生聚集性感染，各市州企业未出现确诊病例。二是推进复工复产。组织企业率先启动复工复产，到2020年3月底，省属监管企业复产率已达到97%，人员复岗率达到92%，为稳住全省经济基本盘做出了积极贡献。三是做好供应保障。中联重科直接参与武汉火神山、雷神山医院建设。海利集团、湘投华升积极转产消毒水、口罩等医疗物资。现代农业千方百计保障"菜篮子""米袋子"。高速集团、机场集团、现代投资全力以赴保畅通、保运输、防输入，共减免高速公路通行费50.17亿元。发展集团、湘水集团全力确保能源安全。四是促进稳岗就业。新招聘职工7200人，其中应届高校毕业生

---

* 丛培模，湖南省人民政府国有资产监督管理委员会党委副书记、主任。

占54.9%，完成省政府下达的目标任务。员工薪酬待遇保持基本稳定。省、市属监管企业累计减免房屋租金5.49亿元。五是发挥党组织先进模范作用。各企业共有3473个基层党组织和30907名党员连续奋战在防疫一线。高速集团、黄花机场疫情防控联合指挥部荣获"全国抗击新冠肺炎疫情先进集体"称号，华菱湘钢袁君奇、建工集团郑能量等荣获"全国抗击新冠肺炎疫情先进个人"称号。

（二）聚焦实体经济，运营质效明显提升

截至2020年底，全省地方监管企业资产总额3.5万亿元，净资产1.4万亿元，实现营业收入7154.5亿元，同比增长13.2%；实现利润279.3亿元，同比增长14.7%。其中，省属监管企业资产总额1.5万亿元，净资产5494.8亿元，实现营业收入5752.3亿元，同比增长13%；利润188.8亿元，同比增长23.8%。省属监管企业中，华菱集团、建工集团等3户企业营业收入超过千亿元；27户企业实现盈利，盈利面75%，19户企业盈利过亿元，其中华菱集团突破百亿元。

一是挖潜增效促发展。持续强化成本管理，不断提升经营质效，企业净利润从下降85.2%的低谷拉升到全年同比增长26.3%。二是"两金"压降显成效。开展"两金"压降专项行动。省属监管企业"两金"占用1464.8亿元，占流动资产比重37.6%，同比下降1.3个百分点。三是"两利三率"有优化。省属监管企业净利润、利润总额，较上年分别增长了26.3%和23.8%；营业收入利润率、研发经费投入强度，较上年分别提高了0.3个和0.6个百分点；资产负债率低于全国平均10.3个百分点。"两利三率"五项指标均进一步优化和提高。

（三）聚焦风险防范，全面提高防控能力

强化风险意识，主动作为，多措并举，有效防控了重大风险。一是狠抓债务约束。严格负债规模和负债率"双指标"管控，组织开展省属监管企业资产负债专项核查，摸清了底数，为"三个做实"打下了基础。二是狠抓投资监管。明确投资负面清单管理，加强特别监管项目的投资审核，全年共审核项目20个，涉及金额66亿元。三是狠抓转型脱困。湘电长泵基本实现盈亏平

衡，湘电风能引入哈电集团进行股权重组，实现大幅减亏；制订长丰猎豹"4 + 1 + 1"工作方案，推进长沙、永州、荆门、滁州四地工厂分类转型脱困；华天集团整体并入兴湘集团，实现资产重组；高速集团完成 2512 亿元存量债务"高改低、短改长、债转股"，每年节约财务费用约 12 亿元。四是狠抓安全维稳。全力开展长江经济带沿线、企业矿区环境污染整治等工作，协调关闭退出张家界大鲵保护区的省属和央企水电站。组织开展安全生产专项整治，连续 4 年实现无较大及以上安全生产事故。

（四）聚焦科技创新，研发能力持续增强

坚持开放与创新双轮驱动，激发市场主体活力，助推企业高质量发展。一是科研创新不断推进。2020 年，省属监管企业研发费用 127 亿元，同比增长 52.1%，较全国平均高 27.4 个百分点；研发经费投入强度 2.2%，高于全国平均 1.4 个百分点。新增国家高新技术企业 32 家，共获得国家级、省级科技创新奖励 11 项；新增专利 998 项，其中发明专利 337 项。组织评选省属国企"十大创新工程"。通达电磁能、金天钛业、博云新材、中创空天等一批战新项目加快推进。二是布局优化加速推进。研究编制《省国资委推进省属国有资本布局优化和结构调整实施方案》及省属国资国企"十四五"发展规划。推动企业在 20 个工业新兴优势产业链中，加快布局新型能源及电力装备等 10 个产业链。加快 35 个重点项目建设，涉及投资总额 1868.4 亿元，其中被列入"5 个 100"工程项目 23 个。稳步推进重组整合，完成湘水集团组建工作，兴湘集团整合华天集团、省建筑设计院。三是开放合作稳步推进。召开驻湘央企对接合作座谈会，巩固合作成果，解决 36 个难点问题。推动企业参与"一带一路"建设，提升国际化合作水平。全省国资系统现有境外项目 65 个，涉及非洲、欧洲、大洋洲和东南亚等 33 个国家和地区，总投资 233 亿元。

（五）聚焦国企改革，重点领域率先突破

持续推进国企改革，在改革重要领域和关键环节取得重大突破。一是加强改革顶层设计。制定"1 + 3"改革政策文件，形成以湖南省国企改革三年行动实施方案为统领，以湖南省国有企业混合所有制改革工作实施方案、湖南省推进国有资本投资运营公司改革试点实施方案、省国资委监管企业资产证券化

工作三年行动计划等子方案为支撑的制度体系。二是积极稳妥推进混改。召开省属国有企业混改项目推介会，集中发布项目83个。完成省建筑设计院混改，实现省属一级企业集团层面混改破冰。20户子企业完成混改，引进资本约86亿元，省属监管企业混改比例已达52.2%。加大资产证券化力度，南新制药成功在科创板上市，29户企业进入上市后备资源库，全年直接融资241.6亿元。三是完善现代企业制度。大力推进外部董事制度，为7户省属监管企业配备19名外部董事，专职外部董事实现零的突破。4户竞争类子企业选聘职业经理人11名。探索推进3户企业落实董事会职权试点。5户"双百企业"、2户科改示范企业改革主体任务基本完成，建工集团、新天地保安被国务院国企改革办列为"双百行动"改革样本。四是完成剥离办社会职能和历史遗留问题处理。省市企业和驻湘央企的退休人员社会化管理工作基本完成。完成厂办大集体改革，"三供一业"分离移交扫尾任务。

（六）聚焦国资监管，监管效能不断加强

健全管资本为主的国资监管体制，优化管资本的方式方法，切实提高国有资产监管效能。一是完善制度体系。制定省国资委权力和责任清单，明确9大类别31项具体权责事项。二是优化监管方式。开展总会计师出资人委派试点，向现代投资等4家企业委派总会计师。加强国资监管大数据系统建设，基本完成"三重一大"事项决策及大额资金动态监测系统建设。搭建"2+1"两类公司架构，兴湘集团、国资集团改组组建国有资本运营公司，高新创投改组组建国有资本投资公司。三是健全监督机制。在省属监管企业实行国资监管提示函和通报制度，全年发出风险提示函23件。在省市两级建立违规经营投资责任追究工作体系，构建起业务监督、综合监督、责任追究三位一体的监督工作闭环。四是推进经营性国有资产集中统一监管。配合开展省级党政机关和事业单位经营性国有资产集中统一监管工作，共接收脱钩企业81户。

（七）聚焦党建引领，国企党建纵深推进

以"治理效能提升年"为载体，坚持和加强党的全面领导，实现党建工作提质增效。一是打造"两个维护"先锋阵地。全面建立"第一议题"制度，省属监管企业党委开展学习670次。建立省国资委系统全面从严治党两个责任

清单。开展企业党委书记抓党建述职评议，全省国资系统管党治党的合力显著增强。二是着力强基提能补齐短板。开展强基提能专项行动，全年修订公司章程495个、决策事项清单778个、党委会议事规则727个。各企业共补齐短板弱项11939个，落实"一肩挑"新增280户。深化"国企千名书记联项目""国企万名党员先锋行"活动，累计创效25亿元以上。三是建设企业干部人才队伍。坚持党管干部原则，全年共调整配备42名企业领导人员。研究制定《省属监管企业人才发展资金使用管理暂行办法》，设立1000万元的企业人才发展资金。注重发现储备优秀年轻干部，实施"英培计划"。四是决战决胜脱贫攻坚。省国资委系统对口帮扶的39个贫困村、4592个建档立卡贫困户、17653名贫困人口全部脱贫出列，"两不愁三保障"达标率、政策落实知晓率、群众满意度三项指标均为100%。五是强化党风廉政建设和巡察工作。完成7家委管企业巡察工作，实现委管企业巡察全覆盖。12户企业巡视反馈696个问题整改完成率98.6%，前两轮巡察发现484个问题整改完成率86%，国资国企政治生态持续向善向好。

二 "十四五"目标任务和2021年工作展望

"十四五"时期，湖南国资国企系统将以习近平新时代中国特色社会主义思想为指导，全面贯彻党的十九大和十九届二中、三中、四中、五中全会精神，坚决落实习近平总书记关于湖南工作系列重要讲话指示精神，按照省委、省政府的决策部署，大力实施"三高四新"战略，扎实做好"六稳"工作，全面落实"六保"任务，统筹推进稳增长、调结构、推改革、优监管、防风险、强党建，做强做优做大国有资本和国有企业，增强国有经济竞争力、创新力、控制力、影响力、抗风险能力，为建设现代化新湖南做出新的更大贡献。

"十四五"时期具体工作要求：一是发展质效稳步提升。主要经济指标实现较快增长，国有经济的战略支撑作用进一步发挥，国有企业的核心竞争力进一步增强。二是布局结构调整持续优化。大力推动国有增量资本向战略性新兴产业和未来产业、国计民生和国家安全产业、传统优势产业集聚，国有存量资源向优势产业、优质企业、优秀团队集中。三是国企改革取得重大进展。国企改革三年行动方案和实施方案各项任务全面完成，混合所有制改革积极稳妥深化，资产证券化率不断提升，中国特色现代企业制度更加成熟。四是科技创新能力进一步提高。推动关键核心技术攻关，加快国家级创新平台建设，持续增加研发投入，科技创新对高质量发展的引领支撑作用显著增强。五是国资监管效能持续增强。国资监管机构职能转变深入推进，国有资本授权经营体制更加完善，国资监管大格局基本形成。六是党的领导党的建设不断加强。企业党建工作与生产经营深度融合，党委领导作用得到充分发挥，党建基层基础更加巩固，全面从严治党不断向纵深推进。

2021年是全面开启现代化建设新征程的第一年，是"十四五"开局之年和湖南省实施"三高四新"战略的首战之年，做好国资国企改革发展工作意义重大。湖南省国资委将突出"七个新"，抓好各项重点工作。

（一）在稳增长提质效中取得新成绩

保证运行平稳。确保主要经济指标走势稳定、曲线平滑，企业效益增长与全省经济增速相匹配，避免大起大落。持续瘦身健体。推进"三降三转"，降低债务规模，优化资产结构。全力减亏止损。加强动态管理和实时跟踪，消灭亏损源，扩大盈利面。不断压降"两金"。力争2021年末"两金"占流动资产比重降至全国平均水平。

（二）在实施"三高四新"战略中展现新作为

优化布局结构。出台《湖南省国资委推进省属国有资本布局优化和结构调整实施方案》、省属国资国企"十四五"发展规划。推进重组整合，按照"三集聚、三集中"的要求，推进水电等6类资产实施战略性重组和专业化整合。建设"两类"公司。充分发挥国有资本投资、运营公司的功能作用。大力发展先进制造业。主动对接湖南省"3+3+2"先进制造业集群、"先进装备制造业倍增工程"，积极培育战略性新兴产业。大力推进科技创新和开放合作。加大企业研发投入。大力推进监管企业数字化转型，开展工业"四基"攻关。加强央企对接合作，做实"一带一路"产业促进基金，扩大对外开放水平。

（三）在深化国企改革中实现新突破

大力推进国企改革三年行动，按照国务院国企改革领导小组提出的2021

年底完成三年改革总体任务70%的要求，抓好贯彻落实。推进混合所有制改革。监管企业集团层面争取再突破，子企业层面宜改则改、积极推进。贯彻落实省属企业资产证券化三年行动计划，形成多层次的上市企业梯队。建立中国特色现代企业制度。继续深化3户企业落实董事会职权试点工作。推进"双百企业""科改示范企业"改革，全面深化三项制度改革，在子企业层面全面推行经理层成员任期制和契约化管理。对标一流提升管理水平，推进分层分类精准对标。全面完成"三供一业"、市政社区分离移交等扫尾工作，剥离国有企业办社会职能等历史遗留问题基本解决。完成"三院两所"的公司制改革工作。

（四）在转变监管职能中取得新进展

推进国资监管制度体系建设，研究制定和修订完善12项制度文件。建立"两利四率"指标体系，进一步提高经营效益和运营效率。强化监督闭环管理。健全协同高效的监督机制，推进出资人监督和纪检监察监督、巡视巡察监督、审计监督、社会监督等统筹衔接，建立健全企业内部监督体系，完善监督闭环。推动信息化与国资监管业务深度融合，加快推进全省国资国企实时在线监管系统建设，推进"三重一大"事项决策及大额资金动态监测系统全级次覆盖。加强省、市、县国资监管机构的有效联动，形成国资监管大格局。

（五）在强化党建引领中谱写新篇章

加强党的政治建设。坚持"第一议题"制度。深入开展党组织书记抓党建述职评议考核。开展红色教育，传承红色基因。夯实党建基层基础。巩固扩大强基提能专项行动成果，大力推进党支部"五化"建设提质工程。开展"千支示范、万支提升"行动。继续实施"国企千名支书进党校"工程，坚持把支书岗位作为培养选拔企业领导人员的重要台阶。促进党建与生产经营深度融合。党的领导融入公司治理各环节要实现制度化、规范化、程序化，积极推动党建责任制和生产经营责任制有效联动。持续深化"国企千名书记联项目""国企万名党员先锋行"活动。坚持全面从严治党。强化党建考核、巡视巡察和政治建设考察反馈问题整改。力戒形式主义、官僚主义。加大对"一把手"的监督制约力度，构建一体推进不敢腐、不能腐、不想腐体制机制。

B.18
2020年湖南金融形势分析及2021年展望

2020年，全省金融机构认真贯彻落实稳健货币政策和宏观审慎政策双支柱调控框架，有效发挥结构性货币政策工具精准滴灌作用，强化对稳企业、保就业的金融支持，不断增强金融服务实体经济能力，引导资金更多流向实体经济，全省金融运行总体平稳。

一 2020年湖南金融运行主要特点

（一）存款增速明显高于上年同期，其中非金融企业及机关团体存款增速提升较快

2020年末，全省金融机构本外币各项存款余额57912.0亿元，同比增长10.0%，比上年末提高2.5个百分点，其中非金融企业存款、机关团体存款增速分别同比提高3.2个、7.3个百分点。全年新增存款5251.6亿元，同比多增1593.2亿元。其中，非金融企业存款新增410.7亿元，同比多增411.1亿元；住户存款新增3458.8亿元，同比多增436.8亿元；财政性存款新增153.4亿元，同比多增2.5亿元；机关团体存款新增773.1亿元，同比多增584.2亿元；非银行业金融机构存款新增443.2亿元，同比多增182.9亿元。

（二）各项贷款增速处于高位，新增额为近5年最高

2020年，受货币政策逆周期调节加强、银行信贷投放意愿与企业信贷需

---

* 张奎，中国人民银行长沙中心支行党委书记、行长。

求均明显增强等多方面因素影响，全省贷款投放处于近几年来高位水平。2020年末，全省金融机构本外币各项贷款余额49402.8亿元，同比增长16.5%，高于2016～2019年贷款平均增速1.5个百分点，比2020年末存款增速高6.5个百分点。全年各项贷款新增6987.4亿元，同比多增1157.6亿元，新增额为近5年同期最高值。分期限看，短期贷款新增1476.0亿元，同比多增79.9亿元；票据融资新增157.2亿元，同比少增427.9亿元；中长期贷款新增5410.3亿元，同比多增1560.3亿元。分主体看，住户贷款新增2686.2亿元，同比多增252.6亿元；非金融企业及机关团体贷款新增4348.1亿元，同比多增936.4亿元，其中非金融企业及机关团体中长期贷款新增3451.1亿元，同比多增1272.0亿元。

（三）贷款有效支持疫情防控、复产复工和实体经济发展，结构持续优化

一是制造业贷款增速明显高于往年水平。2020年末，全省制造业贷款余额同比增长14.1%，比上年末提高5.5个百分点，增速明显高于往年水平。全年新增393.1亿元，同比多增172.3亿元。二是基础设施类贷款增速回升。2020年末，基础设施类贷款余额同比增长14.3%，比上年末提高1.8个百分点。全年新增1356.2亿元，同比多增295.1亿元。三是抗疫和受疫情影响大的行业贷款增速提升明显。2020年末，全省卫生和社会工作贷款余额530.6亿元，增速为33.1%，同比提高10.9个百分点，高出全部贷款增速16.6个百分点，全年新增131.9亿元，同比多增59.6亿元；批发零售业贷款增速为12.4%，同比提高3.7个百分点，全年新增174.0亿元，同比多增61.3亿元。四是普惠领域贷款均保持同比多增。2020年，金融支持稳企业保就业的力度持续加大，普惠领域贷款延续多增态势。涉农贷款全年新增1994.0亿元，同比多增748.6亿元；民营企业贷款全年新增1497.5亿元，同比多增294.3亿元；中小微企业贷款全年新增3256.3亿元，同比多增1193.8亿元；普惠口径小微企业贷款全年新增771.7亿元，同比多增150.1亿元。五是个人住房消费贷款增速持续回落。2020年末，全省个人住房消费贷款余额同比增长18.2%，增速比上年末、上季末分别回落2.9个、1.6个百分点，呈持续回落趋势。全年新增1603.4亿元，同比多增68.9亿元。

（四）社会融资规模同比多增，增量居中部六省第二位

2020年，全省社会融资规模新增10779.4亿元，同比多增1929.3亿元，全省社会融资规模增量居中部六省第二位。具体来看，间接融资新增6803.5亿元，同比多增935.2亿元；直接融资新增3363.1亿元，同比多增864.2亿元，其中，企业债券新增1570.6亿元，同比多增634.8亿元，股票融资新增155.7亿元，同比多增113.4亿元，政府债券新增1636.8亿元，同比多增116.0亿元；其他融资新增612.9亿元，同比多增129.9亿元。

二 2021年湖南金融形势展望

从国际看，2021年世界经济形势仍然复杂严峻，复苏不稳定不平衡。虽然基于疫苗在全球加速推广、部分经济体继续加大政策支持力度等预期，国际货币基金组织于1月将2021年全球经济增长预期上调0.3个百分点至5.5%，但疫情导致的各类衍生风险、海外市场需求不确定、中美博弈呈现长期化趋势等，将对全省产业链供应链稳定、劳务和产品输出等带来诸多挑战。从国内看，我国经济具有强大的潜力、韧性、活力和回旋空间，经济稳中向好、长期向好的基本趋势没有改变，但经济全面恢复的基础尚不牢固，市场有效需求仍显疲弱，企业生产经营还面临不少压力，经济动能转换还有不少"卡点"。从省内来看，"三个高地"战略定位和"四新"使命任务，为湖南省经济加快发展注入了强劲动力，装备制造业、"两新一重"、科技创新等领域都将迎来全新的发展机遇和空间。与此同时，湖南自贸试验区获批、RCEP正式签署，长沙获批数字人民币试点城市等，都将带来新的机遇、有望加速形成新的增长点。但也应看到，疫情冲击下，服务业复苏明显慢于工业、消费恢复进程明显慢于投资、小微企业生产经营恢复明显慢于大中型企业等"不同步"问题仍然突出存在；财政收支矛盾依然突出；区域间发展差距仍在扩大。展望后阶段，在上述宏观经济背景下，全省金融运行面临新的机遇和挑战。

（一）稳健货币政策保持连续性、稳定性、可持续性，将为推动经济复苏提供强力政策支撑

中央经济工作会议强调2021年宏观政策要保持连续性、稳定性、可持续

性，要继续实施积极的财政政策和稳健的货币政策。2021年人民银行工作会议指出稳健的货币政策要灵活精准、合理适度，坚持稳字当头，不急转弯，把握好政策时度效，保持好正常货币政策空间的可持续性。这就意味着疫情期间出台的超常规政策向常规政策调整时不会过大收缩，有助于经济增速持续回升。从融资成本看，2021年将继续健全市场化利率形成和传导机制，深化贷款市场报价利率（LPR）市场化改革，巩固贷款实际利率下降成果，促进企业综合融资成本稳中有降。从信贷投向看，人民银行将继续发挥好再贷款、再贴现和直达实体经济的货币政策工具的精准滴灌作用，引导金融机构加大对科技创新、小微企业、绿色发展的金融支持，同时推动供应链金融规范发展和创新，精准服务供应链产业链完整稳定。总体来看，2021年金融体系流动性保持合理充裕，货币供应量和社会融资规模增速将保持与名义经济增速的基本匹配。

（二）全省新增贷款将保持基本平稳，但增速或较2020年的高位水平有所回落

从影响全省信贷投放的有利因素来看：一是宏观货币政策环境依然较为适宜。考虑到2021年名义GDP增速可能会出现较大幅度回升，"保持货币供应量和社会融资规模增速同名义经济增速基本匹配"意味着货币供应量与社融增速将保持基本平稳，不会出现大幅收紧。二是结构性货币政策工具的延续有助于进一步提升小微企业的贷款投入。2020年12月召开的国务院常务会议决定延续普惠小微企业贷款延期还本付息政策和信用贷款支持计划，两项直达货币政策工具可降低中小银行的资金成本、提升小微企业贷款投入。考虑到中小企业发展仍面临诸多困难，货币政策将更加注重精确性，引导资金进入实体企业。三是贷款需求较为旺盛。湖南省委经济工作会议明确指出要实施"三高四新"战略，着力打造国家重要先进制造业、具有核心竞争力的科技创新、内陆地区改革开发的高地，提出了先进装备制造业倍增计划等5大任务、创新载体标杆等5大工程、高标准特色化自贸区创建行动计划等6大计划，这些政策的落地将为全省带来旺盛的信贷需求。

但同时也要看到制约全省信贷投放的不利因素：一是省内法人金融机构普

遍面临资本补充压力，进而制约其信贷投放能力。如2020年末辖内部分地方法人机构的核心一级资本充足率已接近监管上限，其信贷投放新增将受到较大制约。二是银行降费让利力度较大，后期让利空间收窄，可能在一定程度上抑制信贷需求。三是部分优质企业金融脱媒趋势增强。据调研了解，部分优质大型企业因营业收入大幅增加，主动压缩银行贷款，与此同时，优质企业发债持续增加，融资渠道不断多元化，对贷款需求呈下降趋势。四是房地产贷款增速可能将加速回落。按照人民银行、银保监会《关于建立银行业金融机构房地产贷款集中度管理制度的通知》要求，全省过半银行房贷、个贷占比超限，超限银行需在2～4年过渡期内逐步压降房地产贷款投放规模，受此影响，2021年全省房地产贷款增速或将加速回落。总的来看，2021年湖南信贷投放的新增额可能与2020年基本持平，考虑到基数较高等因素，贷款增速将出现回落。

（三）金融风险防控任务依然艰巨

一是县域地方政府债务偿付压力较大。相关监测数据显示，省、市、区县三级政府性债务中区县级占比最大，且从到期年份看，2021年是全省政府性债务还款高峰期。受县域财力制约、债务腾挪空间有限等因素影响，县域风险防控压力较大。二是区域性中小房企资金链将面临较大压力。在房地产融资"三条红线"及房地产贷款集中度管理等新规影响下，房地产领域融资将受到较大制约，尤其是部分银行总行要求优先对总行名单或省行名单上的房企放款，将导致区域性中小房企资金链条收紧，违约风险加大。三是部分大型企业贷款质量下迁压力较大。2020年大型企业关注类贷款和逾期贷款均显著增加，大型企业贷款质量后续仍将进一步承压。2020年末，大型企业关注类贷款余额167.8亿元，较年初增加12.0亿元，同比多增68.0亿元；逾期贷款余额66.0亿元，较年初增加30.9亿元，同比多增22.1亿元，新增额占全部企业逾期贷款新增额的比重达69.8%。四是需警惕企业债券和非标资产违约风险向银行体系蔓延。近两年来，华信系债券、中信信托产品、海航信托计划等企业债和非标资产违约对省内法人机构造成较大影响。尤其是部分农商行减值准备计提不足，投资业务风险敞口较大，资本充足状况将受到较大冲击。

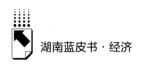

三 2021年湖南金融工作重点

2021年，全省金融系统将坚持以习近平新时代中国特色社会主义思想为指导，全面贯彻党的十九届五中全会和中央经济工作会议精神，坚持稳中求进工作总基调，立足新发展阶段，贯彻新发展理念，围绕湖南省"三高四新"战略定位和构建"双循环新格局"，实施稳健货币政策，不断优化金融支持实体经济的体制机制，为全省经济高质量发展创造良好的货币金融环境。

（一）贯彻稳健的货币政策，服务实体经济发展

把握好灵活精准、合理适度的货币政策导向，按照"稳"字当头的总体思路，做好新旧政策工具的有序衔接。加大湖南"三高四新"战略金融支持，大力发展供应链金融，支持湖南打造先进制造业高地，促进20条工业优势产业链发展，通过工具、手段、机制创新，支持湖南科技创新。围绕湖南自贸区建设任务，加大金融支持。继续落实好普惠小微企业贷款延期支持工具、信用贷款支持计划两项直达工具。持续提升辖内银行小微企业服务能力，切实缓解小微企业因受疫情影响而出现的资金周转困难问题。用好支持企业技术进步专项再贷款等科技创新政策工具，推动金融资源向制造业、科技型企业倾斜。引导金融机构加大对"三农"、小微和民营企业等国民经济重点领域和薄弱环节的金融支持。继续以金融支持"一县一特"特色产业为着力点，引导金融资源向乡村振兴领域聚集，支持农村特色产业做大做强。做好绿色金融工作，落实好人民银行总行碳减排支持新工具，引导金融机构加大对碳减排成效明显的企业的支持力度。推动法人银行进一步加大小微、"双创"、绿色、"三农"专项金融债发行力度，力争2021年发行规模实现倍增。认真做好房地产金融宏观审慎管理工作，落实房地产贷款集中度管理要求，指导银行业金融机构科学制定过渡期调整方案。

（二）加强金融风险防控，维护区域金融稳定

一是进一步推动高风险机构脱困化险。继续落实高风险机构"专员＋主监管人"动态监测制度，积极协调解决现有矛盾，压实金融机构主体责任、

金融监管部门监管责任，实现风险防范化解工作常态化，争取实现2021年末全省高风险机构清零目标。二是扎实开展系统性风险监测评估。严格执行法人机构、政府性债务、大型有问题企业、区域性房地产企业风险监测预警制度，充分运用央行评级、现场核查和评估、压力测试以及综合评价等风险监测摸排抓手，跟踪监测分析评估辖内重点领域突出风险，做到"早识别、早预警、早发现、早处置"。三是做好存款保险制度实施各项工作。提升现场核查力度和质量，摸清法人银行真实风险底数，有序规范开展存款保险早期纠正。做好风险差别费率工作，发挥差别费率正向激励作用，督导辖内法人银行稳健经营。持续加大存款保险宣传力度，提升公众认知度，切实防范挤兑风险。四是发挥协调机制作用。加强金融委办公室地方协调机制（湖南省）与湖南省金融稳定发展改革联席会议机制的常态化对接作用，促进金融、财政、产业政策协同，推动高风险机构风险化解。

（三）坚持金融为民，提升金融管理与服务水平

保持严监管态势，强化账户源头治理，提升支付市场治理水平。积极稳妥推进数字人民币试点应用。推动国库高质量发展，确保国库资金和系统运行安全。深化征信在数字金融和经济治理中的应用，增加征信有效供给，全面做好动产和权利担保统一登记和查询服务工作。优化外汇管理与服务，支持湖南自贸试验区、中非经贸合作，支持贸易新业态健康发展。严格反洗钱监管，配合开展扫黑除恶、反腐败、反恐怖、禁毒等国家重点工作。做好金融消保工作，加大违法违规金融广告治理力度，严肃查处侵害金融消费者合法权益的违法违规行为。配合做好金融业"十四五"规划的研究编制工作。

B.19

发挥开发性金融优势
助力湖南基础设施高质量发展

袁建良*

基础设施联通国民经济各个方面,是畅通经济循环的关键节点。当前我国加快进入双循环新发展格局,势必对基础设施提出更高要求。"十四五"期间,湖南省将大力实施"三高四新"战略,在新型城镇化、新基建等领域还有较大的投资空间。国家开发银行湖南省分行将紧紧围绕省委、省政府决策部署,把服务"三高四新"战略作为工作的出发点、落脚点,紧盯湖南省"十四五"规划确定的重点任务,加快对接规划确定的重点工作和重大项目,确保落实"三高四新"战略不走样、出成效。

一 正确认识湖南省基础设施建设面临的短板问题

"十三五"时期,湖南省基础设施建设取得巨大进展,但也存在一些明显不足的短板。一是重大交通基础设施对湖南整体发展的支撑有待提升。综合运输通道方面,纵向看,京港澳通道湖南段需要进一步扩能,横向看,沪昆通道、湘桂通道需要扩容,渝长厦通道、杭瑞通道、夏蓉通道需要加快构建;综合交通网络方面,融入粤港澳、对接长三角的铁路项目还不多,高速繁忙路段扩容需要提速,岳阳、长株潭、常德等港口规模化集约化发展水平还不够;综合交通枢纽方面,长株潭、岳阳、衡阳等地交通协同服务能力还有待强化。二是能源保障供应能力不足。株洲、益阳等地电厂煤电机组改造、区外优质能源引入、煤炭应急储备基地建设的进度不快,水电挖潜和调峰能力建设还不够。

* 袁建良,国家开发银行湖南省分行党委书记、行长。

三是城乡综合承载能力不强，民生领域欠账较多。大城市堵车问题、停车问题突出，老旧小区和棚户区改造需要加强，城市生活品质需要进一步提升。"一江一湖四水"生态保护和修复任重道远。农村基础设施短板较多，硬化路、安全供水、污水垃圾处理、公共服务等设施需要提质扩面。医疗服务能力还有较大提升空间，分级诊疗实际作用不明显，市州高水平综合医院、县域紧密型医共体建设需要加快。四是实力强的基础设施市场化建设运营主体较为缺乏。基础设施项目普遍存在公益性或准公益性的特点，从融资角度来看，目前借款人仍集中于政府背景的平台或新成立公司，对企业的资产负债结构及盈利能力要求较高。许多地方在本轮融资平台清理整合后，政府掌控的资源仍然分散于诸多主体，尚未进行有效整合，资产资源注入过程较为漫长，集中力量办大事的优势未能充分发挥。与其他省份相比，省级基础设施市场化投融资主体尤其稀缺，制约了污水垃圾处理等领域项目在省级层面统筹谋划推动。

二　准确把握新阶段基础设施建设的三个着力点

（一）以现金流为核心夯实项目实施基础

对不同类型的项目，结合项目自身特点，加强配套政策顶层设计，夯实现金流基础，提升项目实施的可行性。以生态环境整治项目为例，就环境整治论环境整治，项目无疑是不产生现金流的。但是我们可以在项目前期策划的时候，运用"算大账"的理念，将项目周边相关的商业开发纳入项目实施的范围，赋予项目实施主体商业开发的职能，政府还可对实施主体配置项目周边广告位、商业铺面等相应的经营性资产和资源以增强其经营性收入，通过市场化运作，将公益性和经营性内容同步规划实施，围绕项目运营收入、实施主体综合收入等多渠道构建合规现金流，在企业和项目层面进行综合平衡，提升项目"经营性"属性。

（二）打造实力强的基础设施市场化建设运营主体

一是推动融资平台转型。按照行业特性推进平台转型，对从事竞争行业的投融资平台，加快推动其向按照现代企业制度运作管理的一般市场化国有企业转型；对从事基础设施和公共服务的融资平台，重点是加大政府对平台的经营性资产和新投资建设项目的准入力度，不断培育其市场化运作能力和运作水平，逐步向投资经营活动适度受政府规制、作为政府授权投融资主体的国有投资控股公司、资产运营公司转变。二是加快混改提升。充分发挥融资平台在基础设施建设方面的经验优势，积极与其他专业公司合作，共同进行重点片区开发、城市更新、市场化棚改等业务。充分发挥地方存量资源优势，探索布局教育、医疗、养老等顺应国家政策方向的朝阳产业，引进战略投资者进行共同开发。在具有文旅资源和产业基础的地方，探索与行业领军企业合作打造、建设特色旅游项目。三是发挥龙头企业带动作用，进行行业整合。可考虑由目前转型速度较快、经济实力较强、发展势头较好的财信金控、湖南建工、先导控股、株洲城发等龙头企业，以行业为基础对省内市、县级投融资平台进行整合、重组，组建若干个跨市域、跨县域的以资本为纽带的紧密型国有投资控股集团。

（三）加快推动资源集聚整合

首先，全面清理城市经营性资产，包括但不限于商业地产、工业地产、水务燃气、加油站、健康养老等城市资产，车站、公交站台与收费停车场的经营权，出租车特许经营权，城市广告位，商贸设施等资产，文化旅游、交通运输、金融等相关国有企业股权以及拟上市公司的股权等。其次，打破行政区划和管理部门界限，统筹归集预期经营性较好、无负债或负债较轻、现金流量充足的资产，按照市场化原则进行估值作价后注入国有市场化经营主体，帮助其提升资产质量、增强盈利能力。

三 奋力开创开发性金融服务湖南基础设施建设新局面

"十三五"时期，国家开发银行湖南分行主动适应和把握经济发展新常态，聚焦脱贫攻坚、民生改善、产业转型升级、生态环境治理等基础设施重点领域精准发力，各领域投放资金总额超过4700亿元，以开发性金融力量助力湖南全面建成小康社会。2021年是建党100周年，"十四五"规划开局之年，也是湖南省实施"三高四新"战略的元年。立足新发展阶段，贯彻新发展理念，服务构建新发展格局，以服务全省基础设施建设补短板、锻长板为抓手，为"十四五"开好局提供坚强的金融支撑。

（一）继续瞄准关键领域靶向发力

1. 积极服务国家战略

一是统筹支持脱贫攻坚与乡村振兴有效衔接。围绕乡村建设行动，聚焦县域基础设施"补短板"、中心镇建设，解剖麻雀打造乡村振兴样板，继续整体推进"一片（片区）一园（园区）一院（医院）一校（职校）一库（冷库）一厂（污水垃圾厂）一场（停车场）一林（储备林）"自选套餐，形成可复制可推广的模式经验。因地制宜支持一批现代农业产业园、农村产业融合示范园、特色小镇、农村公共基础设施、农村人居环境整治、高标准农田等项目建设。紧跟长征文化公园（湖南段）建设，盘活全省红色旅游资源。二是积极发展绿色金融，服务国家碳达峰、碳中和目标。聚焦"一江一湖四水"系统联治，做好"生态修复、环境保护与绿色发展"三篇文章，配合实施湘江保护和治理第三个"三年行动计划"，推进山水林田湖草生态保护修复，持续打好污染防治攻坚战，大力支持国土绿化行动，以市场化模式支持污水处理、片区环境综合整治、国家储备林等项目建设，助力湖南在长江大保护及绿色发展中走在前列。

2. 聚力打造"三个高地"

一是支持打造国家重要的先进制造业高地。深耕产业园区主战场，做强园区这个产业发展最重要的平台载体，配合湖南省实施先进装备制造业倍增等"八大工程"、蓝思消费电子等"十大产业项目"，推动优势产业补链强链、聚集成群。二是支持打造具有核心竞争力的科技创新高地。以提升"两区两山三中心"等重大创新平台承载能力为重点，积极支持创新平台基础设施建设。三是助力打造内陆改革开放高地。支持自贸区"一产业、一园区、一走廊"建设，为自贸区基础设施建设提供全方位金融服务。

3. 加快融入"双循环"新发展格局

一是立足湖南"一核两副三带四区"新发展格局，促进区域经济协调发展。落实《长株潭区域一体化发展五年行动计划》，支持长株潭城际轨道交通西环线、醴陵至娄底高速公路扩容工程等重大项目建设，加强三市融城片区整体开发，推动长株潭一体化提速。以支持基础设施提质、城乡一体化、长江大保护、港口经济为抓手，助力衡阳、岳阳建设省域副中心城市。集中力量支持一批融资量大、带动力强的市州本级重大项目，打造拉动"三带"发展的"磁极"。二是强化重大项目融资融智服务。围绕交通、水利、能源、信息"四张网"和国家综合交通枢纽建设，继续创新、设计、推广依法合规的市场化融资模式，积极支持长沙地铁一号线北延、二号线西延、磁悬浮东延、长赣高铁、永州至新宁高速、桑植至龙山高速、平江电厂、五强溪水电站扩机、华容煤炭储备基地等一批重大项目，探索整体支持全省干线公路、农村公路模式项目。三是积极推动新型基础设施建设。密切跟踪全省3万座5G基站建设、电动汽车充电桩、湖南能源大数据智慧平台等项目建设，适时提供融资支持。四是助力完善流通体系。落实全省建设现代流通体系三年行动计划，支持长沙、岳阳建设国家物流枢纽，怀化建设国家骨干冷链物流基地，建设一批区域性冷链物流中心和特色冷链物流基地，以县域、镇域第三方冷链物流基础设施为重点大力支持畅通县乡村三级物流体系建设。

4. 深耕普惠金融

一是支持医疗卫生体系补短板。复制推广"健康长沙""健康桃源""健康汨罗"等项目经验，推进各地医联体、医共体建设，补齐省市县三级医疗卫生体系短板。二是推广产教融合。围绕增强产业配套服务能力，瞄准产业、企业需求支持一批职教城、实训基地建设，支撑产业发展，稳定就业。三是推动城市人居环境改善。创新市场化融资模式，加快推动城市更新等领域项目落地。

（二）积极创新、应用、推广短板领域融资模式

1. 产业园区项目

分行该领域贷款主要投向园区厂房及配套设施建设，包括标准厂房、定制化厂房、代建厂房、园区"一体化"等不同类型。该模式围绕园区的发展定位、特色产业、入园企业经营情况、奖补政策、现有厂房租售比例和价格等情况，对区内一揽子建设内容进行统一规划、统筹实施，通过整合要素禀赋，共享综合现金流和担保结构，实现经济可持续、财务自平衡。

2. 医疗卫生项目

分行该领域贷款主要投向医院、基层医疗机构、公共卫生机构、医疗信息系统建设和医疗设备购置等医疗卫生体系建设。目前主要采用"投资主体 + 综合收益还款"模式，由投资主体在规划区域内投资、建设医疗机构，后续供医疗机构有偿使用。该模式既可以用于单体医疗机构的建设，也可以用于区域医疗体系的建设。

3. 乡村振兴项目

分行该领域贷款主要投向标准化、规模化农业产业、农村基础设施、公共服务、乡村旅游、美丽乡村等建设。项目以农业、旅游等产业的市场化收益反哺乡村基础设施建设，构建项目综合平衡的结构化融资模式。该模式下，一是可以围绕"土地要素整合 + 特色产业"构建项目。整合农村农田、林地等土地生产要素，通过土地集中流转经营，建设标准化、规模化产业基础设施，打通特色农业、林业、种养业的规模生产瓶颈。通过完善产业链基础设施建设，打造特色产业品牌，拓宽、延伸、提升产业链价值，促进一、二、三产业链融合，实现基础设施和产业整体提升。二是可以围绕"农村基础设施 + 新产业新业态"构建项目。充分挖掘"绿水青山"等自然资源的生态产品价值，依托生态环境和人居环境改善，培育乡村旅游、休闲农业、养老健康等新产业新业态，实现生态优化和经济效益统筹推进。

4. 智慧城市和智慧乡村项目

对于5G、充电桩等新型基础设施，其投资额巨大，原有的投资主体（主要是三家基础电信运营商）在资金实力方面难以支撑这么大的资金投入，因而需要引入地方政府等多元化的投资主体。我们在支持此类项目时，也可以将该类建设内容与城市片区开发、农村产业发展等内容统筹考虑、一并支持，运用结构化融资实现项目现金流综合平衡。此外，还可推动政府与社会资本通过 PPP 方式进行合作。

5. 重大基础设施项目

对于"铁、公、机、港"等重大基础设施项目，分行一般通过传统中长期贷款、PPP 模式等进行支持，近年又探索出融资再安排和成本规制模式。融资再安排是当前破解重大基础设施领域可能出现的银行贷款期限与回款现金流难以有效匹配的情况而导致的还款能力不足问题的一个重要途径。该模式在对项目经济寿命期内的现金流进行统筹评估、整体算账的基础上，以项目资产和

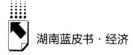

权益为依托，通过融资再安排，能够合理解决期限错配问题。成本规制模式下，由项目现金流和政府拨付的法定规制资金作为项目还贷来源，目前已经在多个轨道交通项目中运用。未来还可以在行业融合方面加大探索力度，比如"轨道＋物业""公路＋旅游""机场＋物流"等模式。

6. 城市基础设施项目

对于市场前景较好，收益较好的城市基础设施项目，如停车场、供水供气等项目，优先选择资金雄厚、运营经验丰富的行业龙头企业，采用市场化运作方式，力争通过项目自身收益平衡项目建设，同时通过行业龙头自身的公司现金流予以平衡项目缺口，实现融资覆盖。对于市场前景较好，项目自身现金流难以全部覆盖的基础设施项目，如地下综合管廊等，优先通过 PPP 方式进行合作，投资回报方式采用"使用者付费"及必要的"政府付费"。对于难以采用 PPP 模式推动的城市基础设施项目，可以做活土地文章，推动借款人构建以名下土地等资产转让与项目建成后的运营收入相统筹的整体现金流来偿还项目贷款本息。

B.20

2020年湖南省侨联工作及2021年展望

黄　芳[*]

2020 年，湖南省侨联围绕湖南省经济建设，充分发挥自身侨资源优势，在引进资金、技术和人才，协助和联络海外侨胞来湘投资兴业及各种公益事业，为侨属企业、侨资企业提供服务，引导侨商侨企参与社会建设等方面发挥了应有的作用。

一　2020年湖南省侨联工作情况

在湖南省委省政府的领导下，湖南省侨联积极担当作为，充分发挥桥梁纽带作用，团结动员海内外侨胞为湖南省疫情防控和经济社会发展贡献侨界力量，各项工作取得新进展。

（一）凝聚侨心，共度新冠肺炎疫情大考

一是主动作为，为缓解湖南省防疫物资紧缺做贡献。坚决贯彻落实中央和省委"战疫"部署，省市县侨联整体联动，共同抗疫。

（1）高站位谋划。省侨联党组 2020 年大年三十就部署谋划、打响"战疫"，在省委的指挥下，与侨办成立海外采购捐赠专班，指导海外捐赠、推动部门联动、联系对接资源，搭建多方同群信息对接平台，组成捐赠联络、物资采购、物资清关等多个小组，实现国内海外 24 小时互动。（2）高效率指挥。指定专人全天候值守对接海外物资捐赠，每日收集、汇总、报送各市州侨联、海外侨团、各二级平台捐款捐物和侨联抗疫工作情况。协调省工信厅、省红十字会、长沙海关等相关部门，构建了多方对接平台，确保物资采购、运输快速

---

* 黄芳，湖南省归国华侨联合会党组书记。

顺畅。机关纪委对捐赠到省侨联的资金和物资的使用、分发、公示等情况全程监督核查，并第一时间将物资转交省疫情防控指挥部物资保障组和相关单位。（3）高质量推进。多次倡议号召湖南省侨联系统、归侨侨眷和海外侨胞采购抗疫物资，引导侨界人士向省慈善总会、省红十字会捐赠，共同抗疫。湖南省侨青委、省侨商会等二级平台和海外各侨社团积极响应倡议，各市州、县市区侨联全力支持配合，为抗击疫情发动捐款捐物6000多万元，发挥了"雪中送炭"的作用。

二是关爱侨胞，为外防输入发挥作用。充分发挥侨团作用，积极做好稳住人心、稳在当地工作。（1）千方百计助侨抗疫。按照省委统一安排和部署，安排专人参加省联防联控机制外事组工作。根据海外侨团所在国家和地区疫情严重程度及前期支持捐赠情况，代表省委及时送去关心，并动员全省侨界支持海外侨胞抗疫。截至2020年5月底，共向海外40多个国家和地区的湘籍侨团侨胞捐赠抗疫物资1000余万元。（2）细致服务温暖侨心。第一时间发布《致海外湘籍侨胞的一封信》，传递党中央和省委对海外家乡亲人的牵挂惦念，温暖侨界人心。以线上直播方式为海外侨胞进行新冠病毒防治防控公益讲座，联合澳大利亚湘籍侨胞为华侨华人实时翻译疫情新闻，制作8国语言《新冠肺炎预防手册》图解学生版活动，为海外青少年普及预防知识。协调省卫健委帮助解决在湘华人申请湖南省居民健康码，与建行湖南省分行合作开启留学汇款免费权益、个人外汇办理绿色通道，先进经验得到全国建行系统的推广。（3）理性宣讲稳在当地。建立海外湘籍侨团侨领微信群和留学生微信群，组织国内侨眷侨属客观介绍当前国内疫情防控措施以及仓促回国可能面临的风险，引导海外侨胞科学防疫、避免恐慌。大力支持美国、英国、加拿大等湘籍海外侨社团成立志愿服务队伍，配合当地使（领）馆主动服务当地侨胞，关爱留学人员。

三是营造良好舆论环境，凝聚人心。（1）正面引导广大侨胞，通过省侨联官网、微信公众号及涉侨微信群实时发布抗疫最新指示精神、国内入境政策法规等权威信息，引导侨界群众充分认识中国特色社会主义制度优势。开辟《共同战"疫"湖南侨界在行动》《海外侨界抗疫人物风采》专题专栏，大力宣传海外侨胞投身当地防疫、支持家乡抗疫的典型事迹。（2）抓好阵地建设，健全完善《湖南省侨联意识形态管理制度》，着力规范广大侨界青年的网络言行，湖南省侨联官网、红网湘侨频道、微信公众号、《湖南侨联》杂志等媒体全面提质，浏览量大增，影响力不断提升。（3）鼓舞侨界士气，凝聚侨界力量。联系湖南省内媒体，推出《风雨同舟·万里湘情·助力家乡》《侨企复工复产》等系列报道。制作《万里湘情共抗疫》《万里湘情同扶贫》宣传片、同心抗疫歌曲《生命相依》和一大批抗疫诗歌。（4）讲好湖南故事。承办了8期"亲情中华·为你讲故事"网上夏令营活动，3749名海外华裔青少年相聚云端，以特别的方式继续中华文化、湖湘文化之旅，加深海外华裔青少年对祖籍国和家乡的印象。承办中国侨联2020"海外侨领中国国情研修班"湖南现场教学活动，积极宣传湖南，让更多海外侨团侨领了解湖南，增进他们对湖南的感情。

（二）服务大局，助力地方经济发展

一是服务侨商侨企，帮助企业有序复工复产。湖南侨联党组成员带队25次下基层调研，访企业、看项目、问发展、听侨意，了解侨企疫情防控和复工复产中遇到的困难和诉求，宣传相关惠企政策，整理中央和湖南省相关政策文件，发出了《关于积极推动侨企复工复产的倡议》，帮助侨资企业第一时间用好政策。主动协调部分企业解决专项资金申请、追回拖欠款项，克服防疫物资紧缺等实际困难，启动"侨e家"线上商城，为侨企抱团发展提供新平台，对接建行湖南省分行开展全面战略合作，促成建行面向侨企的68亿元信贷额度，全年向30余家涉侨企业投放信贷贷款超4亿元。

二是招商引资引智，助推地方经济高质量发展。举办"首届星沙海外高层次人才创新创业论坛"活动，为长沙县远大P8星球众创空间等5家园区授予"新侨创新创业基地"牌匾。取得中国侨联支持，举办了"侨系张家界"招商引资引智活动，为湖南省侨界资源与张家界旅游发展的深度融合做好牵线搭桥工作，并现场签约3个项目。采取线上线下相结合的方式，联合致公党湖南省委等部门举办第七届海归论坛，打破时空界限，提供了海外人才与湖南企业间便捷高效的对接渠道，促成十余名海归落户湖南。

三是宣传推介湖南，推动侨联服务地方工作落实。成功举办2020海外侨界青年湖南行和海外侨胞故乡行活动，组织海外侨领侨胞和侨界青年实地考察湖南，了解湖南发展成就和发展机遇。组织纪念《归侨侨眷权益保护法》颁布三十周年座谈会和2020年"普法进校园"活动，带动全社会形成学法、懂

法、用法的浓厚氛围，成立湖南省侨联 ADR 调解中心，推动涉侨纠纷调解工作规范化、常态化，让侨商侨企感受湖南良好的营商环境、法制环境。组织参选全国第八届"中国侨界贡献奖"评选，3 名侨界科技人才获评一等奖，3 名获评二等奖，为进一步引智奠定基础。

（三）整合资源，投身脱贫攻坚收官战

一是扎实推进驻村帮扶。争取项目和资金，新建赤滩小学，改善当地办学条件。争取资金 142 万元用于赤滩村"小桂林"旅游景区项目建设，开启旅游产业扶贫新篇章。争取财政、水利、交通等部门上百万元资金支持，用于入村道路拓宽、农村饮水工程等。发动省侨商会、省华侨公益基金会等为赤滩村捐款 100 多万元，助力脱贫攻坚与乡村振兴有效衔接。

二是全面梳理侨界帮扶成效。四年多来，共发动侨界助力脱贫攻坚资金累计超过 16 亿元。推出"湘小侨·扶贫村走访记""扶贫印记""聚侨心·促脱贫"等栏目，开设"2020，坚决打赢脱贫攻坚战"专题，推送报道了 40 余个侨界脱贫攻坚先进典型事迹。配合中国侨联做好"2020 追梦中华·侨与脱贫攻坚"短视频拍摄工作，向全社会讲好侨界助力故事、侨界帮扶故事，并召开湖南侨界助力脱贫攻坚座谈会，系统总结湖南侨界"千侨帮千户"工程成效。

三是深入做好困难归侨侨眷帮扶。2020 年动员侨商侨企参与社会建设，帮扶困难侨界群众，争取中国华侨公益基金会支持援助困难地区开展公益活动。省侨联机关下拨扶侨帮困专项资金 100 万元，重点帮扶了特困归侨侨眷家庭 45 户，走访慰问困难归侨侨眷家庭 500 余户，争取中国侨联专项资金 10 万元，慰问岳阳、常德等 5 个市州因洪水受灾的部分侨界群众和企业。

二 围绕湖南省"三高四新"战略实施，做好侨界2021年的工作

2021 年，省侨联总的工作思路是：全面学习贯彻党的十九届五中全会精神，以习近平新时代中国特色社会主义思想为指导，深入领会习近平总书记关于群团工作和侨务工作的重要论述，遵循"十四五规划和二〇三五远景目标建议"，全

面贯彻党的侨务政策，凝聚侨心，服务大局。全面落实习近平总书记在湖南调研的讲话精神和湖南省委"十四五"规划要求，为大力实施"三高四新"战略、奋力建设现代化新湖南贡献侨界力量，以优异成绩庆祝建党100周年。

（一）"走出去"讲好湖南故事，为湖南"三高四新"战略实施营造良好国际友好环境助力

（1）讲好湖南抗疫故事，讲好湖南脱贫攻坚故事，将党中央和习近平总书记对湖南的关心、对侨胞的关心广泛传达到广大海外侨胞，并向他们推介湖南发展政策、环境和优势，用他们能接受的形式讲好湖南发展变化情况和取得的成绩，让他们充分感受到祖（籍）国发展的前景，为实现中华民族伟大复兴，为祖（籍）国发展贡献力量增强信心。进一步凝聚海内外湘籍侨胞，加强海外侨胞对家乡的认同，增强正能量，实现思想引领，为其今后回到湖南发展奠定思想基础。

（2）充分发挥遍布全球的侨胞资源，助力湖南企业和产品"走出去"，为打造内陆地区改革开放的高地贡献力量。海外侨胞在其住在国打拼多年，不仅在语言、习俗，而且对当地的政策、人际关系等方面都有一定的基础，尤其是省侨联海外侨社团中的海外侨领们，在当地有一定影响力和号召力，加之家乡情谊，能为湖南省企业和产品"走出去"，走进"一带一路"国家、走进东盟、走进非洲发挥作用。

（3）积极促进国际交流和对外宣传。在巩固以往传统区域联络联谊基础上，加强非洲和"一带一路"国家海外侨情调研和对外文化交流。通过多种形式向海外侨胞讲好湖南故事，不断提高湖南在海外的影响力，不断增进海外侨胞对祖（籍）国的感情和向心力，为营造良好的国际友好环境助力。

（二）"请进来"共同服务发展大局，为湖南省"三高四新"战略实施添砖加瓦

（1）通过海外丰富侨资源，走民间交往的渠道，协助做好湖南省急需的技术、人才的引进工作，为打造具有核心竞争力的科技创新高地和先进制造业高地助力。

（2）充分利用后疫情时代带来的归国潮，重点做好服务海外侨界优秀人

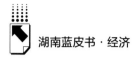

才回国创新创业和华人华侨回祖（籍）国投资兴业工作，开展"以才引才、以智引智"活动，吸引更多的人才、技术来湘发展。

（3）整合侨界资源，助力湖南省经济社会发展。聚焦湖南省国际合作重点区域，如非洲，湖南省侨资源有限，可争取中国侨联支持，发挥中国侨联在非洲海外侨社团的独特优势，助力永久落户湖南的中非经贸博览会这一国际经贸平台，促进湖南与非洲的经贸合作发展。利用东盟湘籍侨胞资源丰富的优势，助力湖南省在 RCEP 框架下与东盟国家的合作。

（三）沉下去参与经济社会发展建设，为建设富饶美丽幸福新湖南贡献侨界力量

（1）鼓励支持更多的侨商侨企承担社会责任，积极投身于乡村振兴的伟大事业中。支持他们在乡村振兴中寻找企业发展的机会，既服务地方经济发展，又促进企业自身发展。

（2）落实依法治国精神，依法维护侨益。深入侨企调研，了解其存在的困难和问题，通过服务侨企，依法帮助企业解决问题，在助力湖南省良好营商环境营造的同时，提振侨企在湘发展信心，促进企业做大做强，也通过他们自身发展的实际，吸引更多的侨胞回乡投资兴业，为湖南省经济发展贡献更大力量。

（3）深入侨界群众和侨界人大代表、政协委员中，广泛听取侨界对湖南省经济社会发展的意见建议，鼓励他们积极参政议政，为湖南省经济高质量发展建言献策。

地 区 篇

Regional Reports

B.21

长沙市2020年经济社会形势
及2021年展望

郑建新[*]

一 2020年长沙市经济社会发展情况

2020 年，在省委、省政府和市委的坚强领导下，长沙市认真贯彻党的十九大，十九届二中、三中、四中、五中全会和习近平总书记考察湖南重要讲话精神，统筹推进疫情防控和经济社会发展，扎实做好"六稳"工作、全面落实"六保"任务，攻坚克难、砥砺奋进，努力夺取优异成绩。全年地区生产总值增长 4.0%，达 12142.52 亿元；规模以上工业增加值增长 5.1%；地方一般公共预算收入增长 3.0%，全体居民人均可支配收入增长 5.7%。

一是新冠肺炎疫情防控扎实有效。第一时间启动一级应急响应，构建了"纵向到底、横向到边"战时指挥体系，强化早发现、早报告、早隔离、早治疗工作举措，建立"大数据分析＋网格化实地排查"有效机制，筑牢联防联

＊ 郑建新，长沙市委副书记、市长，湖南湘江新区党工委书记。

控、群防群控人民防线。全市不到 1 个月实现新增确诊病例清零,不到 2 个月实现在院确诊病例(240 例)清零,救治成功率居全国确诊病例 200 例以上城市首位,包机落地转运"长沙模式"受到国务院高度肯定。率先全国启动复工复产,深入开展"百日竞赛"活动,4292 名联络员深入企业一线帮扶,全市统筹安排政策资金 24.79 亿元、减免社保缴费 111.57 亿元、累计减税 94.53 亿元。

二是重点攻坚战役成果丰硕。脱贫攻坚取得决定性胜利,全市 4.65 万户 13.42 万名贫困人口告别贫困,1107 个边缘户家庭远离贫困;投入 2.67 亿元支持龙山等 8 个帮扶县,持续助推帮扶县全部脱贫出列。污染防治成效明显,中央、省环保督察反馈问题和督察"回头看"交办问题按要求进行整改;空气质量创近年来最好水平,优良率达 84.4%;国、省控监测考核断面水质优良率保持 100%,浏阳河成功创建全国示范河湖;高质量完成长江流域重点水域禁捕退捕任务。重大风险防范推进有力,超额完成政府性债务化解年度目标,平台公司清理再压减 1/3;加大涉众型非法集资预警监测和打击力度,守住了不发生系统性区域性金融风险底线。

三是产业发展动能不断增强。制造业高质量发展势头强劲,"三智一芯"产业布局基本形成,22 条产业链持续发展,产业链建设获国务院通报表扬;20 个制造业标志性重点项目建设加快推进,比亚迪动力电池、智能终端产业园等项目正式投产,获批全国第三个国家级车联网先导区;"软件业再出发"来势强劲,软件企业超 3 万家。现代服务业发展提档增效,新增上市公司 9 家,A 股上市公司总数持续居中部第 1 位;率先全国重启会展,成功举办互联网岳麓峰会、世界计算机大会、中国民营企业合作大会等;成功创建"中国快递示范城市"。科技创新能力持续增强,高新技术企业净增 1100 余家,全社会研发经费投入强度达 2.8%。园区示范作用更加彰显,园区规模以上工业增加值占全市比重达 71.5%。重大平台聚集效应显著,湖南湘江新区引进投资 50 亿元(含)以上项目 5 个、世界 500 强项目 21 个;岳麓山大学科技城获批国家首批科技成果转化和技术转移示范基地,马栏山视频文创产业园入选国家级文化产业示范园区创建名单,临空经济示范区落户湖南航空、湖南通用航空等重大项目 18 个,长沙国际会议中心投入运营,湘江财富金融中心竣工。

四是改革开放水平全面提升。"三集中三到位"和综合窗改革全面完成,

24小时"不打烊"自助服务区建成,高频政务事项实现"一件事一次办"全覆盖,企业开办审批1天内完成,84%以上企业实现"不见面"登记,新注册市场主体23万户,再创新高;营商环境指数位居全国第9、中部第1,再次获评中国国际化营商环境建设标杆城市。外贸基本盘保持稳定,全市进出口总额达2300亿元,增长15%;跨境电商进出口额和市场贸易采购试点规模分别增长70%和51.7%;黄花机场国际货邮吞吐量增长48.7%;中国(湖南)自贸试验区长沙片区正式揭牌;中欧班列(长沙)继续位居全国前5强,疫情期间成为全国四大"天班"之一。区域合作成效明显,长株潭一体化建设提速,"三干"项目、潇湘大道三段正式通车;湘赣边区域合作示范区建设正式启动,中非经贸合作创新示范园开启中非合作新篇章。

五是品质城市建设初见成效。坚持以"四精五有"为指引,城市变得更加美丽舒适宜居。规划体系更加健全,国土空间总体规划形成初步成果,城市发展战略规划编制基本完成,全要素规划管控明显加强,建筑风貌控规更加严格。综合功能更加完善,地铁3、5号线载客运营,日均客运量达121万人次;湘府路快速路全线通车,长沙机场改扩建工程开工;电网最大供电能力达920万千瓦,棚改、城镇老旧小区改造任务超额完成;智慧城市建设初显成效,建成5G站点3.05万个,城市网络安全运营总部落户,获评"全球智慧城市数字化转型大奖"。管理效果更加凸显,专项整治"脏乱差"等斑点问题2.5万余个,改造特色夜市街区10个,"一点三线"品质显著提升,"五纵五横"改造工程强力推进,湘江两岸夜间"一键点亮"。入选全国十大最受欢迎出游目的地城市,跻身全国百强网红城市列第8位。

六是乡村振兴战略深入实施。农村人居环境持续改善,改造无害化厕所21.4万户,行政村垃圾分类减量实现全覆盖,累计拆除"空心房"3.23万户,新建高标准农田20.7万亩,新改建农村公路1700公里,建成市级"美丽屋场"125个,新增农村通自来水人口10.98万人。"一县一特"现代农业产业不断壮大,新增新型农业经营主体2000余家,农产品加工业销售收入超2700亿元,农林牧渔业增加值增长4.1%,创近年来新高。新型村级集体经济持续壮大,实施新型村级集体经济发展重大项目351个,消除年集体经济收入20万元以下"薄弱村"416个。

七是民生保障力度持续加大。省、市重点民生实事圆满完成。教育事业加快发展，"小升初"实现公办民办同步招生，新市民子女入学同步保障。卫生健康事业持续改善，57种集中采购药品价格平均下降52%，公立医院综合改革成为全国典型。文化体育事业更加繁荣，建成标准化村（社区）综合文化服务中心100个，成功举办中国红色旅游博览会；获批国家体育消费试点城市。社会保障坚强有力，零就业家庭保持动态清零，城镇登记失业率控制在4%以内，事实无人抚养儿童全部纳入保障，实现城市特殊困难群体帮扶全覆盖；新建商品住宅销售价格始终保持省会城市较低水平，房地产市场调控得到党中央、国务院肯定，入选中国改革十大年度案例。社会治理不断完善，"法治长沙""平安长沙"建设持续深化，获评全国首批"雪亮工程"示范城市，连续保持"长安杯"荣誉。连续三届蝉联全国文明城市，连续13年获评中国最具幸福感城市。

二 2021年经济社会发展总体要求和工作重点

2021年是"十四五"规划开局之年，也是建党100周年。全市经济社会发展的总体要求是：深入学习贯彻习近平总书记考察湖南重要讲话精神，认真落实中央和省委、省政府及市委决策部署，以高质量发展为导向，以"三高四新"战略为引领，紧紧围绕"两城一极一区"目标（打造国家中心城市、具有国际影响力的现代化城市、长江经济带核心增长极、现代化新湖南示范区），全面建设"四中心三城市"（国家重要先进制造业中心、国家科技创新中心、国际文化创意中心、区域性国际消费中心、内陆地区改革开放引领城市、国家综合交通枢纽城市、宜居乐业幸福城市），进一步强化省会担当，拉升工作标杆，压实主体责任，坚决完成全年目标任务，确保"十四五"开好局、起好步，以优异成绩迎接建党一百周年。

2021年经济社会发展的主要预期目标是：全市地区生产总值增长8%；规模以上工业增加值增长8.5%，制造业增加值增长8.5%；固定资产投资增长9%，产业投资增长12%左右；社会消费品零售总额增长9%；地方一般公共预算收入增长8%，税收占地方一般公共预算收入比为75%；全体居民人均可支配收入增长8%；居民消费价格指数103左右，城镇调查失业率与全省目标保持一致；能耗"双控"、减排任务完成省定指标。

为实现上述目标，要重点抓好以下八个方面工作。

一是着力推进先进制造业高质量发展。以"三智一芯"为主攻方向，持续抓好22条产业链建设，加快推进20个制造业标志性重点项目建设，努力将工程机械培育成世界级先进制造业集群，打造"1＋2＋N（一个世界级、两个国家级、一批省级）"先进制造业集群。培育覆盖全周期、全要素的制造业服务产业链，加快发展软件业和人工智能、区块链、云计算、大数据产业，打造一批数字产业集群，重点聚焦"软件业再出发"，吸引更多优质软件企业和人才落户。强化主特产业定位，深入推进"亩均效益"改革，提升园区发展质效。

二是着力提高创新发展核心竞争力。全力抓好省、市十大技术攻关项目，聚焦工程机械、新材料、种源等重点领域，建立"揭榜挂帅"等制度，努力攻克一批"卡脖子"技术。以国家自主创新示范区、"两山"和园区为主阵地，加强与高校、院所的对接联系，构建科技服务、科技治理、科技合作三大体系，促进科技成果就地高效能转化、快速大规模应用。积极争取国家新一代人工智能创新发展试验区落地，推动国家实验室、国家制造业创新中心、国家产业创新中心、国家技术创新中心"破零"。加强人才培育和引进，不断壮大科学家、企业家、工程师、技能人才队伍，建好国家海外人才离岸创新创业基地、海归小镇。

三是着力全面深化改革开放。深入抓好自主创新、新型城镇化、全域低空空域管理、数字人民币等"国字号"试点，统筹抓好户籍制度、园区体制、商事制度等领域改革。持续深化"放管服"和"一件事一次办"改革，持续优化营商环境，争创全国民营经济示范城市。高标准建设中国（湖南）自贸试验区长沙片区，全力申建中欧班列集结中心示范工程，更加主动地融入"一带一路"、长江经济带等国家战略。紧扣"一体化"和"高质量"两个关键词，突出示范引领和辐射带动两个作用，当好主攻手，主动引领推动长株潭一体化发展，共同打造全国重要经济增长极。

四是着力实施扩大内需战略。促进消费升级，巩固提升大宗商品消费，提质扩容服务消费，鼓励发展消费新业态；大力发展夜经济、老字号、网红品牌，精心打造湘江、浏阳河两条百里画廊，让长沙这座全国网红城市更热、更红、更火。扩大有效投资，突出抓好省三个"十大项目"和市五个"十大项

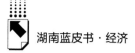

目"，谋划推进"两新一重"等强基工程，抓好全市1580个重大项目的滚动开发和落地落实。积极畅通流通环节，不断完善现代流通体系，积极促进内外贸一体化发展，加快融入"双循环"新发展格局。

五是着力建设"四精五有"品质城市。高水平抓好城区、园区、片区、县区、社区（村）建设，推动城市能级和核心竞争力持续提升。按照"四精五有"要求，大力实施城市规划提升、城市风貌严控、城市特色塑造、城市形象提质"四大工程"，建成一批精美建筑、精美街道、精美社区、精美环境示范项目。用两年左右的时间，全面完成城区主次干道和背街小巷提质改造，全面完成主城区危旧房屋和城镇老旧小区改造。大力推进新型智慧城市示范城市建设，持续改善河湖水质和空气质量，让长沙更加宜居乐业幸福。

六是着力发挥重大平台作用。全方位提升湖南湘江新区发展能级，发挥"一城五基地"作用，加快"五区五小镇"建设。牢记习近平总书记嘱托建好马栏山视频文创产业园，加快高新视频多场景应用集群发展；进一步建好岳麓山大学科技城，加强麓山南路、阜埠河路街区业态引导，营造更多"书香味"；加快建设临空经济示范区，实现黄花综保区整区封关运行、进出口商品展示交易中心正式运营；高品质建设高铁会展新城，完善国际会议中心、会展中心双平台功能，持续打造品牌展会；高质效发展湖南金融中心，扩大基金小镇集聚效应；稳步推进南部融城片区建设，加快完善跳马、暮云片区基础设施，构筑长株潭绿色生态的公共客厅。

七是着力创建全省乡村振兴示范市。大力发展精细农业，推动品种培优、品质提升、品牌打造和标准化生产，做大做强绿茶、油茶、花猪、小龙虾、蔬菜、花卉苗木等"一县一特"产业链。实施粮食提质工程，建设高标准农田21.91万亩。农产品加工销售收入达2900亿元。实现年集体经济收入20万元以下村清零。实施乡村建设行动，推动"多规合一"村庄规划管理全覆盖，补齐农村基础设施短板，持续推进农村人居环境整治，重点建设一批美丽乡村示范片区。推动全面脱贫与乡村振兴有效衔接，持续助推龙山等帮扶县巩固拓展脱贫攻坚成果。

八是着力改善人民生活品质。坚持思想不松、机制不变、队伍不散，慎终如始常态化抓牢疫情防控，做好"外防输入、内防反弹"工作，全力以赴做好新冠疫苗接种工作，全面提升紧急医疗救援保障能力，加强疾病防控和公共卫生体系建设，增强应对突发公共卫生事件能力。办好省、市重点民生实事，用心用情用力解决好群众在住房、教育、医疗、养老等领域的"急难愁盼"问题。千方百计稳定和扩大就业，多渠道增加居民收入。坚持"房住不炒"定位，继续实施精准调控，建设一批较高品质的青年公寓。推进"平安长沙"建设，构建现代化社会治理格局，持续擦亮最具幸福感城市金字招牌。

B.22
株洲市2020年经济社会形势
及2021年展望

阳卫国*

一 2020年经济社会发展情况

2020年，面对复杂严峻的外部环境、突如其来的新冠肺炎疫情冲击、艰巨繁重的改革发展稳定任务，株洲坚持以习近平新时代中国特色社会主义思想为指导，认真落实习近平总书记考察湖南重要讲话精神，深入实施创新驱动、转型升级战略，扎实做好"六稳"工作，全面落实"六保"任务，夺取了疫情防控和经济社会发展"双胜利"，实现了"十三五"圆满收官。

（一）经济运行稳中向好

统筹疫情防控和经济社会发展，大力开展"奋战100天、冲刺双过半"和"双比双看"竞赛活动，实现了经济增长由负转正。全年地区生产总值增长4.1%，增速居全省第二；固定资产投资增长9.7%、规模以上服务业营业收入增长52.6%、高新技术产业增加值增长13.8%、社会消费品零售总额增速下降2.3%，增速均居全省第一；规模工业增加值增长5.1%；地方一般公共预算收入增长1.8%；城乡居民人均可支配收入增长5.6%。清水塘老工业区调整改造、质量工作获国务院真抓实干通报表彰。株洲商事制度改革、天元区创新园区发展、攸县创新农村公共服务典型经验获省政府通报表扬。获省政府真抓实干督查激励表扬事项38项次，居全省第三。成功夺取全国文明城市"三连冠"、全国双拥模范城"七连冠"，中心城区及所有县城创建为国家卫生城市。

---

* 阳卫国，株洲市委副书记、市长。

（二）产业发展提质增效

全力打好产业基础高级化、产业链现代化攻坚战。创造性推行链长制、产业协会、企业联合党委"三方发力、同频共振"的工作机制，17个产业链加速壮大，全力打造中国动力谷，十大产业占比提升至78%。轨道交通产业上榜全国首批先进制造业集群决赛优胜者名单，服饰产业突破千亿元，中小航空发动机、先进陶瓷、先进硬质材料获批省级产业集群建设试点。深入开展产业项目建设年活动。全年完成重点项目投资超1100亿元，产业投资占比达58.6%。三一集团石油装备和智慧钢铁城、中建材碲化镉玻璃等一批投资过百亿元项目加快推进，"两机"重大专项主体工程、功率半导体二期等项目相继建成。醴陵经开区、攸县高新区完成调区扩区，全市园区综合实力位于全省前三。持续推进温暖企业行动。减税降费40多亿元，新增市场主体4.5万家，新增"四上"企业700家。欧科亿成为全国贫困县首家科创板上市企业，华锐精密在上交所科创板首发上市，上市企业数量居全省第二。大力实施创新驱动战略。全社会研发投入强度达到3%，居全省第一。新增各类创新平台62家，新增高新技术企业170家。打通科技成果转化"最后一公里"经验在全省推介。全球最大功率电力机车等一批创新成果相继问世。

（三）三大攻坚战取得决定性成果

扎实做好"一脱贫三促进六覆盖工作"。全面开展脱贫质量"回头看"，高质量通过国家脱贫攻坚普查验收，绝对贫困问题得到历史性解决。黄诗燕同志获评"时代楷模""全国脱贫攻坚模范"，"脱贫立志、星级创建"入选国务院扶贫典型案例。抓好中央和省环保督察及"回头看"、长江经济带生态环境突出问题整改，"夏季攻势"131项任务落地见效，长江流域禁捕退捕工作取得显著成效，国省市监控的黑臭水体整治任务全面完成，城乡生活垃圾分类工作全面启动，实现"蓝天三百天，全域二类水"重大目标，空气质量和优良天数均居长株潭第一，在全国168个重点城市中，空气质量改善幅度居全国前十、全省第一，获评"中国绿水青山典范城市"。全面落实"151"化债机制，稳步推进平台公司整合转型，全市政府债务风险预警下降一个等级，处非平安建设考核排名全省第一。

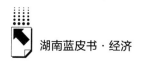

（四）改革开放持续深化

财政支持民营和小微企业金融服务综合试点、农村集体产权制度、工程建设领域行政审批制度等重点改革取得突破。"一件事一次办""证照分离"改革不断深化，"智慧株洲·诸事达"App上线运行，在全省率先实现基层公共服务"一门式"全覆盖。33条惠企政策被列入"免申即享"首批事项，公积金贷款实现"面签当天即放款"。大力开展招商引资，新签约项目391个，其中"500强"企业投资项目32个。在2020年全省营商环境评价中，株洲市居全省第二。成功举办瓷博会、服博会、全国工业App和信息消费大赛等活动。获批全省唯一的国家二手车出口试点城市。

（五）城乡区域协调发展

积极推进长株潭一体化，云龙大道快速化改造如期建成。加快建设湘赣边区域合作示范区，停运5年的醴茶铁路恢复运营，醴娄、茶常高速开工建设。响石广场立体化改造全面完成，火车站改扩建、综合客运枢纽等项目加快推进。深入实施乡村振兴战略，完成种植业结构调整75.8万亩，超额完成省下达株洲市粮食产量155万吨、生猪出栏230万头任务。全省首个市级农村产权流转交易平台挂牌运营。农村人居环境整治三年行动圆满收官。攸县"门前三小"建设模式入选第二批全国农村公共服务典型案例，农村生活垃圾治理工作经验在全国推介。

（六）民生保障不断加强

大力实施"民生100"工程，"六位"建设得到中央"不忘初心、牢记使命"主题教育办推介。就业目标全面完成，排名全省第一。义务教育和普通高中大班额全面清零，乡村学校全部达标办学。株洲师范高等专科学校获批恢复办学。加快推进现代医院管理制度、县域医共体建设和医药集中带量采购试点工作，县域内就诊率上升到94%，公立医院住院次均费用下降12%，基本医疗保险、生育保险实现市级统筹，获批全国安宁疗护试点城市。市博物馆美术馆等建成启用。殡葬费用整体降低近四成。"厕所革命"建设经验全国推介。市域社会治理现代化试点经验在中央电视台推介。连续三年获评全省安全生产先进市。

二 2021年经济社会形势分析展望

2021年是建党100周年,是"十四五"开局之年。在全球疫情有望得到进一步控制、世界经济缓慢复苏、社会消费与进出口稳定增长的大势下,经济回归到疫情前水平预期可见。此外,由于2020年基数较低,2021年经济增长速度同比有望呈现明显的前高后低的运行态势。就株洲来看,尽管疫情冲击等因素增加了经济稳定增长的不确定性,但"形"有波动,"势"仍向好,仍处于重要的战略机遇期。新一轮科技革命和产业变革孕育发展新动力,构建"双循环"新发展格局形成发展新支撑,湖南全力实施"三高四新"战略构筑发展新优势,长江经济带、中部地区崛起、长株潭一体化、湘赣边区域合作等国省战略叠加拓展发展新空间,株洲发展前景可期、大有可为。

2021年经济社会发展总体要求是:坚持以习近平新时代中国特色社会主义思想为指导,全面贯彻党的十九大和十九届二中、三中、四中、五中全会精神,深入落实习近平总书记对湖南工作系列重要讲话指示精神和中央、省委、市委经济工作会议精神,坚持稳中求进、进中争先工作总基调,立足新发展阶段,贯彻新发展理念,构建新发展格局,以推动高质量发展为主题,以深化供给侧结构性改革为主线,以改革创新为根本动力,以满足人民日益增长的美好生活需要为根本目的,坚持创新驱动、转型升级,大力实施"三高四新"战略,坚持扩大内需战略基点,坚持系统观念和底线思维,更好统筹发展与安全,坚持精准施策,扎实做好"六稳"工作、全面落实"六保"任务,巩固拓展疫情防控和经济社会发展成果,保持经济平稳健康发展和社会和谐稳定,加快建设"一谷三区",加快建设现代化新株洲,确保"十四五"开好局,以优异成绩庆祝建党100周年。

2021年经济社会发展的主要预期目标是:经济增长8%左右,地方一般公共预算收入增长5%,规模工业增加值增长8.5%,固定资产投资增长9%,社会消费品零售总额增长10%。城镇调查失业率低于全省平均水平,城乡居民人均可支配收入增长高于经济增长。生态环境进一步提质,全面完成能耗"双控"目标。粮食播种面积和产量保持稳定。重点抓好八个方面工作。

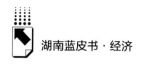

（一）坚持制造强市，着力打造中国动力谷

大力实施"制造强市七大工程"，加快"3＋5＋2"产业集群发展，推动"十大产业"增长10％以上，加快建设更具实力的中国动力谷，勇当湖南打造国家重要先进制造业高地的行业引领者。加快推进三一株洲基地、中建材碲化镉玻璃、"两机"重大专项、意华轨道交通及新能源汽车产业园等项目建设，申报国家氢燃料电池汽车示范城市。大力推动数字经济和实体经济融合发展，加快建设湖南（云龙）大数据产业园、渌口海洋装备产业园。积极培育军民两用新兴产业，加快建设国防科技工业军民融合创新示范区。着力打造园区"135"工程升级版，全面启动国家级园区创建、省级高新区转型工作。系统推进园区行政审批、绩效薪酬、投融资体制等改革，提升园区工业用地亩均税收水平，园区工业集中度达78％以上。

（二）坚持创新引领，着力创建国家创新型城市

大力实施"创新引领七大计划"，加快建设具有核心竞争力的科技创新引领区，勇当湖南打造具有核心竞争力的科技创新高地的重要支撑者。重点突破一批"卡脖子"技术，分别新增重点科技创新项目、国省科技计划立项、重点产品创新项目、转化科技成果各100个（项）以上。大力培育创新主体，落实企业研发财政奖补等政策，力争高新技术企业突破900家。加快国家先进轨道交通装备创新中心等平台建设，争创国家功率半导体产业创新中心等创新平台。加大全社会研发投入，实施中国动力谷人才行动，建立以运用为导向的高价值专利培育机制，推行职务发明创造知识产权归属和权益分享制度等改革。

（三）坚持改革开放，着力培育发展新动能

大力实施"改革开放七大行动"，加快建设"一带一部"改革开放先行区，勇当湖南打造内陆地区改革开放高地的先行探索者。深化政务服务、国资国企、要素市场化、农村宅基地等改革，释放发展活力。完成农村集体产权制度改革整市试点，强化农村产权交易平台功能，增加农民经营性和财产性收入。积极对接湖南自贸区建设，承办中国国际轨道交通和装备制造产业博览

会，争取举办第二届中非经贸博览会机电洽谈会等。申报国家跨境电商试点城市，推进国家二手车出口试点城市建设。深入开展营商环境优化年活动，落实减税降费、援企稳岗政策，强化普惠金融服务，营造市场化、法治化、国际化营商环境，新增"四上"企业600个以上。

（四）坚持扩大内需，着力融入新发展格局

坚持扩大内需这个战略基点，进一步挖掘内需潜力。推动传统和新型消费融合，鼓励发展消费新业态，充分挖掘县乡消费能力，畅通农产品出村进城和工业品下乡渠道。推进国家文旅消费试点城市工作，争创国家工业旅游示范城市。持续开展产业项目建设年活动，确保全年重点项目投资超1100亿元。畅通循环通道，加快通用机场和直升机起降点规划建设。统筹推进现代流通体系软硬件建设，加快建设长株潭国家物流枢纽，培育壮大现代物流企业，发展流通新技术、新业态、新模式，提升流通体系运行效率。

（五）坚持融合发展，着力提升区域竞争力

加快推进长株潭区域一体化发展。规划建设长株产业新城，打造长株潭东部先进制造业发展带。加快推进湘潭北至株洲西城轨等项目前期工作。实施长株潭高层次人才聚集工程，提升公共服务共享水平。加快推进湘赣边区域合作发展。推进湘赣边区域合作示范区项目建设，构建以韶山至井冈山铁路为主轴的红色文化旅游精品线路，有序实施渌江水系综合治理项目。加快推进以人为核心的新型城镇化。加强城镇老旧小区改造，推进田心、331片区更新改造，大力推进清水塘新城建设。全面加快国家生态园林城市创建。深化扩权强县改革，加快攸县撤县设市步伐。高质量通过国家卫生城市复审。

（六）坚持农业农村优先，着力推进乡村振兴

以全面推进乡村振兴为重心，促进农业高质高效、乡村宜居宜业、农民富裕富足。大力发展乡村产业，立足特色资源，做大做强精细农业，支持发展农产品加工业，加快培育壮大一批新型农业经营主体。加强农业种质资源保护和利用，加快推进高标准农田建设，推动种植结构调整，坚决防止耕地"非农化""非粮化"。实施乡村建设行动，持续推进"四治一改"工作，完善农村

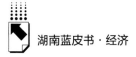

基础设施，大力推进美丽乡村和乡镇集镇建设。推动巩固脱贫与乡村振兴有效衔接，健全防止返贫动态监测和帮扶机制，强化易地搬迁后续扶持，加强扶贫项目资金资产管理和监督，促进扶贫产业可持续发展。

（七）坚持绿色发展，着力建设生态宜居城市

深入实施可持续发展战略，让绿色的底色更加鲜明。持续打好蓝天碧水净土保卫战，深化大气污染联防联治，加快株洲电厂搬迁步伐，抓好环保督察问题整改，巩固"蓝天 300 天、全域 II 类水"成果。强化生态保护与修复，坚持山水林田湖草系统治理，严格落实"三线一单"制度。开展大规模国土绿化行动，提升生态系统碳汇能力。推进长江流域禁捕退捕工作，管控禁食野生动物。增强城市防洪排涝能力，提高水安全保障水平。促进资源高效利用，围绕碳达峰、碳中和目标节点，实施工业低碳行动和绿色制造工程。全面推进城乡生活垃圾分类和减量化、资源化，建成城市生活垃圾焚烧发电厂二期，加快固废填埋场等项目建设。

（八）坚持人民至上，着力增进民生福祉

顺应人民群众对高品质生活的追求，既尽力而为，又量力而行，让发展成果更多更公平惠及全市人民。着力稳就业促增收，落实就业优先政策，优化就业公共服务，强化兜底援助保障，促进高校毕业生、农民工、退役军人、城镇困难人员等群体多渠道就业，增加一线劳动者劳动报酬，缩小城乡、行业、群体之间的收入差距。扎实办好民生实事，在教育、卫生、住房、社保、救助等方面实施一批重点民生项目，及时解决群众"急难愁盼"问题。同时，夯实社会保障体系，提升社会治理水平，深入开展居家和社区养老服务改革试点，推进全国市域社会治理现代化试点合格市创建，建设更高水平的平安株洲。

B.23
湘潭市2020年经济社会形势
及2021年展望

张迎春*

一 湘潭市2020年经济社会发展情况

2020年，面对突如其来的新冠肺炎疫情和错综复杂的内外部环境，全市上下高举习近平新时代中国特色社会主义思想伟大旗帜，在中央和省委、省政府的坚强领导下，攻坚克难、砥砺奋进，扎实做好"六稳"工作，全面落实"六保"任务，经济社会发展呈现难中求稳、稳中求进、进中求好的态势。全市地区生产总值同比增长3.8%，规模以上工业增加值增长3.4%，规模以上服务业营业收入增长12.7%，固定资产投资增长8.2%，地方一般公共预算收入增长0.57%，城乡居民人均可支配收入增长5.6%。

（一）众志成城抗击新冠肺炎疫情

坚决打好疫情防控人民战争，实现了确诊病例零死亡、医护人员零感染、境外疫情零输入，圆满完成援鄂任务，医联体、智慧联防联控平台工作受到国家表扬和推介。发挥湘潭制造优势，在全国率先为湖北提供医用防护服等防疫物资，为防疫大局做出了湘潭贡献。全力推动复工复产，派驻1400余名驻企联络员，新增减税降费24.2亿元，辖内银行向重点保障企业发放贷款194亿元。出台发放电子消费券、举办"车博会""房博会"等促消费措施，拉动消费增长36亿元以上。

---

* 张迎春，湘潭市委副书记、市长。

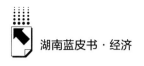

（二）全力以赴打好三大攻坚战

实施农村危房改造1283户，贫困人口饮水问题全面解决，脱贫质量"回头看"问题全部清零，圆满完成脱贫攻坚任务。中央环保督察反馈问题全部整改销号，城市空气质量改善幅度居全省第二，"一江两水一库"水质保持Ⅱ类以上，完成禁捕退捕任务。政府性债务风险稳定可控，全市债务规模和综合债务率实现双下降；韶山市、湘乡市退出一类预警地区，岳塘、昭山获批财政部第二批隐性债务化解试点，产业集团、交发集团成功转型，城市综合运营基金等市场化、法治化化债模式取得新进展。

（三）多措并举抓实产业建设

产业项目建设成效明显，先后开展"奋战一百天、冲刺双过半""奋力奔跑、合力攻坚"项目竞赛活动，蓝思科技、宏达湘君电子、振添光学二期等项目顺利竣工，拓普汽车、中联工程机械配套园、三一风能叶片厂、宝德计算机等项目成功落地。实施产业链供应链替代计划，举办汽车零部件产品配套对接会等活动，新组建5G＋大数据产业链和信息技术应用创新产业链。全年新登记企业7042户，新增规模工业企业130家，新增"小巨人"企业22家，华菱线缆上市成功报会。

（四）坚定不移深化创新开放

全社会研发经费投入强度达2.7%，净增高新技术企业125家，万人发明专利拥有量达13.3件，碳纳米管芯片材料等"卡脖子"技术问题取得重大突破。举办第二届潭商大会等重大招商活动，引进亿元以上签约项目142个、"三类500强"企业18家，获批全国跨境电商综合试验区。实施营商环境优化年"六大专项行动"，开展市委优化营商环境专项巡察和市人大优化营商环境评议，在全省营商环境综合测评中排名第4，获评"最具投资营商价值城市"。

（五）创新模式推动城乡融合

深入实施"湘潭向北、西拓南延"发展战略，潭州大道、芙蓉大道快改全线通车，轨道交通西环线加速推进。G320湘潭绕城线九华段、姜道线等项目动工建设,昭华大桥、南二环、白云路全线拉通。三大桥河东匝道建成使用,西二环、下摄司大桥等项目稳步推进,杨梅洲大桥重启建设。有序实施城市更新,新开工棚户区改造4863户,启动老旧小区改造147个、2.44万户,"共同缔造、多元投资"工作模式获国省推广。湘潭大学附属实验学校、高铁北站、竹埠港等重点片区开发顺利推进。农林牧渔业增加值增长3.8%,早稻播种面积占比排名全省第一,生猪出栏超省定任务15.1万头。完成农村宅基地和集体建设用地确权登记,农村人居环境整治顺利收官。

(六)用心用情保障民生福祉

大力发展社会事业,新增公办幼儿园学位1.9万个,湖湘学校、九华雅礼中学等重点学校建成开学,北津学院转设为湘潭理工学院,湖南软件职业学院升格为首批职业本科。市公共卫生服务中心建成投用,中心医院九华分院开工建设。城镇新增就业5.1万人,就业形势总体稳定。省市重点民生实事全部办结。全年市本级和各县市区共有老旧小区改造、军民融合、科技创新等34项工作获得省政府真抓实干表扬激励,市本级获奖数排名全省第三。

二 湘潭市"十四五"发展目标定位

"十四五"时期,湘潭的主要发展目标是建设"六个湘潭":实力湘潭,到"十四五"末,地区生产总值超3500亿元、一般公共预算收入超260亿元、城乡居民人均收入超4.8万元。创新湘潭,以科技创新为核心的全面创新深入推进,湖南第二科教中心的地位更加凸显。文化湘潭,积极发展以红色旅游为龙头的全域旅游,红色文化的时代魅力有力彰显,湖湘文化的历史底蕴充分挖掘。幸福湘潭,居民收入水平保持全省前列,多层次社会保障体系更加健全,脱贫攻坚成果巩固拓展。美丽湘潭,重点环境问题有力整治,污染物排放总量持续减少,人民群众对优美生态的需要基本得到满足。平安湘潭,社会治理水平明显提高,政府性债务风险基本化解,发展安全保障更加有力。

主要发展定位是对标"三高四新"等发展战略,围绕建设"六个湘潭",通过实施"一六二"工程,全力打造"四区一地"。

对标国家重要先进制造业高地,实施"双链""双招"工程,推动优势产业朝着"1234"目标转型升级，着力打造产业特色鲜明、技术水平先进、质量效益突出、配套服务完善的国家重要智能制造集聚区；对标具有核心竞争力的科技创新高地，实施"双先""双联"工程，争创国家创新型城市，着力打造中部科创发展示范区；对标内陆地区改革开放高地，实施"双畅""双进"工程，努力在重要领域改革和全方位对外开放上取得突破，着力打造内陆改革开放先行区；对标新型城镇化试点和全域国家现代农业示范区建设，实施"双新""双强"工程，协调推进乡村振兴和新型城镇化，着力打造国家城乡融合发展试验区；对标世界级文化旅游目的地，实施"双基""双提"工程，突出红色基因传承，做强韶山红色旅游龙头，把红色资源和湖湘文化资源串点连线拓面，着力打造具有国际影响力的红色旅游目的地。

三 2021年湘潭市经济社会发展目标及重点工作

2021年，全市主要预期目标是地区生产总值增长7.5%以上，规模工业增加值增长8%，固定资产投资增长9%，地方一般公共预算收入增长5%，努力巩固疫情防控和经济社会发展成果，确保"十四五"开局之年迈好第一步，见到新气象。

（一）推动产业转型升级进入新阶段

一是做强产业体系。围绕"1234"目标做实产业链："1"即打造先进电传动及风电设备世界级产业集群，补齐长株潭三市只有湘潭缺少世界级产业集群的短板；"2"即推动两个倍增，高端医疗器械及生物医药产业产值从目前的30亿元倍增至200亿元以上，电子信息及新一代信息技术产业产值从目前的210亿元倍增至500亿元以上；"3"即新增精品钢材及新材料、新能源和汽车制造、军工三个千亿产业；"4"即着力培育云上经济、芯片材料、智能装备、康养文创等新兴产业。二是攻克核心技术。积极对接国省重大工程部署，从供给和需求两端着手编制关键核心技术攻关清单，鼓励企业参与"揭榜挂帅"，大力支持信创、新材料、电子信息等领域企业和科研机构参与"四基"攻关，重点在锂离子动力电池、电机驱动与电力总成、电动汽车智能网联等领域突破一批产业链共性技术。三是推进创新赋能。实施双"50"创新项目，主攻碳纳米管芯片等10大关键核心技术，实施高性能精品特钢研发与应用等10大领先科技创新深化项目，建设汽车等10大创新人才团队，建设运营好湖南应用数学中心等10大重点科创平台，打造大功率风力发电机性能试验技术等10大产学研合作示范工程；集中转化磁悬浮高速电机等50项重点创新成果。

（二）推动城乡统筹进入新阶段

一是突出融合发展。全域推进"湘潭向北、西拓南延"，以长株潭一体化引领城乡统筹发展。理顺机制、明确路径，推动湘潭经开区与湘江新区融合发展迈出实质性步伐。加快长株潭轨道交通西环线建设，启动建设湘潭伏林大道至长沙黄桥大道、长沙新韶山路至湘潭昭山大道等城际干道。当好东道主，举办好长株潭城市群一体化发展第三届联席会议。创新能对应资产、财务可持续、带动发展的投融资模式，推进以融城为牵引的"两干"两厢融城社区等片区开发项目。二是优化空间布局。着力构建"一湾一圈三带多点"发展格局："一湾"即按照"一环六组团"布局打造"湘江大湾区"；"一圈"即提质现有主城区，整合雨湖、九华、昭山长潭接壤地区规划建设湘潭新城，形成以"双城驱动"为中心，融合湘潭县、湘乡、韶山的"金湘潭都市融合圈"；"三带"即北进的北部科创发展带、西拓的西部综合发展带、南延的南部新经济发展带；"多点"即形成鹤岭、乌石、银田、月山等中心镇及特色镇的多节点支撑。三是做强县域经济。加快打通G320、G240、杨梅洲大桥、下摄司大桥等县域发展"主动脉"。加大对县区行政审批事项赋权，支持湘潭县天易经开区创建国家级经开区，支持湘乡经开区建设两型工业基地和电工电气新城，加快韶山高新区三一重能产业园建设。积极发展现代都市农业，实施乡村建设行动，推进巩固拓展脱贫攻坚成果同乡村振兴有效衔接。全力支持湘潭县百强进位、湘乡市迈向百强，加快补齐湘潭在县域经济方面的短板。

（三）推动融入双循环新格局进入新阶段

一是全力招商引资。坚持把招商引资作为"一把手工程"，深入开展小分队招商、产业链招商、乡友招商、以商招商，完善领导挂帅机制、快速决策机制、跟踪服务机制、考核奖励机制，确保新引进"三类500强"企业10家以上、亿元以上投资项目100个以上。二是深化对外开放。支持湘潭综保区产业

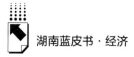
发展新破局、开放融合新格局、跨境电商新布局，围绕大玩具、医疗器械、电子信息等重点产业承接沿海地区外贸加工产业转移，加速跨境电商查验监管中心、保税仓等软硬件建设。高水平建设跨境电商综合试验区，力争引进2家以上跨境电商平台头部企业来潭设立区域总部或集货中心、结算中心，实现跨境电商进出口额2.2亿美元以上。三是有效扩大内需。重振传统商圈，支持建设北路、基建营等传统商圈向综合型消费场所转型。培育新型消费，发展家政、养老、托幼等新型服务。壮大大宗消费，保持房地产健康发展，培育九华汽车商圈。适度扩大公共消费，提高教育、医疗、社保等领域公共支出效率。有效提升消费基础设施，切实优化消费秩序，升级农村消费。

（四）推动安全发展进入新阶段

一是兜牢民生底线。做好常态化疫情防控，严防规模性输入和反弹。继续做好"六稳六保"工作，尽力而为、量力而行，办好民生实事。二是筑牢安全防线。深入开展安全生产专项整治三年行动，坚决杜绝重特大事故、遏制较大事故。完善防汛抗旱、森林防灭火指挥机制，提高应急处置能力。强化基层治理和矛盾化解，维护好安定和谐的社会大局。三是守住债务红线。坚持将高质量发展作为化解风险的根本之策，不断做大做实经济实力和财政分母。做好"坚决控、重点防、着力还、加速转、确保化、系统抓"各项工作，有效减少债务总额，持续优化债务结构，切实降低全市和市本级综合债务率，牢牢守住隐性债务不新增、"三保"资金不断链、风险事件不发生三条红线。

B.24
衡阳市2020年经济社会形势
及2021年展望

朱　健*

一　2020年工作回顾

2020年，衡阳全市上下以落实"六稳""六保"为主任务，以"一体两翼"建设为总遵循，以现代产业强市为主旋律，以育先机、开新局为最强音，奋发有为、开拓进取。全市地区生产总值增长4.0%、固定资产投资增长9.4%，增速均排名全省第三位；规模工业增加值增长5.5%，增速排名全省第四位；地方财政收入和税收实现一定幅度增长，主要经济指标增速稳居全省前列，社会影响力、城市美誉度不断提升。全市主要抓了以下工作。

（一）应对大战大考，统筹疫情防控和经济社会发展取得重大成果

第一时间启动一级响应，率先按下5A级南岳景区开放"暂停键"，迅速构建联防联控、群防群控的防控体系。1.7万个党组织和37万名党员冲锋在前，75万名"衡阳群众"积极参与，仅用38天实现48例确诊病例全部治愈出院，实现了确诊病例零死亡、医护人员零感染、社区传播零发生。在全省率先探索常态化疫情防控体系，疫情防控工作得到了李兰娟院士高度肯定，"花桥经验"获国务院督查组充分认可。率先推进复工复产，是全省第二个开复工率达100%的市州。全面开展"奋战一百天"争先创优、"投资促进周"等活动，出台支持实体经济"十条意见"、稳楼市"十七条"等措施，狠抓减税

---

*　朱健，衡阳市委副书记、市长。

降费减租政策落地，拨付企业解困资金2.03亿元。全市市场主体和企业总数均居全省第二位。

（二）推进创新开放，企业发展活力和城市发展动力全面迸发

国家创新型城市建设稳步推进。科学技术支出增长155.9%，高新技术产业增加值占GDP比重达16.8%。新增发明专利5200件。净增高新技术企业超过160家。衡阳高新区入选第三批全国双创示范基地。建衡实业获省长质量奖。先后举办"船山论坛"33期。首创"UP"模式引进何勰、倪浩、朱磊等高层次科创团队。衡阳技师学院师生为嫦娥五号探月工程做出积极贡献。华菱衡钢自主研发的海工用管突破深海油气用管"卡脖子"技术。对外开放水平持续提升。中欧班列正式开通，成功获批跨境电商零售进口试点城市。与"一带一路"沿线60个国家和地区实现进出口额51.7亿元，增长35.2%；对外贸易合作遍及全球161个国家和地区。"一件事一次办"跨域通办获"2020年政府信息化管理创新奖"。12345政府服务热线荣获全国"服务之星""抗'疫'争先"称号。

（三）培育发展新动能，现代产业强市"881314"格局基本形成

"八大基地"和"八大工程"取得积极进展，"一轴三廊"建设形成广泛共识。正式明确14条产业链，17位市领导担任链长各司其职。"两网两图两库两池两报告"有序推进。国家级园区"两主一特"、省级园区"一主一特"进一步明晰。以楼宇经济为特色的湘南湘西高新软件园、高新电商产业园、创新中心、芯茂微5G产业园正式运行。项目拉动成效明显。28个省重点项目、283个市重点项目进展顺利。比亚迪车灯厂、特变电工GIS智能工厂、上海交大5G材料与装备联合研发中心等63个项目投产达效。万魔声学智造群、常宁天农食品全产业链、祝融学院等项目建设不断刷新"衡阳速度"。农业现代化步伐加快，农产品加工业总产值突破1600亿元。粮食收购、粮食安全工作创造"衡阳经验"。第三代杂交水稻衡南试验示范基地双季稻亩产突破3000斤，刷新世界纪录。获评全省畜牧水产、生猪稳产保供先进市。现代服务业蓬勃发展，成立企业上市辅导中心。衡缘物流、红光物流晋级5A级物流

企业。电商企业超过4800家。新增国家4A级景区2家，全市游客接待量、旅游总收入分别增长8%、7%。

（四）统筹城乡发展，最美地级市建设凝聚广泛共识迈出坚实步伐

市城区空气质量首次达环境空气质量二级标准，湘江干流11个断面水质年均值达到Ⅱ类标准，蒸水水质稳定达到Ⅲ类标准。高质量完成100个试点村庄规划编制任务。208个老旧小区改造项目、12429套棚户区改造稳步实施，石鼓区青山街道和陕西巷老旧小区改造成为全省示范。衡永、白南、茶常等高速公路开工建设，瓦松铁路专用线、大浦通用机场一期建成投用。南岳机场一期改扩建任务完成，开通航线数量达18条，通航航点达30个。全面完成农村人居环境综合整治三年行动计划，自然村通水泥路、农村生活垃圾收运处置体系基本全覆盖。新建垃圾中转站13座，完成18个乡镇污水处理设施建设。

（五）守底线惠民生，人民群众获得感、幸福感、安全感不断增强

全体居民人均可支配收入增长6%左右。新增农村劳动力转移就业4.89万人。企业退休人员养老金待遇实现"十六连调"，城乡低保实现年内"两连调"，完成残疾人"两补"提标。建成公租房103708套。完成农村危房改造4939户。因居家和社区养老服务改革试点中期验收获评全国优秀。较大以上交通事故"零发生"，刑事案件、可防性案件、交通事故实现"三下降"。侦破"302"涉黑专案，被列入全国扫黑除恶十大精品案例。外流贩毒下降79.4%。衡南县"校联体"和"屋场恳谈会"、衡阳县乡村治理"梅花模式"等改革典型经验被中央或省里推介。社会事业全面发展。市八中华侨城学校、衡阳雅礼学校等建设加快推进。耒阳市正源学校钟芳蓉、祁东县启航学校留守儿童合唱团励志事迹赢得广泛点赞。"南岳庙会""坛下铜锣"入选国家级非物质文化遗产代表性项目名录。

二 2021年分析展望

2021年，衡阳将着眼"两个大局"，审视历史方位，准确研判形势，抢抓

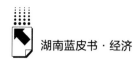

机遇、只争朝夕，主动在危机中育先机、于变局中开新局，以确定性工作应对不确定性形势，努力为衡阳全面建设社会主义现代化开好局、起好步。全市重点抓好以下九个方面的工作。

（一）着力推进创新型城市建设

1. 提升企业创新能力

坚定发挥企业在技术创新中的主体作用。坚持围绕产业链部署创新链，支持企业牵头组建创新联合体。推动在衡高校基础研究和应用研究并重。加快各类创新平台建设。

2. 激发人才创新活力

坚定把人才作为"第一资源"，深入实施"人才雁阵"行动计划，构建"X+3+2"的人才引育新体系。采取"UP模式"引进高层次科创人才；积极实施"万雁入衡"计划，加快构建"人才生态圈"。夯实技能人才和农村能人两大支撑，打造"中部匠都"，发展"能人经济"。

3. 营造良好创新氛围

加强知识产权保护，加大国内领军企业及成果在衡落地转化。率先建设以企业科技创新竞争力为基础的授信机制。进一步完善激励机制和科技评价机制，落实好攻关任务"揭榜挂帅"等机制。加大同粤港澳地区衔接，推动建设"飞地园区"；加强和长三角地区对接，推动建设"科创飞地"。

（二）着力建设现代产业强市

1. 抓实产业链建设

举全市之力推进14条重点优势产业链建设，进一步推动"引人才""降成本""提效益"。按照"两网两图两库两池两报告"的总路径，"一链一策"出台三年行动计划，推动产业链向两端延伸、向高端攀升。大力推进产业链招商。

2. 夯实项目投资基础

开展"产业项目建设年"活动，坚定推动实施一批强基础、利长远、带动性强的重大项目，以重大项目支撑能级建设，释放市场力、增强发展力。

3. 提升园区发展水平

全面实施园区提质工程，进一步理顺园区管理体制，鼓励有条件的园区争创国家级经开区、省级高新区，有效提升园区发展承载力。支持园区调规扩区。加大产城融合力度，完善园区配套设施。

（三）着力打造经济发展新引擎

1. 打造数字经济发展新高地

率先打造全域数字经济，围绕产业数字化、数字产业化，以场景应用汇聚产业，以基金政策激活产业，以具有竞争力的载体集聚庞大的数字经济市场主体。加快数字城市底层数据平台建设。围绕"数字乡村"，以新技术、新业态、新模式有效赋能乡村振兴。

2. 构建军民融合发展新格局

以军民融合产业发展为切入点，以核技术应用产业、装备制造产业为牵引，打造军民融合产业示范基地，新材料、新技术、新能源创新研发战略高地。加快国防科技工业与区域经济多领域融合，加快形成全要素、多领域、高效益的军民融合深度发展格局。

3. 积极培育消费增长新热点

推动线上线下消费双向提速、传统和新型消费双向融合，巩固提升传统消费，积极培育体验消费、网络消费。加快需求侧管理，推动城乡消费联动发展，充分挖掘县乡消费潜力。有序发展"夜经济"，繁荣发展假日经济。探索建立"旅游链"，加快建设以南岳衡山为龙头的文旅康养中心。

（四）着力深化改革开放

1. 深化重点领域改革

坚持以供给侧结构性改革为主线，注重需求侧管理，形成需求牵引供给、供给创造需求的更高水平动态平衡。深化财税金融领域改革。深化商事制度改革。深入实施国企改革三年行动，切实防范和化解政府债务风险。

2. 推进高水平对外开放

积极对接省"一带一路"装备产能出海、对外贸易提升等"六大行动"，推进实施外贸"破零倍增"行动，大力发展跨境电商进出口，持续深化与

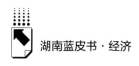

"一带一路"沿线国家的贸易合作。围绕产业转移、产业互联等深度融入粤港澳大湾区,围绕社会治理、县域经济等充分对标长三角地区。

3. 打造一流营商环境

深入开展"营商环境优化年"活动,大力倡导"四到精神",持续深化"放管服""一件事一次办"等改革。全面落实市场准入负面清单制度,加大向基层赋权力度,推进流程再造,推行不见面审批。支持民营企业发展,持续优化民营经济发展环境。坚决反对垄断和不正当竞争行为。

(五)着力推进农业农村现代化

1. 实施乡村建设行动

做好巩固拓展脱贫攻坚成果同乡村振兴有效衔接。落实最严格的耕地保护制度。继续总结提升粮食收购和粮食安全"衡阳经验",抓好"米袋子"和"菜篮子"。加大农田水利设施建设力度,推进"四好农村路"建设。启动实施农村人居环境整治提升五年行动,全面推进美丽乡村建设。

2. 发展特色农业产业

深入推进"六大强农行动",推进"黄绿红蓝"彩色农产品培育三年行动计划,做大做强"两茶一果一花"等特色产业。加快建设全国茶油交易中心,深入打造"中国油茶第一强市"。打造粤港澳大湾区优质精细农副产品主供基地。

3. 深化农业农村改革

扎实推进第二轮土地承包到期后再延长 30 年工作。稳妥推进农村宅基地制度改革,基本完成农村宅基地房地一体确权登记颁证工作。探索宅基地"三权分置"实现形式。启动实施村级集体经济三年行动计划,大力发展新型村级集体经济。

(六)着力推进新型城镇化

1. 提升中心城区品质

稳步推进中心城区区划调整,加快重点片区开发。实施城市更新行动,巩固国家卫生城市创建成效,加强园区、重点企业及高校周边环境整治。加快推进生活垃圾分类工作。丰富城市夜景,建成富有特色的"三江六岸"沿江风光带。

2. 完善立体交通网络

加快推进衡阳铁路枢纽改造、南岳机场扩建，推进湘江衡阳至永州三级航道建设，打造贯穿南北、纵横交错的运输大通道。提质改造建设路等城市主次干道，畅通城区道路微循环。

3. 优化区域发展布局

科学划定生态保护红线、永久基本农田、城镇开发边界等空间管控边界，完成衡阳市国土空间总体规划和"多规合一"的村庄规划编制。加快打造"一核一圈一带"区域发展新格局。实施县域经济强基工程和引领工程。

（七）着力加强精神文明建设

1. 持续发力创建全国文明城市

坚持顶层设计和分层衔接、基层首创相结合，汇聚磅礴力量继续创建全国文明城市。在乡村移风易俗、留守儿童教育管理、社区治理等领域创造更多文明品牌。

2. 繁荣发展文体事业

完善公共文化服务体系，促进基本公共文化服务均等化。加快"三馆两中心"建设。继续开展文化惠民、送戏下乡活动，大力发展社区体育，广泛开展全民健身运动。

3. 壮大现代文化产业

发展和培育文化科技融合新产品。继续实施"文化＋"工程，推进文化与其他行业融合发展。依托文化创意产业联盟平台，培育和汇聚更多有活力、有竞争力的文创企业。

（八）着力建设最美地级市

1. 深入打好污染防治攻坚战

继续打好蓝天、碧水、净土三大保卫战，推进长江经济带污染治理先行先试示范城市建设，抓好中央、省等各级各类督察检查交办反馈问题整改销号。做好长江流域重点水域禁捕退捕工作。持续推动"一江五水"生态环境治理。加强土壤污染治理和修复。

2. 强力推进生态建设和环境保护

开展大规模国土绿化行动，提升生态系统碳汇能力。完善公益林和天然林保护制度，全面推行"林长制"。加强生态廊道建设，推进沿江、沿河、沿路生态防护林建设。开展山水林田湖草系统治理，推进重点区域生态修复。

3. 持续推进绿色低碳发展

加强高能耗行业能耗管理，加快建筑垃圾资源化利用，发展节水型产业。鼓励企业提高清洁能源、可再生能源应用比例。建立用能权、用水权、排污权和碳排放权交易市场体系。倡导简约适度、绿色低碳的生活方式。

（九）着力改善民生和维护社会稳定

1. 落实就业优先政策

完善公共就业服务，抓好创业带动就业工作，促进重点群体多渠道就业。实施职业技能提升行动计划。完善农民工工资支付保障长效机制。

2. 建设更高质量教育

加快在衡高校、义务教育学校建设。扩大普惠性幼儿园覆盖面。加大教师尤其是乡村教师补充力度。全面提升基础教育教学质量。发展职业教育，规范发展民办教育。

3. 完善社会保障体系

落实养老保险、工伤保险省级统筹改革。推动社会保障从制度全覆盖逐步迈向人员全覆盖。发展居家、社区和互助式养老。健全退役军人工作体系和保障制度。促进房地产市场平稳健康发展。构建以保障性租赁住房和共有产权住房为主体的住房保障体系。

4. 推进健康衡阳建设

稳步推动大湘南区域医疗卫生中心建设，加强公共卫生体系建设，健全疾病预防控制、重大疫情救治保障体系，完善突发公共卫生事件监测预警处置机制。加快完善分级诊疗体系，抓好公立医院改革。积极探索智慧医疗。推动传统中医药挖掘与传承创新。

5. 加强和创新社会治理

推进市域社会治理现代化试点合格城市创建，完善社会治安防控体系和防控机制，持续巩固扫黑除恶成果，以钉钉子精神打好禁毒人民战争。坚持和发展新时代"枫桥经验"，打好重复信访和信访积案"三年清零"攻坚战。

6. 建设更高水平的平安衡阳

坚决维护政治安全，统筹抓好意识形态工作。构建网络安全屏障，健全网上网下重大舆情线上线下一体化快速处置机制。扎实推进安全生产专项整治三年行动。扎实开展新一轮交通问题顽瘴痼疾整治行动。严把食品药品质量安全关，保障"舌尖上的安全"。慎终如始抓好新冠肺炎疫情防控，坚决防止疫情反弹和扩散蔓延。

B.25
邵阳市2020年经济社会形势
及2021年展望

刘事青*

2020年，面对严峻复杂的国际形势和艰巨繁重的改革发展稳定任务，特别是新冠肺炎疫情严重冲击，邵阳市坚决贯彻落实党中央、国务院、省委、省政府决策部署，统筹推进疫情防控和经济社会发展，加快推进"二中心一枢纽"建设，扭转了开局不利局面，办成了一批大事实事好事，高质量发展迈出坚实步伐。

一 2020年经济运行主要特点

全市地区生产总值达到2250.8亿元，同比增长3.9%，增速列全省第6位，分别比全国、全省高出1.6个和0.1个百分点。从地区生产总值各季度增速趋势来看，全市经济呈现由低到高逐步回升的特点。地方一般公共预算收入105.3亿元，固定资产投资增速8.6%，规模工业增加值增速4.1%，规模以上服务业营业收入增速11.4%，城乡居民人均可支配收入增速6.3%。

（一）经济发展稳住基本盘

统筹疫情防控和经济社会发展，下好援企稳岗"先手棋"，打好政策帮扶"主动仗"，减税降费、降免社保费用、稳岗返还资金、金融惠企、减免房租等措施交汇发力，经济运行在困局中呈现出稳中有进的态势、稳中向好的趋势和稳中提质的走势。全年新增市场主体6.5万户、排全省第3位，新增"四

* 刘事青，邵阳市委书记、市长。（收稿日期2021年3月）

上"单位638家、排全省第2位，新增规上工业企业235家、排全省第1位。18项主要经济指标除进口总额、社会消费品零售总额外，16项实现由负转正，多数经济指标增速高于全省平均水平。地区生产总值增速由一季度-1.0%到二季度1.0%，到三季度2.6%，一路领先全省平均增幅。规模工业增加值增速由1~2月的-19%、一季度的-7.9%、二季度的-0.8%，到7月实现由负转正，与全省差距由1~2月的11.6个百分点逐月收窄，全年实现增长4.1%，基本追平全省平均增速。固定资产投资增速由全省垫底的-21.7%追到8.6%，高于全省1.0个百分点。

（二）产业发展实现新突破

面对疫情影响，邵阳帮助企业打通产业链、供应链，产业投资同比增长18.4%，高于全省7.7个百分点，排全省第2位。全年引进项目253个，合同总投资897.6亿元，其中引进"三类500强"企业项目11个。省"五个100"工程的6个重大产业项目完成年度投资计划任务的136.5%。金融支持实体经济贷款余额929.63亿元，新增157.79亿元，增长20.5%；小微企业贷款余额651.13亿元，新增74.7亿元，增长12.9%。启动制造强市"123工程"，实施高新技术企业倍增计划，共培育和引进高新技术企业309家，当年实现翻番，增速排全省第1位。市本级三一配套产业园建成投产，新经济产业园开园运营，三一生态智能产业园、邵阳智能终端产业园、亚太宝隆产业园、东盟科技产业园和县市区的一批重大产业项目开工建设或建成投产。邵阳海关开关运行，建成邵阳经开区和9个县市保税仓、监管仓、14个企业自用型保税仓。特种玻璃研究院建成运行。邵阳先进制造技术研究院成功打造国家数控系统工程技术研究中心邵阳分中心、数字制造装备与技术国家重点实验室邵阳分室。12家企业被授予"国家知识产权优势企业"，55家企业获得"省级'专精特新''小巨人'企业"称号。

（三）项目建设形成"小高峰"

抓住国家扩投窗口机遇期，全市争取新增地方政府债券107.15亿元，是上年的2.26倍，其中市本级38.54亿元，是上年的3.11倍。全年新增贷款327.65亿元，同比增长20.1%，存贷比上升5.22个百分点。投资200亿元的邵虹基板玻璃项目开工建设。投资102亿元的犬木塘水库工程全面开工。白新、永新、成龙 3 条高速公路开工。邵永高铁前期工作基本完成，邵阳高铁南站交通枢纽扩改工程正式开工。一批补短板、强弱项、惠民生的环保项目、棚改旧改项目、文教卫体社会事业项目相继开工或建成投产。全年共开工 285 个重点项目，完成投资 478.38 亿元，占年度计划任务的 105.1%。产业项目建设、公路水路交通建设、城乡环境基础设施建设、"一件事一次办"改革等工作获 2020 年省政府真抓实干成效明显地区表扬激励。

（四）三大攻坚战取得决定性成就

全年化解隐性债务 68 亿元，市本级债务风险等级保持二类，县市区债务风险等级有所下降，平台公司开始市场化转型。通过后期抓紧施工，11 座乡镇污水处理厂全部建成，100 个村级生活污水治理任务全面完成，市本级（新邵）、邵东垃圾焚烧发电项目正式开建。完成 78 家废弃矿山地质环境治理。隆回小沙江采石场污染综合治理和生态修复全部完成。空气质量优良天数达到 342 天，比上年增加 30 天，6 项主要污染物平均浓度首次均达到国家空气质量二级标准。水环境质量全省第二，城市水质改善幅度全省第一，国家监测断面水质排全国地级市第 26 位。脱贫攻坚取得决定性胜利，全市 8 个贫困县全部摘帽，1074 个贫困村全部出列，所有剩余贫困人口均达到"一超过、两不愁、三保障"脱贫标准，14 名先进个人和 7 个先进集体获国家表彰。

（五）民生保障得到明显改善

坚持"人民至上、生命至上"科学防控疫情，仅用 26 天实现确诊病例零新增、50 天实现本土确诊病例清零，派出 87 名白衣战士驰援湖北，完成 72 条熔喷布生产线交付任务，18 个单位、57 人获得国省表彰奖励。压减政府一般性支出 6.5 亿元，集中财力保民生，省定 12 件、市定 10 件重点民生实事全面完成。全年民生支出占一般公共预算支出的 74.8%。政务服务"六办"做法在全省推介。"容缺承诺"审批制度改革、城镇老旧小区改造、交通问题顽瘴痼疾集中整治取得好成绩。义务教育消除大班额和公办幼儿园建设年度任务超额完成，增加公办幼儿园学位 45555 个。实行医保市级统筹，112 个品种集中带量采购药品价格平均降幅达 53%。粮食生产超额完成任务，生猪出栏排全省第 2 位。新增城镇就业 4.8 万人，新增农村劳动力转移就业 5.3 万人，有就业意愿的贫困劳动力全部实现就业。安全生产总体平稳，未发生较大及以上安全生产事故。社会治安持续好转，平安建设（综治工作）再次获评全省先进市州。

二 经济社会运行中需要关注的几个问题

可以看到，由于政策利好效应集中释放，在一定程度上缓解了经济下行压力，但全市经济结构性矛盾依然突出，实体经济经营困难，经济增长动能有待增强，经济下行压力较大，稳增长任务十分艰巨。

（一）税收和财政增收存在较大压力

受国际疫情深度蔓延、中美贸易摩擦持续、减税降费等影响，全市税收和财政收入增速虽在全省排名靠前，但税收预期较全年目标差距较大。大型支柱企业税源有限，增值税、企业所得税、个人所得税均为减收，税收收入主要依靠契税拉动。据测算，疫情影响邵阳全年税收减收 16.61 亿元。

（二）实际使用外资和进口面临新的挑战

随着全球经济陷入衰退和低迷，全市引进外资难度加大，实际使用外资完成额仅 3.97 亿美元，总量和规模偏小，对经济的贡献度较低。全市对进口需求不够旺盛，进口总额仅完成 5.1 亿元，为负增长。引进外资和进口已成为制约经济发展的短板问题，亟待采取措施切实有效加以解决。

（三）规模工业增加值增长不够理想

制造业投资继续承压，企业利润支撑作用走弱，外需市场难以提振，消费需求持续低迷，全市规模工业增加值增长压力较大。

三 2021年经济社会发展预测与对策建议

（一）总体展望

当前，我国统筹疫情防控和经济社会发展取得重大战略性成果，三大攻坚战取得重大历史性成就，经济社会发展的基本面是好的，但全世界新冠肺炎疫情仍在肆虐，外部环境存在诸多不确定因素。邵阳发展既面临诸多困难和挑战，也面临一系列战略机遇。预计全年：地区生产总值增长8%以上，固定资产投资增速10%以上，规模工业增加值增速9%以上，进出口总额增速15%以上，地方一般公共预算收入增长7%以上，社会消费品零售总额增长10%以上，全体居民人均可支配收入增速8.5%以上，城镇调查失业率控制在5.5%以内，万元GDP能耗下降2%，居民消费价格指数（CPI）涨幅3%左右。

（二）对策建议

1. 在抓实产业培育中稳住增长预期

坚持不懈把承接产业转移示范区建设作为头等大事，围绕产业链部署创新链、围绕创新链布局产业链。一是瞄准"先进制造业高地"，抓好产业补链、延链、强链。积极争取国省制造业转型升级基金、集成电路产业投资基金等支持。持续推进沪昆百里工业走廊建设，全力打造"135"工程升级版，加速培育先进装备制造业等7大工业新型优势产业链。以龙头企业骨干企业为牵引，大力实施产业链精准对接行动，引导上下游配套企业补链、延链、强链。二是瞄准"科技创新高地"，抓好产业转型升级。实施企业关键技术实力提升工程，加快推进高新技术企业倍增计划，再培育一批技术引领型"小巨人"企业。以中电彩虹（邵阳）特种玻璃为龙头，全力推进特种玻璃谷建设，逐步实现关键技术领跑。实施产业承载能力提升工程，重点是推行拆迁先行、净地出让，加快储备"可用地"。推进平台公司市场化转型，拓宽融资和收益渠道，增强"造血"功能。三是瞄准"内陆地区改革开放高地"，抓好产业环境优化。树立"产业园区就是经济特区"的理念，推进园区体制机制改革，全面推进园区人事、财政、薪酬、审批制度等各类改革。对全市营商环境实行"大排查、大整治"，每个产业、每个园区建立营商环境问题清单，进一步畅通"企声通道"。按照"一企一策"的要求，实行领导和部门"一对一"帮扶，着力解决企业订单难、融资难、用工难等实际问题。

2. 在抓实项目建设中稳住有效投资

一是抓好"十四五"项目谋划和储备。聚焦建设"三个高地"梳理一批重大工程项目，争取更多的大项目、好项目纳入国省"十四五"规划重大项目库。继续谋划和实施5G网络、大数据中心、工业互联网、充电桩等新基建重大项目，布局一批生物医药、新材料等战略性新兴产业项目。二是加快重点项目推进。对已开工项目加大帮扶力度，帮助企业达产扩能；对未能按计划开工或未达到建设进度的项目，制定整改措施。特别是加快邵阳火车站综合交通枢纽、白新高速、犬木塘水库、职教新城、5G建设等重大基础设施和民生领域补短板项目的推进力度。三是加大项目招商引资力度。坚持"产业链"招商，深入研究企业投资需求，建立产业客商库和项目库。充分利用全球邵商资源，继续深入推进"迎老乡、回故乡、建家乡"，招引和建设一批龙头型、基地型项目。

3. 在抓实"双循环"中稳住消费市场

一是实施系列刺激消费政策。采取推动服务业线上线下融合，发放数字消费券，做大做强会展业，实行限期内旅游景区免门票等措施，进一步刺激消费尽快全面复苏。二是创新业态促进消费。加快香港铜锣湾广场、邵东奥特莱斯环球购物公园等大型商业综合体建设，加快传统市场改造升级，加快新零售行业发展，促进城区高端消费和消费升级。推进农商互联供应链和物流体系建设，拓展乡村消费市场。三是营造良好的消费环境。保障各项促进消费和保护消费者权益的法律法规的落实，切实加强消费领域的执法检查，营造诚信、安全、公平、放心的消费环境。

4. 在抓实扩大开放中稳住外贸基本盘

一是加快建设东盟产业园。全力打通东盟的货物贸易和服务贸易，定期召开邵阳东盟的货物贸易和服务贸易博览会，通过推进园区建设和动员东盟邵商，有效整合平台和人脉资源，努力构建邵阳对东盟的桥头堡。二是培育外贸新增长点。在做大做强发制品、箱包、打火机三大国家级示范基地的基础上，围绕三一专汽、彩虹特种玻璃、拓浦精工、湘窖酒业等骨干企业招引一批新的外向型企业，进一步优化外贸结构，培育一批新的外贸增长点。同时，积极引导外贸型企业向"内循环"转移，开辟国内市场。三是拓展国际新兴市场。抓住湖南自贸试验区建设机遇，鼓励企业进一步拓展中非经贸合作，深入发展跨境电商，引导外贸企业与国内大型电商平台加强合作，重点推动打火机、箱包、皮草皮革企业对接"万企融网闯国际"等跨境电商平台，开拓国际新兴市场。

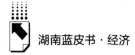

5. 在抓实基层基础上稳住民生需求

一是保基本民生。聚焦群众各项"急难愁盼"问题，加快路网、电网、水网、互联网、教育网"五网"项目建设，重点将群众反映强烈、长期得不到解决的城市环境污染、垃圾分类、旧小区改造、优质教育、医疗便利化、停车、公共卫生、食品安全、养老、社区治理等民生问题解决好。二是保居民就业。支持新业态就业，重点围绕物流、餐饮、住宿等领域所推动的本地生活服务，鼓励灵活就业和零散用工，促进本地劳动者就地就近就业。加大国有企事业单位招聘力度，重点解决高校毕业生就业。突出做好登记失业人员、农村转移劳动力、在职员工等重点人群的新就业技能培训。三是保基层运转。坚持基层运转支出在财政预算保障中的优先顺序，保障基层运转经费和社会公用事业补助经费等足额落实到位。对基层运转经费难以有效保障的，及时调整其他非必要支出，确保兜住基层运转底线。

B.26
岳阳市2020年经济社会形势 及2021年展望

李爱武*

2020年，面对新冠肺炎疫情、严重洪涝灾害和复杂严峻的外部环境的影响，岳阳市全面贯彻中央和省里各项决策部署，聚焦"六稳"工作和"六保"任务，着力破解一系列难中之难、难上加难的问题，夺取了疫情防控和经济社会发展双胜利。

一 2020年经济运行主要特点

2020年，全市实现地区生产总值4001.55亿元，成为除长沙之外，全省率先突破4000亿元的市州，同比增长4.2%，居全省第1位。从四个季度增速来看，分别为-3.4%、1.1%、2.8%和4.2%，呈"V"字形增长态势，经济发展韧性和活力逐步凸显。

（一）三次产业企稳回升

2020年，全市第一、二、三产业同比分别增长3.8%、5%和3.7%，三次产业结构比为11.5∶40.5∶48。农业生产方面：全市实现农林牧渔业总产值793.47亿元，增长4%，比上半年加快1.7个百分点。全年粮食产量293.15万吨，增加0.36万吨；蔬菜产量262.56万吨，增长3.3%；油料产量22.51万吨，增长9.9%；生猪累计出栏351.46万头，增长1.6%，年末存栏292.61万头，增长45.1%。工业生产方面：全市规模工业增加值增长5.1%，较上半

---

* 李爱武，岳阳市委副书记、市长。

年加快3.9个百分点，高于全省平均水平0.3个百分点。在39个工业大类行业中，有28个行业工业增加值实现正增长；十大支柱行业中，食品、机械、电子信息制造业分别增长9.4%、15.5%和29.6%，拉动规模工业增长4.9个百分点。地方工业和非公有制工业增加值分别增长6.9%和7.9%，高于规模工业增速1.8个和2.8个百分点。服务业发展方面：全年服务业增加值增长3.7%，增速较上半年加快2.5个百分点。其中，金融业和信息传输、软件与信息技术服务业增加值分别增长18.3%和8.5%，成为服务业恢复的重要支撑力量。2020年1~11月，规模以上服务业主营业务收入同比增长10.7%。旅游市场加快复苏，策划举办2020岳阳国际旅游节，第十一届洞庭湖国际观鸟节、首届最美长江岸线（岳阳）马拉松赛等十大创意活动，旅游总人数和旅游总收入降幅比上半年分别收窄28个和32.1个百分点。金融市场运行平稳，截至2020年12月末金融机构存款余额和贷款余额同比分别增长11.2%和23.6%，华为食品成功上市。航运物流业发展态势稳健，交通运输、仓储和邮政业增加值增长0.1%，公路和水路运输总周转量分别增长0.4%和10.4%，物流业总产值首次迈上1000亿元台阶。

（二）内部需求稳步扩张

严格落实稳投资、稳消费等各项政策措施，有效需求同步回升。消费需求反弹回暖。组织开展湘北车展、"洞庭好风光"抖音直播、"惠游岳阳"旅游消费季等系列促消费活动，有力促进了消费回补和潜力释放。全市实现社会消费品零售总额1574.01亿元，同比下降2.3%，较上半年收窄4.2个百分点，连续4个月实现单月正增长，其中12月增长4%。商品销售稳步增长，化妆品类、日用品类保持两位数以上增长，石油及制品类、汽车类商品分别增长5.7%和8.2%，其中新能源汽车增长16.4%。投资需求不断扩张。坚持"以经济发展比实力、以产业项目论英雄"，全力抓项目、稳投资、增动能，全年固定资产投资同比增长8.8%，较上半年提升4.6个百分点，高于全省平均水平1.2个百分点。出台"新园区10条"，加快"12+1"优势产业链建设，产业园区新签约工业项目333个，成功引进正威、攀华等一批百亿级旗舰项目，全市产业投资同比增长10.8%，其中工业投资、高新技术产业投资同比分别增长9.2%和11.3%，实际利用内外资分别增长22.1%和16.3%。集中开工重大项目 209 个，总投资 1430.9 亿元，己内酰胺产业链搬迁与转型升级等一批重大项目全面提速，省定"5 个 100"重大产业建设项目、33 个省重点项目和市定"5 + 24"重大项目均超额完成年度投资任务；集中竣工重大项目 43 个，完成投资 145.1 亿元，新金宝、华为、东方雨虹等建成投运。全市在库 5000 万元以上项目完成投资同比增长 85.7%，其中亿元以上项目完成投资同比增长 90.6%，重大项目在非常时期做出了非常贡献。

（三）开放经济逆势上扬

坚持以国内大循环为主体、国内国际双循环相互促进，全力稳住外贸基本盘。全市完成外贸进出口总额 419.84 亿元，增长 27.2%，总量跃居全省第二位；本港集装箱吞吐量 50.87 万标箱，增长 0.4%。开放平台持续叠加。中国（湖南）自贸区岳阳片区成功揭牌，成功搭建"三区一港四口岸"8 大国家级开放平台，长江中游综合性航运物流中心加快建设，新港二期建成投运，城陵矶新港区获批全国大众创业万众创新示范基地。合作空间持续拓展。主动融入"一带一路"，设立中非经贸合作产业园，湖南工程机械配套产业园在汨罗挂牌运营，湘阴全域纳入湘江新区新片区和长株潭都市区规划范围。经贸活动持续升温。成功举办湖南省进出口企业港航物流对接会、首届湖南（岳阳）口岸经贸博览会，35 家省内企业在城陵矶开辟新的物流通道，岳阳开放发展区域首位度持续攀升。

（四）新兴动能加快成长

积极应对疫情冲击，加快培育增长动能。市场活力有效激活。出台支持企业平稳健康发展 15 条、援企稳岗 23 条、金融支持复工复产 11 条等政策措施，新增减税降费 12 亿元，减免企业社保费 12.74 亿元，企业获得贷款加权平均利率同比下降 1.9 个百分点；全市市场主体增加到 36.66 万户，增长 15%。新增"四上"单位 735 家，同比增长 12%。四季度主要行业企业景气指数为 134.6，环比上升 1.4 个点；企业家信心指数为 134.2，环比上升 0.7 个点。新兴产业稳定增长。完成高新技术产业增加值 945.84 亿元，同比增长 9.6%，占 GDP 比重为 23.6%，同比提升 0.9 个百分点。高加工度工业、高技术产业和装备制造业增加值同比分别增长 12.4%、10.1% 和 13.8%，占规模工业增加

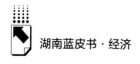

值比重同比分别提高2.2个、0.6个和2.0个百分点。网络经济更加活跃。全市限上单位网络零售额12.07亿元，增长17.2%；电商交易额达到438亿元，增长20%。规模以上互联网和相关服务业、软件和信息技术服务业、科学研究和技术服务业营业收入分别增长44.3%、15.7%、11.7%。

（五）发展后劲持续增强

坚持基础先行，夯实发展基石。补齐环保设施短板。中心城区水环境综合治理扎实推进，新建排水管网89公里，完成小区雨污分流改造425公顷；建成乡镇污水处理设施70座，实现乡镇全覆盖；中心城区静脉产业园、工业废弃物综合处理等项目加快建设。全市长江干流水质达标率100%，洞庭湖水质综合评价接近地表水Ⅲ类标准。改善交通路网结构。完成交通投资106亿元，居全省第一位。平益高速、城陵矶高速建设顺利推进，北环线主体工程基本完工，西环线、S201汨杨公路等加快建设，新建改建农村公路820公里，实施农村公路安保工程1657公里。全市公路通车总里程2.06万公里，国省道二级及以上公路占比58%。提升水利保障能力。城市防洪应急处险、重点垸堤防加固、大中型灌区节水配套改造、高标准农田建设等加快推进，长江补水一期工程竣工运行，水利综合保障功能全面提升。优化能源供给体系。华电平江电厂、华容煤炭铁水联运储配基地、君山LNG接收站（储备中心）等项目开工建设；岳阳锚地岸电项目建成运营；投运35~220千伏输变电项目23个。加快通信工程建设。行政村光纤通达率、4G覆盖率100%，建成5G基站1768个。

（六）民生福祉同步改善

深入践行共享发展理念，民生红利充分释放。城乡居民人均可支配收入分别达到36749和18186元，分别增长4.6%和7.7%，增速较上半年分别加快0.9个和2个百分点。决战决胜脱贫攻坚。深入实施分类管理、重点帮扶、"三回头"、风险防控、脱贫攻坚普查五大行动，所有建档立卡贫困户均达到"一超过两不愁三保障"标准，平江脱贫摘帽，全市319个贫困村全部出列，40.1万名贫困人口全面脱贫。湘阴香杉村脱贫事例入选"中国30个脱贫故事"，得到了习近平总书记点赞。加快发展社会事业。"大班额"化解走在全省前列，中职学校公共课普测质量居全省第一位，湖南交通工程学院等高等院校加快建设。市疾控中心等医疗卫生项目顺利推进，完成职工基本医疗保险、生育保险合并改革，城乡居民医保大病保险支付比例提高10个百分点。切实托住民生底线。22件35项省、市重点民生实事全面完成。深化主城区交通秩序综合整治九大行动，拉通求索西路等3条"盲肠路"，新建社会停车场3处。出台城市既有住宅加装电梯实施方案，财政补贴加装电梯260台。打造农村人居环境整治升级版，创建省级精品乡村、美丽乡村16个。新增城镇就业6.2万人、失业人员再就业3.3万人。

总体来看，2020年全市经济社会发展触底反弹、企稳回升，成绩来之不易，但对标"十三五"和年初预期目标，全市主要经济指标增速趋缓、低于预期，需要采取有力措施，认真加以解决。

二　2021年经济走势判断

2021年，岳阳发展既面临诸多困难和挑战，也面临一系列战略机遇，必须保持强烈的机遇意识和风险意识，在准确识变、科学应变、主动求变中找准发展路径。

一方面，岳阳发展面临不可回避的困难与挑战。从外部环境看，美国的"不确定性"导致了世界的"不确定性"，西方国家对中国的加速崛起还处于适应期，中国与个别国家的摩擦与斗争还将持续，外部环境短时期难以得到根本性好转。从疫情形势看，2020年疫情已经重创全球经济，目前部分国家疫情仍然无法有效控制，国内部分地区疫情也有所反弹，世卫组织预测2021年疫情形势可能更为严峻，为全球经济复苏蒙上了一层阴影。在这个大背景下，岳阳也不可能独善其身。从岳阳发展看，还面临不少结构性问题，如高新技术产业占比不大、经济外向度不高、优质财源项目不多，园区经济、民营经济、县域经济实力不强，在满足群众就业、社保、教育、医疗等方面欠账较多，等等。特别是县域经济与同类城市相比差距较大，如2020年全市GDP过500亿元的只有岳阳楼区（700亿元）1家；一般公共预算地方收入过10亿元的只有经开区（10.7亿元）、湘阴县（24.5亿元）、平江县（12.4亿元）、汨罗市（11.1亿元）4家。

另一方面，岳阳发展面临千载难逢的机遇与动能。战略机遇多元叠加，绿色发展方面，岳阳成功纳入全国长江经济带绿色发展示范区；开放发展方面，岳阳拥有"三区一港四口岸"8大国家级开放平台，成功纳入港口型国家物流枢纽；城市发展方面，岳阳获批"国家区域性中心城市"，特别是湖南省委明确岳阳为省域副中心城市，更加有利于岳阳从各市州脱颖而出。宏观政策惠企利民，中央强化逆周期调节，实施积极的财政政策、稳健的货币政策和就业优先政策，特别是为应对疫情影响，制定出台了一揽子便企利民、减税降费的政策措施，有利于保护市场主体、保护社会生产力。比如，中央强调打好产业基础高级化、产业链现代化攻坚战，有利于岳阳做强"12＋1"优势产业链，加快构建现代产业体系。发展基础更加坚实，近年来，岳阳经济总量、发展质量、人均增量持续提升，已成为全省经济发展的新"增长极"、对外开放的"桥头堡"和乡村振兴的"排头兵"，为未来岳阳高质量发展和现代化建设奠定了坚实基础。

综合判断，2021年岳阳发展机遇大于挑战，主要经济指标计划目标为：GDP增长8%左右，规模工业增加值增长8%左右，固定资产投资增长9.5%，社会消费品零售总额增长9%，一般公共预算地方收入增长4%，全体居民人均可支配收入与经济增长同步。

三 未来发展展望

2021年既是"十四五"规划落地实施起步之年，也是现代化省域副中心城市建设开局之年，必须准确把握新发展阶段，始终贯彻新发展理念，深度融入新发展格局，以建成长江经济带绿色发展示范区、中部地区先进制造业集聚区、湖南通江达海开放引领区和现代化省域副中心城市"三区一中心"为统揽，全力推动岳阳超常规、跨越式发展。

一是加快推进现代化省域副中心城市建设。城市建设板块，牢牢把握拓展城市规模、扩大城市容量、做强城市经济、提高城市品质四个主攻方向，加快构建大城市核心区"一核"引领、水港空港"双港"驱动、北部沿江经济带和南部区域合作"两带"支撑的"一核双港两带"空间发展格局，显著增强岳阳对周边地区的辐射带动作用。乡村振兴板块，大力实施乡村建设行动，接续推进全面脱贫与乡村振兴有效衔接，加快粮食、油料、蔬菜、畜禽、水产、茶叶、竹木7个百亿产业建设，统筹城乡公共服务设施建设，推动城乡深度融合发展，做实做响"乡村振兴看岳阳"的地域品牌。

二是加快推进长江经济带绿色发展示范区建设。在"面"上，突出抓好优化空间布局、构建和谐江湖关系、加快产业转型升级、实施乡村振兴战略、完善配套服务体系和体制机制创新推动等6项主要工作；在"点"上，突出抓好长江百里绿色经济发展走廊、城陵矶港绿色提质改造、己内酰胺搬迁升级延链、东风湖生态环境综合治理、东洞庭湖湿地生物多样性保护等"十大标志工程"建设；在"突破口"上，力争在营造和谐江湖生态系统、破解"化工围江"难题、形成生态产品价值实现机制三个方面贡献经验和案例。同时坚持以产业生态化和生态产业化为重点，大力发展精细农业，加快大美湖区优质农产品供应基地建设，促进农业"接二连三"发展，推动绿水青山转变为金山银山。

三是加快推进中部地区先进制造业集聚区建设。坚持把先进制造业作为发展实体经济的主战场，推动传统产业转型升级和新兴产业提速扩张，重点打造"四大基地"，即以己内酰胺、催化剂、锂系聚合物等为基础原料的石化高端合成材料生产基地；以新金宝、华为等为代表的电子信息产业基地；以中创空天为代表的大型高端装备制造生产基地；以火力发电、抽水蓄能、油气煤储备、氢能利用等为组合的综合能源基地，真正把临港产业做大做强。

四是加快推进湖南通江达海开放引领区建设。放大岳阳通江达海、开放平台叠加、水铁公空齐备的区位比较优势，积极融入中部崛起和长江经济带发展，主动对接"一带一路"和"长三角"一体化等发展战略，探索建立对接粤港澳大湾区、西部陆海大通道、长江中游城市群、成渝双城经济圈的重大物流通道，突出抓好湖南自贸区岳阳片区建设，加快打造国内区域航空货运枢纽和长江中游航运物流中心以及内陆临港经济示范区，确保"十四五"进出口总额突破1000亿元，集装箱吞吐量突破100万标箱，争当湖南打造内陆地区改革开放新高地的"主力军"。

B.27
常德市2020年经济社会形势
及2021年展望

邹文辉*

一 2020年经济社会发展情况

2020年，常德市认真贯彻党中央国务院、省委省政府决策部署，统筹推进疫情防控和经济社会发展，深入实施开放强市产业立市，各项目标任务较好完成，决胜全面建成小康社会和"十三五"规划圆满收官。实现地区生产总值3749.1亿元，增长3.9%；规模工业增加值增长4.6%；地方一般公共预算收入187.9亿元；居民人均可支配收入增长6.5%。全省市州重点工作绩效考核评估居一类地区第1名，市级获得省政府真抓实干表扬激励18项、居全省第1位，县级获得26项、居全省第2位。

（一）疫情防控有力有效

迅速打响疫情防控人民战、总体战、阻击战，全面推进联防联控、群防群治，本土病例27天实现零新增，确诊病例41天全部清零，实现了医务人员零感染、境外疫情零输入、确诊病例零死亡。扎实开展常态化疫情防控，制定并严格落实"三嵌入两闭环一纳入"措施，疫情防控态势保持稳定向好。

（二）经济运行稳中有进

一是扩大有效投资。高新技术产业投资和民生工程投资均保持40%以上快速增长，全年固定资产投资增长9.6%。二是确保粮食安全。粮食播种面积

---

* 邹文辉，常德市委副书记、市长。

和产量实现双增长，粮食收储任务全面完成。三是加快复工复产。在全省率先制定出台"稳企十条"、设立中小企业续贷中心，与6家在常金融机构省级分行分别签署战略合作协议，新增银行贷款超过400亿元，是全省较早实现重点建设项目、规模工业企业全面复工的市州之一，规模工业持续正增长。四是推动消费复苏。举办"全城消费·福满常德"购物节等活动，大力引导和促进消费，社会消费品零售总额增速保持在全国、全省平均水平以上。

（三）产业发展量质齐升

一是加快产业升级步伐。新增规模工业企业210家、国家级"小巨人"企业6家，生物医药与健康食品产业成为第二个千亿产业集群。农产品加工业实现产值1780亿元，"常德红茶""常德甲鱼""常德米粉"获得国家地理标志登记保护。湘佳牧业成功上市，"金融超市"上线运行。桃花源成功创建国家5A级旅游景区，柳叶湖成功晋升国家级旅游度假区。二是强化产业项目支撑。新投产、新开工亿元以上产业项目分别达150个、220个，重庆药友等项目加快建设，烟厂易地技改等重大项目建成投产，全省产业项目建设推进现场观摩会在常德召开。三是做强产业载体平台。建成标准化厂房195万平方米。建成2个省级特色园区，4个园区进入全省综合评价30强。

（四）发展后劲不断增强

一是不断深化改革创新。40大项、93小项改革任务顺利完成，成为全国首批国家基本公共服务标准化综合试点。全社会研发投入增长20%以上，高新技术产业增加值增长10%以上。二是坚持加强开放合作。新引进亿元以上产业项目286个，签约落地10亿元以上产业项目35个，华为、盐田港、国科控股等战略合作者落户常德。引进省外境内资金增长24.5%，进出口总额增长19.3%。三是全力破解交通瓶颈。安慈高速石门至慈利段建成通车，常益长高铁、常德高铁综合枢纽站等加快建设，益常高速公路复线、石澧航道和常鲇航道整治等前期工作扎实推进，襄常高铁荆常段有望尽快启动。四是持续优化营商环境。树牢与企业共成长理念，实施优化营商环境2020版，着力打造具有常德特色的最优综合营商环境，获评全国营商环境创新创优标杆城市。

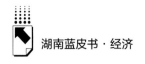
（五）城乡面貌持续改善

一是城镇提质加快推进。城市"三开""三网""三改"顺利推进，各县市城区品质和承载集聚能力明显提升，乡镇污水处理设施实现全覆盖。二是乡村振兴深入实施。"4+9"示范片区建设成效更加凸显，农村人居环境整治成效明显，乡村特色产业蓬勃发展，乡村治理水平和乡风文明持续提升。三是基础设施不断夯实。完成农村公路提质改造244公里，危桥改建88座。5G基站、公用充电桩等"新基建"取得新进展，光纤宽带、4G网络实现镇村全覆盖，管道天然气实现"县县通"。

（六）群众福祉日益增进

一是脱贫攻坚战取得全面胜利。紧扣"一保两防"目标，巩固脱贫成果，提高脱贫质量，剩余1.43万名贫困人口全面脱贫，常德历史性消除了绝对贫困。二是重点民生实事全面完成。全部或超额完成省重点民生实事任务，高质量办好了17件市重点民生实事。三是就业和社会保障不断加强。坚持就业优先，城镇新增就业5.5万人、农村劳动力转移就业3.9万人。社会保险新增扩面16.7万人次，城乡低保、特困人员供养标准、残疾人两项补贴等稳步提高。四是各项社会事业加快发展。义务教育大班额全面清零，新增公办幼儿园园位共13704个，湖南文理学院取得省内一本招生资格。公共卫生服务体系不断完善，市一医院综合大楼、市一中医院异地新建等重点项目加快建设。蝉联全国文明城市、全国双拥模范城。市博物馆、市规划展示馆、市体育中心完成提质改造向市民开放。

（七）安全风险有效防范

一是环境质量持续改善。突出生态环境问题整改均达到时序进度，大气质量、水环境质量、土壤环境质量持续改善。全面推进禁捕退捕，所有退捕渔民均得到妥善安置。有序启动垃圾分类试点。二是债务风险管控有力。稳步推进市级国有平台公司整合转型，加强财政资金预算和政府性投资项目管理。积极化解存量、严格遏制增量，守住了平台公司资金不断链、债务风险预警不升级的底线。三是财政"三保"较好实现。坚持政府过紧日子，"三公"经费持续下降。严格预算安排和执行，落实落细县级"三保"工作常态化监管。四是社会大局安全稳定。科学应对洪涝地质灾害，实现了不溃一堤一垸、不垮一库一坝、不因灾死亡一人。深入开展平安常德建设，扎实推进安全生产专项整治三年行动，全年未发生较大及以上安全事故，获评全省平安建设（综治工作）先进市、全省安全生产和消防工作优秀单位。

二 2021年经济社会发展主要目标和工作举措

2021年，常德市将坚持以习近平新时代中国特色社会主义思想为指导，全面贯彻落实习近平总书记关于湖南工作系列重要讲话指示和中央、省委、市委经济工作会议精神，立足新发展阶段，贯彻新发展理念，构建新发展格局，致力于推动高质量发展，更好统筹发展和安全，按照市委"破瓶颈、抓产业、优结构、强队伍"的要求，深入推进开放强市产业立市，做好"六稳"工作、落实"六保"任务，推动经济平稳健康运行、社会大局和谐稳定，确保"十四五"开好局、起好步、见到新气象，在全省实施"三高四新"战略中展现常德担当、做出常德贡献，以优异成绩庆祝建党100周年。今年经济社会发展的主要预期目标是：GDP增长8%以上；地方一般公共预算收入增长4%以上；规模工业增加值增长8.5%以上；固定资产投资增长10%以上；全社会研发经费投入占GDP比重达1.7%；全体居民人均可支配收入增长8.5%以上。

（一）构建完善产业生态，塑造先进制造业新优势

一是增强产业实力。培育工程机械、烟草、生物医药、大健康等支柱产业，加快发展新材料、新能源、人工智能及电子信息、航空航天及军民融合等新兴产业，重点打造21条优势产业链。全面实施"双倍增"计划，大力培育产业链龙头企业、主导企业、骨干企业以及"单项冠军""隐形冠军""小巨人"企业。推进质量强市行动，提升产品市场竞争力。二是狠抓产业项目。以项目大建设推动先进制造业大发展。开工亿元产业项目200个以上，竣工投产亿元产业项目100个以上，完成工业投资780亿元以上、技改投资450亿元以上。三是壮大产业园区。完善配套设施，促进产城融合，新建标准化厂房100万平方米以上，完成基础建设投入100亿元以上。持续优化园区布局，大

力发展特色园、园中园。提高园区单位面积产出，不断增强园区核心竞争力，争取更多园区进入全省 30 强。四是促进产业融合。加快制造业数字化、智能化、绿色化发展，推动工业化与信息化融合、制造业与服务业融合、军民产业深度融合。大力发展多式联运、高效物流，推动生产性服务业向专业化和价值链高端延伸。加强产业要素配套，强化普惠金融服务。

（二）始终坚持创新引领，激发高质量发展动能

一是增强创新能力。加强科技园区、孵化器、众创空间等平台建设，推动创新平台和研发投入"双倍增"。新认定高新技术企业 100 家以上，科技型中小企业突破 500 家。强化企业创新主体地位，推动产学研深度融合。二是激发人才活力。兑现落实人才政策，推行柔性引才、环境留才。大力引进培养各类优秀人才。支持联合办班办学，加快发展职业教育。营造劳动光荣、技能宝贵、创造伟大的浓厚氛围。三是加快成果转化。持续开展"智汇洞庭·科创常德"系列活动，积极对接知名高校、科研院所和院士专家团队，推动更多科技成果在常德转化落地。加强知识产权保护运用，优化知识产权质押融资服务，探索设立科技天使基金、科技成果转化基金。四是创新体制机制。深入推进国有企业改革。深化农村集体产权制度改革。切实加强预算绩效管理，推进实施机关事业单位国有资产集中统一管理。积极推动园区"去行政化"改革。完成国家基本公共服务标准化综合试点任务。

（三）加快建设开放强市，积极融入新发展格局

一是扩大有效投资。推进实施 200 个重点建设项目，全年完成投资 800 亿元以上。加快推进高铁、高速、航道等重大交通项目建设。切实抓好水利、能源、信息、物流等各类基础设施建设。二是促进消费升级。提升传统消费，培育新型消费，拓展农村消费市场，推动线上线下消费相结合。创建国家文化和旅游消费试点城市，加强重点景区、精品线路建设。提升城市人气。提高消费产品供给质量，做强区域公用品牌。三是坚持招大引强。压实招商主体责任，强化对履约率、开工率、资金到位率的考核，不断提高项目落地能力。积极参加和办好各类招商活动，加强产业链招商，深入推进委托招商、园区招商、基金招商。紧盯京津冀、长三角、粤港澳，发挥各类招商平台作用，大力承接产

业转移。四是加强开放合作。加快建设各类开放平台。优化提升外贸服务，促进外贸企业破零倍增、业绩回流。积极复制推广自贸区试点经验。大力引导优势产业和企业参与共建"一带一路"，推动名优特新产品"走出去""引进来"。

（四）全面推进乡村振兴，加快农业农村现代化

一是切实提高农业发展质效。严格落实耕地保护制度，确保粮食安全。大力发展优质高效特色农业，提升常德品牌农产品的市场竞争力。提高农产品加工业发展水平，培育更多农业产业化龙头企业。壮大新型农业经营主体，将农户融入农业产业链。促进农业与文化旅游、生态休闲深度融合。二是大力实施乡村建设行动。强化镇村规划引领，提升农房建设质量。支持城镇供水管网向农村延伸。抓好"四好农村路"建设，大力实施渡改桥工程。健全农村人居环境整治长效机制。培育淳朴民风、文明乡风、良好家风。三是巩固拓展脱贫攻坚成果。健全防止返贫监测和帮扶机制，防止返贫致贫。保持现有帮扶政策、资金支持、帮扶力量总体稳定。做好易地搬迁后续扶持，持续推进产业扶贫，完善农村社会保障和救助、教育培训等制度，有效阻断致贫因子。

（五）着力建设精致城市，提升集聚承载能力

一是坚持以规划为引领。高质量做好城市规划工作，推进精明增长，建设精致城市，实现精算平衡。科学编制国土空间规划。切实强化规划执行，杜绝边规划边建设、随意变更规划设计、项目主导规划等情况。二是不断完善城市功能。始终坚持人民群众的主体地位。推进实施城市更新行动，依法依规统筹抓好"三开""三网""三改"。实施城区建筑垃圾资源化利用、餐厨垃圾无害化处置项目。打造15分钟生活圈。大力开展城市"微改造"。三是加强城市精细管理。有序推行市城区生活垃圾分类试点工作，持续推进市容环境综合整治。着力缓解"停车难""行车堵"等问题。加强网约车、出租车、共享单车以及电动车管理。建设运营好"城市大脑"。确保成功创建公交都市。巩固提升城市创建成果。促进房地产市场健康发展。四是加快健全城镇体系。积极推进津澧融合，支持西湖和西洞庭管理区加快发展。大力建设特色产业小镇。持续深入推进扩权强县，激励县域经济争先进位。

（六）坚持绿色发展理念，推动生态环境持续改善

一是坚决打好污染防治攻坚战。推进精准治污、科学治污、依法治污，强力整改突出生态环境问题。按照"谁污染谁治理、谁破坏谁恢复、谁损害谁赔偿"理念，构建大生态环保格局。持续打好蓝天碧水净土保卫战，促进环境质量不断改善。二是着力提升生态系统质量。积极创建国家节水型城市。切实加强湿地保护修复。大力开展国土绿化行动，建设市域生态廊道，推行林长制。推进自然资源保护性开发和集约高效利用。三是提升生态产品供给能力。维护生态产品"原产地"安全，切实加强生态产品开发，不断提升生态产品供给能力，让绿水青山变成金山银山。四是加快推动绿色低碳发展。大力发展循环经济和节能环保产业，推进节能环保产业城、国家低碳生态城（镇）试点。完成节能减排任务，发展新能源。积极倡导绿色生产生活方式。

（七）坚持以人民为中心，不断改善群众生活品质

一是全力办好省重点民生实事和 11 件市重点民生实事。二是做好就业和社会保障工作。落实就业优先战略，多渠道促进重点群体就业。加强医保基金监督管理，启动推进医保 DIP 国家试点。稳步提高城乡低保标准和救助水平。完善养老政策体系，加快推进居家和社区养老服务改革试点。切实保障农民工的合法权益不受侵害。三是优先发展教育事业。增加公办幼儿园园位和中小学学位，基本消除普通高中大班额。开展全国义务教育发展优质均衡县、学前教育普及普惠县创建工作。加强师德师风和平安校园建设，规范校外培训和托管机构管理。大力支持高校"双一流"建设，建设好常德大学城。推动县管校聘改革。四是建设健康常德。推进综合医改向纵深发展。不断完善公共卫生体系、临床医疗体系，加快提升医疗卫生服务能力。努力改善疾控基础条件，建立健全公共卫生事件监测预警及平战转换机制。发展中医药事业。建设优秀医疗人才队伍。五是推动文体事业繁荣发展。传承和弘扬红色文化，保护利用好红色资源。加强文化遗产的保护和利用。创作一批文艺精品，积极开展文化惠民系列活动。办好常德柳叶湖国际马拉松赛等体育赛事。

（八）统筹发展和安全，建设更高水平的平安常德

一是抓实常态化疫情防控。推动"三嵌入两闭环一纳入"措施落实落细。加强网格化管理，推进联防联控、群防群控。加强人员管控、医院管理以及冷链物流检疫等重点工作，切实提升应急处置能力，巩固疫情防控成果。二是切实防范化解重大风险。加快推进平台公司市场化转型。落实隐性债务化解各项措施，坚决遏增量、妥善化存量。努力争取地方政府债券资金，规范政府专项债券管理。维护区域金融稳定。三是维护社会安全稳定。压实企业安全生产主体责任，深入排查整治风险隐患，防范和遏制较大以上事故。完善基层群众自治制度。强力打击各类突出违法犯罪活动，扎实推进常态化扫黑除恶工作，坚决打好新一轮禁毒人民战争。健全信访工作机制，把矛盾纠纷化解在基层。保障食品药品和农产品质量安全。抓好防灾减灾工作。

B.28
张家界市2020年经济社会形势
及2021年展望

刘革安*

2020年是极其不易、极不平凡的一年。面对疫情、汛期的严重冲击和经济下行压力持续加大的严峻考验，面对旅游支柱产业遭受前所未有的巨大冲击，张家界市坚持以习近平新时代中国特色社会主义思想为指导，深入贯彻党的十九大和十九届二中、三中、四中、五中全会精神，全面落实习近平总书记考察湖南重要讲话精神，认真落实省委"三高四新"战略，深入实施对标提质旅游强市和"11567"总体思路，保持定力，克难攻坚，奋力夺取疫情防控和经济社会发展"双胜利"，稳住了经济基本盘。

一 2020年经济社会发展形势

（一）经济运行稳步向好

全市实现地区生产总值556.68亿元，增长2%；规模工业增加值、固定资产投资分别增长2.9%、6%，实现社会消费品零售总额196.97亿元，完成一般公共预算收入52.03亿元，城乡居民人均可支配收入分别增长4%、10.1%。

（二）"六稳""六保"全面落实

大力实施促进旅游复苏"310"行动计划，在全省率先推动旅游复苏，全年接待游客4949.21万人次、实现旅游总收入568.95亿元，分别恢复到上年

* 刘革安，张家界市委副书记、市长。

的73.6%和68.5%，成为全国山岳型景区中恢复最快的城市，亚太城市旅游振兴机构中国区域视频会议专门推介张家界市经验。出台支持促进就业"12条"，出台园区抗疫惠企"八条措施"，新增减税降费5.9亿元，金融机构存贷比居全省第3位，培育认定"小新星"企业100家，完成"小升规"101户、"个转企"551户，市场主体总量突破10万户，增长10.4%。安慈高速慈利至石门段建成通车，张吉怀高铁加快建设，桑龙、炉慈、张官高速开工建设，中国翠谷植物提取产业园、新松机器人欢乐城等一批重大产业项目加快实施；26个省重点项目完成投资70亿元，完成目标任务的150%；141个市重点项目完成投资286亿元。守住"三保"底线，基层运转平稳有序。

（三）三大攻坚战成果丰硕

剩余5692名未脱贫人口全部脱贫，两区两县全部摘帽，358个贫困村全部出列，圆满完成脱贫攻坚目标任务。污染防治攻坚战扎实推进，86座水电站全部停止发电，需拆除的46座大坝、86座发电站附属设施、57座电站厂房全部拆除，完成省级验收销号；地表水环境质量、市中心城区环境空气质量综合排名均居全省第1位，被评为"2020中国最具生态竞争力城市"。着力防范化解重大风险，严控债务增量，化解债务存量，缓释到期偿债风险，政府债务总体安全可控；非法集资风险排查处置成效明显。

（四）防疫防汛取得重大胜利

坚持统一领导、统一协调、统一调度，准确把握旅游城市特点，见事早、行动快、要求严，严守湖北交界133公里水陆防线，劝退旅游团4462个，涉及游客9.5万人，退款1.6亿余元，取消元宵灯会等2000多场文化演艺民俗活动，是全国第一批次全域关闭所有景区景点的旅游地区，创造了确诊病例最晚、病例人数最少、治疗周期最短、病例清零最早的"四个全省纪录"。坚决打赢防汛保卫战，加强预测、预报、预警，精准调度，有效应对历时56天、连续13轮、全市有气象记录以来最大的降雨量，实现了不垮一堤一坝、不因灾死亡一人的目标。

（五）城乡发展步伐不断加快

空铁新城加快建设，茅溪河大桥、红壁岩大桥、开明路、月亮湾西路等项目建成通车，月亮湾中路、澄潭大桥、花岩水厂等项目开工建设，改造老旧小区 172 个、城镇棚户区 5189 户。智慧城市建设加快推进，成功创建国家卫生城市。大力实施乡村振兴战略，促进"3 + 2 + N"五大特色优势农业产业转型提质，东方希望集团现代化生猪养殖项目加快推进。完成自然村通水泥路93.6 公里、农村公路提质改造 314 公里。农村人居环境整治持续开展，建成乡镇污水处理厂 20 个，完成农村改厕 1500 户，新改建农贸市场 38 个，城乡居民合作建房改革省级试点扎实推进。

（六）改革开放持续深化

市本级"三集中、三到位"改革基本完成，"一件事一次办"改革成效明显。武陵源核心景区门票和环保车车票分离改革完成，融资平台公司市场化转型和国有企业三项制度改革稳妥推进。大力开展"营商环境攻坚年"活动，在全省率先出台市级领导联系商协会制度，城市信用排名居全省前列。招商引资成效明显，组织举行 3 次重大招商项目集中签约、5 次重点项目集中开工，签约重大招商项目 80 个、金额 790.1 亿元，引进"三类 500 强"企业 8 家。水果、食用水生动物、冰鲜水产品 3 个进境指定监管场地获批，国际全货机开通，荷花国际机场扩建、国际航空物流园项目启动，引进总部经济企业 4 家。缔结国际友好城市 2 对，新设丝路驿站 9 个。

（七）民生保障全面加强

省市 30 件重点民生实事全面完成，财政民生支出占比 77.48%。张家界金海实验学校（高中部）等一批学校投入使用，文津小学和沙堤、金岩、利福塔 3 所芙蓉学校开工建设；消除义务教育大班额 358 个，在全省率先清零；吉首大学张家界学院转设、旅游技师学院申报筹建取得突破性进展。市人民医院新院建成使用，市中医院医疗集团和武陵源区、桑植县医疗集团挂牌成立，基本医疗保险和生育保险实现了市级统筹。"留守儿童之家"实现村级全覆盖。"百岁健康市"创建经验在全国推广。深入推进"理旧事、解难事、办实事"攻坚行动，市中心城区 31 个问题楼盘中的 27 个 17034 户居民办证问题得到妥善解决。

（八）社会治理有力有效

化解信访积案117件，调解各类矛盾纠纷1.04万起，调解成功率98.5%。扫黑除恶专项斗争不断深化。全国禁毒示范城市、国家食品安全示范城市创建工作成效明显。扎实开展安全生产专项整治三年行动，交通问题顽瘴痼疾专项整治工作居全省前列，安全生产形势持续稳定向好。获评"全省第十届双拥模范城"。

二 2021年经济社会发展形势展望

2021年是全面开启现代化建设新征程的第一年，是"十四五"开局之年，是落实"三高四新"战略的首战之年，也是建党100周年。张家界既面临着前所未有的历史机遇，也面临着巨大的风险挑战，迫切需要用全面、辩证、长远的眼光来看待危和机，坚定必胜信心，保持战略定力，以更大力度落实中央、省委重大战略部署，夯实"稳"的基础，找准"进"的方向，盯住"高"的目标，见到"新"的气象，确保迈出新步伐、实现新作为。

（一）深刻认识面临的经济形势

一是"世界进入动荡变革期"。党的十九大以来，当今世界正经历百年未有之大变局。当前，新冠肺炎疫情全球大流行使这个大变局加速变化，保护主义、单边主义上升，世界经济低迷，全球产业链供应链因非经济因素而面临冲击，国际经济、科技、文化、安全、政治等格局都在发生深刻调整，世界进入动荡变革期。世界经济最终表现将取决于疫情持续时间以及宏观对冲政策的有效性，复苏前景不确定。二是"我国经济稳中向好、长期向好的发展趋势没有也不会改变"。我国已进入高质量发展阶段，仍处于重要战略机遇期，有显著的中国特色社会主义制度优势，有完整的产业体系和雄厚的物质技术基础，有超大规模的市场优势和内需潜力，有庞大的人力资本和人才资源，有持续释放的改革开放红利，有丰富的宏观调控经验和工具，继续发展具有多方面优势和条件。三是"'三高四新'战略引领加快现代化新湖南建设"。"三个高地"战略定位和"四新"使命任务，体现了当前与长远、全局与一域、目标与路径、机遇与责任的有机统一，将新时代湖南在全国大局中的角色定位、使命担当提升到了一个前所未有的高度，构成了"十四五"乃至更长时期湖南发展的指导思想和行动纲领，成为全省干部群众展望"十四五"、迈向新征程的共识，必将进一步释放发展动力活力，推动湖南发展走向更加辽阔的未来。

（二）充分认识经济发展的有利条件

主要是四个没有变。一是经济长期向好的趋势没有变。2020 年受疫情等因素的影响，从外部短暂地压缩了经济运行的活力，但经济的基础、动能、要素没有受到根本性影响，随着统筹疫情防控和经济社会发展的深入推进，全市经济已经恢复性增长，经济发展长期稳中向好的趋势不会改变。二是投资人气没有变。国省投资方面，张吉怀铁路、桑龙和炉慈两条高速、大湘西天燃气管道、荷花国际机场配套建设等一批重大项目正在抓紧建设，2021 年张官高速也将开工，投资拉动基本有保障。招商引资方面，"十三五"期间累计签约重大项目 295 个，实际利用内资是"十二五"期间的 1.87 倍；2020 年签约重大招商项目 58 个，引进"三类 500 强"企业 8 家，投资的人气越来越旺。三是旅游人气没有变。2015~2019 年，全市接待游客和旅游收入年均分别增长 12.2%、27.7%，保持了高基数上的中高速增长。2020 年，"大疫过后一定要去旅游"是很多人发自心底的呼声，旅游业也是战"疫"后恢复较快的行业，特别是开放型自然景区与虚拟景区成了热点，旅游业也表现出了极大的韧性，接待游客和旅游收入分别恢复到上年的 73.6% 和 68.5%，是全国山岳型景区中恢复最快的城市。四是产业集聚的趋势没有变。旅游"三星拱月、月照三星"发展格局不断优化，国家等级景区景点由 15 个增加到 26 个。农业突出发展五大特色产业，大鲵、蔬菜、茶叶、中药材等特色优势产业生产总值占全市农业总值的比重提高到 50% 以上。工业方面，全市园区规模工业增加值占全部规模工业增加值比由 2016 年的 38.5% 上升到 52.3%，植物提取产业园开工建设，生态绿色食品、生物医药、旅游商品、绿色建材、信息与装备制造、数字经济 6 条新兴优势产业链加快形成。

（三）清醒认识经济发展的严峻挑战

主要体现在以下几个方面：一是疫情对全市经济社会发展特别是旅游业带来严重冲击，经济下行压力仍然较大；二是产业结构失衡仍然是最大的问题，实体经济不强仍然是最大的掣肘,工业经济偏弱仍然是最大的短板;三是经济总量小,回旋余地小,财政盘子小,债务率反弹压力大;四是人口和产业集聚度不高、中心城区规模不大,带动力不强;五是基础设施仍然滞后,立体交通体系仍需完善,城市家装缺项较多;六是政府治理效能有待进一步提升,管理的规范化、标准化、精细化水平仍然不高,干部队伍的能力、素质和作风仍有差距。

2021年张家界市工作的总体要求是:以习近平新时代中国特色社会主义思想为指导,全面贯彻党的十九大和十九届二中、三中、四中、五中全会精神,坚决落实习近平总书记关于湖南工作系列重要讲话指示精神和中央、省委、市委经济工作会议精神,坚持稳中求进工作总基调,立足新发展阶段,贯彻新发展理念,构建新发展格局,以推动高质量发展为主题,以深化供给侧结构性改革为主线,以改革创新为根本动力,以满足人民日益增长的美好生活需要为根本目的,大力实施"三高四新"战略,坚持创新引领开放崛起,坚持对标提质旅游强市和"11567"总体思路,坚持扩大内需战略基点,坚持系统观念和底线思维,更好统筹发展和安全,坚持精准施策,扎实做好"六稳"工作,全面落实"六保"任务,巩固拓展疫情防控和经济社会发展成果,推动经济平稳健康运行、社会和谐稳定,确保"十四五"开好局、起好步,以优异成绩庆祝建党100周年。

2021年张家界市经济社会发展的主要预期目标是:地区生产总值增长8%以上;旅游接待人次增长30%以上,旅游总收入增长34%以上;规模工业增加值增长10%以上;固定资产投资增长10%以上;社会消费品零售总额增长12%以上;地方一般公共预算收入增长11%以上;城乡居民人均可支配收入分别增长8%以上、10%以上;居民消费价格涨幅3%以内;城镇调查失业率控制在5.5%以内。节能减排、人口自然增长率、安全生产完成省定目标。为完成上述目标任务,将重点抓好以下几个方面的工作:一是以建设"锦绣潇湘"全域旅游基地龙头为抓手,推动旅游经济高质量发展;二是以新型工业强基倍增计划为突破,加快补齐工业短板;三是以消费升级为着力点,大力发展现代服务业;四是以农业农村现代化为引领,全面推进乡村振兴;五是以做大做强中心城区为重点,加快推进国际精品旅游城市建设;六是以项目建设为载体,增强发展支撑力和竞争力;七是以改革创新为根本动力,全面厚植发展新优势;八是以生态强市为目标,大力推进生态绿色张家界建设;九是以解决"急难愁盼"民生问题为落脚点,着力提高社会建设水平。

B.29
益阳市2020年经济社会形势
及2021年展望

张值恒*

一 2020年益阳市经济社会发展情况

2020年，在省委、省政府的坚强领导下，益阳市统筹推进疫情防控和经济社会发展，沉着有力应对各类风险挑战，扎实做好"六稳"工作，全面落实"六保"任务，坚决稳住基本盘、顶住冲击波、激发新动能，全市经济运行平稳向好，社会大局和谐稳定。全市地区生产总值1853.48亿元，比上年增长3.8%；地方一般公共预算收入77.92亿元，增长4.1%；社会消费品零售总额710.22亿元，下降2.5%；全体居民人均可支配收入25560元，增长7.0%；规模工业增加值、固定资产投资分别增长4.5%、9.1%。

（一）疫情防控和防汛抗灾取得重大胜利

始终坚持人民至上、生命至上，全力以赴打好疫情防控的人民战争、总体战、阻击战，60例确诊患者全部康复出院，取得确诊病例零死亡、院内人员零感染、出院患者零复发、医疗事故零发生的重大胜利。同时，面对21世纪以来洞庭湖第二高洪水位的严峻考验，全市上下采取坚决有力措施，成功战胜5轮超警以上洪水和18次强降雨，科学处置各类险情111处，转移安置群众近万人次，取得防汛抗灾的全面胜利。

（二）三大攻坚战成效明显

决胜脱贫攻坚，实施"十大脱贫攻坚行动"，巩固"六个一批""六大建

---

* 张值恒，益阳市委副书记、市长。

设"成果,"两不愁三保障"和饮水安全问题动态清零,剩余1.35万名建档立卡贫困人口全部脱贫,高质量完成脱贫攻坚任务。狠抓污染防治,统筹打好蓝天、碧水、净土保卫战,洞庭湖湿地修复、大通湖流域水环境治理、资江流域锑污染防治、石煤矿山关闭整治、农业面源污染治理等重点工作取得阶段性成效,大通湖达到Ⅳ类水质,国控省控断面水质优良率达88%,乡镇污水处理设施实现全覆盖,中心城区环境空气优良率和PM2.5浓度改善幅度居全省第1位,土壤环境质量总体保持稳定。突出环境问题整治经验入选生态环境部督察培训交流十大先进案例。落实"六个一批"风险缓释措施,市本级三家融资平台公司实现市场化转型发展,政府债务风险总体可控。突出地方法人银行、扶贫小额信贷、涉众型非法经营等领域风险防控化解,守住了不发生区域性金融风险底线。

(三)产业发展提质增效

三次产业结构调整为15.1∶42.8∶42.1。着力发展现代农业,农林牧渔业增加值增长3.5%。"131千亿级产业"工程深入推进,"一县一特"品牌农业蓬勃发展。粮食播种面积增加22.8万亩,粮食总产量增加5.1万吨,增速均居全省第2位。耕地流转率居全省首位,主要农作物生产机械化水平达76%。完成生猪稳产保供任务。着力做强工业经济,工业投资增长20%,列入制造强省重大项目10个,制造业投资占固定资产投资比重超过40%。十大工业新兴优势产业链产值突破2400亿元,占工业总产值比重达到80%以上。全面落实惠企纾困政策,扎实开展精准帮扶,在全省率先实现重点企业复工率、到岗率达到100%。全力推进数字经济发展,成功举办2020湖南5G发展高峰论坛。着力壮大现代服务业,文旅融合发展和旅游市场潜力不断释放,云台山景区获评国家4A级景区,天意木国、茶乡花海、桃花江旅游度假区等品牌影响力日益扩大。金融机构存贷款余额分别增长11.8%、21.8%,存贷比再创新高。

(四)有效需求持续扩大

项目建设稳步推进,省、市重点建设项目均超额完成年度投资计划,66个产业项目竣工投产。常益长高铁加快建设,长益北线高速建成通车,伍益、官新、宁韶高速公路建设顺利推进，南茅运河航运工程主体建成，电力"三型两网"建设完成投资 21.2 亿元。市场消费加快回暖，成功举办湖南省（春季）乡村文化旅游节等活动，旅游收入恢复速度居全省第 1 位，社会消费品零售总额增速居全省第 3 位。外向型经济较快发展，进出口总额增长 22.7%，引进市域外资金形成固定资产投资增长 10.1%，引进"三类 500 强"企业投资项目 15 个。获评"全省发展开放型经济真抓实干先进市"。

（五）改革创新不断深化

深入推进"放管服"、行政审批、商事制度等重点改革，市场主体突破 30 万户，每万人拥有市场主体数居全省第 3 位。现代农业综合改革获省委深改委充分肯定。在全省率先完成经营类事业单位改革任务，国企国资改革、殡葬改革成为全省先进典型。大力推进科技创新，全社会研发投入占 GDP 比重达到 2%，列入省市重大产品创新项目 21 个，新增高新技术企业 96 家，高新技术产业增加值占 GDP 比重达 22%。国家技术创新示范企业总数居全省第 3 位。

（六）城乡建设扎实推进

完成益沅桃城镇群基础设施投资 173.8 亿元，文昌路、贺家桥路、凤山路等道路建成通车，白马山路延伸线、虎山路、青龙洲大桥建设加快推进。市污泥处置项目、四水厂建成运行，中心城区基本消除黑臭水体。深入实施"百村示范、千村整洁"行动，全面完成农村改厕任务，新改建农村公路 1528 公里，农村水电路信等基础设施条件稳步改善。扛牢长江流域"十年禁渔"重大责任，强力推进禁捕退捕，沅江湖心岛 3344 名渔民全部搬迁上岸，主要做法和经验得到中央媒体高度关注、多次报道。

（七）民生福祉稳步提升

12 项重点民生实事任务全面完成。新增城镇就业 3.46 万人、农村劳动力转移就业 1.84 万人。城乡低保、特困人员供养和社会救助水平进一步提高。老旧小区改造、城镇棚改、农村危改完成年度任务。公办幼儿园在园幼儿占比超过 55%，居全省第 1 位，义务教育就学保障率达到 100%，高中教育质量稳步提升。实现医疗保险市级统筹，完成市妇幼保健院整体搬迁，集中招采药品价格平均下降54%。广泛开展"我的中国梦""欢乐潇湘"等群众文化活动，"全民运动健身模范市"创建扎实推进。

（八）社会大局和谐稳定

深入开展平安创建，如期建成"雪亮工程"，获评全省平安建设（综治）工作先进市州。创新发展"枫桥经验"，各类矛盾化解成功率达99.3%。推行信访工作"三个一线"，"四重攻坚"信访案件全部办结。纵深推进扫黑除恶专项斗争，精心组织禁毒严打"百日会战"。持续推进安全监管"强执法防事故"行动、交通问题顽瘴痼疾等重点整治，安全生产形势总体平稳。

二　2021年益阳市经济社会发展目标及工作重点

2021年，益阳市将坚持以习近平新时代中国特色社会主义思想为指导，认真贯彻习近平总书记考察湖南重要讲话精神，坚定不移贯彻新发展理念，坚持稳中求进工作总基调，大力实施"三高四新"战略，深入推进"五个益阳"建设，加快融入以国内大循环为主体、国内国际双循环相互促进的新发展格局，着力推进全市经济社会高质量发展。全市经济社会发展的主要预期目标是：地区生产总值增长8%以上，固定资产投资增长9.5%，规模工业增加值增长8.5%，社会消费品零售总额增长9.5%，地方一般公共预算收入增长6.5%以上，非税收入占比降至30%以下，居民收入增长与经济增长基本同步，城镇调查失业率与全省一致，居民消费价格涨幅3%左右，完成省下达的能耗"双控"目标。

（一）加快发展先进制造业，着力构建现代产业体系

聚焦聚力产业强市建设，推动制造业高质量发展，促进产业结构优化升级。扎实推进产业链建设。力争十大工业新兴优势产业链产值突破2600亿元，确保全市新增规模工业企业超过100家，规模工业增加值增速超过全省平均水平，制造业增加值增速达到9%左右。以三一中阳、中联重科、亚光科技、宇晶机器等企业为龙头，做大做强装备制造、船舶制造基地；以艾华集团、科力远、奥士康、维胜科技等企业为龙头，推动PCB产业加快集聚集群发展，打

造有影响力的电子信息、新能源产业基地；以金博股份为龙头，打造中国碳谷，培育新的增长极。加强5G、光伏、人工智能、轨道交通、新能源汽车等相关领域产业链布局。大力发展数字经济。持续加强与华为、58集团等知名企业务实合作，引进一批数字经济关联企业。大力推进5G、工业互联网建设，培育一批数字化改造示范企业。统筹推进数字经济"一园一中心三基地"建设，数字经济增加值增速达到20%。深入实施创新驱动战略。实施高新技术企业增量提质行动和科技型中小企业倍增计划，大力培育"百强重点骨干企业"，新增高新技术企业80家以上，培育一批"小巨人"企业，新增国家知识产权优势企业5家以上。稳步提升园区质效。深入实施园区建设大会战，持续推进"百千扩规提效工程"，着力打造"135"工程升级版。培育国家级先进制造业集群，申报2~4个省级先进制造业集群，推动园区加快创建省级新型工业化产业示范基地，引导园区走集约化、专业化、特色化发展之路。

（二）优先发展农业农村，着力推进乡村振兴

以深化新一轮现代农业改革试验为抓手，全面实施乡村振兴战略。坚决扛稳粮食安全重任。确保粮食生产面积和粮食总产量超额完成省定目标任务。深入实施"藏粮于地、藏粮于技"战略，完成30.86万亩高标准农田建设。守好粮食安全底线，把好粮食质量关口，完善农产品质量安全追溯和"身份证"管理体系。加快推进农业现代化。深入实施现代农业"131千亿级产业"工程，推动安化黑茶、南县稻虾米等特色优势产业提质升级。支持农业产业园区、科技园区和龙头企业发展，每个产业重点扶持1~3家全产业链龙头企业，创建2个省级以上农业产业强镇。高水平办好第四届绿色农业数字乡村互联网大会。大力实施乡村建设行动。一体推进县乡村基础设施建设、管理和维护。严厉打击非法占用耕地建房。因地制宜推进农村改厕、生活垃圾处理和污水治理，实施河湖水系综合整治，启动实施农村人居环境整治提升五年行动。加大"整县整镇"美丽乡村创建力度，力争创建5个省级示范村。切实增强农村发展活力。健全防止返贫动态监测帮扶机制，实现巩固拓展脱贫攻坚成果同乡村振兴有效衔接。健全农业专业化社会服务体系，构建小农户与现代农业有效衔接新机制。开展文明村镇创建，推动形成文明乡风、良好家风、淳朴民风。

（三）加速融入国内国际双循环，着力增强发展动能

坚持供给侧结构性改革战略方向，扭住扩大内需战略基点，在构建新发展格局中抓住契机、加速发展。着力扩大有效投资。持续推进"产业项目建设年"活动，坚持高起点谋划项目、高规格引进项目、高标准推进项目，实现市级重点建设项目投资500亿元以上，其中产业项目投资220亿元以上，增速达到18%以上。有效推动消费升级。着力优化消费供给，开展放心消费创建活动。加快文旅康养产业发展，加强文旅品牌建设，着力打造毛泽东主席社会考察（益阳）红色旅游精品线路。完善"互联网＋消费"生态体系，促进教育、健康、养老、托育、家政等服务消费线上线下融合发展。规范房地产开发经营，促进房地产市场平稳健康发展。持续深化对外开放。深入实施五大开放行动，办好新型智慧城市推进会、第五届湖南安化黑茶文化节等节会活动。主动对接湖南自贸区，培育发展临空经济、临港经济。持续实施破零倍增计划。加快保税物流中心（B型）建设，统筹建设跨境电子商务综合试验区。

（四）不断夯实可持续发展基础，着力促进协调发展

加快推进以人为核心的新型城镇化，实现城乡区域协调发展。构建国土空间规划体系。统筹各级各类规划编制，加快构建由市、县、乡、村四级以及总体规划、专项规划、详细规划共同构成的空间规划体系。实施东接东融战略。在战略规划、基础设施、科技创新、产业发展、公共服务等方面主动对接长株潭一体化战略，服务省会城市，融入长沙都市圈，努力实现区域协同、布局对应、融合发展。改善基础设施条件。加强交通基础设施建设，完成投资80亿元，推进伍益、官新、宁韶高速和益常高速扩容工程建设，确保常益长高铁益阳段基本建成。加强水利基础设施建设，完成投资26.3亿元，加快桃花江水库除险加固等项目建设。加强能源基础设施建设，加快"三型两网"和西部、北部片区生活垃圾焚烧发电项目建设。加强信息基础设施建设，实施信息通信基础设施能力提升三年行动计划，加快市县城区及工业园区5G网络建设。加强市政基础设施建设，加快西流湾污水溢流治理、中心城区饮用水源安全保障等一批"两供两治"工程进度，进一步完善城区路网结构。加强生态环境保护。继续抓好中央和省环保督察"回头看"及洞庭湖专项督察反馈问题整改。

深入推进蓝天保卫战"六大专项行动",实行空气环境质量量化考核。以洞庭湖水环境综合治理为重点,统筹推进大通湖、沅江两江七湖等流域环境治理。常态化抓好禁捕退捕各项工作。开展土壤污染源排查整治,抓好农业面源污染防治。提升城市管理水平。出台实施《益阳市文明行为促进条例》,推进全国文明城市创建工作,做好第二轮国卫复审迎检工作。加强城市交通管理,推进垃圾分类,巩固"铁锤行动"成果,促进城市管理科学化、精细化、智能化。推动县城和城镇发展。深化益沅桃城镇群一体化建设,推动县城扩容提质,推进特色小镇建设,加快发展县域特色经济。

(五)全面深化各项改革,着力优化营商环境

深化重点领域关键环节改革,充分激发市场主体创新创造活力。全面深化改革。推进深化国资国企、投融资体制、要素市场化配置、"放管服"等"四大改革行动",重点在产业项目建设、乡村振兴、基层社会治理等领域,提升一批制度成果。优化政务服务。深入推进"互联网+政务服务",优化升级市一体化平台建设。严格落实"三集中、三到位"要求,深入推进"一件事一次办"。加快完善市民服务中心配套设施,提升公共服务能力。扶持经济实体。落实减税降费政策,做好企业精准帮扶,依法保护企业合法权益,坚决打击行业资源垄断和不正当竞争行为,优化民营经济发展环境。强化要素支持。拓宽用地保障渠道,做大做优金融信贷,落实人才行动计划,着力化解企业用地难、融资难、用工难等问题。

(六)持续改善人民生活品质,着力维护社会和谐稳定

坚持以人民为中心的发展思想,着力办好各项民生事业。落实就业优先政策。继续保持就业帮扶动态"双清零",鼓励多渠道灵活就业,新增城镇就业3.4万人,农村劳动力转移就业1.5万人。切实强化社会保障。抓好企业养老保险征缴扩面,落实工伤保险省级统筹,做实医疗保险市级统筹,稳步提高城乡低保标准和救助水平。坚持教育优先发展。推进教育强市建设,全面深化教师队伍建设改革,改善义务教育和高中学校办学条件,推动城乡教育优质均衡发展,加快师范高等专科学校(筹)建设。推进健康益阳建设。深化公立医院改革,做实做细基本公共卫生和家庭医生签约服务。推进市公共卫生防控救

治中心等项目建设，抓实抓好常态化疫情防控工作。落实"四个最严"要求，切实保障人民群众"舌尖上的安全"。发展文化体育事业。组织开展"我的中国梦、文化进万家"系列活动，实施文化惠民工程，加快市民文化中心各大场馆布展开放。深入推进"全民运动健身模范市"创建。创新社会治理体系。推进市域社会治理现代化试点，健全"五治"相结合的城乡基层治理体系。推广"基层吹哨、部门报到"经验，完善网格化管理服务，提升社会治理效能。维护社会和谐稳定。深入开展安全生产专项整治和打非治违三年行动，坚决杜绝较大及以上生产安全事故，有效防范减少非生产性安全事故。持续做好政府债务风险防范化解工作，加大"防非处非"工作力度。推进扫黑除恶常态化，完善社会治安防控体系，坚决整治突出毒品问题，持续推进信访"三无"创建，确保社会大局和谐稳定。

B.30
郴州市2020年经济社会形势 及2021年展望

刘志仁[*]

2020年是郴州发展史上具有里程碑意义的一年。习近平总书记亲临郴州考察，做出重要指示，寄予殷切期望，给全市人民以巨大鼓舞和鞭策，是郴州一切工作的根本遵循和行动指南。一年来，全市上下坚持以习近平新时代中国特色社会主义思想为指导，深入贯彻习近平总书记考察湖南、考察郴州重要讲话指示精神，在省委、市委坚强领导下，统筹推进疫情防控和经济社会发展，扎实做好"六稳"工作，全面落实"六保"任务，经受了新冠肺炎疫情"大考"，完成了市五届人大四次会议确定的主要任务，迎来了中国（湖南）自贸试验区郴州片区获批，实现了创建全国文明城市的十年夙愿，取得了全面建成小康社会的决定性成就。全市共有28项事项获得省政府真抓实干表扬激励，其中市本级7项、县市区21项。

一 2020年郴州市经济社会发展情况

一是疫情防控精准有效。仅22天就控制了本土疫情，44天本土病例全部治愈，全市实现了确诊病例"零死亡"、医护人员"零感染"、境外输入病例"零扩散"、无症状感染者"零传播"。二是经济发展稳中有进。地区生产总值增长3.6%，GDP总量突破2500亿元大关；固定资产投资、地方财政收入分别增长8.5%、2.2%；外贸进出口总额、实际到位内资、实际利用外资均排在全省前三位。入选第一批国家文化和消费试点城市。三是三大攻坚战果显

---

* 刘志仁，郴州市委书记、市长。（收稿日期2021年3月）

著。绝对贫困历史性消除，如期完成了新时代脱贫攻坚目标任务。饮用水水源地、地表水国控断面水质100%达标。新增国家绿色矿山4家。市城区空气质量保持全省前列。政府法定债务率处于预警线以下。安全生产形势稳定向好。京广线"3·30"列车脱轨事故救援被列为"2020年全国应急救援十大典型案例"。四是创新开放走深走实。新认定高新技术企业132家、入选国家"专精特新""小巨人"企业6家。获省科学技术奖励6项。专利申请量、专利授权量分别增长20.3%、49.2%，万人有效发明专利达2.36件。东江湖大数据中心荣获"国家绿色数据中心"称号。湘南湘西承接产业转移示范区、综保区、跨境电商综试区加快建设，中国（湖南）自贸试验区郴州片区稳步起航，对外经贸合作扩大到156个国家和地区，入选"中国外贸百强城市"。五是改革法治纵深推进。"一件事一次办"全市通办268项，"跨省通办"150项，企业开办时限压缩至1个工作日，新建商品房实现"交房即交证"。创新"交地交证即开工"，投资项目报建审批从100天压缩至10个工作日。农村房地一体确权登记任务全面完成。法治政府建设扎实推进。高质量完成《郴州市文明行为促进条例》等政府阶段立法工作。严肃查处了一批贪腐案件。六是民生事业持续改善。省重点民生实事项目和"十大惠民工程"全面或超额完成。城乡居民人均可支配收入分别增长5.3%、7.3%。就业形势稳定向好，教育、卫生、医疗等社会事业取得明显进步。荣获"全国居家和社区养老服务改革试点十佳城市"。平安建设获全省先进。普法宣传教育做法全国推广。社会大局和谐稳定。

二 "十四五"郴州市经济社会发展目标及工作重点

"十四五"时期是开启全面建设社会主义现代化新征程、向第二个百年奋斗目标进军的第一个五年。今后五年经济社会发展的指导思想是：高举中国特色社会主义伟大旗帜，深入贯彻党的十九大和十九届二中、三中、四中、五中全会精神，坚持以马克思列宁主义、毛泽东思想、邓小平理论、"三个代表"重要思想、科学发展观、习近平新时代中国特色社会主义思想为指导，以习近平总书记考察湖南、考察郴州重要讲话指示精神为根本遵循和行动指南，全面贯彻党的基本理论、基本路线、基本方略，统筹推进经济建设、政治建设、文化建设、社会建设、生态文明建设的总体布局，协调推进全面建设社会主义现代化国家、全面深化改革、全面依法治国、全面从严治党的战略布局，坚定不移贯彻新发展理念，坚持稳中求进工作总基调，以推进高质量发展为主题，以深化供给侧结构性改革为主线，以改革创新为根本动力，以满足人民日益增长的美好生活需要为根本目的，统筹发展和安全，融入新发展格局，推进治理体系和治理能力现代化，落实省委"三高四新"战略部署，实施"新理念引领、可持续发展"战略，全力打造"一极四区"，实现经济行稳致远、社会安定和谐，奋力谱写新时代坚持和发展中国特色社会主义的郴州新篇章。

主要预期目标是：地区生产总值、全体居民人均可支配收入年均分别增长7%以上和7.5%；制造业增加值、外贸进出口总额、地方税收占 GDP 比重分别达到30%、15%和4%以上；产业投资占固定资产投资比重的75%；最终消费对 GDP 贡献率达到60%；全社会研发投入占 GDP 比重达到3%；常住人口城镇化率达到60%；城镇调查失业率稳定在5.5%左右。单位 GDP 能源消耗降幅、二氧化碳排放降幅及主要污染物减排完成省定目标。

主要从七个方面着力：一是坚持开放创新，推动改革开放迈出新步伐。始终把改革作为关键一招、创新作为第一动力、开放作为第一抓手，积极推进深层次体制机制改革，以改革促开放，以开放促发展。二是坚持新理念引领，推动可持续发展形成新高地。坚定不移贯彻新发展理念、构建新发展格局，加快建设国家可持续发展议程创新示范区，着力打造"绿水青山样板区、绿色转型示范区、普惠发展先行区"，推动经济社会实现更高质量、更有效率、更加公平、更可持续、更为安全的发展。三是坚持产业主导，推动经济发展取得新成效。持续开展"三推"工作，坚定不移兴产业、强实体、提品质、增实效，大力发展实体经济，加快资源型产业转型升级，培育壮大战略性新兴产业，稳固农业基础，提升现代服务业发展水平，优化经济结构、蓄积增长潜力、提升质量效益。四是坚持生态优先，推动绿色转型实现新突破。牢固树立"绿水青山就是金山银山"的理念，统筹山水林田湖草系统治理，积极推进节能减排，持续打好污染防治攻坚战，加快形成绿色生产生活方式。五是坚持红色传承，推动文化影响焕发新活力。大力培育和践行社会主义核心价值观，用好红色资源、讲好红色故事、抓好红色教育、传承红色基因，着力建设具有郴州特色的文化事业和文化产业，切实提升郴州文化软实力和影响力。六是坚持人民至上，推动民生福祉达到新水平。始终坚持以人民为中心的发展思想，落实就业优先政策，推进城乡社保全覆盖，建设健康郴州，办好人民满意的教育，巩固和拓展脱贫攻坚成果，着力解决群众"急难愁盼"问题，不断提升人民群众获得感幸福感安全感。七是坚持系统治理，推动治理效能得到新提升。全面推进依法治市，严格规范公正文明执法，完善公共法律服务体系，依法化解矛盾纠纷，加强应急管理体系和防灾减灾能力建设，推动治理体系和治理能力现代化。

三　2021年郴州市经济社会发展目标及工作重点

2021年是中国共产党成立100周年，是我国现代化建设进程中具有特殊重要性的一年。今年经济社会发展的主要预期目标是：地区生产总值增长7.5%以上；规模工业增加值增长8%左右；固定资产投资增长8.5%左右；社会消费品零售总额增长10%左右；地方财政收入增长4%以上；外贸进出口总额增长15%左右；实际利用外资增长10%以上；全体居民人均可支配收入增长7.5%以上；居民消费价格涨幅控制在3%以内；城镇调查失业率控制在5.5%以内；主要污染物减排完成省里下达任务。重点抓好以下工作：

（一）筑牢产业高质量发展根基

提升实体经济竞争力，聚焦打造三大千亿优势工业集群，加快建设"六个制造基地"。强化以投产和亩产论英雄导向，着力打造三大千亿园区。大力弘扬企业家精神，纵深推进质量强市战略。打造服务业发展新品牌。推动现代物流、现代金融、电子商务、科技信息服务等高质量发展。实施千亿文旅产业创优发展工程，争创国家全域旅游示范区。支持莽山、沙洲争创国家级5A景区。培育产业发展新生态。启动实施融合发展工程。加快建设数字郴州，推动东江湖大数据产业园由"数据谷"向"数字谷"转变。依托北湖机场谋划发展临空产业园。着力打造嘉禾精铸、汝城辣椒、黄草文旅等一批特色小镇。

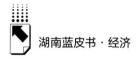
（二）做强创新创造引擎

推进国家可持续发展议程创新示范区建设取得重大突破，认真落实三年行动计划，继续组织实施四大行动 15 项重点工程。探索研究跨区域生态补偿机制。加快构建以创新需求为导向、以企业为主体、以政产学研结合为支撑的可持续发展创新体系。加快建设创新平台。实施创新体系建设"六大计划"。抓好亚欧水资源研究中心郴州分中心、绿色技术银行等重大创新平台建设，支持中南大学、湖南大学技术转移中心运营发展。争取申报高新技术企业 100 家，科技型中小企业入库评价 200 家。大力优化创新生态。积极落实"芙蓉人才""林邑聚才"计划。完善科技人才评价体系和创新激励机制。加强知识产权保护，巩固扩大知识产权示范培育成果。

（三）构建内陆地区开放高地

推进自贸试验区建设实现重大突破，加快落实中国（湖南）自贸试验区郴州片区《实施方案》，力争提交国、省改革创新案例 2 个，总体方案落实率50%。开展对接粤港澳提升大平台行动，做实做强湘粤港澳经济合作示范区。抓实产业链精准招商。积极开展"对接 500 强提升产业链"和"对接湘商会、建设新家乡"行动。力争引进重大项目 206 个，其中"三类 500 强"项目 12个。推动外贸高质量发展。继续实施"破零倍增"计划。推进郴州高新区、郴州经开区两个国家级外贸转型基地建设。扩大湘粤港澳直通，加快打造以郴州跨境电商综试区为核心的粤港澳大湾区跨境电商副中心物流基地、分拨中心、总部基地和创业基地。推进国际产能合作，促进加工贸易转型升级。全面优化营商环境。对标实施"四大改革行动"，提升投资建设便利度。持续深化"放管服"改革，政务服务事项申报材料再压减 20% 以上，扩大"跨省通办"事项范围。深化六大领域综合行政执法体制改革。推进"双随机一公开"监管全覆盖、常态化。建设诚信郴州。

（四）融入新发展格局

以多元化供给激活消费潜力，推动传统消费和新型消费创新融合。扎实推进文旅消费国家试点。加快建设湖南会展副中心。规划建设东、西城区新兴商圈，提质升级中心城区商圈。扎实推进农贸市场提质三年行动计划。以集约化投资拓展发展空间。全年计划安排亿元以上重点项目450个左右，年度计划投资1200亿元。促推新基建与实体经济、社会治理等深度融合。扎实推进兴永郴赣、桂永郴赣铁路等重大项目前期工作，争取更多项目进入国家、省"十四五"规划笼子。以高效化流通保障要素供给。深入开展交通强国建设试点，加快推进京港澳高速末宜段扩容、桂新高速、通用航空基地等项目，着力抓好北湖机场试飞及航线运营。加强物流、冷链、仓储等消费链配套基础设施建设。大力发展公、铁、海多式联运和保税仓储物流。

（五）抓好"六稳""六保"工作

做好常态化疫情防控，坚持外防输入、内防反弹和"人""物"同防，严格落实各项防控举措，抓好新冠肺炎疫苗接种工作。健全全社会防控体系和应急物资储备体系，深化疾病预防控制体制机制改革，提升突发疫情快速遏制和公共卫生事件应对能力。做好常态化经济调度。完善"三重""三推"机制，推动领导干部联系企业制度化、常态化、见实效，构建"亲""清"政商关系。落实好减税降费、援企稳岗等纾困惠企政策措施。做好应急性政策到期退出前的衔接准备工作。强化普惠金融服务。做好常态化精准帮扶。继续实施"链长制""行长制""指标长制"等工作机制，紧盯产业链供应链的痛点堵点开展重点攻坚和精准帮扶，着力破解企业融资难、用工难、销售难和就业难、增收难。

（六）打造绿色发展样板

高标准推进污染防治攻坚，坚决完成环保督察及"回头看"反馈问题、长江经济带突出问题整改，做好中央第二轮环保督察有关工作。继续开展"清废行动"，确保市城区环境空气质量持续达到国家二级标准、全市主要河流断面水质稳定达标。抓好示范河湖、水美乡村建设试点、小水电绿色改造、长江禁捕等工作。推动土壤污染防治先行区建设。高效能完善生态环境治理机制。推进实施林长制，人工造林15万亩。严厉打击非法野生动物交易行为。加强农业面源污染综合治理。建立以"三线一单"为核心的生态环境分区管控体系。做好可持续发展宣传普及教育。高起点发展绿色低碳循环经济。大力

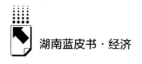

发展节水型产业、休闲旅游等生态产业，支持传统产业绿色化改造。推动永兴国家循环经济示范园、桂阳有色金属产业园高质量发展。新增绿色矿山67家。努力创建国家循环经济示范城市。

（七）全面推进乡村振兴

推动农业提质增效，加强高标准农田建设和农田水利设施建设。深入实施"六大强农行动"，扎实推进农业四大百亿产业项目建设。鼓励发展新型经营主体。大力发展"二品一标"农产品，做强做优"湘江源""湘赣红"等区域公用品牌，加快建设粤港澳大湾区优质农副产品供应基地。巩固拓展脱贫攻坚成果。扎实开展脱贫攻坚与乡村振兴有效衔接试点，健全防止返贫动态监测和帮扶机制，强化易地搬迁后续扶持，统筹抓好"三业""三防"，确保脱贫后不返贫、能发展、可持续。稳步推进农村改革。深化农村承包地管理改革，促进农业适度规模经营。深化农村宅基地管理、集体资源资产"三权分置"和供销合作社综合改革，发展壮大村集体经济。实施乡村建设行动。实施农村基础设施提升行动。抓好"四好农村路"建设和快递进村试点，大力发展农产品冷链物流和农村电商。全域推进美丽乡村示范创建，统筹抓好湘赣边区域合作示范区建设。深化农村人居环境整治。加强乡村人才队伍建设。

（八）提升新型城镇化质量

抓好国土空间等规划编制，坚持"多规合一"，加快编制市、县、乡三级国土空间规划和村庄规划。持续推进城乡交通、供水等基础设施和公共服务一体化。制定和完善相关专项规划及配套政策，推动城乡发展要素双向高效流通。提升中心城区承载能力。构建"一城、两区、六组团"中心城区空间发展格局。加快建设西城门户、空港新城、飞天新城。稳步实施城市有机更新，巩固创文、创卫成果，确保通过国家节水型城市复查。稳步推进国家生态园林城市创建工作。促进房地产市场平稳健康发展。构建科学合理的城镇体系。实施城镇群提质工程，支持"大十字"城镇群优先发展。推动交通市政等基础设施和教育医疗等公共服务资源向县（市）布局。统筹做好城镇发展"三业并举""三区同建"，打造一批工业强镇、商贸重镇、文化古镇、旅游名镇、省际边界要镇。提升市域社会治理水平。推进市级以下基本公共服务领域财政事权与支出责任划分改革，扎实推进市域治理现代化试点，建设完善城市综合管理服务智慧平台。加强法治社会建设。推动"枫桥经验"郴州化。推广"1＋6＋N"治理模式，积极打造基层社会治理郴州样板。

（九）创响郴州文化品牌

用红色基因传承初心使命，加强红色资源挖掘保护、研究利用，建设一批爱国主义教育基地。实施湘南起义旧址群等重点红色文物提质改造工程。着力打造党员干部初心教育和青少年思想道德建设思政课郴州品牌。用红色文旅放大品牌效应。高标准高质量建设湖南（沙洲）红色文旅特色产业园，加快推进长征干部学院配套设施建设。积极争取长征国家文化公园（湖南段）纪念馆、湖南环沙洲中国扶贫交流基地和长征教育基地获批落户，将沙洲区域建设成全国重要的红色教育培训基地、红色文化旅游目的地、与乡村振兴高度结合的文旅产业发展示范区。构建以沙洲为核心节点的跨区域红色旅游精品线路体系。用红色引擎带动文化繁荣。围绕讲好"湘南起义""第一军规""半条被子""一张借据""功勋铀矿""竹棚夺冠"等故事，大力开展文艺精品创作。深度挖掘利用"神农本草"、"橘井泉香"、"湘昆"、"福"文化、"廉"文化等特色文化品牌。深化文化惠民。

（十）改善人民生活品质

继续实施"十大惠民工程"，切实解决好群众"急难愁盼"问题。多渠道促进充分就业。落实全省就业工作"六大计划"。依托"互联网＋就业"平台，进一步完善覆盖城乡的全方位公共就业服务体系，实现更充分更高质量就业。依法做好全面根治欠薪工作。多层次强化社会保障。加强社保政策扩面兜底。做好城乡低保、社会救助等工作。深入推进基本医疗保险和生育保险市级统筹，稳妥推进医保支付方式试点改革。总结推广居家和社区养老服务改革试点成果，建设老年友好型社会。多举措推动教育高质量发展。全面落实立德树人根本任务，持续深化教育教学改革。大力推进城乡义务教育优质均衡发展。建好办好"两类学校"、芙蓉学校。统筹抓好学前教育、高中教育和职业教育，办好特殊教育、继续教育、民办教育、高等教育。稳定强化教育投入，抓实教育信息化2.0，努力让每个孩子都能享有公平而有质量的教育。多方位建设健康郴州。大力开展爱国卫生运动，推动国家、省卫生乡镇创建增量提质。深入推进现代医院管理制度试点、县域综合医改试点和紧密型医共体建设。推进"互联网＋医疗"、中医药事业高质量发展。着力构建和谐医患关系。加强妇幼、老年人健康服务。强化生育科学知识普及和人口监测。举办好第二届市运会。扎实做好儿童青少年近视防控工作。加强心理健康教育、心理危机干预和心理援助，全面促进人民群众身心健康。

（十一）维护社会和谐稳定

保障经济安全运行，牢牢守住耕地保护和粮食安全底线。加强水电路气信等基础设施建设维护，强化价格监测和市场保供稳价。加强并规范战略和应急储备物资管理。抓好农业种质资源保护利用。加快推进天然气"县县通"。更多用改革的办法推进政府债务化解。妥善处置重点企业债务风险。严厉打击"一非三贷"等违法行为。保障人民安居乐业。加强农副产品供应和质量监测，推进生猪稳产保供，确保老百姓"米袋子""菜篮子"安全。落实食品药品安全"四个最严"要求。加强和改进医疗废物集中处置。加强应急指挥体系、应急队伍和能力建设。强化安全生产责任制，坚决防范和遏制较大以上安全生产事故、森林火灾事故和非安全生产亡人较大事故。保障社会安定和谐。做好信访和市长公开电话工作。深化房地产等重点领域遗留问题处置攻坚。健全重大决策风险评估机制。加强舆论引导和网络空间治埋。健全社会治安防控体系。抓好国防动员、兵役征集、国防教育、民兵预备役、双拥、军民融合、退役军人服务管理等各方面工作。

（十二）狠抓政府自身建设

恪守绝对忠诚，坚持把党的全面领导贯穿于政府工作各领域、全过程。巩固深化"不忘初心、牢记使命"主题教育成果。严守政治纪律和政治规矩，增强"四个意识"、坚定"四个自信"、做到"两个维护"。加强法治建设。坚持以法治思维和法治方式深化改革、推动发展、化解矛盾、维护稳定，继续做好行政立法工作。自觉接受人大监督、政协监督、社会监督和舆论监督。依法加强政务公开。加快推进审计监督全覆盖。优化服务效能。巩固深化机构改革成果。深化技术融合、业务融合、数据融合，积极推进数字政府建设，切实提高政府管理服务的主动性、精准性和智能化水平。锤炼过硬作风。加强政府系统干部队伍建设，着力提升"八项本领""七种能力"。树牢重基层、重实干、重实绩的鲜明导向，落实奖优罚劣、容错纠错制度。严格落实中央八项规定及其实施细则精神，确保清廉郴州建设良好开局。

B.31
永州市2020年经济社会形势
及2021年展望

朱洪武*

一 永州市2020年经济社会形势

2020年，永州市认真落实党中央国务院和省委省政府决策部署，扎实做好"六稳"工作，全面落实"六保"任务，奋力夺取疫情防控和经济社会发展双胜利。全市地区生产总值增长3.9%，固定资产投资增长8.5%，地方财政收入增长2.8%，社会消费品零售总额下降2.6%，城镇、农村居民人均可支配收入分别增长5.6%、7.3%。截至2020年底，永州市成功创建国家历史文化名城、国家出口食品农产品质量安全示范市、中国质量魅力城市、全国创新社会治理优秀城市等一批城市品牌。2020年，永州市经济运行主要特点如下。

（一）疫情防控科学有力，经济快速企稳回升

永州市委市政府坚决落实习近平总书记和党中央决策部署，建立战时指挥体系，构建联防联控、群防群治工作机制，在全省首创重点人员"4321"医学观察管控机制，科学推动复工复产。一是工业经济稳步加快。2020年全市规模工业增加值增长5.5%，全年新入统规模工业企业160家。龙头企业持续向好，1~12月，年产值3亿元以上的企业中，实现增长的占比为80.6%。产业恢复较好，1~12月，新能源新材料、电子信息、生物医药、先进装备制造业产值同比分别增长16.91%、8.09%、15.76%、12.76%。二是服务业持续复苏。2020年全市规上服务业同比增长6.4%。26个行业大类中19个实现增

---

* 朱洪武，永州市委副书记、市长。

长。商品房销售面积同比增长7.1%。全年游客接待量、旅游综合收入分别恢复至上年的93.9%、95.8%。三是农业生产总体较好。全年全市农林牧渔业总产值同比增长4.4%。新增粤港澳大湾区"菜篮子"生产基地45个，累计达到116个。新增1家国家农业产业化龙头企业，完成高标准农田建设34万亩，江永县"超级稻+再生稻"项目荣获"袁隆平农业科技奖"。在落实粮食安全责任制工作、落实生猪生产保障任务方面入选湖南2020年度真抓实干成效明显地区。

（二）创新重大项目推进机制，产业建设成效显著

一是力推项目建设。创新实施重大项目双月集中开工机制，2月18日以"云开工"方式在全省率先启动项目建设，全年共组织开展6次重大项目集中开工签约活动，累计开工重大项目422个，总投资1476.48亿元。全年共完成重点项目建设投资1273.22亿元，占年度计划的147%。二是力抓产业发展。深入推进"5个10"工程，全年实施重点产业项目253个，完成投资821.17亿元，占重点项目完成投资的64.5%。启动实施"10大产业链"建设，建立市级领导"链长制"，开工一批重点产业链项目。高新技术产业投资增长45.0%，比全部投资增速快36.5个百分点。新认定高新技术企业142家，净增率全省第二；新增国家和省"专精特新""小巨人"企业14家。新建园区标准厂房156万平方米，新入园投资5000万元以上工业项目130个，投产87个。

（三）新兴领域快速增长，发展动能持续增强

一是创新引领力度加大。全年全市科技支出达10.69亿元，增长43.5%；申请专利7089件，增长49.1%；授权专利3062件，增长78.2%。二是新业态、新兴产业加快成长。全年全市规模工业中高加工度工业、高技术制造业增加值同比分别增长10.2%和20.8%，二者占规模工业增加值的比重合计为43.0%，比上年同期提高3.4个百分点。全市规模以上娱乐业、软件和信息技术服务业、科技推广和应用服务业等新兴行业营业收入同比分别增长18.8%、5.3%和13.1%。全市限额以上批发零售企业网上零售额9.48亿元，同比增长35.6%。三是市场主体不断增多。截至2020年12月底，全市共有市场主体29.00万户、注册资本3749.09亿元，同比分别增长12.2%、12.8%。

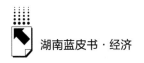

（四）改革开放纵深推进，发展活力不断激发

一是有序推动各项改革。在全省率先实施"证照合一"改革，548个政务服务事项实现"网上办"，288个事项实现"全市通办"，与广东省清远市开通"跨省通办"；项目竣工联合验收由3个月缩减至8个工作日，"交房即交证"启动实施；中心城区财政体制改革落地推行，综合行政执法、农村集体产权制度、经营类事业单位改革有序推进。祁阳县"政企合作、园企共建"园区市场化改革经验在全省推介。二是不断加大开放力度。全年引进招商项目344个，总投资927.5亿元；引进500强企业项目27个，总投资328.1亿元；76家"三类500强"企业和央企增资扩股近40亿元。完成外贸进出口总额30亿美元，增长15.6%。成功举办首届永州蓝山国际皮具箱包博览会。永州市成为全国供港蔬菜跨省检验检疫互认试点城市，蔬菜直供香港试点在江华成功启动，新田县入选国家外贸转型升级基地。三是推进营商环境整治。扎实开展营商环境专项巡察、"问题清零百日攻坚"，解决一批企业用水用电、工程项目审批、不动产办证等堵点难点问题。积极推行区域评估、"拿地即开工"试点和"帮代办"服务，项目落地加速。

（五）各项工作推进有力，全面小康成色提升

一是民生保障不断增强。全市民生支出占财政总支出比重达到77.4%。"六覆盖"目标任务和省市重点民生实事全面完成。新增城镇就业5.74万人、农村劳动力转移就业4.59万人，发放各类就业补贴3.19亿元、创业担保贷款8.5亿元。"互联网+远程医疗基层诊室项目"建设走在全省前列，建制乡镇卫生院配备2名全科医生实现全覆盖。祁阳成功创建全国健康促进县。基本医疗保险市级统筹改革全面到位，药品集中采购有效减轻群众就医负担。城乡低保、特困人员供养、残疾人"两项补贴"提标到位，城乡社区养老服务设施、县区残疾人托养中心和康复站实现全覆盖。二是"三大攻坚"成效较好。全市剩余未脱贫人口14523人全部如期脱贫。宁远县获评全国"十三五"易地扶贫搬迁工作成效明显县。江永县消费扶贫、东安县产业扶贫入选全国扶贫典型案例。全市地表水环境质量排全国337个地级及以上城市第16位、全省第1位。中心城区空气质量优良率达到94.5%，同比提高6个百分点，全市首次实现全域达到国家空气质量

二级标准。长江流域重点水域禁捕退捕、人工繁育野生动物禁养退养全面完成。新增人工造林22.5万亩、国家湿地公园3个、"中国天然氧吧"县3个。东安创建国家生态文明建设示范县，双牌入选全国森林康养基地试点，金洞入选全国森林经营试点，零陵锰矿区生态保护修复工程完成省级验收。加强债务动态监测和风险预警，全市隐性债务化解任务完成率达到158.2%，新增政府债券95.23亿元。江永县纳入财政部隐性债务风险化解试点。金融风险总体可控，农商行系统不良贷款实现量率"双降"。深入推进平安永州建设，扫黑除恶专项斗争被推评全国先进，维稳工作实现"五个不发生"。新田创建全国信访工作"三无"县。有效应对10次洪涝灾害，安全生产形势总体稳定。交通问题顽瘴痼疾集中整治获评全省优秀，食品安全工作获评全国先进。

尽管经济运行情况总体恢复较好，但受全球经济下行及新冠肺炎疫情等多重因素影响，"十三五"及2020年一些主要经济指标未达预期，特别是社会零售总额指标，在2020年为负增长。同时全市经济总量不大、产业结构不优、基础设施薄弱、龙头企业规模不大等问题影响发展后劲，需要在今后的工作中奋力突破。

二 永州市2021年分析展望

（一）主要发展目标

永州"十四五"规划以2021年为起点，以推动高质量发展为主题，以深化供给侧结构性改革为主线，以改革创新为根本动力，坚持创新引领开放崛起，坚持扩大内需战略基点，大力实施"三高四新"战略，全力打造"三个高地①"，加快建设"三区两城②"，着力构建"一核两轴三圈③"区域经济格

---

① 国家重要先进制造业高地、具有核心竞争力的科技创新高地和内陆地区改革开放高地。
② 三区：建设融入粤港澳大湾区引领区，建设湘南湘西承接产业转移示范区，建设对接东盟开放合作先行区；两城：建设国家区域性综合交通枢纽城市，建设文化生态旅游名城。
③ 一核：加快推进零冷联城，打造市域核心增长极；两轴：在永州市域北部打造以先进制造和高新技术产业为主的经济发展轴，在市域南部打造以高加工度工业和新兴工业为主的经济发展轴；三圈：打造30分钟"同城圈"、60分钟"协同圈"、形成90分钟"融入圈"。

局。考虑"十四五"的发展目标和当前经济形势，设定2021年主要预期目标：地区生产总值增长8%，规模工业增加值增长9.5%，固定资产投资增长10%，社会消费品零售总额增长10%，地方财政收入增长5%，城镇居民人均可支配收入增长8.5%，农村居民人均可支配收入增长9%，居民消费价格指数上涨3%以内。

（二）重点工作展望

1. 深入推进产业建设

一是加快发展先进制造业。以产业链为主抓手，深入推进"5个10"工程、"企业大提升"工程、产业强链工程和园区强基工程。大力培育企业主体，建立"专精特新"中小微企业梯度培育体系，加快培育一批"小巨人"企业、高成长性高新技术企业、"独角兽"企业。集中培育300家重点企业，力争3年内实现税收过500万元、产值过5亿元的企业数量倍增。大力加强品牌建设，推进质量强市、品牌兴市，鼓励企业积极争创中国质量奖、中华老字号、省长质量奖等，打造一批知名企业品牌、产品品牌。二是积极推进科技创新。鼓励企业与科研院所、高等院校开展研发合作，与粤港澳大湾区联合设立研发机构或技术转移机构，新建省级以上科技创新平台5家以上、市级10家以上。依托市农科五所资源，与中国农科院"院市共建"现代农业产业发展研究机构。推进永州农科园创建国家农业高新技术产业示范区。支持科技企业引进培育30名科技创新人才、20个创新创业团队，力争引进一个团队、诞生一家企业、创造一批产品、壮大一个产业。三是培育壮大现代服务业。以文化生态旅游深度融合为主线，以国家公共文化服务体系示范区和全域旅游创建为抓手，推动文旅产业链发展。继续推进现代物流产业强链工程，补齐现代物流业短板，增强市内市外以及县区之间连通性，降低要素的流动成本。完善融资担保体系，发展多层次资本市场，全面推进现代金融业发展，构建良好金融生态环境。

2. 持续扩大内外需求

一是拓展投资空间。围绕基础设施补短板，确保呼南高铁邵永段、国能永州电厂等一批基建项目开工建设，推进湘桂铁路扩能等在建交通、能源、水利重大项目建设进度。2021年全市第一批铺排重点建设项目360个，总投资

2700亿元，年度计划投资800亿元。围绕完成投资计划，坚持强化"月调度、双月集中开工签约、季度督导点评、半年现场观摩、年终总结考核"机制，推动项目建设始终形成热潮。二是促进消费升级。推动需求侧改革，激发消费新活力。新培育70家以上限上企业，新创建1个国家电子商务进农村示范县。发展数字消费、网络消费、信息消费等新型消费，推进线上消费与线下消费、城市消费与农村消费、跨境电商与农村电商、外贸与内销融合发展。三是全面扩大开放。加大招大引强、招新引优力度，全年引进"三类500强"企业项目20个以上。加强招商项目跟踪服务，提高项目履约率。完善湖南农副产品集中验放场及粤港澳大湾区"菜篮子"产品永州配送中心的功能配套，做大做强果蔬、鞋业、家具3个国家外贸转型升级基地，加快推进县域开放平台全覆盖，推进"湘企出海＋"综合服务平台（永州专区）建设，积极推动"永企出海""永品出境"。全年新增"破零倍增"企业100家以上，进出口总额增长10%以上。

3. 全面推进乡村振兴

一是深化农村改革。全面完成农村承包地确权登记颁证，建立健全土地流转规范管理制度，稳妥开展第二轮土地承包到期后再延长30年试点；加强乡镇农村经营管理体系建设，有序推进经营性资产股份合作制改革。二是实施乡村建设行动。加快"多规合一"村庄规划编制，加强农村建房管理和风貌管控。持续完善农村环境设施，大力推进农村垃圾、污水整治，基本实现行政村生活垃圾、生活污水处理全覆盖。深入实施全域推进美丽乡村建设"一县十镇"工程，创建省级美丽乡村示范村、特色精品乡村25个以上。三是加快发展乡村产业。加强种子库建设，提高良种化水平。加强非洲猪瘟、禽流感等疫病防控，确保出栏生猪620万头、存栏450万头。大力发展精细农业，培育壮大"两茶一柑一菜一药"，加快打造蔬菜、柑橘、油茶、中药材4个百亿产业。做强"永州之野""湘江源"农业公用品牌，用好蔬菜直供香港优势，做强大湾区"菜篮子"，提质改造"菜篮子"生产基地100个、新认定30个。

4. 促进区域协调发展

一是推进中心城区建设。重点实施"南北联城、中部崛起"战略，抓好滨江新城文旅综合体、中科未来城、中国物流永州产业园等项目建设，提高中心城区的首位度，提升辐射带动能力。二是推进县域经济提质。深化扩权强县改革，赋予县区（经开区、管理区）更多自主发展、自主创新的市级管理权限。实施特色县域经济强县工程，壮大一批特色产业园区，推动各县在全省县域经济版图上升类进位。实施县城基础设施补短板行动，突出老旧小区改造、农贸市场提质、垃圾污水处理设施全覆盖、城市停车场建设、现代文体商贸设施建设等方面，加快推动县城提质。三是切实强化基础支撑。"路网"方面：加快推进永清广高铁前期工作，开工建设邵永高铁，推动湘桂铁路永州地区扩能改造工程建成投运；加快衡永、永零、永新高速公路建设，力争零道高速开工，做好道连、永郴高速前期工作。"水网"方面：统筹推进城乡水源、水厂、管网建设，抓好城乡供水一体化，尽早上马中心城区应急备用水源项目。"电网"方面：扎实推进电网建设三年行动计划，着力打造 500 千伏南北互济、220 千伏多环支撑的电网体系。"气网"方面：加快推进新粤浙线广西支线衡阳—永州段、永州—邵阳支线长输管线项目建设，推进天然气输气管网"县县通"。"光网"方面：推进新一代信息基础设施建设，新建 5G 基站 800 个以上，实现城区 5G 信号连续覆盖。

5. 加快实现绿色崛起

一是深入打好污染防治攻坚战。以创建国家生态文明建设示范市为引领，全面完成湘江保护和治理第三个"三年行动计划"，市县区集中式饮用水水源水质保持 Ⅱ 类以上，全年水环境质量保持全国前列、全省第一。严格落实企业主体责任，坚决防止重大污染事故发生。二是切实加强生态环境保护。统筹推进山水林田湖草系统治理，全面落实河长制，推进湘江永州段治岸治污治渔和长江流域"十年禁渔"，编制落实"一河一策"，加强河湖管理保护。推进潇湘两水、国省干线、高速公路生态廊道建设，力争每个县区打造一条高标准生态廊道示范线。全面完成自然保护地整合优化。推行林长制，开展大规模国土绿化行动，完成造林 21 万亩。三是扎实推进绿色低碳发展。积极落实国家碳排放达峰行动，加速经济结构调整、产业绿色转型，大力建设绿色矿山、绿色园区、绿色工厂、绿色养殖场。优化能源消费结构，推进绿色交通发展，积极创建绿色出行示范城市。健全资源节约集约循环利用政策，引导企业绿色生产，倡导居民低碳生活。

B.32
怀化市2020年经济社会形势及2021年展望

雷绍业*

一 2020年经济社会发展情况

2020年是极不平凡、极不容易的一年。面对各种严峻挑战特别是新冠肺炎疫情的严重冲击和繁重的防汛救灾任务，我们以习近平新时代中国特色社会主义思想为指导，坚持稳中求进工作总基调，坚持创新引领开放崛起战略，统筹推进疫情防控和经济社会发展，扎实做好"六稳"工作，全面落实"六保"任务，加快推进"一极两带"和"一个中心、四个怀化"建设，奋力把怀化这座"五省通衢"城市建设成为"西南明珠"取得了明显成效，交出了一份沉甸甸的答卷。

（一）经济运行平稳向好

在全省重点地区率先控制疫情，率先提出"双战双胜"，率先启动复工复产，经济增长由负转正。实现GDP增长3.9%，居全省第6位；规模工业增加值增长5.6%，居全省第2位；固定资产投资增长9.2%，居全省第4位；社会消费品零售总额增速超全省平均水平0.2个百分点，居全省第3位；地方一般公共预算收入增长4.5%，居全省第2位；非税占比降至29.7%，居全省第3位；进出口总额增长33%；城、乡居民人均可支配收入分别增长4.2%、10.3%，分别居全省第12位、第2位；居民消费价格涨幅控制在3%以内。

---

* 雷绍业，怀化市委书记、市长。（收稿日期2021年3月）

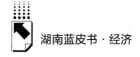

（二）"双战双胜"收获重大成果

在全省率先运用"口袋战术"、四级干部集村部、中西医并举治疗等举措，24 天实现确诊病例零新增，36 天实现确诊病例清零。严格落实"外防输入、内防反弹"总体防控策略，严把境外输入、域外输入、冷链输入三个关口，织牢织密常态化防控网络，坚决巩固来之不易的疫情防控成果，清零后没有出现新增确诊病例。全市疫情防控工作得到工程院院士钟南山点赞。迅速推动复工复产，在全省率先开展重点项目集中开工，4 次按下项目建设"快进键"，深入开展项目建设"创先争优百日大会战"行动，并率先建立就业用工、行政审批"两需求一贯通"机制，重点建设项目强进度、重点规模企业强产能成效显著。

（三）三大攻坚战取得决定性成就

脱贫攻坚全面胜利，2.15 万名剩余贫困人口全部脱贫，高质量通过国家普查，如期完成全面脱贫目标任务。污染防治成效明显，成功创建国家空气环境质量二级标准城市，河长制全面落实，中心城区黑臭水体全面消除，全域地表水考核断面水质均达到Ⅱ类及以上。积极创建国家森林城市，森林覆盖率达71%。重大风险防范总体可控，全市政府性债务余额累计减少 53.87 亿元，隐性债务累计化债进度完成 115.59%，综合债务率、债务风险、"三保"风险总体可控。严厉打击非法金融活动，全市不良贷款率降至 1.51% 以下，降幅全省第一。

（四）产业项目建设风帆正扬

持续发展制造业，新增规模工业企业 96 家。成功获批国家骨干冷链物流基地，成为全省唯一入选城市。新增重点商贸服务企业 20 家，完成商贸物流业增加值 300 亿元。全年接待游客 5030 万人次，实现旅游收入 400 亿元。中药材种植面积达 70 万亩，完成综合产值 106 亿元。持续推进专业化园区建设，15 个省级及以上产业园区技工贸收入增长 15%，园区规模工业增加值增长5.5%。怀化广告创意产业园成功获批国家级广告产业园区，国家农业科技园区被评为全国优秀园区。

（五）农业农村面貌逐步改善

基本农田面积保持在 383.07 万亩，种植优质稻 190 万亩。新增省级农业特色园区 4 个、市级现代农业特色产业园 20 家、粤港澳"菜篮子"生产基地 38 个、绿色食品认证 78 个、全国名特优新农产品名录 9 个、国家农产品地理标志 5 个。新增省级农业产业化龙头企业 19 家、市级龙头企业 34 家，农产品加工产值增长 9.5%。农村人居环境整治三年行动计划圆满收官，创建农村人居环境整治示范村 50 个、美丽乡村示范村 25 个。

（六）新型城镇化步伐不断加快

渝怀铁路增建二线、焦柳铁路怀柳电化改造、怀化西编组站（"两线一站"）正式开通运营。怀北路、红星南路、湖天南路等车行道基础修复全面完成，湖天北路、红星北路绿化提质改造工程有序推进。92 个城镇老旧小区、3569 套棚户区改造项目全部开工，新增城区停车位 2000 个。加快城区 113 个历史遗留房产证办证流程，完成首次登记 3.5 万户，办理转移登记 3.14 万户，38 个烂尾楼项目盘活 37 个。成功通过省级卫生城市、文明城市复审。全市常住人口城镇化率提高到 51%。

（七）改革开放实现新的突破

供给侧结构性改革持续深化，减税降费各项政策得到有效落实，为实体经济降成本 10.4 亿元。财源税收综合治理机制、"交房即办证"、"标准地＋承诺制＋代办制"等多项改革成效明显。研发经费投入强度提升到 1.8%，高新技术企业增加到 368 家，高新技术产业增加值占比达 18%，科技进步贡献率达 55%，每万人发明专利拥有量达 1.45 件以上。实际到位省外境内资金 405.2 亿元、增长 23.9%，新增"三类 500 强"企业 10 家、投资项目 11 个。外贸实绩企业达 70 家，实现进出口额 13.7 亿元，增速全省第一。

（八）民生福祉得到有力保障

民生支出占比保持在 76% 以上，新增城镇、农村劳动力转移就业 8.9 万

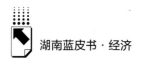

人，22 件省市民生实事全面完成，10 所芙蓉学校建成使用，城乡居民基本养老保险应保尽保。成功应对罕见特大洪灾，未垮一库一坝、未伤亡一人。

二 2021年工作展望

2021 年是我国现代化建设进程中具有特殊重要性的一年，是"十四五"开局之年，也是建党 100 周年，还是湖南省实施"三高四新"战略的首战之年。

工作总体要求是：以习近平新时代中国特色社会主义思想为指导，全面贯彻党的十九大和十九届二中、三中、四中、五中全会精神，坚决落实习近平总书记关于湖南工作系列重要讲话指示精神和中央、省委、市委经济工作会议精神，坚持稳中求进工作总基调，立足新发展阶段，贯彻新发展理念，构建新发展格局，以推动高质量发展为主题，以深化供给侧结构性改革为主线，以改革创新为根本动力，以满足人民日益增长的美好生活需要为根本目的，大力实施"三高四新"战略，坚持创新引领开放崛起，坚持扩大内需战略基点，坚持系统观念和底线思维，更好统筹发展和安全，坚持精准施策，扎实做好"六稳"工作、全面落实"六保"任务，巩固拓展疫情防控和经济社会发展成果，推动经济平稳健康运行、社会和谐稳定，确保"十四五"开好局，以优异成绩庆祝建党 100 周年。

主要预期目标是：GDP 增长 8%；地方一般公共预算收入增长 5.5% 以上，非税占比控制在 30% 左右；进出口总额增长 20%；规模工业增加值增长 8% 以上；固定资产投资增长 10.5%；社会消费品零售总额增长 10.5%；城、乡居民人均可支配收入分别增长 8.5% 和 10.5% 左右，居民消费价格指数控制在 3% 以内。重点抓好以下七个方面工作。

（一）围绕加快发展现代产业体系，着力壮大实体经济

集中力量大力发展制造业，全力抓好湖南重要电子信息产业、五省边区生物医药产业、新材料（精细化工）产业、湖南先进桥隧工程装备制造业、装配式建筑制造产业、军民融合特色产业"六大基地"建设。做大做强特色优势产业，年内新增重点商贸服务企业 20 家，商贸物流产业增加值达 410 亿元。

实现接待游客5800万人次、旅游收入460亿元。年内新增绿色食品40个，农产品加工产值增长10%。大力发展文化（广告）创意产业，力争主营业收入达到18亿元。全面推进园区专业化建设，进一步优化园区规划布局，形成园区间产业集聚、链条完善、特色明显、协同互补的产业生态体系。新进规模工业企业80家，实现园区技工贸收入增长15%，园区规模工业增加值增长8.5%。

（二）围绕厚植发展新优势，着力推进改革创新

加快科技创新体系建设，实施新一轮加大全社会研发经费投入行动计划，力争高新技术企业达到400家以上，发明专利申请2000件以上。持续实施市属企业改革创新三年行动计划，大力推进市县平台公司市场化实质性转型，加快市属企业重组整合。深入推进投融资体制改革，力争社会融资规模增长10%、贷款余额增长8%以上。强化市县乡村四级"互联网+政务服务"体系，全面推行企业、群众办事马上办、就近办、网上办、一次办。加快实施企业上市"破零"计划，强化普惠金融服务，持续激发市场主体活力。开展企业权益"七个保障"专项行动，依法平等保护民营企业产权和企业家权益，全力营造市场化、法治化、国际化的一流营商环境。力争全年新登记市场主体3万户以上。

（三）围绕扩大内需这个战略基点，着力扩大有效需求

实施重点项目354个，完成投资562亿元，产业项目投资占比实现60%以上。坚持"房住不炒"定位，促进房地产市场平稳健康发展。加快新基建，完成云计算中心二期建设，建成城区充电站场8个、5G基站1000个。大力发展夜间经济，力争打造1~2个夜间经济品牌商圈。精心筹办健博会、汽博会等节会，支持汽车市场、汽车零部件市场建设。加大农产品品牌创建、推介和营销力度，大力发展农村电商，推动怀化农产品"走出去"。加快新型消费形态向农村拓展，充分挖掘县乡消费潜力。加快西部陆海新通道怀化枢纽节点建设，推动开行湖南至广西北部湾铁海联运班列，实现中欧班列常态化开行。全年引进省外境内资金430亿元以上，新引进"三类500强"企业6家以上，2亿元以上重大项目70个以上。

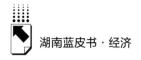

（四）围绕全面推进乡村振兴，着力推动农业农村优先发展

推动巩固拓展脱贫成果同乡村振兴有效衔接，坚决守住脱贫攻坚成果，坚决杜绝规模性返贫。大力发展山地精细农业，打造"六大强农"行动升级版，努力把中药材、水果、茶叶、蔬菜、畜禽水产、粮油、竹木等 7 个产业培育成百亿产业。深入实施藏粮于地、藏粮于技战略，粮食种植面积稳定在 465 万亩以上，产量稳定在 194 万吨以上。落实最严格的耕地保护制度，牢牢守住 480 万亩耕地红线，坚决遏制耕地"非农化"、防止"非粮化"。实施村庄基础设施改善工程，扩大农村公共服务供给。持续开展村容村貌整治行动，因地制宜推进空心房整治、生活垃圾处理、污水治理和农业面源污染治理，创建美丽乡村示范村 25 个。

（五）围绕优化国土空间布局，着力推进新型城镇化建设

完成《怀化市国土空间规划（2019～2035 年）》编制，加快推进鹤中洪芷城镇群一体化建设。深入推进全国文明城市、国家卫生城市、国家园林城市创建，成功创建国家森林城市。用"绣花功夫"抓好城市管理，切实抓好主城区高速出入口及连接线环境整治。启动 17 条中心城区道路提质改造项目，实施 3 条城区道路雨污分流改造工程。新建改造公厕 69 座。完成湖天公园、舞水公园、迎丰公园二期建设，建成街头小游园 10 个。实施城市更新行动，抓好城区老旧小区改造，完成棚户区改造 692 套。开工建设怀化城西大型停车场，完成太平桥、太平溪、迎丰公园停车场建设，新增停车位 5000 个。加快推进县城扩容提质，重点扶持一批可容纳 5 万～10 万人口的卫星镇、示范镇，力争全市常住人口城镇化率提升 1.5 个百分点。

（六）围绕人与自然和谐共生，着力推进生态文明建设

继续打好污染防治攻坚战，全力创建全国生态文明建设示范市和全国生态产品价值实现机制试点市。巩固环境空气质量二级标准达标城市建设成果，空气优良率达 95% 以上。巩固提升河长制工作，扎实做好"十年禁渔"工作。持续开展饮用水水源地环境问题专项整治，确保沅水干流及主要支流考核断面水质优良比例达到考核目标。强化重金属和工矿企业污染治理，确保污染地

块、受污染耕地安全利用率均达90%以上。积极开展国土绿化行动，推进林长制试点和生态廊道建设，森林覆盖率稳定在71%以上。大力倡导绿色生活方式，积极规范"散乱污"企业50家，引导企业形成绿色发展方式。加快推进生活垃圾分类工作，积极创建生活垃圾分类和资源化利用示范区。落实国家2030年前碳达峰行动要求，加快发展清洁能源，积极推广应用新能源和清洁能源车，加快共享单车定点停摆场等设施建设。

（七）围绕改善人民生活品质，着力提高社会建设水平

把稳就业摆在突出位置，新增城镇就业3.87万人以上、农村劳动力转移就业3.8万人以上。努力办好高质量教育，新增义务教育学位5000个以上，新增公办学前教育学位1万个以上。提升公共文化服务水平，加快主城区博物馆、规划馆、演艺中心建设，组织开展送戏下乡演出600场次以上。健全多层次社会保障体系，进一步规范临时救助制度，统筹推进助残、救孤、济困、优抚等福利事业发展。毫不放松抓好新冠肺炎疫情常态化防控工作，严防死守，确保不出现规模性输入和反弹。加快建设大湘西区域医疗卫生中心，积极发展基层契约式医疗服务，促进中医药传承创新发展。统筹发展和安全，有效防范化解各类经济社会风险。加强和创新社会治理，全力确保社会和谐稳定，不断提高人民群众的获得感、幸福感、安全感。

B.33
娄底市2020年经济社会形势及2021年展望

娄底市人民政府

一 2020年发展情况

2020年,娄底市深入贯彻落实党中央国务院和省委省政府的决策部署,保持定力,精准研判,奋力夺取疫情防控和经济社会发展的双胜利。预计全年地区生产总值增长4.5%,地方一般公共预算收入增长5.1%,规模以上工业增加值增长5.5%,固定资产投资增长8.6%,城乡居民人均可支配收入分别增长5.4%、9.4%,经济总体稳步回升、逐月向好,呈现高质量发展态势。

(一)全力以赴抗击新冠肺炎疫情

第一时间启动一级应急响应,构建"党委领导、政府主导、部门各司其职、县市区守土有责"的责任体系。1.01万个基层党组织、21.6万名党员积极投身一线,率先推行电子健康码,3天时间将杉山卫生院改建成市中心医院第二医疗区,23天实现确诊病例零新增,48天实现确诊病例全部治愈出院,医用口罩日产能力达到1800万个,核酸检测日检测能力达到5.2万人份,娄底市是全省确诊病例50例以上最早控制住疫情的市州,也是率先实现县级疾控中心核酸检测全覆盖的市州。选派30名医务人员驰援黄冈市,筹措医疗、生活物资支援湖北,向国际友好意向城市捐赠防疫物资,展现了非常时期的娄底担当。制定落实"18条措施",对境外来娄人员实行点对点转运和全程闭环管理,持续巩固防疫成果。

(二)全面落实"六稳""六保"任务

率先出台稳就业举措,专列专车点对点帮助人员返岗,第一时间向企业派驻 1342 名驻企防疫联络员，华菱涟钢等 35 家重点工业企业疫情期间实现稳产增产，稳住了经济基本盘。全面落实助企惠民政策，新增减税降费 14.28 亿元，新发放企业贷款 95 亿元。新增市场主体 4.35 万家，增长 18.07%，增速居全省第一。强抓项目稳投资，先后三次开展项目集中开工、竣工活动，13 个省"五个 100"项目、30 个省重点项目、227 个市重点项目，分别完成年度投资计划的 125.89%、164.67%、135.52%，产业投资占全部投资的 65.4%。成功争取抗疫特别国债 10.5 亿元、地方政府专项债券 54.28 亿元、一般债券 13.89 亿元、中央省预算内投资 14.19 亿元、国开行"稳投资补短板强动能"专项授信 32.3 亿元。实施"娄商返娄"行动，成功举办第十一届"湘博会"，签约重大项目 82 个，引进"三类 500 强"项目 8 个，内联引资、实际利用外资、进出口总额分别增长 22.5%、16.7%、15%。激发活力扩内需，发放稳岗补贴 4500 万元、双倍标准临时价格补贴 7498.9 万元，开展"乐享娄底·幸福生活"、汽车展销会等系列活动，举办首届中国黄精产业发展研讨会、首届"娄底电商节"。省定粮食生产收储、生猪稳产保供任务全面完成，建设高标准农田 13.5 万亩，水稻综合机械化水平达到 75%，天柱山禽业获批国家级农业产业化龙头企业，湘村黑猪获评省长质量奖提名奖。

（三）坚决打好打赢三大攻坚战

持续开展脱贫攻坚"百日攻坚行动""进村入户巩固月活动""脱贫质量提升行动"，建立"双周调度会"、市级领导包联、常态化暗访督查、涉贫信访舆情快速联动处置"四项机制"，2847 户农村危改房全部竣工验收，新建扶贫车间 209 个，1.73 万名未脱贫人口全部脱贫。4956 栋易地扶贫搬迁"应拆未拆"独栋房、连体房全部拆除并复垦，突出问题整改动态清零，经验做法被国家发改委在全国推介。自觉扛起"守护好一江碧水"政治责任，污染防治攻坚战 33 项任务、"夏季攻势"124 项任务全面完成，建成重点镇污水处理厂 13 个，清理整改小水电 150 座，第二次全国污染源普查工作获国务院通报表扬，河长制工作获全省先进。完成禁捕退捕年度任务，在全省率先建成资江视频监控系统。全力打好锡矿山区域环境综合治理攻坚战，锑煤矿区生态保护修复试点工程验收销号，砷碱渣无害化处理线投入运行。国家森林城市建设总体规划通过国家评审。积极防范化解政府债务风险，加强国有资产规范管理，

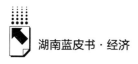

加快平台公司市场化转型，政府债务风险保持在全省二类等级地区。加大"打处非"力度，侦办非法集资案件27起，民间融资风险逐步化解。

（四）着力打造先进制造业"双引擎"

以"三一回家"为重点，强力推进工程机械产业建设，新签约和改扩建项目67个，完成投资115.68亿元，实现主营收入110.38亿元，增长12.6%，其中三一液压油缸智能生态工业城、三一重卡零部件产业园、三一路机灯塔工厂等5个重点项目，总投资达100亿元。以结构调整为重点，做优做强钢铁新材产业，华菱涟钢棒材改造项目、高强钢一期项目竣工投产，高端家电用镀锌板项目开工建设，VAMA二期即将启动建设，无取向硅钢项目成功签约，涟钢钢产量迈上1000万吨台阶。坚持"一链一策"高位推动产业链发展，10条工业新兴优势产业链增加值增长10.3%，高于规模工业增速4.8个百分点。

（五）坚定不移推进改革创新

大力推进"一件事一次办"和"五办五公开"改革，48个部门1574个政务服务事项，进入"互联网＋政务服务"一体化平台，193项"一件事"实现可查可办和跨域通办；精简23个单位198个审批事项，精简率26.8%；企业登记实现"37证合一"，开办时间压缩至5.5小时。涟源市"互联网＋村级小微权力监督"、新化县油溪桥村"两山转化"、双峰县农村承包地确权登记颁证、娄星区农村集体产权制度改革、冷水江市政务服务"三零"体系等10余项改革案例获国、省表彰推介。41家国有企业退休人员社会化管理移交改革全面完成。国家高新区创建成功进入科技部最新一批现场考察名单。新增高新技术企业71家，高新技术产业增加值增长9.3%。申请专利2737件，增长338%，增速居全省第一。加强科技创新平台建设，先进钢铁材料技术国家工程研究中心华中分中心落户娄底，华菱涟钢云数据中心投入使用，首家省级区块链产业园落户万宝新区。

（六）切实兜牢基本民生底线

12件省定民生实事、10件市定民生实事完成年度任务。公办幼儿园在园幼儿占比、普惠性幼儿园覆盖率分别达到47.73%、86.02%，义务教育、普通高中大班额化解分别完成省定任务的113.6%、131.2%。在全省率先把远程医疗延伸到村卫生室，新建居住小区养老服务设施"四同步"落地实施，入选全国第二批社会足球场地建设试点城市，老旧小区改造6786户，26个安置基地项目建成交付17个。严厉打击电信网络诈骗违法犯罪，深入推进扫黑除恶专项斗争，审理办结"4·17"等一批涉黑涉恶大案。深入开展安全生产专项整治三年行动，安全生产事故起数、死亡人数分别下降24%、15.7%。

2020年以来，娄底市对标先进，主动作为，在推动经济社会高质量发展的进程中涌现了一批特色和亮点：一是省委省政府在"十四五"规划纲要中明确娄底为长株潭都市圈的拓展区和辐射区。二是成功创建全国文明城市。三是地方一般公共预算收入迈上80亿元台阶，增速排全省第一，纳税过亿元企业达到15家。四是钢铁新材和工程机械产业集聚项目183个，先进制造业"双引擎"基本成型。五是脱贫攻坚完成既定任务，在全省成绩优异。六是全市政府性债务化解成效突出，获省财政厅2.5亿元奖励。七是娄底海关建成开关，万宝公用型保税仓正式开仓。八是强力推进"无籍房"办证，已完成5.04万户。九是垃圾焚烧发电项目、市老干部活动中心建设等一批"老大难"问题得到妥善化解。十是"村民议事会""屋场会""楼栋网格化"等基层治理创新，成为全国全省推介典型。

二 "十四五"时期主要目标任务

到2035年，全市人均地区生产总值达到中等发达国家水平，基本建成先进制造业强市、产教融合城市、综合交通枢纽城市、文明幸福城市，基本实现社会主义现代化的远景目标，坚持党的全面领导，坚持以人民为中心，坚持新发展理念，坚持目标引领，实施"三高四新"战略，奋力谱写新时代坚持和发展中国特色社会主义娄底新篇章。

（一）倾力打造"三个高地"

着眼构建现代化产业体系，坚持把发展经济的着力点放在实体经济上。深入落实全省"八大工程""七大计划""四大改革行动""五大开放行动"，制定实施娄底打造"三个高地"的具体规划，确保实现"五大跨越""五大进

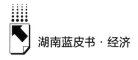

展""五大突破"。强力打造先进制造业"双引擎"、中部崛起"材料谷",力争"十四五"期间,钢铁新材和工程机械两大产业总产值迈上2000亿元台阶。

（二）加快融入新发展格局

着眼推动需求牵引供给、供给创造需求的更高水平动态平衡,积极参与国内市场建设,主动服务国家开放战略,更加有效地利用国际国内两个市场。加快构建综合交通运输枢纽体系,打通阻碍内循环的"堵点"。大力促进消费升级,改善消费环境,提升传统消费,培育新型消费,合理增加公共消费。持续扩大有效投资,统筹推进传统和新型基础设施建设,加快补齐市政工程、农业农村、公共安全、生态环保、物资储备、民生保障等领域短板,实现经济循环流转和产业关联畅通。

（三）全面推进乡村振兴

着眼推进农业农村现代化,以乡村振兴为统揽,以深化农业供给侧结构性改革为主线,强化以工补农、以城带乡,加强城乡要素双向流动,积极创建国家城乡融合发展试验区。抓实保耕稳粮工作,推进高标准农田和水利基础设施建设,推广农业机械应用。大力发展精细农业,实施产业兴村强县行动,加快培育优势特色产业和龙头企业。实施乡村建设行动,持续整治农村人居环境。提升农民科技文化素质,推动乡村人才振兴。健全防止返贫监测和帮扶机制,实现巩固拓展脱贫成果同乡村振兴有效衔接。

（四）统筹区域协调发展

着眼构建国土空间开发保护新格局,科学划定空间管控边界,优化重大基础设施、重大生产能力和公共资源布局。积极对接全省"一核两副三带四区"区域发展格局,将娄底建设成为长株潭都市圈的拓展区和辐射区、先进制造配套区、现代物流服务区。构建"一核一廊"市域经济格局,打造娄星涟源高质量融合发展的核心区和以娄底大道为中轴连通各县市区、各主要产业园区协调发展的先进制造业走廊、新型城镇化走廊。推进中心城区扩容提质,积极稳妥推进涟源撤市设区,促进品质城市、秀美县城和中心城镇、特色小镇梯次发展。

（五）奋力建设美丽娄底

着眼促进经济社会发展全面绿色转型，持续抓好长江生态环境保护修复，扎实推进资江水域禁捕退捕。坚持山水林田湖草系统治理，强化河长制，推进河库综合治理，加快创建国家森林城市。深入打好污染防治攻坚战，加快锡矿山等重点区域环境综合治理，确保地表水断面全部达标、中心城区空气质量稳定达到国家二级标准。完善生态环境治理体系，持续淘汰落后产能，全面推行重点领域绿色化改造，抓好碳达峰、碳中和工作，构建绿色低碳生产生活方式。

（六）坚持保障改善民生

着眼提升人民生活品质，把稳就业摆在突出位置，完善重点群体就业与创业支持保障制度，建立健全多层次社会保障体系，多渠道提高人民收入水平。推动各类教育优质均衡发展，加快产教融合，办好新时代人民满意教育。深化医药卫生体制改革，优化市域医疗资源布局，全面推进健康娄底建设。积极应对人口老龄化，提高优生优育服务水平，推动养老事业和养老产业协同发展。巩固和深化全国文明城市创建成果，大力发展公共文化体育事业，培育壮大现代文旅产业。统筹发展和安全，夯实基层基础，建设更高水平的平安娄底。

三 2021年工作展望

2021年主要预期目标为经济增长7.5%以上，地方一般公共预算收入增长5%，城镇新增就业3.4万人左右，城镇调查失业率与全国全省一致，居民消费价格涨幅3%左右。居民收入稳步增长。生态环境质量进一步改善，节能减排完成省下达目标任务。确保粮食播种面积和产量稳定。

（一）聚焦打造"三个高地"，提升产业链供应链现代化水平

一是推动制造业高质量发展。培育壮大先进制造业"双引擎"，确保三一路机灯塔工厂、三一重卡零部件产业园、油缸智能生态工业城分别在2月、7月、10月竣工投产，加快推进VAMA二期、高端家电用镀锌板、高强

钢二期等项目建设。确保新增规模工业企业 100 家以上，规模工业增加值、制造业增加值、数字经济增加值分别增长 8.5% 左右、8.5% 以上、15%。二是深化重点领域科技创新。支持涟钢、冷钢、三一、VAMA 等领军企业牵头开展科技攻关，带动全产业链创新水平大幅提升。深化产学研合作，确保全社会研发投入增长 20% 以上，力争成功创建国家高新区。三是推动更深层次改革开放。持续推进国资国企、投融资体制、预算管理体制、文化管理体制、要素市场化配置等重点领域改革，深化融资担保体系改革，强化普惠金融服务，支持和推进企业上市融资。大力实施"娄商返娄"行动，办好第十二届"湘博会"，确保内联引资、外商直接投资、进出口总额分别增长 14%、12%、10% 以上。

（二）聚焦有效扩大内需，促进需求与供给更高水平动态平衡

一是发挥投资关键作用。推进省、市重点项目 220 个以上，完成投资 400 亿元以上，确保产业投资增长 12% 以上、固定资产投资增长 9.5%。二是全面激发消费潜力。提高教育、医疗、养老、育幼等公共服务支出效率，持续推进总部经济、赛事经济、网红经济等新业态新模式健康发展，确保社会消费品零售总额增长 10%。三是深入推进新型城镇化。加快打造长株潭先进制造配套区和现代物流服务区。立足"一核一廊"市域经济格局，积极稳妥推进涟源撤市设区各项工作。实施特色县域经济强县工程，深化扩权强县改革，提升县城综合服务能力。深入推进省级示范型特色产业小镇建设。

（三）聚焦农业农村现代化，全面推进乡村振兴

一是大力发展现代农业。实施耕地保护专项行动，深入治理耕地抛荒，鼓励土地流转和规模经营。大力开展特色产业建设三年行动，壮大种业经济，推动竹加工产业发展，继续加快专业合作社公司化进程，大力发展智慧农业。二是持续改善农村人居环境。持续开展空心房治理、农村改厕、生活垃圾处理和污水治理，巩固"一拆二改三清四化"村庄清洁行动成果。新增省级以上美丽乡村示范村、省级美丽乡村建设精品示范村各 3 个。三是深化农业农村改革。稳妥推进第二轮土地承包到期后再延长 30 年试点，持续深化农村集体产权制度、供销社综合改革，探索农村宅基地"三权分

置"实现形式,鼓励推动项目、资本、技术、人才下乡。四是巩固脱贫攻坚成果。保持 5 年过渡期内主要帮扶政策总体稳定,推动脱贫攻坚与乡村振兴有效衔接。

(四)聚焦绿色低碳发展,持续保护和治理生态环境

深入打好污染防治攻坚战,抓好中央、省环保督察反馈问题、长江经济带生态环境警示片披露问题整改,开展污染防治"夏季攻势",完成湘江保护与治理第三个"三年行动计划"。加强工业园区水环境管理,持续改善大气环境质量。深入推进锡矿山、涟钢周边等重点区域综合治理。加强生态环境保护与修复,推进"四水三库"系统联治,加大河长制工作力度,推行林长制,积极创建国家森林城市,深化资江水域 10 年禁捕退捕工作,构建绿色生产生活方式,深入推进零碳区域创建。

(五)聚焦提升文化软实力,繁荣发展文化事业和文化产业

深化文明城市建设,持续巩固创文管、卫成果。评选表彰道德模范、身边好人。繁荣公共文化事业,以蔡和森纪念馆为龙头,打造湘中党性教育示范线路;聚焦建党 100 周年和省第七届艺术节,推出一批具有娄底地域特色的文艺精品;培育壮大现代文旅产业,支持曾国藩故居、紫鹊界梯田创建 5A 级景区;举办第二届中非少年足球友谊赛、高铁直达城市等品牌赛事,将娄底打造成为极具地方特色的区域性赛事活动中心。

(六)聚焦群众难点痛点,全力解决"急难愁盼"民生问题

全力完成省定民生实事,继续抓好市定民生实事。做好高校毕业生、农民工、退役军人和城镇困难人员等重点群体就业工作,确保居民人均可支配收入与经济增长基本同步。深化教育督导体制机制、教育评价改革,做好产教融合城市专项规划,擦亮楚怡职业教育品牌。加强县级医院综合能力、村卫生室和社区卫生机构建设,推进乡镇卫生院提质扩容,充分发挥医共体、医联体、全科医生(助理全科医生)作用。大力实施全民参保行动,改革完善社会救助制度,巩固居家和社区养老服务改革试点成效,完善农村"三留守"关爱保护制度。

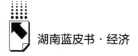

（七）聚焦夯实基层基础，努力建设更高水平平安娄底

防范化解重大风险，压减债务总量，化解隐性债务，严控新增债务，稳妥处置民间融资风险。牢牢守住安全底线，毫不放松抓好"外防输入、内防反弹"各项工作，努力实现"四个坚决、两个确保"目标。持续深化社会治理，推进"全国市域社会治理现代化城市"试点，持续推进信访"三无"创建，依法处理信访诉求，建立扫黑除恶常态化工作机制，确保社会大局和谐稳定。

B.34
湘西自治州2020年经济社会形势及2021年展望

龙晓华*

一 2020年湘西自治州经济社会形势

2020年，面对严峻复杂的国际形势、艰巨繁重的脱贫发展任务，特别是新冠肺炎疫情和严重洪涝灾害等多重冲击，湘西自治州坚持以习近平新时代中国特色社会主义思想为指导，全面贯彻落实党中央国务院、省委省政府各项决策部署，统筹推进疫情防控和经济社会发展，狠抓脱贫攻坚，扎实做好"六稳"工作、全面落实"六保"任务，奋力夺取疫情防控和经济社会发展双胜利，圆满完成脱贫攻坚各项任务，全面建成小康社会胜利在望。全州除社会消费品零售总额下降3.8%外，各项主要经济指标实现正增长。全年生产总值增长2.2%，财政总收入增长5.3%，固定资产投资增长6.1%，房地产投资增长11.4%，规模工业增加值增长4.5%，实际利用内资增长28.8%，城镇、农村居民人均可支配收入分别增长4.1%、11.9%，金融机构存、贷款余额分别增长8.1%、24.6%，新增"四上"企业178家，增长64.8%。其中，金融机构贷款余额、农村居民人均可支配收入、房地产投资、实际利用内资、新增"四上"企业数等增速居全省前列，17项工作获省政府督查激励表彰。

一是战疫情抓发展实现双胜利。按照中央"四早""四集中"要求和省委部署，抓好积极防控、严密排查、有效隔离、及时救治各项工作，仅用1个月左右的时间就有效遏制了疫情传播，湘西州成为全省确诊病例最早清零的市州之一，实现确诊患者零死亡、隔离人员零确诊、医务人员零感染，2020年2

---

* 龙晓华，湘西自治州委副书记、州长。

月下旬以来保持零新增病例，最大限度保护了群众生命安全和身体健康。统筹推进疫情防控和经济社会发展，抓实外防输入、内防反弹工作，加快恢复生产生活秩序，全面落实减税降费、稳岗补贴等纾困惠企政策，全州累计为市场主体减免各类资金18.76亿元；充分发挥应急转贷基金作用，累计为79家企业转贷资金6.18亿元，节约转贷成本4000多万元；加大涉企政策兑现力度，全年兑现各类财政奖补资金2.88亿元，保住市场主体和就业岗位，最大限度降低了疫情对经济的影响，较好完成了"六稳""六保"任务。

二是三大攻坚战取得决定性成就。始终牢记习近平总书记的殷切嘱托，坚持以脱贫攻坚"十大工程"为抓手，全面打赢脱贫攻坚收官之战。全州8县市全部实现脱贫摘帽，1110个贫困村按时出列，所有建档立卡贫困人口全部实现稳定脱贫，农村居民收入增幅在全省领先，十八洞村、菖蒲塘村成为全国精准扶贫样板，全国易地扶贫搬迁论坛全面推介"湘西经验"。2月25日，在全国脱贫攻坚总结表彰大会上，湘西州花垣县双龙镇十八洞村荣获"全国脱贫攻坚楷模"荣誉称号，全州11名全国脱贫攻坚先进个人和6个先进集体受到党中央国务院表彰。突出抓好环保督察问题整改，强力推进以花垣为重点的矿业整治整合工作，抓实禁捕退捕，美丽湘西建设取得新成效。着力防范化解重大风险，有序化解存量债务，强力推进扫黑除恶专项斗争，落实安全生产、防汛救灾、交通问题顽瘴痼疾整治各项措施，特别是科学应对23次强降雨天气，抓好过渡性救助工作，没有发生群死群伤，社会大局和谐稳定。

三是产业发展卓有成效。以"产业四区"为平台，狠抓承接产业转移示范区建设产业建设，产业结构优化升级取得新突破。旅游产业方面，开展"湘西人游湘西""湖南人游湘西"等系列活动，大力推进凤凰古城、矮寨、芙蓉镇等景区景点提质改造和5A创建，把疫情造成的旅游发展"空档期"变成了景区景点提档升级的"黄金期"，全州接待国内外游客5490万人次，实现旅游收入460亿元，分别恢复到2019年的87.45%、95.98%，接待人次和旅游收入恢复情况超过全省平均水平和周边地区。新型工业方面，大力推进工业园区机制体制改革，着力增强园区发展活力，新建标准厂房118万平方米，新入园企业项目42个，新增规模工业企业近60家，全州规模工业增加值增长4.5%，工业对经济增长贡献率达49.4%。湘西高新区首登大湘西片区省级产业园区第3名。农业特色产业方面，新扩茶叶13.5万亩，发展到63万亩、居全省第一，油茶达到104万亩，大宗农产品销售实现新拓展，农业总产值增长3.4%。商贸物流方面，加快推进各县市专业市场和冷链仓储物流加快建设，开工建设商贸物流重点项目24个。积极开展产销对接、网上购物、直播带货、市场展销、东西部扶贫协作促销、消费扶贫等系列线上线下销售活动，完成电子商务交易额85亿元，增长28%。

四是城乡建设协调推进。坚持以重点项目建设为抓手，着力推动城乡协调发展。全州24个省重点建设项目、273个州重点项目均超额完成年度投资计划，实现了"稳投资"目标。张吉怀高铁、龙桑高速、500千伏输变电、湘西机场、干线公路、农村公路、五龙冲水库、中小河流和水土流失治理等项目加快推进，大兴寨水库、铜吉高铁、渝湘高铁以及酉阳经里耶至永顺高速等重大项目前期工作有新进展。抓好新型城镇建设，州府建设和县城扩容提质、高铁新城和配套建设稳步推进，一批完善城镇功能、提高城镇品位、繁荣城镇经济的好项目加快推进。抓好城乡同建同治，扎实开展"四美创建"和"四治一提升"工作，加强城乡环境综合整治、"两违"集中整治，城乡容貌秩序进一步改善。积极做好"十四五"及未来发展规划，完成了"十四五"规划纲要编制，拟定重大项目730个、投资1.5万亿元，"十四五"计划投资近7000亿元，同步启动国土空间规划编制工作。

五是改革开放持续深化。全面完成了26项经济体制改革、22项社会体制改革和4项生态文明改革任务，湘西州公共资源交易体制改革、泸溪县教育改革等4个案例入选湖南省基层改革探索100例，湘西州改革工作连续5年位列全省第一方阵。持续深化"放管服"改革，积极推进"一件事一次办"。出台了全省首个政府层面的政务服务导则。建成启用了政务服务"好差评"系统、"互联网＋监管"等平台，为"一网通办"做好了准备。"互联网＋政务服务"一体化平台实现了统一收件、派件、办件。智慧湘西建设列入国家、省大数据共享应用实验田。连续三年开展营商环境第三方评估，着力解决痛点堵点问题。围绕国家营商环境指标体系建立了"指标长"工作制度，进一步建立健全了深化"放管服"改革优化营商环境工作考核机制。积极开展"云招商""云签约"，组织参加沪洽周等经贸活动，新引进"三类500强"企业项目7个，总投资98.63亿元，增幅均居全省第一。加强科技创新，研发投入增长近100%，高新技术产业增加值增长4%。

六是民生保障扎实有效。全年民生支出达 236.99 亿元，增长 4.84%，占财政支出比重 66.2%，较上年提高 2 个百分点，其中社会保障和就业支出增长 10.4%、教育支出增长 5.8%、卫生健康支出增长 7.4%、住房保障支出增长 3.2%。省定 12 件、州定 20 件重点民生实事全面完成，解决了一大批群众最急最忧最盼的实际问题。全年新增城镇就业 2.1 万人，转移就业 86 万人，城乡医保、低保、养老金等不断提高。改造棚户区 13.2 万户，中低收入居民住房有所保障。及时启动物价上涨联动机制，为城乡低保对象、特困人员、孤儿发放价格临时补贴 7300 多万元，保障了困难群众基本生活。殡葬改革全面实施，公益性公墓建设全面推进，文明节俭、生态环保、移风易俗的殡葬新风尚逐步形成。实施文化惠民工程，组织创作了一批反映全州脱贫攻坚、讴歌群众艰苦奋斗、展示湘西人文风情的优秀文艺作品。

二 2021年湘西自治州经济社会分析展望

2021 年，湘西州将坚持以习近平新时代中国特色社会主义思想为指导，全面贯彻党的十九大和十九届二中、三中、四中、五中全会精神，坚决落实习近平总书记关于湖南工作系列重要讲话指示和中央、省委、州委经济工作会议精神，坚持稳中求进工作总基调，立足新发展阶段，贯彻新发展理念，构建新发展格局，以推动高质量发展为主题，以深化供给侧结构性改革为主线，以改革创新为根本动力，以满足人民日益增长的美好生活需要为根本目的，坚持系统观念，更好统筹发展和安全，扎实做好"六稳"工作、全面落实"六保"任务，大力实施"三高四新"战略，坚持"562"发展思路，树立"四州"意识，巩固拓展拓展脱贫攻坚成果，全面推进乡村振兴，加快打造国内外知名生态文化公园和旅游目的地、建设现代化新湘西，确保"十四五"开好局，以优异成绩庆祝建党 100 周年。主要预期目标是：GDP 增长 8%，地方财政收入增长 4%，规模工业增加值增长 8%、固定资产投资增长 8%，社会消费品零售总额增长 9%，城镇、农村居民人均可支配收入分别增长 8% 和 10%，金融机构存贷款分别增长 8% 和 20%，城镇调查失业率与全省一致，居民消费价格涨幅 3% 左右，引进省外境内到位资金增长 12%，实际利用外资增长 10%，进出口总额增长 10% 以上，完成省定节能降耗任务。为实现以上目标，重点抓好以下几个方面的工作。

（一）全力以赴推进乡村振兴，争做脱贫地区乡村振兴的先行区

坚持农业农村优先发展，以乡村振兴"十项工程"为抓手，积极探索巩固拓展脱贫成果政策措施与乡村振兴战略规划有机衔接机制，加快推进农业农村现代化。着力健全防止返贫监测和帮扶机制，加强易地扶贫搬迁后续帮扶，积极研究和稳妥实施医疗、教育普惠保障政策，防止因病因学致贫返贫，做好相对贫困群众各方面帮扶工作。坚持把壮大扶贫产业作为稳脱贫、促振兴的根本措施来抓，不断提高"扶上马、送一程"工作水平。加快推进农村公路提质改造、通村通组道路和农村停车场建设，抓好灌区续建配套和现代化改造。扛稳粮食安全重任，守住耕地红线，推进高标准农田建设和耕地质量提升，加强良田良种良法推广。加快农村改革步伐，统筹推进农村集体产权制度、农村土地三项制度等重点改革，推动农村改革扩面、提速、集成。

（二）全力以赴发展优势产业，争做中西部地区承接产业转移的领头雁

重点围绕实施文化旅游、新型工业、特色农业、商贸物流"四个千亿计划"，加快承接产业转移示范区建设。大力推进122个重点产业项目建设，完成投资211亿元以上。大力推进全域旅游，加快文旅融合步伐，做大做强生态文化旅游产业，努力将湘西州建成全国民族地区文旅融合绿色发展示范区。力争旅游接待游客突破7000万人次，旅游总收入达到600亿元。大力推进新型工业发展，科学谋划推进白酒、智能家电、锂电池、生物科技和生物医药、铝基复合材料、锰锌钒新材料等优势产业链建设，突出抓好园区提质增效和重点企业培育，加快构建特色现代化工业经济体系，着力打造全省先进特色制造业基地。全年新增规模工业企业40家以上。大力推进特色农业发展，全面落实粮食安全责任任务，新扩茶叶、油茶、中药材50万亩，实施柑橘品改30万亩，烟叶生产稳定在20万亩以上，加快农业特色产业提质增效，推动农村经济向高质量发展方向迈进。大力推进商贸物流业发展，重点推进物流基地、分拨中心、末端配送网点和仓储、冷链系统等流通基础设施建设，加快农贸市场提质改造，加强商贸物流企业招商合作。

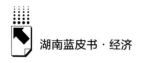

（三）全力以赴推动城乡融合发展，争做全国民族地区绿色发展的典范城市

大力推进以人为核心的新型城镇化，合理安排生产、生活、生态空间，实施城市更新行动，完善城市结构，加强历史文化保护，加强社区建设和老旧小区改造，整治城乡乱占乱搭乱建乱布线等行为，着力打造美丽湘西的升级版。力争全州城镇化率达到50%以上。突出州府中心城市核心地位，加快推进吉凤融城，在新起点上规划建设好吉凤新区和州府城市，将州府吉首打造成武陵山区一颗亮丽的明珠。完善县城基础设施，着力提升城镇文化品位和特色，构建现代城市基础设施体系，建设宜居、宜业、宜游、宜养城镇。大力推进城乡基础设施建设，力争完成基础设施建设投资123.1亿元，年内建成张吉怀高铁、湘西机场等一批重大项目，开工建设凤凰至铜仁铁路、大兴寨水库等一批重大项目，抓好龙桑高速、机场大道、旅游干线公路等重大项目建设，加快构建完善现代化的城乡基础设施网络体系，努力将湘西州打造成为西部陆海新通道武陵山区重要节点城市。深入开展城市环境解决民生问题集中整治，加强黑臭水体整治和垃圾分类全链条管理，加快生活垃圾处理设施建设，积极创建文明卫生城市，加大古城古镇古村落古民居保护力度，深入推进移风易俗，提高全民文明素养。

（四）全力以赴深化改革开放，打造武陵山区营商环境的佳地

深化"放管服"改革优化营商环境，突出抓好简政放权、"一件事一次办"、工程建设项目审批制度改革和"互联网＋政务服务"；突出抓好园区赋权改革，实现园区事园区办。进一步落实落细政务服务导则，加快建立网上中介服务超市，实现窗口办、网上办、自助办、一次办、就近办、帮代办。加快推进"智慧湘西"标准化建设，突出抓好智慧交通、智慧旅游、智慧教育、智慧电网、智慧水务、智慧城市建管、智慧环保等建设，着力打造运行高效的智慧城市。深化土地、劳动力、资本、技术、数据等要素市场化改革，提高要素配置效率。深化投融资体制改革，建立健全投资审批清单制度，推行并联审批，促进项目加快落地。统筹推进事业单位分类、行政综合执法等改革，全面释放改革红利。大力推进以科技创新为核心的全面创新，力争全社会研发经费

支出占地区生产总值的比重达到省定目标。积极推进特色农产品出口业务和加工贸易发展，提高开放型经济水平。精准对接粤港澳大湾区、长三角、京津冀、成渝双城经济区，加大招商引资力度，力争新引进一批"三类500强"企业。

（五）全力以赴增进民生福祉，争做全国民族团结进步的模范区

重点抓好2021年省政府确定的10件新列重点民生实事和10件续办重点民生实事以及州政府确定的25件民生实事项目建设，持续解决群众最急最忧最盼的民生问题。坚持教育优先发展，深入推广泸溪教育改革经验，加强山村幼儿园、乡村小规模学校和乡镇标准化寄宿制学校建设，支持湘西职院创建全国乡村振兴人才培养优质校。推进"三医"联动和县域医共体建设，抓好突发重特大疫情防控和应急救治管理，支持中医药传承创新，深入开展爱国卫生运动，加强医德医风整治，强化医保资金管理。推进大众创业万众创新，继续做好重点群体就业，扩大公益性岗位。完善基本养老、基本医疗保险制度，统筹抓好社会救助、社会福利、慈善事业等工作，落实退役军人保障制度，完善农村留守儿童和妇女、老年人关爱服务体系。扩大基层文化惠民工程覆盖面。加强法治建设，坚持依法行政，增强全民法治观念。继续打好污染防治攻坚战，落实河长制、林长制。严格落实矛盾纠纷化解机制，常态化开展扫黑除恶斗争，维护社会和谐稳定。着力提高防灾减灾救灾能力，抓好应急物资保障，建强应急救援队伍。持续推行"党建引领、互助五兴""五进小区""社区吹哨、三个报到"基层治理模式。加强意识形态工作，强化阵地建设，弘扬社会主义核心价值观，发展积极健康的网络文化，牢牢把握舆论主动权。抓好民族团结进步宣传教育和创建工作，引导各族群众树立正确的祖国观、民族观、文化观、历史观，铸牢中华民族共同体意识。

产业篇
Industry Reports

B.35
2020年湖南装备工业发展状况
及2021年展望

湖南省工业和信息化厅装备工业处

2020年是极不平凡的一年。面对严峻复杂的国内外环境，特别是新冠肺炎疫情冲击，湖南装备产业认真贯彻落实党中央、国务院和省委省政府统筹推进疫情防控与经济社会发展工作的决策部署，承压前行，主动作为，积极投身疫情防控，有序推进复工复产，赢得全年生产稳中向好局面，工业增加值、营业收入与利润总额均实现较大幅度增长，为湖南工业稳增长提供了强力支撑。装备工业在湖南工业中所占比重大，克服新冠肺炎疫情和"逆全球化"国际贸易局势影响，保持湖南装备制造业持续健康发展，对2021年湖南工业稳增长和高质量发展意义重大。

一 2020年装备工业发展报告

2020年，全省装备制造业有规模以上企业5141家，其中大型企业61家、中型企业443家、小微企业4637家。年末在册职工937568人。规模企业资产合计 13651.9 亿元, 比上年增长 16.2%; 规模企业实现工业增加值比上年增长 10.4%; 完成营业收入 13381.5 亿元, 比上年增长 11.7%; 实现利润 850.6 亿元, 比上年增长 26.7%。

(一) 行业发展的主要特点

1. 总体实现平稳较快发展

2020 年, 行业上下积极应对复杂严峻的国内外经济局势, 奋力开拓国内外市场, 确保了行业发展年度运行目标, 实现了好于全省规模工业及全国同行业的发展质量与水平。规模企业营业收入实现 11.7% 的增长, 较全省规模工业 (4.6%) 高 7.1 个百分点, 较全国机械工业 (4.5%) 高 7.2 个百分点; 利润总额实现 26.7% 的增长, 较全省规模工业 (8.7%) 高 18 个百分点, 较全国机械工业 (10.4%) 高 16.3 个百分点。2020 年, 湖南装备制造业工业增加值同比增长 10.4%, 比全省规模工业增加值增速 (4.8%) 高 5.6 个百分点, 比全国机械工业增加值增速 (6%) 高 4.4 个百分点, 装备工业增加值增速对全省规模工业的增长贡献率达 66%。营业收入和利润总额分别占全省规模工业的 34.9% 和 41.8%, 对全省工业稳增长的支撑能力进一步增强。

2. 工程机械创历史最好水平

省统计局数据显示, 2020 年湖南工程机械行业 161 个规模企业营业收入 2563.8 亿元, 利润总额 335.3 亿元, 分别比上年增长 52.1% 和 54.4%。产业国内龙头地位稳固, 国际地位提升, 全行业主要经济指标均达历史最好水平。三一集团、中联重科、铁建重工、山河智能 4 家企业上榜 2020 年全球工程机械制造商 50 强榜, 其中三一集团、中联重科进入前 10 强, 4 家湖南上榜企业总销售额超过国内其余 7 家上榜企业总和。三一重工股票市值突破 2900 亿元, 年内涨幅超过 105%, 中联重科股票市值接近 1000 亿元。中联智慧产业城、三一智联重卡等重点项目建设顺利推进, 长沙、岳阳、娄底、常德等地加快建设工程机械配套园区。企业积极利用 5G、区块链等新技术, 开发出无人驾驶汽车起重机等一批智能化产品, 产业向电动化、智能化迈进了一大步。

3. 各分行业运行总体向好

2020 年, 湖南机械工业 16 个子行业中, 营业收入除汽车 (-17.1%) 和重型矿山机械行业 (-2.0%) 外, 其余 14 个子行业全部实现正增长。按营业收入增幅由高到低依次是工程机械（52.1%）、食品药品及包装机械（42.0%）、文化办公设备（18.8%）、仪器仪表（15.7%）、电工电器（11.7%）、船舶及船用设备（9.8%）、机械基础件（8.8%）、轨道交通装备（7.7%）、航空航天设备（7.7%）、石化通用机械（5.7%）、其他民用机械（5.6%）、内燃机（4.3%）、机床工具（1.9%）、农业机械（1.8%）。细分领域方面，3D打印和机器人行业增幅较大，分别比上年增长452.1%和36.0%。装备工业四大优势支柱行业工程机械、电工电器、汽车及零部件、轨道交通装备进一步调整，工程机械爆发式增长，营业收入总量超过汽车及零部件行业，正式跃升至湖南装备制造业领域第一大行业。

4. 重点产品生产逐步恢复

2020年初，受疫情影响，湖南装备工业重点监测的118种主要产品产量大幅下降。随着复工复产推进，产量实现增长的品种数不断增加，全年产量增长的产品达67种，占比56.8%，产量下降的产品51种，占比43.2%。投资类产品和与抗疫及改善环境相关的装备产品增幅较大。全年生产建筑工程机械206893台，增长35.5%，其中挖掘机110458台，增长50.5%，压实机械5763台，增长38.1%；全年生产混凝土机械70219台，增长57.5%；食品制造机械64532台，增长51.5%；医疗仪器设备及器械19348370台，增长52.5%；环境污染防治专用设备75174台（套），增长58.6%；工业机器人12743套，增长46.0%；风力发电机组3994433千瓦，增长173.1%；电工仪器仪表4110747台，增长55.1%；锂离子电池559192706只，增长45.4%。部分产品如履带起重机等出现供不应求现象，中车株洲所年产风电机组首次超1000台，中车株洲电机年产风力发电机首次超4000台。汽车等产品下降幅度较大，统计局数据显示，2020年湖南生产各类汽车638608辆，下降24.8%。

5. 科技创新取得新突破

年内又取得一批高端装备创新成果，促进了行业高质量发展。中联重科研制成功全球首台纯电动汽车起重机、全球最大全地面起重机QAY2000、全球量产最大吨位全地面起重机ZAT18000H753。三一集团研制的全球最大4000吨履带起重机成功首吊，三一挖机完成从1.6吨到200吨"全机型覆盖"，三一道依茨动力D12发动机首次装车，同时推出纯电动无人搅拌车、纯电动无人宽体矿车、纯电驱汽车起重机、氢燃料电池搅拌车、氢燃料电池自卸车等新品，全球首款电动挖掘机实现量产。开挖直径达16.07米的国产最大直径盾构机在铁建重工下线，入选2020年"中国工业十大新闻"。山河智能研制成功全球首台低净空550旋挖钻机。中车株洲所生产全球最大风轮直径（160m）陆上风电机组。中车株机公司研制成功全国首款零排放大功率双源制电力调车机车，该公司研制的单机功率28800千瓦、单机牵引力2280千牛的全球最大功率"动力之王"神24电力机车也在年内下线。长重机器也成功研制出全球首台大型铁路跨越工程设备投放市场。

6. 国际化发展取得新进展

在疫情造成全球经济复苏乏力，海外装备需求下降等不利条件下，湖南装备制造业国际化发展逆风前行，跑赢大势，海外销售额实现正增长。长沙海关的数据显示，2020年，湖南省机电产品出口1498.4亿元，增长12.2%，占湖南出口总值的45.2%，同比提升1.9个百分点。三一集团连续第7年海外销售"过百亿"，出口占营业收入比重较上年提升3个百分点。中联ZCC1100H 4.0履带起重机年内成功登陆美国。中车株机公司出口土耳其伊斯坦布尔新机场线首列地铁列车交货，是我国首个出口海外的每小时120千米速度等级全自动无人驾驶大轴重车辆；该公司出口欧洲的多流制电力机车、出口墨西哥首列轻轨列车也在年内交货。由中车株洲所SMD公司研制，可实现5.8米挖沟深度，号称海底挖沟"巨兽"的DBT2400型履带式海底挖沟机出口荷兰。星邦智能位于墨尔本的澳洲子公司正式开业。

7. 新领域新业态势头强劲

新冠肺炎疫情给行业发展带来挑战的同时也催生了一批新产品、新产业、新业态。无人驾驶车辆、健康型汽车、智能工程机械、车载空气净化及消杀设备、应急救援装备、非人际接触型装备、医疗仪器设备等快速发展起来。全国第三个车联网先导区年内落户湖南，国家智能网联汽车数据交互与综合应用服务平台项目在长沙启动，长株潭岳城市级大规模智能网联汽车示范应用开建。疫情将装备企业更多的业务逼到了线上并不断发展，线上业务如火如荼。9月28日，中联重科"928嗨购节"吸引了逾336万余人次在线观看，斩获订单超32亿元，两项数据双双刷新工程机械直播"带货"纪录。11月26日，三一线上宝马展"全球购机狂欢夜"，2小时交易额突破234.89亿元，销售设备26771台，仅挖机就卖了17919台，刷新行业全球单场线上营销纪录，成为全行业"教科书"级的数字化营销案例。

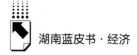
8. 抗击新冠肺炎疫情担当大任

新冠肺炎疫情暴发后，湖南装备制造业积极响应党中央国务院号召，主动履行企业公民社会责任，在搞好自身疫情防控前提下积极投身抗击新冠肺炎疫情的战斗，向世人展示了良好的行业和企业形象。"两神山"医院建设中，仅中联重科和三一集团就调集包括 35 台挖掘机、48 台起重机、10 台泵车、44 台搅拌车在内的共计 180 多台大型设备参与建设雷神山、火神医院的战斗。他们 24 小时昼夜奋战，与疫情赛跑，4 天完成平常至少两个月的工作量，确保两家医院如期交付。此外，在北京、西安、长沙、郑州等全国各地的"小汤山"建设中，均有大量湖南装备参与建设。湖南装备企业还为国内外疫情严重地区和产业链上下游企业捐赠了大量口罩、防护服、护目镜等防疫物资。

9. 领导关怀温暖鼓舞全行业

2020 年 9 月 17 日，习近平总书记冒雨来到山河智能，听说企业成功研发 200 多种具有自主知识产权和核心竞争力的装备产品，总书记高兴地对企业员工说："今天天气虽冷，但我心里是热乎的，你们的创新精神给我留下深刻印象。创新是企业经营最重要的品质，也是今后我们爬坡过坎必须要做的。关键核心技术必须牢牢掌握在我们自己手中，制造业也一定要抓在我们自己手里。"6 月 1 日，韩正副总理在铁建重工和三一集团等装备企业调研时强调，装备制造业是国之重器，要进一步强化自主创新，加强关键核心技术攻关，加大智能化装备研发力度，不断提高国产化水平，培育国际竞争新优势。中央领导的亲临调研及重要讲话，使湖南装备制造业干部职工倍感温暖、深受鼓舞，立志要抓住机遇，实现更好的发展，为制造强国建设做出更大贡献。

（二）行业发展的重点工作

2020 年，行业管理部门围绕行业持续稳定高质量发展重点做了以下几个方面工作。

1. 抓疫情防控促复工复产

省工信厅认真搞好全省防疫物资统筹分配、驻企协调防疫物资生产和防疫工作督查督导等工作。全省第一家防疫物资生产企业实现复工复产、全国独家无创呼吸机企业第一时间开足马力生产，全省第一批 3D 打印医用护目镜研制出厂。负责防疫物资统筹分配的同志连续高强度工作 40 余天，向省内 100 多个单位累计安排各类口罩 2171.37 万个、隔离服 9 万余件、体温枪 2 万余把；向兄弟省市支援口罩 492 万个，对外援助 N95 口罩 43.2 万个、医用口罩 179.8 万个。全力推进企业复工复产，第一时间收集整理出工程机械、汽车等行业 280 多家国内外零部件主要供应商信息，采取电话沟通、致函、请求上级部门协调支持等途径打通供应链和运输线断点堵点，全力保障企业复工复产所需原材料和零部件供应。同时运用"工信部重点行业产业链供需对接平台"，帮助企业破解供应链运转不畅问题。

2. 推进重大技术装备创新发展

认真做好省内首台（套）重大技术装备认定、奖励和保险工作，年内新认定首台（套）重大技术装备产品 58 台（套），68 个项目获得国家首台（套）重大技术装备保险补偿。开展了产业链薄弱环节摸底，梳理出工程机械、轨道交通装备、电力装备等行业"卡脖子"技术、材料和核心零部件清单。大力实施自然灾害防治技术装备现代化工程，年内举办两场自然灾害防治技术装备产需对接会，会同省应急厅编制了《自然灾害防治技术装备需求清单》《自然灾害防治技术装备成熟产品及企业清单》《自然灾害防治技术装备研制攻关项目清单》，发布了《湖南省自然灾害防治技术装备产品推荐目录（第一批）》。在全国率先出台了《湖南省自然灾害防治技术装备重点任务工程化攻关"揭榜挂帅"工作方案》，发布了第一批"揭榜挂帅"榜单。向工信部推荐中联重科等 20 多家企业申请承担国家自然灾害防治技术装备现代化工程重点装备工程化攻关任务。

3. 推动制造业智能化转型

组织编制了湖南省智能制造"十四五"发展规划和新一轮推进智能制造的政策措施，智能制造赋能工程列入省委关于制定国民经济和社会发展第十四个五年规划和二〇三五年远景目标的建议。依托中南智能、中机国际、树根互联等企业组建了中国智能制造系统解决方案供应商联盟湖南分盟，成立了湖南省智能制造协会。年内新认定 7 家省级智能制造示范企业、26 家省级智能制造示范车间。至此全省共有 60 家省级示范企业、100 个省级示范车间。新认定省级智能制造系统解决方案供应商 33 个，并对 19 个优秀智能制造系统解决方案进行奖励。主办了 2020 年湖南省智能制造合作推进会，与中国智能制造系统解决方案供应商联盟联合主办了"智能制造进园区"湖南站活动。组织省内智能制造系统解决方案供应商、有关金融机构和专家为新化县电子陶瓷、嘉禾县铸造产业智能化改造升级"问诊把脉"。年内又有 8 个国家智能制造专项项目竣工并通过验收，至此，湖南 27 个国家智能制造专项项目已有 18 个竣工验收。

4. 提升产业链现代化水平

工程机械产业链成功主办 2020 年湖南省工程机械产业链大会和长沙工程机械后市场交易会，启动了 2021 长沙国际工程机械展览会系列前期活动，牵头成立了中国工程机械租赁服务联盟，举办了湖南省工程机械与铸造行业产需对接会等系列活动。先进轨道交通装备产业链支持株洲先进轨道交通集群参加工信部先进制造业集群决赛，推进中车株机转向架智能制造车间第二期等项目实施，启动 2021 中国国际轨道交通和装备制造产业博览会准备工作，支持行业开展关键技术创新攻关。新能源及智能网联汽车产业链与中国汽研院、湘江新区管委会签订战略合作协议，共同推进智能网联汽车产业发展；协调指导湘江智能公司与中国汽研院合资成立了中汽院智能网联汽车检测中心（湖南）有限公司。积极帮助长丰集团脱困，为吉利汽车争取到全国首例新能源汽车代工生产试点。认真履行新能源汽车推广应用牵头单位职责，落实中央和地方产业政策。新型能源及电力装备产业链编制《湖南省电力电网相关产业情况报告》，组织省电力公司赴望城经开区等园区开展调研考察，推进国家电网双创科技产业园落户湖南。3D 打印及机器人产业链，积极推进国家数控系统工程技术研究中心湖南分中心落户湖南，引进华中数控在株洲成立湖南华数智能技术有限公司。农业机械产业链按照隋忠诚副省长专题研究农机产业链发展会议精神，建立起省直单位联席会议制度，启动"十四五"发展规划编制，大力发展智慧智能农机产业。装配式建筑产业链支持装配式建筑示范推广应用，支持全国首个省级装配式建筑全产业链智能建造平台实现全面上线试运行。

（三）主要困难和问题

1. 整体需求疲弱

虽然企业生产经营持续改善，但市场需求尚未完全恢复。下半年，全国固定资产投资增速由负转正，但与机械装备产品密切相关的设备工器具投资同比下降没有扭转。截至 2020 年底，机械装备工业涉及的 5 个国民经济行业大类固定资产投资金额均同比下降。其中，专用设备制造业下降2.3%、通用设备制造下降6.6%、仪器仪表制造业下降7.1%、电气机械和器材制造业下降7.6%、汽车制造业下降12.4%。机械工业固定资产投资增速显著低于全国固定资产投资2.9%的增速。同时机械工业民间投资复苏迟缓，低于行业平均水平1~3个百分点。

2. 账款回笼难度增大

随着销售的回暖，进入下半年后湖南装备工业应收账款增长明显。截至2020年底，全行业规模企业应收账款总额已达3115.6亿元，占全省规模工业应收账款总额的71.5%，同比增长23.7%。从装备领域各分行业看，应收账款快速增长的情况较为普遍，其中超过行业平均增速的分行业有文化办公设备行业134.1%，食品药品及包装机械行业55.8%，机床工具行业51.9%，船舶及船用设备制造行业48.6%，内燃机行业48.0%，机械基础件行业47.6%，航空航天设备制造业41.7%，轨道交通装备行业39.7%，工程机械增长29.4%，仪器仪表行业26.1%。

3. 产业生态仍不乐观

一是不理性的市场竞争有抬头趋势。主机企业为争夺市场份额，竞相降低销售条件，降低产品价格，降低首付比例，价格战愈演愈烈，将某些企业某些产品逼到无利可图地步。二是发展基础仍然不牢。基础技术、基础材料、基础零部件的研究严重落后于主机企业发展需求，有些关键零部件严重依赖于国外或国内部分省市，供应商所在国或国内供应商较集中地区疫情严重时，就会造成湖南企业供应链紧张，协调起来难度非常大，随时有供应链断裂风险。三是国外疫情和去全球化思潮给湖南装备工业全球化发展带来困难。国际交流、国际营销、国际合作、国际投资的便利和效率都远没恢复到疫情前，产品出口和零部件进口的成本增加，效率降低。

二 2021年行业展望

2021年，是"十四五"和全面建设社会主义现代化国家新征程的开局之年。湖南装备工业将坚持以习近平新时代中国特色社会主义思想为指导，全面贯彻党中央和省委省政府的部署要求，牢记初心，坚守使命，着力固根基、扬优势、补短板、强弱项，在推进"三高四新"战略中谱写新篇章，以优异成绩向建党百年献礼。全行业将重点抓好以下几方面工作。

1. 着力稳增长，制订并实施"先进装备制造业倍增计划"

装备工业作为湖南支柱产业，保持稳增长具有非常重要的战略意义。按照省委省政府安排部署，认真制订并贯彻实施好"先进装备制造业倍增计划"，认真分析、科学把握装备工业面临的形势，把行业发展放在前所未有的复杂环境、严峻挑战当中来定位和思考，制定切实有效的政策措施，坚定信心、沉着应对，于危机中育新机，于变局中开新局。加强对重点领域、重点企业的调查研究，探索装备工业在全省打造先进制造业高地中的方向、目标、重点和举措。从全局和战略的高度准确把握构建新发展格局的战略构想和湖南"三高四新"战略部署的总体要求，深入研究新发展格局、构筑先进制造业高地对装备制造业带来的机遇，在构建新发展格局和建设重要先进制造业高地中找准行业和企业的定位。行业管理部门要增强对经济规律、市场规律、产业规律、企业发展规律的理解、把握和运用能力，提升专业素养和创新能力。

2. 着力锻长板，不断提升产业链现代化水平

认真研究装备制造领域7条新兴优势产业链在当前国内外产业链重构中的地位、作用和应对策略，建立省市县协同培育推进机制，围绕产业链部署创新链、资金链、人才链，推进各产业链高质高效发展。进一步做强做大先进轨道交通装备和工程机械优势产业链，发展壮大产业主体，培育优化产业生态，着力打造轨道交通装备和工程机械两个世界级产业集群；加快发展新型能源及电力装备等具有比较优势的产业链，努力形成多元电力供给装备研发制造服务体系，建设具有国际先进水平的新型能源以及高端电力装备产业集群；培育壮大新能源及智能网联汽车、3D打印及机器人、农业机械、装配式建筑等潜在优势产业链，积极利用5G和工业互联网、区块链等新技术推进产业创新、协调、绿色、开放、共享发展，争取在技术创新、市场开拓和生态环境建设等方面取得新突破。进一步支持龙头企业发展，将三一集团、中联重科、山河智能、铁建重工、中车株所、中车株机、衡阳特变等优势企业建设成真正具有国际影响力的国际化公司；支持区域品牌锤炼，将混凝土机械、建筑起重机械、地下工程装备、高压输变设备、重载机车、地铁及城轨列车等优势产品打造成响当当的国际品牌；支持重点项目建设，将中联智慧产业城、三一智联重卡及

发动机、上汽大众新能源汽车、铁建重工超级地下装备及其关键核心零部件智能制造、山河智能工业城（第三期）、国家先进轨道交通装备创新中心等重点项目建设成国家重要先进制造业高地的重要支柱。

3. 着力补短板，促进重点领域创新突破

全面落实工信部推动实施重大短板装备专项工程有关工作部署，加快重大短板装备相关政策研究，破解一批"卡脖子"装备。创新开展湖南省首台（套）重大技术装备评审认定奖励工作，着力构建以创新为导向的首台（套）产品遴选激励和推广应用"全流程"服务保障机制。积极探索装备制造业首台（套）应用补链方法，打造一批破解关键核心技术难题的首台（套）产品。落实财政部、工信部、银保监会《关于进一步深入推进首台（套）重大技术装备保险补偿机制试点工作的通知》（财建〔2019〕225号）精神，大力支持首台（套）重大技术装备推广应用。继续以"揭榜挂帅"工程化攻关为抓手，推动湖南自然灾害防治技术装备创新突破。加快补齐装备制造重点领域短板弱项，研究制订动态管理的关键核心零部件研发及推广应用目录，制定配套支持奖励政策，研究关键核心零部件国产化、省产化替代应用激励和风险保障机制，从研发端和应用端双向发力拉长零部件短板。

4. 着力促转型，实施智能制造赋能工程

编制印发湖南省智能制造"十四五"发展规划和湖南省智能制造赋能工程实施方案。遴选一批标杆企业和系统解决方案供应商，带动一批核心装备、软件产品和解决方案取得突破。强化智能制造应用推广，开展智能制造能力成熟度评估，组织智能制造进园区、智能制造现场推进会等活动。大力支持地方政府、产业园区、行业组织等建设智能制造公共服务平台。以新能源及智能网联汽车产业链为抓手，重点推进汽车产业"新四化"转型发展，同步推动矿山及港口装备绿色智能化、大型施工机械装备集群智能化、农业机械装备智慧智能化。在产业转型发展中，不断孕育发展装备制造领域的新产业、新产品、新业态，不断满足国民经济各部门高质量发展和人民美好生活的需求。

5. 着力育生态，促进全产业链协同高效发展

着力培育起与国家重要先进制造业高地相匹配的营商环境、创新环境、配套环境、人才环境、协同环境。产业融合不足是导致湖南装备产业动力不足的重要原因之一，基础研究、配套建设、人才培养等都是各自为政，形不成合

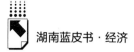

力，浪费了许多资源。必须强化产业链协作，打造上中下游互融共生、分工合作、利益共享的一体化产业生态。着力在装备领域构建市场化的"四基"（基础零部件、基础材料、基础工艺、产业技术基础）发展推进机制，舍得在试验、检测与质量品牌、标准化建设等方面下功夫、花本钱。重点支持整机与关键基础材料和核心零部件企业的同步技改、同步研制、同步生产，提升省内整机配套能力。高度重视装备领域关键工艺的布局引导和技术研究，大力支持关键共性基础工艺生产服务和研究机构的发展。充分发挥行业协会作用，维护公平公正市场竞争环境，尽力避免恶性竞争。

6. 着力扩开放，加快行业国际化步伐

深刻认识新冠肺炎疫情和全球经贸局势对装备工业国际化影响，认真研究采取应对之策，尽最大可能稳住产业链、稳住市场。坚持"走出去"战略，加强国际合作，增强国际国内两个市场、两种资源的黏合度，扩大湖南装备产业发展空间。进一步加强对海外工程承包项目的服务水平，扩大湖南高水平装备产品海外工程应用。按照"构建人类命运共同体"的胸怀和思维，谋划更高水平的对外开放、走国际化发展道路的举措。充分运用我国全方位、全领域对外开放的利好政策，努力在"一带一路"建设、共建开放合作世界经济、深化多双边经贸合作等领域有更大作为。深入研究经济全球化呈现的新特征，主动参与新一轮国际产业链重构，抢占制高点，形成湖南装备制造业的国际竞争新优势。

B.36
2020年湖南人工智能产业发展状况及2021年展望

湖南省工业和信息化厅人工智能和数字产业处

2020年，湖南省人工智能产业企业抢抓国家加快部署"新基建"战略机遇，深入推动新一代信息技术在行业的深度应用，加快助推了全省数字产业化、产业数字化进程，人工智能正在成为经济高质量发展的重要引擎。

一 2020年发展情况

2020年，在计算机视觉、人机交互、智能语音等核心板块的带动下，全省人工智能核心产业产值超过100亿元，同比增长30%。人工智能与主营业务相结合的企业数超过4000家，AI在传统行业的应用深度显著增强。全省重点调度的23家人工智能与传感器产业链企业全口径营业收入同比增长15%。

（一）疫情防控加速行业发展

新冠肺炎疫情的发生加速了人工智能、大数据等新一代信息技术的演进，AI测温、健康码、无感通行、智能机器人等成为疫情防控的重要支撑，推动了人工智能产业加快发展步伐。智慧眼科技在疫情发生后迅速开发了智能识别系统＋热成像可见光摄像机＋黑体组成的多维智能识别系统，开展戴口罩识别算法的研究并投入应用，2020年企业营收增长63.4%。超能机器人公司基于儿童晨检机器人的学生健康管理大数据系统、基于健康服务机器人的居民健康管理大数据系统等项目加快推进，公司2020年销售额实现翻番，被列为湖南省疫情防控物资重点保障企业。中电四十八所在长沙市全面推广"一网畅行"

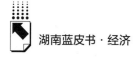

疫情防控 App 平台，疫情暴发关键时刻与圣湘生物合作，紧急交付一批核酸检测仪—智能控制板卡，为疫情防控提供了有力支撑。

（二）智能应用驱动场景再造

人工智能在制造、医疗、交通、安防、教育等领域加速融合落地，涌现出一批示范性应用场景。中联重科以人工智能、工业互联、数字孪生、智能排产、智慧决策等为支撑，正在加速打造一个全感知、全联结、全场景、全智能的数字制造世界。目前已累计超过 100 亿小时的工业大数据，为 400 多个业务场景的分析应用提供支撑，全力构建"看不见的智慧"。长沙长泰智能装备公司的"长泰机器视觉应用平台"项目，通过实施机器人塞头植入系统和标签自动识别系统，为造纸行业自动生产线提供系列视觉技术支持，产线的自动化、智能化水平明显提高。科创信息"基于大数据的人工智能临床辅助决策系统"，综合在大型医院临床数据中心分析总结的经验模型与基础医学知识，借助知识图谱管理系统、临床对接与配置管理系统、AI 临床辅助决策助手，临床诊疗效率得到有效提高，为医生和患者带来切实便利。

（三）数据挖掘成为共性选择

企业的数据意识明显强化，重视做好数据的采集、存储、管理、处理、分析、应用等成为共识，企业纷纷加大数字化改造投入。全省建成和在建规模以上数据中心 42 家，总机架数达到 10.48 万个。其中，超大型数据中心 4 个、大型数据中心 7 个、中型数据中心 31 个。从应用模式看，企业自用数据中心（EDC）和互联网数据中心（IDC）同时并存，且 EDC 数量远多于 IDC，但从长远发展看，企业自用数据中心将逐步转移至更为专业的互联网数据中心。数据中心作为湖南省加快数字产业化、产业数字化关键基础设施，其应用已涵盖农业、采矿业、制造业、通信行业、电力行业、金融业、医疗卫生等多个领域。特别是随着 5G、工业互联网、人工智能等新一代信息技术与制造业融合加深，湖南省制造业企业数字化转型步伐明显加快，工业数据呈现指数级增长，企业对于数据分析、数据管理、数据存储的业务需求大幅提高，行业骨干企业出于对数据隐私和安全的考虑，自建的制造业数据中心特别是边缘数据中心应用呈快速上升趋势。

（四）关键技术取得新的突破

国防科大、中南大学、湖南大学等高校及各类科研平台与省内企业开展深度合作，突出以算法为核心，以数据和硬件为基础，在提升感知识别、知识推理、智能计算、人机交互能力方面取得积极进展。省内部分高校已经新成立人工智能学院，人工智能相关专业设置快速增长，人工智能论文数量和质量都在稳步提升。潇湘大数据研究院研发并上线"数学与企业合作交流平台"，推进数学与工程应用的对接融通，提升数学支撑企业创新发展的能力和水平。长步道光学科技自主研发了全球首台1.5亿像素工业镜头，斩获中国机器视觉创新产品金奖，360°内外壁测量用镜头和新一代半导体、传感器芯片光刻机用镜头均填补了国内空白。威胜信息的配电网故障高精度实时监控技术及应用项目以第一牵头单位荣获湖南省科学技术进步一等奖。长沙融创智胜电子科技自主研发的智能无人值守战场环境传感器项目，采用微震检测技术与目标识别算法，处于国内行业领先水平，告警精准度达97%以上。安克创新大力研发设计人工智能语音、AI图像识别、智能情景交互式计算等当下消费电子行业领域内尖端技术，正在加快成为国际智能品牌领军企业。人和未来启动"基于人工智能的基因大数据超级计算系统"研发，数据计算和数据解读方面取得突破，显著提高了致病基因的检出效率。

（五）产业生态形成共生共赢

中国工业与应用数学学会在长沙举办"数学促进企业创新发展论坛"，会上华为公司发布"后香农时代十大数学问题"引起轰动。成功举办湖南省第二届人工智能产业创新与应用大赛，一批人工智能标志性创新产品和示范性应用场景脱颖而出。2020中部（长沙）人工智能产业博览会暨创新发展论坛顺利举行，国内人工智能领域近400家企业及专家学者齐聚长沙展示创新成果、分享实践经验。重点项目建设加快推进，25个人工智能项目纳入全省"数字新基建"100个标志性项目（2020）名单。长沙麓谷、株洲云龙、郴州东江湖等全省12家大数据产业园保持快速发展势头，形成了产业发展的集群集聚。湖南省区块链产业园（长沙星沙）引进区块链企业108家，引入区块链院士专家工作站、区块链安全技术检测中心等高端创新平台。湖南省区块链产业园

（娄底万宝）落地实施多个平台，业务拓展至北京、浙江、江苏、重庆等多个省份。湖南省人工智能产业园（长沙天心）发布了人工智能十大应用场景，携手长沙酷哇人工智能及大数据产业技术研究院有限公司建设湖南首个智慧环卫示范区，聚焦人工智能核心和关联企业286家。

同时，全省人工智能与大数据产业发展存在以下几个方面的突出问题。一是区域综合指数相比上海、浙江、江苏、广东等人工智能产业领跑省份依然存在较大差距。根据IDC及浪潮数据，全国计算力排名前十的城市中，华东地区占据了五个席位，阿里、科大讯飞、商汤、依图等龙头企业成为重要支撑。二是人工智能训练芯片、开源框架依然存在较大差距，数据开放共享和数据资源质量有待提高。三是人工智能与制造业深度融合需要进一步加强。四是专业人才供给不足对人工智能产业发展和项目实施形成制约。

二　2021年工作展望

深入贯彻习近平总书记在湖南考察时重要讲话精神，大力实施"三高四新"战略，根据湖南省中小企业"两上三化"三年行动计划工作安排，大力推动人工智能与实体经济深度融合，构建数据驱动、人机协同、跨界融合、共创分享的智能经济形态，加快推动制造业数字化、网络化、智能化转型。一是抓好人工智能与传感器产业链，支持重点企业加快发展步伐。培育和引进一批具有引领带动作用的头部企业，提升骨干企业对产业发展的支撑力，完善人工智能与大数据产业发展生态。二是做好重点项目的摸底，为全省数字新基建100个标志性项目、全省100个智能化升级项目入库做准备。三是推动人工智能、区块链和边缘计算等前沿技术的部署和融合，支持企业加强工业大数据采集、存储、加工、分析和服务等环节相关产品开发，形成一批标志性创新产品，打造一批示范性应用场景。四是组织开展新一代信息技术与制造业融合发展对接会，促进人工智能等新技术在制造业重点行业、重点企业的深度应用。五是推动人工智能核心企业、应用企业与高校在技术研发、人才培养、成果转化方面开展深度合作。六是引导全省大数据中心科学建设，避免重复投资。七是加强对重点园区的调度服务，积极支持行业学会、协会和有关机构开展有关工作。

B.37

2020年湖南钢铁产业发展状况
及2021年展望

湖南省工业和信息化厅原材料工业处

2020年，湖南钢铁企业认真学习贯彻党的十九届五中全会精神，学习贯彻习近平总书记考察湖南重要讲话精神，在省委省政府的正确领导下，坚定"创新、协调、绿色、开放、共享"新发展理念，紧紧抓住国家深入推进供给侧结构性改革的有利条件，聚焦主业，调结构、降杠杆、提效率、降成本、促改革、增活力，统筹抓好疫情防控和经济发展，全面做好"六稳"工作、坚定落实"六保"任务，切实做到疫情防控和生产经营"两手抓、两不误"，取得了新冠肺炎疫情阻击战和经济保卫战的双重胜利。

一 2020年基本情况

（一）主要指标完成情况

2020年，在铁矿石价格大幅上涨、钢材出口大幅下滑、行业效益有所下降的情况下，全省10.37万名钢铁行业干部职工奋力拼搏，取得了主要产品产量与销售收入同步增长的优良成绩。全省714家规模以上钢铁企业工业增加值同比增长6.8%，高于全省规模工业增加值2个百分点。全省生产（不含广东阳钢，下同）：生铁2105.44万吨，同比增长6.6%；粗钢2612.90万吨，同比增长9.5%；钢材2729.73万吨，同比增长8.9%；铁合金123.72万吨，同比下降5.2%；钢结构337.10万吨，同比下降1.6%。实现营业收入2331.53亿元，同比增长1.9%；利润总额107.91亿元，同比下降15.3%。

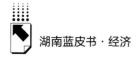

（二）主要工作及成效

1.巩固钢铁去产能成果

2020年，湖南坚定不移地做好巩固钢铁去产能成果。一是规范钢铁产能置换和项目备案。按照国家要求，全省暂停钢铁产能置换和项目备案，各市州开展现有钢铁产能置换项目自查，严禁以任何形式、任何方式新增钢铁产能。二是进一步做好化解钢铁过剩产能工作。省发改委、省工信厅等5部门转发国家5部委《关于做好2020年重点领域化解过剩产能工作的通知》，要求各市州结合当地实际继续抓好化解钢铁过剩产能工作。三是规范举报核查规定。2020年8月，湖南省淘汰落后产能和企业兼并重组工作领导小组办公室印发《关于进一步做好违法违规生产"地条钢"行为核查工作的函》，规范举报核查行为，发现一起查处一起，决不姑息迁就。

2.严防"地条钢"死灰复燃

召开打击取缔"地条钢"工作座谈会，建立防止"地条钢"死灰复燃工作联动机制。成立湖南省钢铁行业打击取缔"地条钢"工作专家咨询小组，为打击取缔"地条钢"工作打下基础。省工信厅印发《关于彻底清理违规使用中（工）频炉生产"地条钢"、不锈钢、工模具钢等钢坯（锭）的通知》，严格控制企业使用中（高、工）频炉生产。截至2020年底，全省共查处"地条钢"生产企业24家，涉及粗钢产能500万吨，其中2020年未接到一起"地条钢"举报。

3.抗疫保产取得双重胜利

2020年初新冠肺炎疫情发生后，湖南钢企积极响应政府号召，启动应急预案，采取多种措施，实现了零感染。华菱集团（含华菱湘钢、华菱涟钢、华菱衡钢）、VAMA公司、冷钢集团等重点企业，疫情暴发后第一时间启动应急预案，快速行动，多方联动，严防严控，严格落实"五做到""六消杀""两隔离"，扎实稳妥推进安全生产，3万多名在岗员工实现了零感染，疫情对生产的影响降到了最低，取得了抗疫保产双重胜利。

4.主要产品产量同比增长

2020年，全省钢铁企业在没有新增生铁、粗钢、钢材产能的情况下，依靠企业内部挖潜增加产量。湖南全年生产生铁2105.44万吨，同比增长6.6%；

粗钢2612.90万吨，同比增长9.5%；钢材2729.73万吨，同比增长8.9%。主要产品生铁、粗钢、钢材产量保持了较高的增长幅度，分别比全国平均水平高2.3个百分点、4.3个百分点、1.2个百分点。重点企业增幅较大，华菱集团2020年生产（含广东阳钢，下同）：生铁2109.00万吨，同比增长6.0%；粗钢2678万吨，同比增长10.2%；钢材2516万吨，同比增长10.0%。粗钢增幅比全国平均高5个百分点。

5. 销售收入增加利润下降

2020年，全省钢铁行业实现营业收入2331.53亿元，同比增长1.9%；利润总额107.91亿元，同比下降15.3%。但华菱集团逆势增长，2020年实现销售收入1520亿元，同比增长14.2%；实现利润101亿元，同比增长19.7%。实现利润位居中国钢铁工业协会会员单位第三位，为进军世界500强又向前迈进了一大步。

6. 主要技术经济指标改善

华菱集团各子公司瞄准国内钢铁行业先进企业，与先进企业对标对表，主要技术指标持续改善，5项指标进入行业先进、9项指标进入行业前五。华菱湘钢高炉燃料比、平均铁耗同比分别降低17kg/t、20kg/t；华菱涟钢铁耗"破七见六"，铁水成本低于行业平均37元/吨，转炉利用系数居全国钢铁行业第一。冷钢集团加大技术攻关力度，努力降低各种消耗，高炉焦比下降到400kg/t以下，成本大幅下降。

7. 调整结构品种工艺升级

坚持调整产品结构，在海工、船舶、工程机械、油气管线、汽车、家电、核电、军工等领域创多个第一，为工程机械等下游行业研发了多种替代进口的关键原材料。2020年华菱集团高效品种钢销量超1000万吨，占比提高到50%，高效品种钢材比普通钢材多创效20亿元。华菱湘钢高强板、风电板、容器板等高盈利品种销量同比分别增长28.3%、66.3%、35.5%；华菱涟钢开发了57个新产品，高强、耐磨等品种成为区域市场主导；华菱衡钢机加工用管销量同比增长95%，其中起重机臂架管同比增长3倍；VAMA公司汽车用高强钢Usibor1500销量达46.3万吨，同比增长32%，Usibor 2000全球首次批量供应主机厂旗舰车型。华菱钢材广泛应用于阿联酋海水淡化、深中通道、陵水17－2项目等超级工程。以产线升级为重点的华菱湘钢精品中小棒，华菱涟

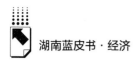

钢棒三线、高强钢第一条热处理，华菱衡钢4#热处理技改项目按期投产，并快速达产达效；"两化融合"升级推动智能制造水平持续提高，华菱湘钢5米宽厚板厂实现全自动轧钢；华菱涟钢设备智能运维中心、智能协同管控中心、云数据中心投运；华菱衡钢首条智能车丝线管加工2#线改造完成。

（三）存在的主要问题

2020年全省钢铁行业虽然取得了较好的成绩，但与全国先进钢企相比仍有一定差距，主要表现如下。

1. 原材料保障矛盾突出，物流成本高

湖南地处内陆，缺煤少矿，资源匮乏。铁矿石成品矿对外依存度高达85％左右，钢铁企业受资源制约的程度远高于全国平均水平。物流成本相比沿海企业高200～500元/吨。

2. 企业自主创新能力，有待进一步加强

湖南钢企技术创新体系还不够健全，企业研发投入低于国内重点企业水平，前沿技术研发投入不足，高强度、耐腐蚀等高性能产品研发生产技术水平有待进一步提高。在新钢种的开发方面，对钢的高性能化、微观结构的多相强化、复合强化等基础机理还需进一步研究。

3. 湖南工业电价较高，成本相对劣势

湖南工业平均电价在全国排位靠前，钢铁企业是用电大户，电力成本占比高，高电价影响了钢铁行业的发展状况。如原本在湖南发展较好的铁合金企业五矿湖铁外迁内蒙古，铁合金企业由2015年的216家萎缩到2020年的50余家，产量也大幅下降。

二 2021年工作及"十四五"展望

（一）2021年工作

2021年是"十四五"规划的开局之年，是中国共产党建党100周年，也是我国迈向第二个百年奋斗目标、进入建设社会主义现代化国家新征程的起步之年。站在"两个一百年"奋斗目标的历史交汇点，湖南钢铁行业要认真贯彻十九届五中全会和中央经济工作会议、省委经济工作会议精神，以供给侧结构性改革为主线，巩固提升钢铁去产能工作成果，认真贯彻落实"三高四新"发展战略，牢固树立和贯彻落实"五大"发展理念，不断推进钢铁行业高质量发展，以转变发展方式和产业优化升级为重点，以延伸产业链、优化品种结构、提升产品质量、强化资源保障、推进节能降耗为目的，以自主创新、技术改造、兼并重组、淘汰落后、优化布局、控制总量为手段，坚持产品高端化、精品化、差异化发展战略，快速提升产业核心竞争力，继续严厉打击取缔"地条钢"，确保公开透明的市场环境，促进钢铁行业结构优化、提质增效。

1. 调整结构促进产业升级

严格按照国家产业政策和《产业结构调整指导目录》（2019年版）、《钢铁行业生产经营规范条件》要求，按期淘汰落后产能、生产工艺和产品。积极引导和支持先进产能向优势企业有序转移和集聚发展，支持优势企业瞄准高端市场，发展高强度、高性能新材料产业，做精、做大、做强，实现产业升级。

2. 技术创新促进科学发展

加快培育和提升企业原始创新、集成创新和引进消化吸收再创新能力，发展具有自主知识产权的工艺技术、装备和产品。积极采用先进工艺和装备，提高科技对产业结构优化升级的支撑能力，突破制约产业转型升级的瓶颈，打造具有国际先进水平的冶金技术研发平台，逐步形成具有自身特色的核心技术体系。

3. 节约资源促进清洁生产

加速打造循环生态型发展模式，加强节能减排能力建设，全面推行循环经济和节能减排新工艺、新技术，建立物质循环、能源循环及废弃物资源化再利用生产体系，全面提高资源循环利用率和废弃物综合利用率，着力推进冶金企业采用"源头减污"绿色工艺和技术，开展清洁生产试点，全面提高企业经济效益和社会效益。

4. 开发资源促进优化配置

立足国内外两个市场，充分利用境外资源，合理开发利用国内铁矿、锰矿、煤炭资源，积极推进实施"走出去"战略，保障资源供给。

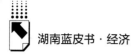

（二）"十四五"展望

湖南钢铁行业在"十四五"期间，要坚持以习近平新时代中国特色社会主义思想为指引，全面贯彻党的十九大和十九届二中、三中、四中、五中全会以及中央经济工作会议精神，坚持"三个高地"战略定位和"四新"使命任务，坚持新发展理念，以供给侧结构性改革为主线，认真落实钢铁行业碳达峰及降碳行动方案，不断推进湖南省钢铁行业结构优化、提质增效和绿色发展。

到2025年，湖南（不含广东阳钢）粗钢产量达到3000万吨目标，华菱集团（含广东阳钢）粗钢产量达到2800万吨，铁合金产量控制在100万吨以内，力争实现华菱集团跨入世界500强，全省钢铁行业努力实现销售收入3000亿元目标。

B.38
2020年湖南有色金属产业发展状况
及2021年展望

湖南省循环经济协会

2020年,在省委、省政府领导下,湖南有色金属产业认真落实新冠肺炎疫情防控措施,克服困难、排除万难、全力推动复工复产,稳步推进采、选、冶传统工艺升级改造,大力开展资源综合回收与再生利用,努力实现有色金属产业平稳、有序发展。

一 2020年湖南省有色金属产业运行态势及特点

(一)产业运行态势

2020年,湖南有色金属工业总体上呈探底后持续恢复向好的态势。初步统计,全省有色金属产值2354亿元,实现利润58.98亿元,上缴税金49.85亿元,工业增加值681亿元,较上年同比分别增长5.4%、4.2%、3.4%、1.1%。资产总值1507.94亿元,年平均从业人数106602人,累计完成10种有色金属产量193.9万吨,同比下降0.59%。其中,精炼铜产量13.9万吨,同比增长4.0%;铅产量93.62万吨,同比增长10.2%;锌产量80.73万吨,同比增长7.5%;锡产量2.89万吨,同比增长14.9%;锑产量15.91万吨,同比下降1.0%。铅产量占全国总产量的15.0%,锌产量占全国总产量的12.7%,锡产量占全国总产量的14.6%。

(二)产业特征

1.重点项目建设持续发力

2020年,有色金属产业有16个项目纳入湖南省制造强省专项资金拟支持的重点产业类项目，其中特别值得期待和关注的 2 个项目：株冶集团新建投资 3.38 亿元的年产 30 万吨锌基材料项目，落成达产后可实现总投资收益率 15.4%，预计 8 年左右时间内收回投资，产出的渣料全部进行资源回收和无害化处理。泸溪蓝天 11 万吨/年锌冶炼生产线项目总投资 1.17 亿元，项目建成后，产品对比改扩建前增加 1.5 万吨/年工业用一水硫酸锌、0.8 万吨/年工业用七水硫酸锌，21.0 吨/年粗铟（95%），减少外购锌粉量 2800 吨/年，降低电锌生产脱氟氯成本，充分利用公司现生产产生废渣中的锌资源，达到了废渣综合利用。

2. 硬质合金产业集群优势凸显

硬质合金产业集群中数控刀片产量同比增长 22.5%，全年生产量超 2.15 亿片，占全国总产量的 76.8%。国内硬质合金产量过千吨的企业湖南省超过 1/3。硬质合金集群参与智能化改造、数字化制造力度逐步增强。株硬集团以高端硬质合金棒型材为原料的微小直径钻针，为打破国际垄断的创新产品，在 5G 线路板生产、智能制造领域拥有广阔市场前景和发展空间，供不应求。

3. 骨干企业绿色转型成绩斐然

2020 年株冶有色析出锌产量成功实现 30 万吨年产目标，标志着中国五矿和湖南省联手打造的有色金属冶炼重点工程一期实现达产达标，有效解决株冶在清水塘地区的生存与搬迁改造难题。湖南黄金旗下 7 座矿山入选第一批省级绿色矿山纳入湖南省绿色矿山名库录，各子公司均按国家要求通过清洁生产审核评估及验收。汨罗园区荣获国家级绿色产业示范基地，成为湖南省唯一一家入选园区，五矿稀土"锡矿山锑矿遗产"入选第四批国家工业遗产名单。

4. 资源循环利用收效颇丰

2020 年全省共回收有色金属 129.68182 万吨。实现主营业务收入 499.11 亿元，税收 44.92 亿元（见表 1）。

其中：汨罗园区铜 24 万吨、铝 50 万吨；高明园区实际回收和综合利用钨、钴金属共计 5440 吨（其中钨 4800 金属吨、钴 640 金属吨），产值 8.2 亿元，完成税收 5201 万元。衡阳松木园区 480 吨，产值约 6400 万元，税收 832 万元。全省其他园区外企业约回收 1056 吨，产值 15520 万元，税收 2219.4 万元；永兴园区生产黄金 6.5 吨、白银 2530 吨（约占全国 30%）、铋 6550 吨（约占全国 65%）。

表1　2020年湖南省有色金属资源综合回收情况

金属品目	吨数(吨)	价格(万元/吨)	产值(亿元)	税收(亿元)
铜	410000	6.85	280.85	25.28
铝	620000	1.55	96.1	8.65
铅锌	250000	1.85	46.25	4.16
钨	6200	9.8	6.08	0.55
钴	775	39.65	3.08	0.28
金	8.1	39786	32.23	2.9
银	2631	26.66	7.01	0.63
铋	6550	4.45	2.91	0.26
稀有、稀贵金属	54.1	3975	21.5	1.93

汨罗正威再生资源及新材料项目计划分两期投资80.5亿元，主要建设精密铜线、再生铜基新材料、再生铝合金铸锭及压铸件等生产线，全部达产后预计可实现年营业收入270亿元、年税收5亿元。永兴园区对132家稀贵金属企业"重新洗牌"，一步到位整合成30家集团化主体企业。

二　面临的困难和问题

（一）产业持续萎缩

产业指标快速下滑。2020年，湖南省有色金属产业产值[①]2354亿元，较2016年3119亿元萎缩25%。与湖南省资源禀赋、产业结构相似的江西省2020年有色金属产量840万吨左右，有色金属产业产值超过7300亿元，约为湖南省产值的3.2倍，仅鹰潭市再生铜产量就达185万吨，产值1267亿元。规上企业由2014年的905家减少到2020年的579家。营收过100亿元的只有湖南黄金、晟通、株冶等三家企业。中国有色金属工业协会发布的《2019年营业收入排序前50名有色金属企业》名单中，湖南省无一家企业上榜，而周边江西、广东、河南省分别有2家、3家和7家企业上榜。

---

① 数据来自湖南省统计局。

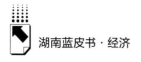

（二）产业转型力度不足

2004 年央企入湘后，产业投入持续下滑，全省有色金属精深加工重点项目除株冶水口山基地，基本没有投资过 10 亿元的项目。虽然全省已探明的十种常用有色金属储量近 5000 万吨，居全国前列，其中铅、锌、钨、铋、锑资源储量居国内第一，但是产业的初级产品占比大，五矿有色、湖南黄金等仍以生产初级产品为主，下游精深加工产品少，高附加值下游企业大部分流向国内其他省份，有色新材料、新业态及产业智能化、绿色化推进缓慢。近十年是湖南省有色金属产业高质量转型的关键时期，湖南有色行业的转型力度较弱，导致规模、发展质量与其他有色金属大省差距拉大。

三　2021年产业发展愿景

2020 年，疫情得到有效控制后价格持续回暖，铜、铝全年现货均价 48752 元/吨、14193 元/吨，同比增长 2.1%、1.7%；铅、锌全年现货均价 14770 元/吨、18496 元/吨，分别下降 11.3%、9.7%，降幅同比收窄 1.7 个、3.8 个百分点。

2021 年全球主要国家经济将有望逐步复苏，从国内宏观经济来看，2021 年是实施"十四五"规划的开局之年，将持续推动扩大内需、支持创新发展、改善营商环境，推动消费转型升级与投资提质增效，将为有色金属产业提供良好发展环境，总体将呈"前高后稳"的态势，全年增幅在 3% 左右；主要有色金属价格上半年将维持高位震荡，全年年均价格将好于 2020 年；规上有色金属企业实现利润有望保持增长态势；有色金属行业固定资产投资额将有所增长；有色金属产品出口下降的态势也有望缓解，但出口大幅回升的可能性不大。

2021 年湖南省有色金属产业总体将保持"前高后稳"运行态势基本与全国有色金属行业同步，但主要有色金属产品铅、锌、钨、锑、铋等受供求关系周期性变化及国际金融资本炒作，价格将快速拉升并维持高位振荡。受普涨推动企业具有扩大产量欲望，将刺激产能进一步释放，有可能在 2020 年产值2233 亿元基数上增长 15%～20%，达到 2610 亿～2730 亿元，利润达 65 亿～70 亿元。预计回收有色金属约 160 万吨，产值 660 亿元，税收 60 亿元。

2021年，是湖南有色金属产业转型发展关键之年：一是调整产品结构，从生产有色金属原材料调整为生产高加工度、高附加值产品；二是调整资源结构，从以原生资源为主，再生资源为辅的资源结构调整为以再生资源为主，原生资源为辅的资源结构，并以推动重大项目建设、开展精深加工，发展循环经济为抓手，实现全产业高端化、智能化、绿色化发展。

（一）推动重大项目建设，实现产业集聚发展

依托省内骨干企业实施重点项目建设，推动永兴贵研"清洁高效银电解升级项目"、汨罗正威、郴州正威、托普硬质合金项目等29个重点项目建设，其中，长沙、湘潭、衡阳均有1个，株洲、永州分别有2个，益阳、怀化分别有3个，岳阳6个，郴州10个，以高质量项目引领有色金属产业高质量发展。

（二）开展精深加工，促进产品高端化

2020年湖南省有色产业采选营业收入为228.72亿元，利润12.89亿元，年平均从业人数30647人；冶炼及压延加工营业收入为2101.83亿元，利润35.26亿元，年平均从业人数75285人；由此可见湖南省有色金属产业产值、利润贡献主要来自有色金属加工。无论从社会效益、经济效益、环保效益、税收贡献角度还是从提升发展质量，拓展产业规模方面来考量，湖南省要振兴有色、再创辉煌，需从2021年开始的"十四五"期间大力开展铜、铝等大宗有色金属加工以扩大、夯实产业基础，扎牢税收根基；鼓励、支持钨、钴、钛、锂、钪、铼等精深加工，重点扶持高端钨钴合金－高端刀具、钻具，高端永磁材料、高性能储能材料及航天、航空钛、铼产品以提升发展质量；积极探索稀土金属、氮化镓及金属氢、金属氮等行业前沿科研成果产业化以增强行业发展动能和发展后劲；重点支持以下5个。

铝钛新型材料产业集群：以湖南湘投控股集团有限公司、晟通科技集团有限公司为龙头，由长沙的新型合金产业链的58家规模以上企业组成，长沙望城经开区、常德高新区开展铝钛精深加工，生产新型航海、航空、航天铝钛合金材料。

硬质合金产品产业集群：以株洲硬质合金有限公司为龙头，主要布局在株洲钻石工业园、郴州高新技术产业园、益阳高明高新材料园区。其中，株洲以生

产先进硬质材料和刀具、钻具，郴州及郴州高新技术产业园以生产钨、钼原料及中间产品为主；益阳高明开展硬质合金回收再利用，形成了产业相对聚集，产品梯级配置，资源高效循环利用的发展格局，拥有国内最大的硬质合金产业规模，其硬质合金材料及其工具制造处于国内钨及硬质合金行业的领导地位。

锑及锑系列产品产业集群：主要布局在"世界锑都"湘中冷水江锡矿山地区，锑依托闪星锑业和湖南黄金集团两大企业，充分利用湖南省丰富的锑资源进行精深加工，生产阻燃材料、精细化工原料等锑系列产品。

稀土新能源材料产业集群：通过五矿稀土集团整合湖南稀土产业，布局于长沙、永州江华、益阳等地，依托湖南稀土金属材料研究院技术开发优势，建设"小批量、多品种"高纯度稀土原料、新型稀土合金材料产业基地。

（三）大力发展循环经济，打造千亿绿色产业

有色金属具有无与伦比的资源循环利用特性，湖南省具有较完整的有色金属资源循环利用产业基础，如能借鉴、学习江西、湖北、广东、山东等省份成功经验，及时调整税收优惠，引导再生有色金属和税收回流，开展铜、铝深加工，完全能在2021年打造极具本土特色、产值超1000亿元的有色金属循环经济产业。

1. 调整税收政策，引导税收回流

2020年预计回收有色金属194.68万吨，产值640.32亿元，税收57.63亿元（见表2）。

表2　按现行税收优惠政策，预计2021年湖南省金属资源综合回收情况

金属品目	吨数（吨）	价格（万元/吨）	产值（亿元）	税收（亿元）
铜	328000	6.85	224.68	20.22
铝	558000	1.55	86.49	7.78
铅锌	225000	1.85	41.63	3.75
钨	4960	9.8	4.86	0.44
钴	620	39.65	2.46	0.22
金	7.29	39786	29	2.61
银	2660	36.66	9.75	0.88
铋	5620	4.45	2.5	0.23
稀有、稀贵金属	59	3975（均价）	23.45	2.11

如果有色金属资源回收与循环利用产品税收返还优惠比例得到适时调整，湖南省与周边省份有色金属再生资源产品税赋将基本持平，预计流失的再生有色金属及其税收将逐年回流。按50%回流计算，2021年7～12月，将回流铜21.75万吨，产值148.99亿元、税收13.41亿元，有望回收有色金属246.58万吨，产值858.74亿元，税收77.3亿元。

2. 发展铜铝加工，提升发展质量

按行业平均加工度和附加值估算，铜加工后在原材料基础上平均增值3～6倍，按均值4.5倍估算；铝加工后在原材料基础上平均增值2～4倍，按均值3倍估算，对本年所回收的54.62万吨铜、79.05万吨铝的1/4进行深加工，即可获得产值512.66亿元、增值税46.14亿元，加上铜、铝原材料产值663.97亿元、税收59.75亿元，湖南省在2021年内完全能打造一个回收有色金属165.89万吨，产值过1176.63亿元，税收过105.98亿元的有色金属循环经济绿色产业。

B.39
2020年湖南省智能网联汽车产业发展状况及2021年展望

湖南湘江智能科技创新中心有限公司

按照湖南省委、省政府的战略部署，智能网联汽车是长沙"三智一芯"产业布局的重点产业，也是长沙抢占产业发展制高点的战略性产业。2020年，在省委省政府、市委市政府、湖南湘江新区的大力支持和统筹推进下，湖南湘江智能科技创新中心有限公司（以下简称"湘江智能"）认真贯彻落实"智能网联汽车产业智能化产品总成提供商、智能系统方案解决商"的发展定位，在推动湖南省、长沙市及湘江新区智能网联汽车产业中当先锋、担主力、树标杆，以"新基建"硬核赋能湖南省高质量发展。

一 2020年发展报告

（一）行业发展的主要特点

1. 完善配套锻造业界魅力

早在2016年，长沙推动全面布局智能网联汽车，在全国率先启动智能网联汽车测试区建设。2016年，湖南湘江新区智能系统测试区启动建设。2018年，湖南湘江新区智能系统测试区开园，并被工信部授牌国家智能网联汽车（长沙）测试区，成为国家认可的自动驾驶测试场之一。2019年，长沙"双100"项目正式启用，智能网联车辆在长沙100平方公里城市范围的开放道路和100公里高速开放道路行驶，长沙距离"智能驾驶第一城"的目标越来越近。

2. 聚焦应用激活产业活力

长沙市2019年发布了以《长沙市智能网联汽车道路测试管理实施细则

（试行）2.0》为核心的"1＋3＋2"规则体系，针对公交车、乘用车以及物流重卡三个智能网联汽车潜在应用场景配套相应测试规程。长沙市全国范围内率先开展载人测试和高速测试两大场景的区域。载人测试方面，长沙市民可以以志愿者的身份参与体验开放道路测试，体验智能驾驶公交车和乘用车；高速测试方面，结合国家智能网联汽车（长沙）测试区独具特色的3.6公里双向封闭高速测试区及100公里开放智慧高速，为自动驾驶重卡提供测试技术支撑和测试环境。长沙已引进中车时代、地平线等12家科研院所，与腾讯、百度、京东、大陆等20多家企业达成合作协议，全面构建智能网联汽车生态，走出湖南速度。

3.鲲鹏生态赋能智能网联

湖南携手华为公司，在长沙市、湖南湘江新区发展鲲鹏计算产业与智能网联汽车产业，构建湖南鲲鹏计算与智能网联汽车生态，打造全国自主可控产业新高地。华为与湖南的合作，以打造鲲鹏生态在全国的标杆应用为目标，研发并生产基于鲲鹏芯片的湖南自主品牌服务器及PC机，建设鲲鹏计算产业创新中心，为平台企业提供开放创新、可信、简单易用的云服务资源，加速重点产业的国产化进程。在智能网联汽车产业方面，湘江智能也将一直保持和华为的积极合作，积极助力长沙打造"智能驾驶第一城"。

（二）行业发展的重点工作

1.推进国家智能网联汽车（长沙）测试区建设

2020年1月13日，时任湖南省人民政府省长许达哲在湖南省第十三届人大第三次会议上发表2020年湖南省政府工作报告，要求重点推进国家智能网联汽车（长沙）测试区等重大项目建设，力争在人工智能、区块链、5G与大数据等领域培育形成一批新的增长点，打造以中国智能制造示范引领区为目标的现代制造业基地。

2.打造智能汽车与智慧交通融合发展长沙模式

在全国无样本、无模板的条件下，湘江智能按照"产业生态为本、数字交通先行、应用场景主导"的原则，形成了智能网联汽车产业"长沙模式"发展路径。产业生态建设成为长沙智能网联汽车发展的特色，会集了一批有实力的生态伙伴。智慧公交、智慧高速、"头羊计划"等项目的推进充分说明了

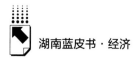

智能网联与智慧交通是最契合的，也是最有可能形成成熟商业模式的，打造了全国最丰富、最贴近市场需求的应用场景。

3. 打造细分领域领军企业和场景应用的"头羊"企业

2020年4月，长沙市启动智能汽车产业"火炬计划"和"头羊计划"，以湖南湘江新区为重点，在全市打造智能汽车产业生态，通过培育"头羊"企业推动技术、业态、产品、服务等联动创新。通过重点打造一批细分领域领军企业和场景应用的"头羊"企业，提高车联网应用渗透率，集聚上下游资源，形成具有新区特色的产业生态。目前已有31家企业入选2020年度上半年长沙市智能汽车产业生态"火炬计划"。

4. 聚集智能网联汽车产业发展生态

湖南湘江新区坚持以"应用场景主导、产业生态为本、数字交通先行"原则，吸引了产业链上下游集聚，产业生态链逐步完善。在研发领域方面，已吸引西电、中车电动等十余家科研院所落地。在头部企业方面，围绕关键零部件，引入了中车智轨、天际汽车、华为、长远锂科、舍弗勒、佑驾科技、高新兴等；围绕汽车软件化引入了华为、百度、希迪智驾等；围绕应用服务服务引入了中国汽研、腾讯、时空基准、高深智图等。在产城融合方面，引进了碧桂园打造人工智能科技新城。目前，新区拥有智能网联领域算法、芯片、大数据、通信导航、传感器、电池新材料等企业229家。赛迪研究院"智能网联汽车产业投资潜力城市"长沙排名全国第三，智能汽车产业"起步北上广、落地看长沙"成为业界共识。

（三）主要困难和问题

1. 国家战略制高点和行业话语权尚未形成

目前，政府投资重点项目建设已上升至国家战略，但应用场景规划、建设、运营在全国范围内影响力不足；商业模式探索暂未形成行业引领，参与国家、行业标准体系建设抢占行业话语权亟待加强。

2. 产业要素建设缺乏与主机厂深度合作

新区现有"车－路－云－网－图"产业要素建设缺乏主机厂深度参与合作，未形成以主机厂量产为目标驱动的"研发测试－检测认证－商用试验－量产推广"的闭环。

3. 平台公司资源牵引能力有待提升与产品、系统解决方案缺乏

一方面，新区通过智能网联信息化建设项目聚集了一批生态企业，但生态企业之间技术应用、商业模式互补协同良性发展尚未形成；另一方面，湘江智能的平台效应未能充分发挥，缺乏对生态企业的资源牵引与整合能力，未能形成核心竞争力的技术、产品与系统解决方案。

4. 应用场景商业模式探索有待加强

现有自动驾驶出租车、环卫车、公交车等场景探索变现能力薄弱，封闭、半开放、低速环境下的干线物流、末端物流、固定路线接驳、工程机械等场景商业模式探索有待加强。

二　2021年行业展望

（一）重点工作

1. 推进国家级车联网先导区建设

2021年1月25日，湖南省政府代省长毛伟明在湖南省十三届人大第四次会议上发表2021年湖南省政府工作报告，要求大力推进国家级车联网先导区的建设工作。根据2020年9月30日工信部复函，明确湖南（长沙）国家级先导区的主要任务和目标是：在重点高速公路、城市道路规模部署蜂窝车联网C–V2X网络，结合5G和智慧城市建设，完成重点区域交通设施车联网功能改造和核心系统能力提升，带动全路网规模部署；构建丰富的场景创新环境，有效发展车载终端用户，推动公交、出租等公共服务车辆率先安装使用，促进创新技术和产品应用；深化政策和制度创新，探索新型业务运营模式，完善安全管理、认证鉴权体系，建设信息开放、互联互通的云端服务平台，构建开放融合、创新发展的产业生态，形成可复制、可推广的经验做法。

2. 推进国家智能网联汽车质量监督检验中心(湖南)筹建

为了进一步提升建设运营的专业的智能网联检验检测技术能力，湘江智能与中国汽车工程研究院股份有限公司成立了合资公司——中汽院智能网联汽车检测中心（湖南）有限公司。2021年1月29日，市场监管总局同意中汽院智能网联汽车检测中心（湖南）有限公司筹建"国家智能网联汽车质量监督检

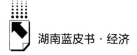

验中心（湖南）"。下一步，中汽院智能网联汽车检测中心（湖南）有限公司将加快推动配套智能网联汽车综合试验场的建设，加强与智能网联相关企业的合作，充分发挥产业的支撑效应，将国检中心发展成为一个集汽车战略研究、技术转化、质量监督服务为一体的平台，助力传统汽车产业转型升级。

3. 助力智能网联与智慧工程机械融合应用发展

2021年2月4日，湖南湘江新区管委会、三一重工、湘江智能公司签订合作协议，计划在新区设立智能网联与智慧工程机械融合创新应用平台，聚焦重卡、皮卡、港口机械等新装备和路面机械、矿用自卸车等工程机械产业的智能化、数字化、网联化转型升级，探索5G - V2X、自动驾驶、智能座舱等新型技术与工程机械的全面融合应用，共同打造世界领先的5G - V2X智慧物流、新一代智能驾驶重卡和智能驾驶工程机械机群创新应用示范、商用系统解决方案及技术标准规范。

B.40
2020年湖南省先进储能材料产业发展状况及2021年展望

湖南省电池行业协会

长沙市先进电池材料及电池产业技术产业创新战略联盟

2020年，在新冠肺炎疫情暴发、中美贸易摩擦等外部因素的作用下，先进储能材料产业的发展面临着更多的挑战与危机。在形势不利的环境下，湖南省先进储能材料产业紧跟党中央、国务院和省委省政府决策部署，政企携手并进，积极应对各类不利因素所带来的市场冲击，化挑战为机遇，总体上保持了良好的发展态势。作为湖南省工业新兴优势产业链之一，先进储能材料产业是省内经济的一大重要增长点，同时也是推动"湖南制造"高质量发展的重要抓手。2021年，维持省内先进储能材料产业的平稳增长，对于湖南省制造业的健康发展具备深远意义，将是贯彻习近平总书记"着力打造国家重要先进制造业、具有核心竞争力的科技创新、内陆地区改革开放的高地，在推动高质量发展上闯出新路子，在构建新发展格局中展现新作为，在推动中部地区崛起和长江经济带发展中彰显新担当"号召的重要支撑。

一 2020年发展情况

经过近年来的积累，湖南省先进储能材料产业逐步形成了以电池用碳酸锂、多元前驱体、电解质等主要上游产业为支撑；以磷酸铁锂、多元材料、负极材料、电解液、隔膜为主的中游产业为助力；以锂离子电池、镍氢电池、动力电池能量包为主的下游产业为主体的闭合链环。并由此衍生出以退役电池梯度利用、电池材料深度回收为主的电池资源循环利用产业。2019年，全省先进储能材料产业实现产值450亿元，同比增长30.42%；2020年，全省先进储能材料产业产值初步估计达到550亿元，同比增长22.22%。

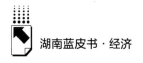

（一）产业集聚不断强化

已形成以湖南长远锂科、湖南杉杉新能源、湘潭电化、科力远、邦普循环科技、湖南立方、中科星城石墨、中锂新材料、博信新能源等行业领先企业为中心的若干行业头部企业，培育了"上游材料→锂电池正极、负极、隔膜、电解液、铝塑膜→电芯制造与组装→锂电池总成及应用→废旧电池回收再利用"的绿色循环完整产业链闭环。相关企业目前主要集聚分布于宁乡高新区、长沙高新区、宁乡经开区等为主的湘江新区，以及湘潭、永州、常德等地，享受有相关产业集聚优惠政策。

从配套下游产业来看，长沙经济开发区已陆续引入了上汽大众、广汽三菱、广汽菲克等知名汽车品牌，以及博世、汽电汽车、三农宇通等零部件配套企业，拥有发展快速的汽车产业与汽车市场。以此为依托，多家龙头电池企业被引入湖南省供给链，进而推动省内储能材料产业集聚。

（二）龙头企业日趋崛起

企业是市场经济发展的主体，省内先进储能材料产业链的良性发展，依托于优质企业的发展壮大。以湖南省先进储能材料产业而言，经过大力引进和扶持培育，已拥有了一批上升势头良好的龙头企业。

在先进储能材料产业链的上游领域，正极材料龙头企业位置凸显：长远锂科长期致力于钴酸锂、锰酸锂和三元锂等锂电池正极材料的研发和生产，在国内三元材料市场名列前茅；湖南杉杉能源主要生产钴酸锂和镍钴锰酸锂，现已成长为全球最大的锂电池材料供应商，湘潭电化2020年已经跃升为国内磷酸铁锂的龙头企业；桑顿新能源、金富力、海利锂电等则专注于动力型锰酸锂、高容量型锰酸锂、三元材料系列等产品的研发，陆续建立相关的国家级研发平台、省级中心、省重点实验室和博士后工作站，在正极材料行业处于国际先进水平。

在中下游领域，也涌现出一批实现技术自主的优势企业：科霸动力在汽车动力电池及能量包方面实现了关键技术的独立自主和自主知识产权，已成为HEV&EV用动力电池及能量包供应商；桑顿新能源专注于电池管理系统（BMS）、电池包整体方案的技术研究、产品开发，已成为新型绿色高能锂电池的全球主要供应商之一；湖南立方新能源已成长为省内锂离子电池领域的领军企业，企业近三年保持了50%的增速；天际汽车、长沙弗迪等一批新项目在园区落地有力地补充了园区动力锂电池产业链条。

（三）人才资源优势明显

先进储能材料产业作为绿色产业与高新技术产业，对于相关人才资源依赖性强，而湖南省背靠中南大学、湖南大学、国防科大等双一流院校，通过推动应届毕业生创业就业，每年可为省内先进储能材料产业链输入大量的"新鲜血液"。

高端院校不仅为业内提供了大量优质人才，更通过前沿技术研究为湖南省乃至全国先进储能材料产业提供了支撑。中南大学的胡国荣教授课题组专注研究高压实钴酸锂，李新海教授课题组专注研究新兴储能材料和新型化学电源，赖延清教授课题组专注研究锂电子电池、超级电容器及薄膜太阳电池，杜柯教授课题组专注研究正极粉末材料的合成工艺，性能改进。湖南大学王太宏教授专注微纳加工技术和超敏感探测研究及传感和锂电子电池研究，湘潭大学王先友教授研究新型化学电源与电极新材料、太阳能－氢能－燃料电池、超级电容器及其电极材料等。

根据国家知识产权局网站收录信息，省内先进储能产业集群内诸企业及大专院校已在国内公开有效知识产权专利11735件，其中长沙地区有效知识产权专利为2143件，占比18.26%；湖南省先进储能产业集群内企业及大专院校2019年授权知识产权专利共计2034件，其中长沙地区授权知识产权专利486件，占比23.89%。在这些专利中，专利类型以发明专利居多，说明湖南省近年来先进储能产业在技术领域注重品质提升的同时，在注重技术的转化效率和实用价值的同时，也在紧跟行业前沿领域。

（四）扶持政策趋于完备

2021年，湖南省和各市地方政府针对先进储能材料产业贯彻落实了《湖南省工业企业技术改造税收增量奖补实施细则》《湖南省工业转型升级专项资金管理办法》《长沙市加快先进储能材料产业发展三年（2020～2022年）行动方案》等一批扶持奖励先进储能材料产业链发展的文件，多方位推动省内先进储能材料产业的发展。

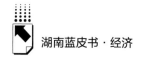
1. 在财政资金方面

如长沙市财政局在 2020 年公共项目预算城建专项中安排"先进储能材料产业发展专项资金"5000 万元，并与市发改委共同制定了《长沙市先进储能材料产业发展专项资金管理办法》。

2. 在企业政务服务方面

省内多地市场监督管局实施"一次办"、网上登记和"快递办"措施，先进储能材料产业相关企业在办理新设登记更加快捷方便。积极支持先进储能材料产业相关企业进入资本市场，充分发挥产业投资基金引导作用，加大金融机构对实体经济信贷支持，通过"组合拳"加强产业融资服务。

3. 在招商方面

地方政府采取线上洽谈和云签约等方式进行产业招商，顺利引入了一批重大项目。仅长沙地区 2020 年共引进储能产业项目 9 个，合同引资约 110 亿元，其中 10 亿元以上项目 4 个，分别是投资 15 亿元的世界 500 强长沙新能源材料工业技术研究院及锂电池负极材料生产基地、投资 70 亿元的长远锂科电池正极材料生产基地、投资 10 亿元的邦普 10 万吨废旧动力电池拆解项目、投资 10 亿元的中科新城石墨二期 5 万吨负极材料项目。

4. 在引进人才方面

根据"芙蓉人才行动计划"，湖南推出"十大支持""十大放开"政策，为推动湖南创新引领开放崛起战略提供坚强人才支撑。省会长沙也推出"长沙人才新政 22 条"对在长工作人才实施购房、租房生活补贴的政策，市人社局组织开展博士潇湘名企行、第 21 届广州留交会等活动，组织相关企业与人才进行深入对接，积极精准引才。

5. 在打造基地和产业集聚区方面

如长沙市工信局成立长沙市其力先进储能材料产业促进中心、开展先进储能材料高质量发展课题调研和申报国家先进制造业产业集群等方式促进产业链发展。

二　产业链存在的问题

（一）产业链条不牢固

湖南省储能材料产业虽然形成了较为完整的产业链闭环，但各环节之间发展并不均衡，除正极材料含前驱体处于优势地位外，其他环节包括负极、隔膜、电解液等均较薄弱。省内先进储能产业链龙头企业大都集中于正极材料或者前驱体，如杉杉能源、湘潭电化、邦普循环科技、长远锂科、中伟新能源，负极材料只有中科星城石墨在国内具备一定影响力，电解液只有博信排名国内前十。特别是在动力电池这一关键领域缺少龙头企业。

（二）智能制造待提升

尽管在"中国制造2025"和智能制造等相关政策指导下，省内电池行业龙头企业进行了智能制造升级改造，智能化水平有所提高，产品质量得到提升，但锂电池相关企业普遍规模较小，在高端智能设备方面投入较低，制约产品的技术升级和更新换代，导致产品的稳定性和一致性与国外高端产品相差较大，批量产品的质量稳定性和可靠性低，产品档次不高，参与国际竞争的能力弱。

（三）受新能源汽车市场下滑的冲击

受补贴退坡影响，国内新能源汽车市场在2019年7月首次出现销量下滑，叠加疫情影响，之后连续12个月出现同比下降。2020年，新能源汽车产销量分别为136.6万辆，同比增长7.5%，销量136.7万辆，同比增长10.9%，在产销数据上均实现了历史新高，其中纯电动汽车产销分别完成110.5万辆和111.5万辆，同比增长5.4%和11.6%。然而，以增长速度来看，2020年的销量增长率远低于2014～2018年的同期数据。同时，由于疫情影响，在整个第一季度，新能源汽车整车厂复工率只有三成左右，动力电池和上游电池材料需求下降。在上半年，国内新能源汽车市场持续出现销量同比下降，杉杉能源、中科星城石墨等企业受下游客户需求不足影响，订单恢复仅60%左右。

（四）配套设施仍有不足

储能企业属于用电大户，而湖南省的先进储能材料企业多聚集于长沙市内，长沙市电价偏高（一般工商业用电综合电价0.75元每度左右），工业用电电价在国内排名前十，比全国工业用电平均电价高出10%左右，高昂的电力价格增加了企业生产成本，并对招商产生较大不利影响。此外，园区缺少三类用地，现有电池回收企业的扩产及新项目的引进受到严重制约。

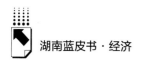
三 2021年行业展望

（一）依照"三年计划"稳步发展

从总体目标来看，根据《湖南省先进储能材料及动力电池产业链三年行动计划（2021~2023年）》，湖南省先进储能材料及动力电池产业总产值应在2023年达到1000亿元以上，培育省"小巨人"企业30个、国家"专精特新""小巨人"企业5个、工信部制造业单项冠军企业3~5个，形成2~5个国际知名品牌；新增主板、创业板或科创板上市公司2~4家；产值规模过100亿元的企业3~5个，过50亿元的5~8个。其中，将新增电池正极材料产能20万吨，电解液50000吨，耐高温锂离子电池隔膜40000万平方米以上，锂离子电池（含动力电池）10GWh，预计电池材料新增销售收入400亿元、锂离子电池（含动力电池）新增销售收入200亿元，新增年锂电池材料及电池销售收入100亿元以上企业2家、10亿元以上电池企业10家。

（二）做好顶层设计，推动产业集聚

在下一阶段的先进储能材料产业发展过程中，应结合产业链上下游特点，培育和建设先进储能材料及动力电池产业集聚的重点园区、总部基地、孵化基地、中试基地以及众创空间。一方面，应结合省内各地市的实际情况，因地制宜地规划地方先进储能材料产业发展目标；另一方面，则应从进一步完善产业链条着手，瞄准产业缺失环节，完善产业链条，做好重点招商。

针对产业空间布局：

（1）在先进储能材料产业已形成良好基础的地市，应重点打造具备核心竞争力的产业集群与园区，建设配套的检测中心和服务机构，形成国际领先水平的先进储能材料产业制造业的核心区。例如，在长沙，可以湖南湘江新区为轴心，重点推进宁乡高新区、长沙高新区、望城经开区、宁乡经开区、浏阳高开区等5个专业园区在先进储能材料及动力电池产业的布局，着重推进湖南省大学科技园等众创基地建设，构建"151"产业发展格局。形成横向以正极材料、负极材料、隔膜、电解液等四大主材为主，纵向涵盖材料、电池制造、动力电池能量包、产品性能检测与评价到循环回收全链条产业体系；形成创新创业活跃、成果高效转化、产业集聚发展的产业新生态。

（2）在先进储能材料领域存在发展潜力，在某一方面存在经济增长点的地市，可以针对本地拥有的相关产业，优势企业、核心自主技术等优势，因地制宜地打造以之为依托的先进储能材料产业基地。在株洲市，便可以凭借"中国动力谷"发展动力电池及储能变换器件等方向的产业基地。结合当地轨道交通装备产业链的优势地位，着力打造燃料电池产业集群，鼓励发展燃料企业，并吸引全国优质燃料电池整车企业来到株洲发展。通过一批公交、大巴、物流、建筑等领域的重点项目，推动当地的先进储能材料产业集聚。

针对产业链的薄弱环节、缺失环节：

（1）瞄准国际国内储能材料前10位、电芯制造、动力电池等产业链上下游前20位的重点企业，实施精准招商，每年引进一批重点企业及产业链延伸项目，采用一企一策、一事一议，补齐短板，加强产业链补链、强链，推进宁乡经开区、铜官工业园等园区储能与动力电池循环回收项目集中区建设，抢占制高点，推动产业链做大做强。

（2）可通过出台和落实地方政策推动产业集聚的深化。落实制造强省新材料"首批次"、重大技术装备"首台（套）"奖励政策，对符合条件的首批次、首台（套）应用示范项目给予重点支持；落实新能源汽车推广应用奖补政策，促进先进储能材料、电池产品、新能源专用车在湖南省推广应用；鼓励各市出台地方配套奖励政策，对区域内购买市内研制生产的技术装备、关键材料、电池组件等产品的项目和企业实施奖励，鼓励省内先进储能材料及动力电池企业使用区域内企业研制的配套产品，形成产业上下游协同发展新生态。

（三）促进企业培育，完善公共服务

依托龙头企业，围绕产业链上下游重点产业化项目，尤其是实际投资额在10亿元以上的重大项目，现场办公、特事特办、特事快办，保建设条件、保项目进度，形成良好的重点项目、重大项目推进机制。引进与培育相结合，引得来、留得住、育得好；鼓励产业链上下游的垂直整合与横向整合，支持龙头企业并购重组、民间资本参与国企"混改"，激发产业活力，实现企业集团化发展，促进龙头企业做大做强。

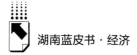

围绕产业链上下游重点产业化项目，尤其是实际投资额在 10 亿元以上的重大项目，应建立完善特事特办、特事快办的绿色通道，形成良好的重点项目、重大项目推进机制。做到引进与培育相结合，引得来、留得住、育得好。

瞄准产业链的高端，重点扶持和培育有条件的企业。鼓励产业链上下游的垂直整合与横向整合，支持龙头企业并购重组、民间资本参与国企"混改"，激发产业活力，实现企业集团化发展，促进龙头企业做大做强。开展智能化、绿色化升级，以建设智能工厂、绿色工厂为目标，将智能制造、绿色制造的理念渗透到产品研发、生产过程的每一个环节，促进企业向价值链和产业链的高端延伸；围绕"入规、升高、上市、扩面"，加大支持力度，推动涌现更多的"小巨人"、"独角兽"、高新技术企业和行业领军企业；支持企业"走出去"，参与"一带一路"建设，拓展国际市场；加大知识产权保护力度，鼓励条件成熟的企业开展国际商标注册，培育 1～2 个国际化品牌，推动产业链的高质量发展。

引进国内有资质的国家级第三方检测机构在湘设立分中心，同时整合省内科研院校、检测机构、龙头企业等省内机构现有检测资源，建设包含原材料、单电池、电池组（包）、电机和电控以及新能源汽车整车的湖南省先进储能材料与动力电池产品质量检测与评价公关服务体系。鼓励省内检测机构开展国家检测资质（CMA 或 CNAS）认证，争取打造 1～2 家国家级第三方专业检测平台，发挥检测平台的公共服务功能，助力千亿元产业发展。

定期组织国内外高校、科研机构、与在湘先进储能材料企业举办线上、线下形式的产需对接会与技术研讨会。通过这些会议实现三个对接：企业难题与高校技术对接、高校成果与企业需求对接、企业项目与高校人才对接。依托驻长高校、科研院所和骨干企业，发挥各自优势，在先进储能材料、先进储能材料资源循环利用、先进储能材料应用等领域，建设一批省级工程（技术）研究中心、工程（重点）实验室。

建立股权融资服务平台，便于引入社会资本，定期开展项目、企业路演、融资活动。建立银企贷款融资服务平台，鼓励开展知识产权融资贷款、资产抵押贷款、企业信用贷款、应收账款贷款、产品租赁融资等多种融资模式，解决企业发展的资金需求难题；建立上市融资服务平台，支持有条件的企业对标科创板、创业板等主板市场，鼓励企业在科创板、创业板等上市融资。

（四）针对关键技术，组织专项攻关

围绕3C产品电源、电动交通、新能源储能、基站储能、应急储能、家庭储能、户外便携储能等应用领域，开展关键共性技术开发，提升和完善先进储能材料及器件生产工艺，开发新材料、新产品、新工艺，提高产品性能与质量稳定性，实现产品系列化、工艺精细化、性能高档化的目标，重点解决先进储能与动力电池材料及器件应用于电动汽车、贮能系统等领域的能量密度、功率密度、高低温性能、安全可靠性、产品一致性、成本等问题。

B.41
2020年湖南省石化行业发展状况
及2021年展望

湖南省石油化学工业协会

2020年，是"十三五"收官之年，是全面小康和脱贫攻坚决战决胜之年，也是应对新冠肺炎疫情的"大考"之年。一年来，在省委、省政府的正确领导下，全省石化行业紧紧围绕"三高四新"战略，加快培育战略性新兴产业，推进产业园区建设，加快产业结构调整与优化升级，强化企业自主创新，取得了较好的成绩。

一 2020年发展报告

2020年全省石油和化工规模以上企业890家，从业人员12.5万人，全行业资产合计1384.04亿元，尽管新冠肺炎疫情带来诸多困难，全行业化困难为动力，化挑战为机遇，实现主营业务收入2182.23亿元，利润总额88.17亿元。

（一）总体实现平稳较快发展

2020年全省石化行业实现营业收入3793.38亿元。按行业划分，石油、煤炭及其他燃料加工业实现营业收入597.99亿元，同比增长－21.0%；化学原料和化学制品制造业实现营业收入2429.82亿元，同比增长－5.0%；化学纤维制造业实现营业收入30.15亿元，同比增长－9.5%；橡胶和塑料制品业实现营业收入735.42亿元，同比增长6.2%。利润降幅收窄，营业收入向好，全行业效益正在改善，市场对能源及原材料需求处于逐渐恢复之中。

（二）化工新材料产业向园区集聚

随着沿江化工企业和城镇人口密集区危险化学品生产企业搬迁改造工作的

推进，全省化工新材料产业不断向园区集聚。岳阳绿色化工产业园是国家新型工业化产业示范基地和国家级循环化改造示范试点园区，也是湖南省重点发展的"千亿园区"，现有规模企业200余家，主要发展方向是石油化工合成新材料，2020年，园区完成技工贸总收入1207亿元，完成税收117亿元。衡阳松木经开区是国家级循环化改造示范试点园区，现有规模企业100多家，形成了盐化工产业集群，2020年完成规模工业总产值120.25亿元，完成税收5.79亿元。怀化洪江高新区是湖南省重要的化工新材料生产基地，2020年完成技工贸总收入56.89亿元，完成税收1.11亿元。望城经开区铜官工业集中区、郴州氟化工产业园、常德德山经开区等化工及化工关联园区发展迅速，初具规模。

（三）创新平台建设支撑有力

目前，全省化工新材料领域拥有株洲时代新材、株洲兴隆新材料和益阳橡塑等国家级企业技术中心3个；拥有湖南师范大学和湖南长岭石化科技开发有限公司联合组建的"石化新材料与资源精细利用国家地方联合工程实验室"、湖南化工研究院（湖南海利）"国家农药创制工程技术研究中心"等国家创新平台；中国石化巴陵石化公司先后设立了中国石化重点实验室、院士工作站、博士后工作站；湖南松井新材等多家企业设立了院士工作站、博士后工作站或校企联合实验室等一批研发创新平台。"十三五"以来，获得国家、省级科学技术奖100余项，为行业创新发展提供了强有力的科技支撑。

（四）关键技术突破取得成效

湖南长岭石化科技开发有限公司、中国石油化工股份有限公司长岭分公司、中国石化催化剂有限公司长岭分公司、湖南师范大学联合开发的"高活性载体裂化催化剂研究开发与应用"获得国家技术发明奖一等奖，研发的苯酚－甲醇烷基化生产邻甲酚在湖南新岭化工建成了全球最大的1.5万吨/年邻甲酚工业装置，邻位选择性在99%以上，突破国外垄断。

中国石化巴陵石化公司是国内规模最大的己内酰胺生产企业，具有国际领先的第3代、第4代己内酰胺绿色生产技术，医用SEBS、环保型环氧氯丙烷两个项目先后列入国家科技重大专项，4个项目进入中国石化总部"十条龙"

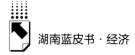
科技攻关序列，其中医用 SEPS 是国内首套、世界第三套 SEPS 工业化装置，获得国家科技进步奖 1 项、省部级科技进步奖 17 项，获得授权专利 132 件。

此外，湖南长岭石化科技开发有限公司、中石化长岭分公司开发的国内首条 HPPO 法高品质环氧氯丙烷生产线产品成功推向市场，延伸了岳阳聚醚多元醇及聚氨酯产业链；株洲时代华先芳纶材料及制品、时代华昇聚酰亚胺薄膜产业化进程加快；海利化工开发的高品质低毒克百威衍生物全部出口国际市场；丽臣实业以天然 AEO 为原料开发的绿色高效表面活性剂二噁烷的含量 ≤10ppm，优于市场上同类产品的性能。

（五）重点项目建设推进顺利

中石化巴陵公司总投资 208 亿元的己内酰胺产业链搬迁与升级转型发展及下游产业项目，于 2019 年 12 月 5 日正式开工，项目全部建成后年产值将达 188 亿元，年税收 10.75 亿元，还将带动纺织、工程塑料、尼龙拉伸膜等下游产业发展，预计产值近千亿元。项目土石方平整已全面铺开，总体设计完成并已获得中石化总部审批，现正在全面开始工程招标、物资采购、现场施工等工作。

建滔电子材料产业园在衡阳松木经济开发区扩区东片区，以衡阳盐卤资源为原料打造从氯碱化工到覆铜面板循环经济产业园，占地面积 1810 亩，共有十个项目，总投资 141 亿元，全部建成投产后，年可实现产值 200 亿元，税收15 亿元，带动下游产业规模 500 亿元。在衡阳松木经济开发区现已完成投资39 亿元，其中年产 10 万吨离子膜烧碱、5 万吨环氧氯丙烷、50 万吨工业盐项目已顺利投产。

中石化催化剂公司总投资 20 亿元，新建 5 万吨催化裂化催化剂联合生产装置建成投产、500 吨/年球形氧化铝载体和 2000 吨/年高纯氢氧化铝装置、5000 吨加氢催化剂、2000 吨特种分子筛等项目预计于 2021 年建成投产。

（六）化工安全和节能环保成效明显

按照省委、省政府的布局，全省石化行业已于 2020 年 10 月全面完成 42家城镇人口密集区的危化品生产企业的搬迁改造任务并通过验收，尤其是长株潭地区化工企业产业结构调整和转移升级推动环境敏感区域的危险化学品生产企业搬迁入园。高能耗产品生产大幅下降，合成氨生产企业由90多家减少到不到10家。氯碱生产企业由9家减少到3家，产能由110万吨/年减少到62万吨/年。随着纯碱、合成氨、氯酸盐等高能耗企业生产产品的减少以及新工艺新技术的使用和管理的加强，全省石化行业单位能耗大幅下降。

（七）沿江化工企业搬迁改造有序推进

为加强长江经济带沿江化工产业污染防治，从2018年12月开始，省工信厅就沿江化工企业搬迁改造工作开展全面调研，组织各市州人民政府开展沿江化工生产企业风险评估工作，促进化工企业转型升级和高质量发展，按照国家部署，系统地开展了"沿江一湖四水"岸线1公里范围内化工生产企业搬迁改造。经过安全和环保风险评估，并经省政府审定，全行业中沿江岸线1公里的关闭退出类企业30家和鼓励搬迁类38家全面执行公告要求，积极制定方案，各项工作正在有序推进。

（八）国家重大工程和防疫保障中贡献突出

巴陵石化利用新岭公司高品质邻甲酚开发的环氧树脂满足芯片树脂要求，吸引华为高端制造落户岳阳；株洲时代新材为港珠澳大桥提供了目前世界上尺寸最大的橡胶隔震支座，开发的特种芳纶纸产品摆脱了对国外的依赖；湖南大学牵头完成的高导热油基中间相沥青碳纤维关键制备技术与成套装备及应用取得重大突破。2020年新冠肺炎疫情暴发正值春节，巴陵石化、岳阳兴长等紧急调变生产工艺保障口罩、防护服等急需的聚丙烯和尼仑材料；湖南海利集团突击投产84消毒剂生产装置，湖南双阳紧急驰援防控消毒用双氧水；长岭炼化安排通达气体厂增产医用氧气；等等。全省石化行业提供的抗疫物资除了保障本省需求，还助力兄弟省市摆脱抗疫材料缺乏的困局。

二 存在的突出问题

（一）石油化工资源受限

湖南缺少原油、天然气和煤炭资源，湖南人均原油加工量远不及沿海地

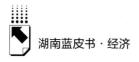
区，也大幅低于邻省，目前岳阳的炼油装置提供的化工原料极度缺乏。原油加工装置可达 1500 万吨，而年加工则约为 900 万吨，巴陵石化、长岭炼化及岳阳绿色化工产业园现有其他企业化工原料需求达到 320 万吨/年，现有供应总量只有约 130 万吨/年。

（二）安全环保投入大

石化行业特别是危险化学品的生产、使用和物流，涉及易燃易爆有毒等因素，安全生产和达标排放的要求高，常年需要大量的安全环保技改资金投入，中小企业常因此造成减产、停产或倒闭。

（三）转型升级任务重

一是湖南石化企业普遍规模较小，拥有自主知识产权的核心关键技术不多，在市场和生产要素的严酷竞争中，企业转型升级难度大。二是全省专业化工园区较少，现有化工园区用地受限，配套设施不健全，制约了化工新建项目的发展，在沿江企业搬迁改造中尤为突出。

三　2021年行业展望

"十四五"期间，面临的形势是机遇与挑战并存。对于"十四五"时期宏观环境的分析，可以用"两个不确定"和"一个重大历史责任"来概括：一个"不确定"是中美关系的不确定，中美关系会处于长期崛起反崛起、遏制反遏制的斗争之中；另一个"不确定"是指新冠肺炎疫情带来的不确定。未来消费低迷、总需求走弱将会持续相当长的时间，因此抗疫与复工共存将成为新常态。

同时，也要看到，在严峻的国际形势和疫情形势下，无论是中国还是中国石油和化学工业，仍面临着重大历史机遇，肩负着"一个重大历史责任"。对中国来讲，中国是世界第二大经济体，又有着巨大的市场优势，中国的疫情控制也走在了世界最前面，决定了中国应该为世界经济的复苏做出积极的贡献。"十四五"时期是中国由石油化工大国向强国跨越的关键五年，全省石化行业一定要抓住发展契机，重点抓好以下六方面工作。

（一）加强产业链载体能力建设

以沿江化工企业搬迁改造和城镇人口密集区危化品生产企业搬迁改造为契机，进一步优化全省化工园区布局，高起点规划和提升一批专业化工园区，为化工新材料产业链发展拓展空间。依据资源条件、产业基础、龙头企业和环境安全容纳能力等因素，突出产业特色，科学制订园区化工新材料发展总体规划，提升现有化工园区规范化水平，新增一批与发展规划相协调统一的化工园区。强化公共服务能力和智慧园区建设，提升本质安全和环境风险防控水平，实现安全发展、绿色发展、高质量发展。

（二）推动化工企业向园区聚集

促进化工产业集约集聚发展，突出专业特色差异化发展。推动岳阳绿色化工园区打造成全国重要的化工新材料为主导的新型循环经济高新工业园，建成全省产业转型升级和自主创新的示范区，做大做强石化原料及基础化工材料、功能高分子新材料；衡阳松木经济开发区打造成全国重要的盐卤化工基地，不断提升盐卤系列基础化工新材料对区域发展和吸引境外产业转移的竞争力，实现资源型产品向高端型材料升级；推进其他中小化工园区化工新材料产业特色发展。

（三）发展一批重点产品

结合湖南省产业发展实际，重点发展石化合成化工新材料、盐（氟）化工新材料、功能涂料化工新材料、轨道交通用化工新材料、农用化学品化工新材料、生物基化工新材料。

（四）打造一批创新平台

充分发挥各类国家级创新平台创新引领作用，支持和鼓励省内创新平台牵头承担国家化工新材料的重大科技攻关任务。在催化工程及石化资源精细利用、植物纤维素绿色制造、光固化材料和先进涂料树脂等领域推动建立国家级研发平台。在聚己内酯材料、有机硅树脂及应用、尼龙阻燃剂、表面活性剂、氟树脂、环氧树脂、工程塑料、双氧水绿色制造、催化剂再造和高分子循环利用等领域布局一批省级研发平台的建设。

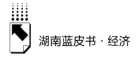

（五）促进安全绿色发展

强化企业生态环境保护责任制，全面落实国家生态环境保护治理各项规定。加快先进适用清洁生产技术的推广和应用，促进化工新材料企业技术创新和转型升级，推进资源就地转化和产业上下游关联耦合，实现资源和能源高效利用，培育和创建一批绿色工厂，开发一批绿色产品。加强企业安全管理，落实安全生产责任制，完善监控、消防、应急措施，加强安全环境应急预案管理和风险预警，全面提升化工产业涉及危险化学品生产的企业本质安全水平。

（六）推动开放合作

以沿江化工企业搬迁改造为契机，支持优势企业抓住化工产业结构和区域布局调整的机遇，与沿海化工新材料发达省份以及拜尔、巴斯夫、陶氏杜邦等跨国公司，在产品创新和产业转移等方面加强合作，打造一批在细分领域具有全球竞争力的优势企业。支持化工新材料重点骨干企业通过投资、并购、重组等方式，吸引大型央企、国际行业领军企业入湘布局产业，壮大产业链规模，促进产业链安全和价值链提升。

B.42
2020年湖南风电产业发展状况
及2021年展望

中车株洲电力机车研究所有限公司风电事业部

2020年，在国家风电抢装的市场机遇下，湖南省内风电企业均迎来快速发展的机遇，以中车株洲所、三一为代表的整机企业快速发展，并带动湖南省内产业链如叶片、发电机、变流器等协同发展，实现湖南省风电装备产业的跨越式前进。

一　湖南省2020年风电产业发展情况

（一）风电整机产业规模保持快速增长

3月3日，彭博新能源财经（BNEF）正式发布《2020年中国风电整机制造商新增吊装容量排名》。数据显示，2020年中国风电新增吊装容量高达57.8GW，在2019年基础上实现翻番。其中，陆上风电新增53.8GW，同比增长高达105%；海上风电新增4GW，同比增长47%。在整机商吊装规模方面，数据显示，2020年中国风电整机商吊装排名前三的分别是金风科技、远景能源和明阳智能，与2019年相同。中车风电吊装规模为3.84GW，占市场份额的7%；吊装规模同比2019年增长3.19GW，增幅高达490.77%，市场份额上升5个百分点，是2020年度中国风电市场装机增幅最高的企业，也是市场份额上升幅度最大的企业。第七名为三一重能，吊装规模为3.72GW，占市场份额的6%。三一重能也从2019年的十名开外快速上升至国内第7名。湘电风能则退出了国内前十。湖南省内风电整机规模超过160亿元。

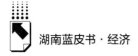

（二）风电产业链规模也同步提升

在整机龙头的牵引作用下，湖南省风电产业链企业的协同快速发展。时代新材的风电叶片，2020年销售收入突破60亿元，位居全国第二。株洲电机的风力发电机销售收入超过70亿元，与永济电机合并计算的中车电机产业规模稳居国内第一。时代电气的风电变流器产值规模超过2亿元。湖南省风电产业链（包括风电塔筒、电缆）等相关产业总产值超过150亿元。

（三）风电整机企业正在纵向一体化发展

风电主流整机商业务模式已全面转型。风电主流整机商很早就开始了相关或新兴产业探索性布局，如今部分方向已初见成效。风电主流整机商均有自营风场，毛利率60%以上，既可试验新产品新技术，也可消化产能保障制造业所需的规模效应。行业前三均布局有智能软件与能源管理平台，符合新基建方向，而远景在电池、储能走得更远，转型布局更深入、更坚定。其他相关产业的快速发展可以降低单一业务的经营风险，为主营的风机制造业务提供更好的灵活性、韧性和资源反哺。因此，中车风电和三一重能也在积极开展风电场建设运营等相关衍生产业发展。通过风电项目的"滚动开发"，以"风光储一体化开发"为理念，有效提升企业的盈利能力。

（四）机组大型化趋势明显

2020年，中车风电4.8MWD160产品一经推出便斩获首单；陆上最佳"风能捕手"3.XMWD160机型再次引领市场潮流。三一重能率先在国内退出5MW陆地风机，一举获得华能超过30亿元规模以上市场订单。

（五）技术研发持续提升

2020年中车风电研发的WT3300风电机组（箱变上移），近日在云南火木梁风电场成功并网。该机组将原有的地面箱式变压器集成为机舱模块，成为国产陆上首台应用箱变顶置结构的风电机组。该项技术的突破以点带面，不仅能够免除传统方案中箱变基础和箱变到机组的地埋铠装电缆，还可在塔筒内使用一根35kV中压电缆代替传统的多根低压690V电缆。这一改变能为单台整机节省高达几十万元的成本，又能降低可观的线路损耗，还能减少风电机组的电缆敷设作业量。

二　存在的主要问题

（一）平价时代风电整机成本面临巨大挑战

根据《完善风电上网电价政策的通知》《关于促进非水可再生能源发电健康发展的若干意见》文件，自 2021 年 1 月 1 日开始，新核准的陆上风电项目全面实现平价上网，国家不再补贴。自 2020 年起，新增海上风电不再纳入中央财政补贴范围，由地方按照实际情况予以支持。平价时代渐行渐近，能否"脱胎换骨"关键还在于降低度电成本。对整机商来说，机组大型化及技术创新是降本的一大有效途径。只有快市场一步，才能在平价时代维持企业良好的盈利能力。

（二）整机龙头企业市场优势尚不突出

全省风电产业规模虽然已突破 300 亿元，但尚未形成强势的品牌效应。零部件企业的市场优势地位明显，但是整机企业的市场地位略逊一筹，中车风电位居第六，三一重能位居第七，均未进入全国前三。

（三）国际化经营略显不足

目前省内风电企业的主要市场订单均来自国内，国际化指数不足。需要强化国际市场研究，积极参与"一带一路"建设，构建开放发展新格局。按照整机带动零部件、制造业带动服务业、总承包带动产业链的思路，优化海外业务布局，坚持"借船出海""联合出海"等，加强海外订单获取。

三　2021年风电产业展望

（一）国家大力鼓励新能源发展

国家主席习近平在 2020 年 9 月 22 日召开的联合国大会上表示：中国将提

高国家自主贡献力度，采取更加有力的政策和措施，二氧化碳排放力争于 2030 年前达到峰值，争取在 2060 年前实现碳中和。据中电联的数据统计，截至 2020 年 10 月底，我国风电、太阳能累计装机合计约为 4.6 亿千瓦。2020 年底我国提出 2030 年风电太阳能装机达到 12 亿千瓦以上目标，实现 2030 年"碳达峰"和 2060 年"碳中和"的路线图日渐清晰。这意味着未来 10 年，距 2030 年 12 亿千瓦的保底目标仍有约 7.4 亿千瓦的装机差额，按 10 年平均值计算，风电、太阳能每年的新增装机将不低于 7400 万千瓦。新能源已从微不足道变为举足轻重，并将在不久的将来担当大任。

（二）外电入湘将持续带动省内风电企业发展

受自有电力供应不足的影响，"十四五"期间，湖南将面临"硬缺电"局面，2020 年冬季省内各地企业已出现了拉闸限电等电力供应紧张问题，预计到 2025 年，湖南电网刚性缺口将超过 800 万千瓦，其中湘东地区电力亏缺 380 万千瓦、湘南地区电力缺口 370 万千瓦、湘北地区电力缺额 205 万千瓦。必须通过外电入湘和自有电源建设，缓解省内电力供应问题并带动省内相关产业发展。正在推进的"宁电入湘"特高压项目，将配套 590 万千瓦的火电电源和 800 万千瓦的新能源电源，带动新能源装备产业 480 亿元以上规模，能有效促进湖南省新能源开发企业、新能源装备制造企业规模化发展。

（三）发挥省内平价优势，助力高质量发展

"十四五"期间，新核准的陆上风电项目将全面摆脱国家财政补贴依赖，实现平价上网。湖南省可充分发挥省内煤电标杆电价较高优势，在保障生态环境的前提下，加大对新能源开发建设项目的生态修复、植被恢复、水土保持等方面的监管和投入，稳步推进风电项目的开发，助推湖南省风电高质量发展。

（四）技术升级将带动省内风电持续开发

中车株洲所近年来持续加大风机研发力度，针对湖南省的特殊资源情况，已推出气热式主动除/防冰，专有涂层防冰等专利技术；在机组噪声方面，有"鲨鱼鳍"成套解决方案，可实现风机噪声下降约 3dB 以上；在机组性能方面，专有的超级双馈改造技术，可以提升原有风电场发电量 3% 以上；在机组

运维方面，独有的"形影系统"，大幅强化预防性维修，保障风电场的持续运行。当前的机组技术已具备在湖南继续规模化开发风电的基础。

（五）推动产业开放发展

以产业链缺失和短板环节为核心，依托龙头企业和领军企业加强产业链招商，推动优势产业链补链、强链，提升本地配套能力。以中车风电和三一重能的带动效应，持续引进如机舱罩、前后机架等配套产业进驻湖南。

（六）深入开展产业交流

重点办好 2021 年风电市场研讨会。及时与中国风能协会对接，坚持品牌化、专业化、平台化、国际化路子，努力把大会办成展示计算机产业发展风向标的国家性品牌。办好全国信息技术应用创新工作会议，组织开展自主可控计算机及信息安全、新型显示器件、5G 应用创新等产业链交流对接活动，加快打造产业集聚发展的良好生态。

B.43
2020年湖南省婴幼儿配方奶粉行业发展状况及2021年展望

湖南省营养保健品行业协会

湖南是农业大省，也是畜牧业大省，却是奶业弱省。湖南省奶业生产总量不高，乳制品加工业还不发达，在省委、省政府的支持和指导下，湖南省婴幼儿奶粉加工企业获得了快速发展，全省婴幼儿配方奶粉企业不断优化资源配置和加大产业链布局，在提升湖南省婴幼儿奶粉供给和改善母婴营养等方面取得了一定的成绩。

一 2020年婴幼儿配方奶粉发展现状

母乳喂养率持续下降、国产奶粉品质和消费者信心提升等诸多因素，为婴配企业发展带来新机遇。

从政策看，市场环境不断改进。继2019年国家发布《国产婴幼儿配方乳粉提升行动方案》后，2020年又发布了《乳制品质量安全提升行动方案》，进一步提升了国产婴幼儿配方乳粉的品质、竞争力和美誉度，持续恢复着市场信心。

从人口基数看，湖南奶制品消费市场潜力巨大。2020年中国婴配行业总规模1300亿元，其中前16强1110亿元，约占85%。据调查资料统计，2019年湖南人均鲜奶消费量仅1.3公斤，年人均奶类消费量22公斤，大幅低于全国人均35.35公斤的水平。全省牛奶年消费量80多亿元，本土奶业企业仅占市场份额的1/8，2019年，湖南省共有乳制品以及涉乳生产企业18家，其中总产值过亿元的企业8家，生产型婴幼儿配方奶粉加工企业4家。

但是，面对不断下降的人口出生率、企业兼并重组、产业结构升级、提高国产奶源占比、第二轮产品配方注册等因素影响，婴配奶粉产业必须加速升级，加大研发力度，提升产品品质，加大产业链投资，扩展更长产业链条，加速行业重新洗牌，应对婴幼儿配方乳粉行业即将加剧的市场竞争。

（一）湖南省主要婴幼儿配方奶粉上游奶源情况

湖南省奶畜种类以荷斯坦奶牛为主，少量养殖娟姗牛和奶山羊。2019年，全省奶牛存栏28000头，奶山羊存栏8900只，生鲜奶总产量9万吨，羊奶总产量4000吨，成年母牛头均单产5.8吨。主要规模化牧场奶牛存栏20616头，平均单产8.33吨，其中娟姗牛存栏499头，平均单产7.5吨，牛奶总产量68213吨；奶山羊存栏6913头，平均单产0.7吨，羊奶总产量3028吨。

（二）湖南省婴幼儿配方奶粉生产企业

2020年底，湖南有5家婴幼儿配方奶粉生产经营企业，除了蓝河营养品有限公司长沙没有生产工厂以外，有4家在长沙建有工厂，具体工厂信息如表1所示。

表1　湖南省生产型婴幼儿配方乳粉企业

企业名称	生产工艺	地址	食品生产许可证	注册时间	注册产品数(个)
澳优乳业（中国）有限公司	干湿法复合工艺（干法工艺部分）	长沙市望城区	SC12943011200128	2019年4月17日	9
长沙素加营养品有限公司	干湿法复合工艺（干法工艺部分）	长沙市望城区	SC12943011200136	2016年11月1日	9
湖南展辉食品有限公司	干法工艺	长沙市开福区	SC12943010500143	2018年9月29日	9
湖南欧比佳营养食品有限公司	干法工艺	长沙市望城区	SC10543011200229	2019年4月17日	9

（三）湖南省婴配奶粉上游产业发展情况

根据湖南省奶业协会的调查数据，2017～2020年以来，省内乳制品加工企业不断扩大产能建设和工艺升级改造，2020年全省乳制品年生产加工能力达 85 万吨以上，是 2019 年全省原料奶供应量的 10 倍，但部分企业产量不足产能的 1/3。乳制品总产量 30 万吨，其中液态乳 23 万吨。全省有液态奶生产企业 8 家左右，全省乳制品加工业的奶源仍需依靠外调，2020 年预计全省全部乳品加工业合计产值达 210 亿元。

作为人口大省，湖南省也是全国婴配奶粉营销和消费的重点省份。根据 2018 年底的情况，湖南省共有婴幼儿配方乳粉食品经营许可 38637 件（见表 2）。

表 2　2015～2018 年湖南省婴幼儿配方乳粉食品经营许可情况

单位：件

年份	上期末实有	本期新增	本期注销	期末实有
2018	35811	2830	4	38637
2017	23373	3497	17	26853
2016	9260	3470	3	12727
2015	3796	169	906	3059

资料来源：湖南省市场监督管理局。

（四）湖南省主要婴配奶粉企业

湖南省内乳制品加工企业经过多年的洗牌，省内生产婴幼儿奶粉的企业主要有以下四家。

1. 澳优乳业（中国）有限公司

澳优乳业（中国）有限公司成立于 2003 年 9 月，总部位于长沙，工业园区占地 150 亩，建筑面积 1.5 万平方米，包括 10 万级 GMP 生产车间、配套的化验室、仓库和办公大楼。澳优已通过质量管理体系 ISO9001、HACCP、GMP、诚信管理体系等质量管理体系认证，并率先通过国家食品药品监督管理总局的质量安全审查，已被认定为国家高新技术企业。澳优集团全球有 12 家工厂，旗下产品已销售到全球 66 个国家和地区，根据澳优乳业（中国）有限公司的 2015～2019 年的财务报告可以看出，销售收入的增速增长较快（CAGR：33.8%），一直保持高速发展。2020 年澳优乳业预计实现营收 80 多亿元，多年来维持两位数以上的高位增长，在望城区纳税也多年排名第一，全国婴配奶粉营收排名前五位，也是湖南乳业的龙头企业（见图 1）。

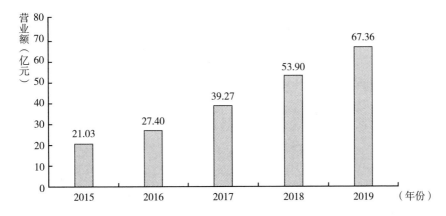

图1　澳优乳业近五年业绩情况

资料来源：澳优乳业公司财报。

2. 长沙素加营养品有限公司

长沙素加营养品有限公司于2013年11月26日在长沙市望城区市场和质量监督管理局登记成立。法定代表人孔庆娟，公司经营范围包括婴幼儿配方乳粉（干法工艺）、乳制品乳粉（调制乳粉）等。长沙素加营养品有限公司作为合生元在中国大陆的第一家婴幼儿奶粉工厂，注册资本约为人民币3亿元，主要业务为制造婴幼儿配方乳粉产品，具有每年生产3万吨婴幼儿配方乳粉的能力，2020年预计年销售总额2亿元。

3. 湖南展辉食品有限公司

湖南展辉食品有限公司原名为加比力（湖南）食品有限公司，于2016年8月15日正式更名为湖南展辉食品有限公司，专业从事食品用品研发、生产、销售和服务的综合型企业，成立于2008年9月，注册资本4000万元，拥有总资产约2.6亿元。主营婴幼儿奶粉、辅食和纸尿裤，奶粉产品主要品牌为"卓赋、萌臻和锦蔻"。该公司销售网络已遍布全国20多个省份，2020年预计年销售总额1.8亿元。

4. 蓝河营养品有限公司

蓝河营养品有限公司是新西兰蓝河乳业在大中华区的运营总公司，成立于2014年9月。旗下产品包括婴幼儿配方奶粉、酸奶、冰激凌，主要在新西兰、澳大利亚、美国、中国等国家销售。2020年预计年销售总额13亿元。

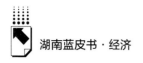
二 湖南省婴幼儿配方乳粉产业发展趋势

（一）国产品牌优势不断凸显

自 2020 年起，被称为史上最严的奶粉新政开始执行，对婴幼儿奶粉企业科研能力、经营水平、生产能力等进行一次严格的考验，但新政的实施，对国产奶粉企业也是一大利好。生产企业只要通过配方注册，就意味着企业的研发能力和产品品质得到了官方认可，也意味着市场进一步得到清理。目前湖南省婴配企业有一定的实力，湖南省当地婴幼儿配方乳粉企业有 5 家，均通过了 3 个系列 9 个配方注册。

（二）渠道不断拓展

随着移动互联网的发展，未来奶粉在线上占比会越来越高，加大电商渠道的布局已是大势所趋。一是消费者的购买习惯在向线上转移，奶粉作为标准化产品，是适合在电商渠道发展的产品。二是越是标准化的产品、越是知名的品牌，在线上的销售越容易被消费者接受。

（三）政府监管不断加强

我国政府从 2008 年起密集出台了一系列迄今为止最严格的管理政策，对婴幼儿乳粉的生产、销售及进口等各方面进行规范。湖南省紧跟国家政策，加强了湖南省当地婴幼儿配方乳粉的监管，维持和促进了湖南省乳品行业良性发展的环境。自 2019 年以来，国家几乎暂停了新建婴配乳粉工厂生产许可证的审核发证，全国 116 个国内生产许可证即将进行新一轮的更严格的体系审查，预计到 2023 年还将减少三分之一产品生产许可证，到 2023 年全国生产婴配乳粉的工厂将控制在 80 家以内。新一轮审核加上疫情影响，保守估计将有 1/3 的企业被淘汰，到 2025 年国外将只有 45～50 家婴配生产工厂。

（四）国际化发展加快

2009 年，澳优在香港上市。2011 年，澳优收购了荷兰百年乳企海普诺凯集团，此后澳优不断加大在荷兰的投资力度。2016年，澳优收购了澳洲高端营养品品牌Nutrition Care，2017年收购澳洲ADP奶粉工厂和Ozfarm公司。目前，澳优全球拥有12家工厂，澳优荷兰与澳优中国是澳优集团的两大核心业务板块，澳优中国和澳优荷兰分别是当地的龙头乳企，纳税大户，澳优乳业2020年在当地预计纳税6.65亿元，2021年1~2月纳税2.25亿元，预计全年纳税8.5亿元。

2019年4月2日，湖南省欧比佳乳业爱尔兰爱姆瑞工厂竣工。爱姆瑞乳粉工厂是欧比佳乳业集团全产业链和国际化战略最重要的一环，项目占地60亩，总投资4500万欧元。项目建设一期年产能5000吨，有望实现年营收5000万欧元以上；同时和爱尔兰国家实验室及KERRY研发中心合作，以保证企业的品控和研发接轨国际水平。

（五）乳品进口不断增长

2019年我国共计进口各类乳制品297.31万吨，同比增加12.8%，进口额111.25亿美元，同比增长10.6%。其中，干乳制品204.88万吨，同比增加6%，进口额99.65亿美元，同比增长9.6%，液态奶92.43万吨，同比增加31.3%，进口额11.6亿美元，同比增长19.2%。从单个品类来看，奶油和乳清进口量大幅下降，其余品类进口量均有不同幅度增长。

其中：大包粉进口101.48万吨，同比增长26.6%，平均价格为3078美元/吨，同比增长1.6%，主要来自：新西兰占74.4%、欧盟占13.6%、澳大利亚占6.7%。婴配粉进口34.55万吨，同比增长6.5%，平均价格为15027美元/吨，同比增长2.2%。主要来自：欧盟占71.6%、新西兰占20.1%、澳大利亚占3.7%。

据长沙海关统计，2019年湖南省共进口乳制品2379批、59672.37吨，批次、重量同比分别增长44.8%、23.7%，进口量居中部六省第一。其中，婴幼儿配方乳粉是主要品种，占进口贸易量的83.2%。主要乳制品来源地为澳大利亚、德国、荷兰、新西兰等国家。

（六）湖南省婴配企业的技术创新

婴幼儿配方乳粉研发应最大限度接近母乳。母乳成分受种族、饮食文

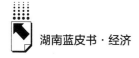
化、生活习惯、地域、泌乳阶段等多种因素影响。澳优乳业作为湖南省婴配企业的龙头，自成立以来就坚持母乳研究，目前已建立起南方母乳库、中部母乳库及北方母乳库，致力于探索不同区域母乳渗透压、蛋白质、氨基酸、脂肪酸、磷脂、乳脂肪球膜蛋白、低聚糖、活性成分、母乳微生物等的变化，为研制母婴营养配方食品提供理论依据和基础数据。澳优凭借母乳研究荣获了中国食品工业协会科学技术奖、湖南省专利奖等多项重要奖项，此外，由澳优主导的母乳研究项目也获得政府批准，立项已经完成。未来，澳优也将坚持不懈地深入研究母乳，进一步解码母乳，以满足母婴营养食品开发的需要。

三 湖南婴幼儿配方乳业存在的问题

（一）奶源总产量偏小，奶牛单产低

湖南受气候和产业基础影响，目前湖南省奶牛和奶山羊存栏数量较小，原奶总产量还不够充足，原奶自给率比较低，奶粉原料重点依赖进口。湖南奶牛单产不足 8 吨，与中国高产奶牛单产平均 12 吨差距较大，奶山羊的单产也有待提升，荷兰奶山羊平均单产 1.2 ~ 1.5 吨。

（二）生产型企业偏少

与乳业发达省份相比，湖南省乳制品企业数量较少，除了澳优以外，企业规模偏小，数量偏少，还没有形成全省乳品产业规模和产业集群优势。

四 2021年行业发展展望

2020 年，新冠肺炎疫情让全世界面临大考，世界经济受到严重的冲击，很多中小企业不能及时复工复产。中国婴幼儿配方食品工业，迎难而上，国产婴配奶粉市场份额占比已经超过了 50%。作为世界上人口最多的国家，我国 0 ~ 3 岁婴幼儿消费人群约 5000 万人，拥有世界上最大的婴配奶粉消费市场，加上中国疫情也获得了最好控制，为婴配奶粉行业发展带来了巨大商

机。2022年，我国大部分婴配企业要进行下一轮配方注册工作，面临行业大洗牌，湖南婴配奶粉企业要抓住这个良好契机，重点做好以下几个方面工作。

（一）增强乳业全产业链建设

重点发挥省域人口基数大优势，加大奶牛和奶羊养殖数量，提高单产水平，扩大奶源自给率，进一步优化全省乳品全产业链布局。一是整体规划和打造一批专业化乳品工园区，依据乳业资源、产业基础、重点企业和环境承载能力等综合因素，补齐完整产业链短板。二是加大国内外投资并购，科学谋划全省乳业发展总规划，打造国际化、双循环重点企业。三是形成全省乳品产业集群，专业化乳品全产业链布局，实现全省上下游乳业产业协调共生发展。

（二）推动扩大市场占有率

结合湖南省乳业发展实际，重点发展种养殖综合体、国际化婴幼儿配方奶粉和液态奶加工企业、做大做强奶酪和益生菌发酵乳特色产业、加大功能化乳品市场供给。通过产品的高质量和多样化，扩大全省乳品人均消费量，推动乳品在高端食品消费市场的占有率，优化人们的膳食结构和改善身体健康。

（三）重点发展一批重点企业

从行业企业规模和影响力来说，需要在湖南打造一批全国重点的乳品企业，提升省内乳品企业在全国的实力培育，壮大省域和全国龙头企业，以先发展带动后发展，提升全省乳品产业的发展影响力和质量。

（四）打造创新创业平台

充分发挥重点行业企业的创新引领作用，加强院士工作站、博士后科研工作站和高校院所战略合作等基础创新平台发展。支持鼓励省内乳品创新平台开展与国际前沿基础科研和应用研究合作，争取承担国家级乳业科技攻关项目，从母乳精深研究、新一代母乳化婴配奶粉开发、精准营养科创平台建设等领域布局一批高端研发平台。

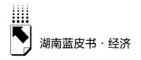

（五）促进特殊奶源高端化发展

结合省情和实际，加大羊奶、有机奶和水牛奶等特色乳资源开发，培养适合湖南省气候和当地条件的牧草、肉奶兼用品种的牛羊的选育改良，推动全省乳业高质量特色化发展。

园 区 篇
Park Reports

B.44

2020年长沙高新区发展报告及2021年展望

长沙高新区管委会

2020年是极不平凡的一年。在省委省政府、市委市政府的坚强领导下，全区上下众志成城、迎战迎考，夺得疫情防控和经济社会发展"双胜利"。全年实现企业总收入2820亿元，增长23.9%；规模工业总产值1019.4亿元，增长8%，规模工业增加值增长8.5%；固定资产投资315亿元，增长12.7%；高新技术产值1470.4亿元，增长6.9%；财政总收入231.7亿元，其中一般公共预算收入131.7亿元，增长12.7%，税收125.3亿元，增长12%，税占比95.1%。

一 2020年发展情况

（一）经济发展逆势增长

率先全市推动复工复产，主要经济指标4月起由负转正大幅增长，在全市

"百日竞赛"中，夺得小组第一名。支柱产业增长有力。"两主一特"产业持续壮大，实现产值869.6亿元。生物医药产业化危为机，增长43.6%。新兴产业规模扩大。克服疫情影响，成功举办第七届互联网岳麓峰会、百度联盟峰会、"中国1024程序员节"等重大节会，打造互联网企业、软件企业的"引力场"。新增移动互联网企业1939家，总数达1.16万家；引进CSDN、文思海辉等36个重大软件项目，实现"软件业再出发"良好开局。市场主体活力增强。新入规企业31家；同比增加高企213家；新增3家上市企业，达47家，占全市61%、全省40%；新增市以上智能制造示范企业50家；税收过千万元企业达到177家，过亿元企业14家。

（二）项目建设蹄疾步稳

坚持稳投资，实现稳增长。项目引进落地落实。新引进重大项目89个，总投资549亿元，其中，"三类500强"项目13个。五大牵头产业链引进项目91个，总投资664.6亿元。项目推进高质高效。新开工项目36个、新竣工项目27个，超年度目标13个。中联智慧产业城首台中大挖机和天际汽车首台新能源车下线，湖南三安、长远锂科、航天环宇都完成年度建设任务。项目保障有序有力。拆迁任务年度翻番，完成征拆项目43个，拆迁腾地创纪录地达到了11000亩，调运土方2300万方，日均调运土方6.3万方，铺平项目建设"最先一公里"。

（三）科技创新成果丰硕

突出科技创新引擎作用，平台建设坚实有力。新增3个国家级创新平台，新获批国家海外人才离岸创新创业基地，国家网络安全产业园揭牌运营。高端人才加速聚集。新增省"五个100"科技人才、市高精尖等各类人才239人，在长沙市占比均突破50%。科研实力整体提升。完成研发投入41.5亿元，增长7.6%，占主营收入5.5%（长沙市"十四五"的目标是达到2.8%）。获批立项各级科技项目746个，中联重科、圣湘生物等企业推出一批高端科研产品。

（四）营商环境持续优化

持续打造园区营造环境"金字招牌"。优化服务提效能。纵深推进"放管服"改革，打造"无费园区"，优化"一网通办"，网办率达99%。实施"多审合一""多证合一"改革，办理各类审批事项1111个，项目建设实现"拿地即发证"。累计办件16万件，日均达620件。国企改革提步伐。整合园区国有平台公司资源，新组建麓谷发展集团，大大释放了投融资能力。政策惠企稳底盘。率先出台"援企稳岗16条""金融8条""黄金11条"等政策，兑现落实扶持资金55.11亿元；帮助企业实现股权融资175亿元、债权融资176亿元。我区优化营商环境的举措被省里树为典型作经验推介，营商环境年度测评获得全市第一名。

（五）民生福祉不断增强

民生保障有力有效。建成13所学校（幼儿园）；提质改造小区及楼道453个；建成保障房项目13个，其中5个实现交房。新增城镇就业8651人，发放创业资金2034万元。新增参保企业1695家、城乡居民养老保险应保尽保，发放社会救助资金2046.2万元。产城融合步伐加快。24条道路建成通车，岳麓大道提质改造刷新"麓谷速度"，六大产业片区路网框架基本成形。电力"630攻坚"推进有力，220千伏雷锋变电站建成投产。智慧园区建设初显成效，建成5G基站1671个。人居环境持续改善。空气优良率达到81.6%，行政村垃圾分类减量覆盖率100%，雷锋河、肖河水质指标改善幅度位居全市第二。持续抓好法治园区、平安园区建设，全力维护社会安宁。

（六）要素支撑坚实有力

加大财政资金保障。支出176.3亿元，到位政府债券29.61亿元，化解隐性债务30.97亿元。加强项目配套融资服务，采取"棚改债+专项债+PPP项目"等模式，累计融资25.6亿元。加强土地挂牌出让。出让经营性用地1691亩、工业项目用地2735亩，回笼资金100.94亿元。加快盘活存量土地资源，处置闲置土地862亩。落实减税降费工作。减税降费8亿元、社保费13.39亿元，累计21.39亿元。特别是财税收入在全省普遍下降、减税降费的背景下，高新区逆势增长12%。

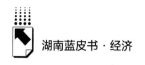

二 2021年工作展望

2021 年是长沙高新区奋进"十四五"新征程的开局之年，是开启全面建设社会主义现代化的第一年。根据中央、省市决策部署，在新一轮发展格局中，我们的目标是：担当"三高一城""领头雁"、打造全国一流高新区！即：担当省市打造国家重要先进制造业高地、具有核心竞争力的科技创新高地、内陆地区改革开放高地和长沙建设国际现代化大都市的"领头雁"，奋力挺进全国一流高新区方阵。2021 年，我们将着力推动建设"五大基地"、实施"五大工程"、抓好"五大创新"、塑造"五大新城"，推动"十四五"开好局、起好步，以优异成绩迎接中国共产党成立 100 周年。

（一）建设"五大基地"，担当打造国家重要先进制造业高地"领头雁"

始终把制造业摆在战略全局突出位置，紧紧围绕全市"三智一芯"重点产业发展方向，着力推进"五大基地"建设。一是建设工程机械产业基地。以中联智慧产业城、中联环境为龙头，从整机、配套、产业外向度"三向发力"，加速工程机械上下游产业链集聚发展，打造千亿级的工程机械产业集群和世界工程机械之都。二是建设先进储能及新能源汽车产业基地。以杉杉新能源、长远锂科等稳居全国锂电池正极材料出货量前十的企业为核心，巩固提升上游材料企业优势，打造国内先进储能材料重要增长极。大力发展以天际汽车为核心的新能源汽车板块，打造湖南新能源汽车新的增长点。三是建设功率芯片产业基地。以三安光电、中电科 48 所为依托，抢占第三代半导体材料及器件的全球前沿和制高点，支持中电科加快建设集成电路成套装备国产化集成验证平台，推动三安全国第一条碳化硅研发、生产全链条生产线加快投产，打造长沙"芯"谷。四是建设生物医药健康产业基地。以九芝堂、方盛制药、圣湘生物、三诺生物等龙头企业为支撑，大力推动中成药、体外诊断、医疗器械、大健康产业发展，打造省内实力最强的生物医药产业城。五是建设网络安全及软件产业基地。以中国电子、CSDN、奇安信等为主导，推动网安产业与软件产业融合发展，打造"基础软件、工业软件、应用软件"三大国内领先的特色细分软件产业。以国家网络安全产业园建设和信息产业园扩容提质为契机，加快集聚一批软件名企、引进一批龙头项目、引育一批高端人才、打造一批平台载体，支持长沙软件园打造全国一流软件名园。

（二）实施"五大工程"，担当打造具有核心竞争力的科技创新高地"领头雁"

围绕全市建设"国家科技创新中心"目标，放大园区先发领跑优势，大力实施"五大工程"。一是实施国家重大科技基础设施引进工程。抢抓国家重大战略实施和重组国家重点实验室体系契机，立足工程机械、电子信息、生物医药等领域，积极争取一批国家大科学中心、大科学装置、重大科学计划和组织资源等"大国重器"布局长沙、落户园区。二是实施优质创新平台培育工程。围绕创新链、产业链加快布局一批优质创新平台，抓好区域产业技术创新平台、高端新型研发机构、骨干企业研发中心"一平台、一机构、一中心"建设。鼓励龙头企业内部研发机构向开放化平台化方向发展，提升协同创新能力。三是实施关键硬科技技术攻关工程。依托通达电磁能、中国电科、博云新材等骨干企业，发挥国防科技大学信息技术、中南大学新材料等学科优势，瞄准新材料、信息安全、新能源等关键领域和重点方向，集合高校、企业、科研院所优势力量，加快突破一批"卡脖子"技术。四是实施科研技术成果转化工程。支持在长高校院所在园区建立技术转移中心、产学研合作基地、转化基地等各类科技成果转化平台，促进先进制造、新一代信息技术、网络安全、新材料、新能源等领域的科技成果在园区转化，打造"科技成果转化区"。五是实施创新型企业梯度培育工程。构建"雏鹰企业－瞪羚企业（'小巨人'）－冠军企业－领军企业"的梯度培育体系，推动个转企、企升规、规改股、股上市，着力打造一批"单打冠军""隐形冠军"企业。实施上市企业效益倍增计划，引导园区上市企业通过增发、可转债、并购重组等方式，实现市值和收入倍增，成为园区高质量发展新的增长点。

（三）抓好"五大创新"，担当打造内陆地区改革开放高地"领头雁"

按照长沙"建设内陆地区改革开放引领城市"要求，发挥好园区改革开放前沿阵地优势，坚持改革和开放双轮驱动，重点抓好"五大创新"。一是抓好管理体制创新。学习借鉴西安、成都、南京等兄弟省会城市经验做法，积极对上协调，高位推动全市科创资源整合，促进市内各园区差异化发展、协同发展、互惠发展。二是抓好内部机制创新。围绕内部行政管理、人事制度、绩效考核等方面推动改革创新，不断激发内生动力。三是抓好要素保障创新。持续深化国资国企、科技金融、审批制度改革，着力营造更加符合市场化原则的良好营商环境。四是抓好对外开放合作创新。借助国际商务平台、海外离岸人才创新创业基地、跨境电商平台、中非经贸论坛及中欧班列等开放平台和通道，加快"走出去""引进来"步伐。深度融入长株潭城市群、"一带一路"、长江经济带和粤港澳大湾区建设，担当长沙打造"双循环"战略重要节点桥头堡。五是抓好开放型经济业态创新。着力推动对外贸易创新发展，依托园区外贸龙头企业和信创产业集聚优势，大力发展外贸综合服务、跨境电商、数字贸易、数字服务等新业态，打造跨境电商总部经济集聚区，推动开放型经济高质量发展。

（四）塑造"五大新城"，担当长沙打造现代化大都市"领头雁"

按照"四精五有"要求，着力塑造"五大新城"。一是塑造高新产业新城。遵循"以产促城、以城兴产"产城融合的理念，提高规划的科学性、前瞻性，合理布局功能分区，同步完善产业配套，更高层次实现城市与高新技术产业之间的功能融合、空间整合，实现"产、城、人"良性互动。二是塑造创新活力新城。进一步完善支撑创新创业的服务功能和保障体系，针对园区青年人才众多的实际，打造适宜年轻人工作生活的城市空间和城市服务，营造鼓励创新、支持创业、尊重创造的浓厚氛围，让富有创新活力成为园区的鲜明标识和靓丽底色。三是塑造智能智慧新城。深化智慧园区建设，建立健全智慧麓谷信息化支撑服务体系，打造"城市大脑"和"智能中枢"，不断拓展智慧政务、智慧交通、智慧社区、智慧消防等场景，提升城市智慧化和精细化管理水平。四是塑造生态宜居新城。以城市"净化、亮化、序化、绿化、美化"建设为抓手，打造出门见绿、移步见景的生活空间；抓好基层治理、环境保护、城市管理、综治维稳，维护良好的社会环境，不断提升宜居水平。五是塑造雷锋文化新城。结合雷锋新城建设，把雷锋元素、雷锋精神、雷锋文化有机融入城市规划建设管理中，增强"城"的底蕴和"人"的文明，建设高水准精神文明科技新城，实现园区、城区、景区、厂区有机融合，品质、品位、品牌不断提升，打造国际现代化长沙示范区。

B.45
2020年长沙经开区发展报告
及2021年展望

长沙经开区管委会

"十三五"时期，长沙经开区认真贯彻高质量发展要求，全面落实"创新引领、开放崛起""全面建设现代化长沙"等省市发展战略，以智能制造、智慧园区、工业互联网"三位一体"为引领，大力推动制造业高质量发展，着力打造改革开放新高地。培育了三一集团、铁建重工、山河智能等全球工程机械50强企业，集聚了上汽大众、广汽三菱、广汽菲克、三一重卡、吉利汽车、博世汽车、住友橡胶等汽车及零部件知名企业，引进了蓝思科技、国科微等电子信息龙头企业。截至2020年底，园区共有规模以上工业企业245家，高新技术企业357家，年产值亿元以上企业92家，过10亿元企业15家，过100亿元企业4家，过1000亿元企业1家，世界500强投资企业35家。2020年，实现规模工业总产值2530亿元，规模工业增加值562.1亿元，税收171亿元。

一 2020年工作情况

2020年，园区积极应对疫情和经济双重大考，大力实施"三高四新"战略，持续抓好产业转型升级、制度创新赋能、重大项目建设、营商环境优化、体制机制改革等重点工作，各项工作取得新成绩。

（一）聚力快准实，疫情防控和经济发展夺取双胜利

一是复工复产"快"字当头。坚持区县一体联防联动，选派309名防疫联络员派驻园区235家规上企业。出台《全力支持企业复工复产的十二条措施》。三一集团、山河智能等产业链头部企业在全省率先复产。至3月底，园

347

区规上工业企业基本实现全面复工复产。88 个市重大项目一季度开工率达95%，22 个原计划下半年开工的项目提前到上半年开工。

二是服务助力"准"字为先。设立"复工复产政策兑现专窗"，综合受理省、市、园区三级复工复产政策兑现事项。19 支招工小分队赴 32 个贫困县开展劳务协作，帮助企业招工 2.2 万余人。"金融集市"帮助企业融资 4987 万元，主要做法在疫情期间再度被央视报道。8000 余家企业享受疫情期间社会保险减免政策红利，减免社保费用 5 亿多元。

三是经济企稳"实"字发力。强力推进"大干一百天、实现双过半"竞赛活动，区县一体强力实施"信心提振""项目提速""产业提效""城市提质"四大行动。全力开动"新三驾马车"，以新项目引进、新建设推进、新技改促进，全面打造智慧园区、生态园区和宜居园区。上半年园区主要经济指标全面复苏回暖。

（二）聚焦高质量，产业创新发展取得新成效

一是主特产业稳步回升。工程机械产业全年产值突破 1600 亿元，增长21%，创历史新高。汽车及零部件产业全年突破产值 500 亿元。电子信息产业全年实现产值 235 亿元，增长 2.3%。

二是项目引建成效显著。以"项目合伙人"的心态和姿态，抢抓一批重大项目布局。新引进 1 亿元以上项目 33 个，总投资额 210 亿元，其中包括上汽大众新能源车、广汽三菱新能源车、铁建重工长沙第三产业园、中电长沙信息科技园等"三类 500 强"项目 8 个。建立"4+1"制造业标志性重点项目推进机制，开展全要素、全过程管理服务。三一智联重卡和工程机械扩产、吉利新能源汽车等项目实现当年开建、当年投产，蓝思科技黄花生产基地、顶立科技等 26 个产业项目集中竣工。园区纳入市发改委考核的 88 个重大项目，累计完成投资 210 亿元，完成率达 126%。

三是"腾笼换鸟"多点发力。土地空间"腾笼换鸟"实现新突破，全年完成 14 家企业 16 宗共 668.25 亩土地收回收购，完成 5 家腾退企业的项目引进。产业项目"腾笼换鸟"集聚新动能，吉利集团托管猎豹汽车长沙分公司，比亚迪 IGBT 项目利用创芯资产建设汽车电子核心器件生产线。政府债务"腾笼换鸟"取得新进展，安排预算资金 4.13 亿元用于化解隐性债务本息，并完

成所有隐性债务置换。政策"腾笼换鸟"稳步推进，以高质量、高端化为导向，支持更加精准有力。

（三）担当新使命，自贸试验区建设探索新路径

一是聚焦定位抓整体推进。紧扣"打造全球高端装备制造业基地"的使命定位，以制度创新为核心，以制度赋能、政策授权、服务国际化为思路，大力推动园区高质量发展、产业高端化发展。举办4场自贸区专题培训，密集深入园区100余家企业开展调研，引导鼓励园区广大企业积极参与自贸试验区建设。

二是聚焦重点抓项目推进。以建设国际金融港、国际人才港、国际先进制造业总部经济中心、国际人才社区为抓手，着力夯实自贸试验区平台支撑。加快推动微智医疗创新科技园、中国–丹麦ECO产业园、夸特纳斯长沙智慧冷链产业园、丰树星沙国际食品智能制造产业园等重大项目落地。

三是聚焦创新抓改革推进。全面落实长沙片区113项改革事项，工程机械二手设备出口、高端装备制造业企业全球售后服务中心、数字知识产权保护等一批创新案例加快探索推进。

（四）主攻高端化，制造业转型升级释放新动能

一是新"三位一体"优化智造生态。抢抓产业数字化、数字产业化和新基建赋予的机遇，以"5G＋AI＋区块链"赋能制造业创新发展。获批全国首个省级"5G＋工业互联网"先导区、首批省"上云上平台"先进园区，并相继承办全省首次"5G＋工业互联网"现场推进会、先导区建设推进会。实施两批次"5G＋工业互联网"标杆项目。5个项目列入全国工业互联网试点示范。园区入榜工信部国家新型工业化产业示范基地发展质量五星评价。

二是新兴产业创新突破。以区块链为特色的数字产业方兴未艾，新引进区块链企业48家，企业总数突破100家。以三一云谷为载体，与三一集团共建区块链产业园。省工信厅批复同意依托星沙产业基地设立湖南省区块链产业园（长沙星沙）。生物技术及生命健康产业依托中南源品、海凭国际、微智医疗等项目加速布局。

三是科技创新夯实产业支撑。全年完成规上工业企业研发费用95亿元，

增长 10%，占营业收入的比重为 3.8%。知识产权质押融资额 5.89 亿元，排名全省第一。湖南省知识产权综合服务中心长沙经开区分中心挂牌成立。园区被认定为全市首家技术转移转化基地。

四是商事主体集聚内生动力。全年新增规上企业 31 家，新认定高新技术企业 153 家，铁建重工、湖南丽臣上市材料已分别被上交所、中国证监会受理，新增市级智能制造试点示范企业 48 家。首张核名湖南自贸试验区企业营业执照在园区颁发。

五是攻坚战夯实发展根基。坚决打赢污染防治攻坚战，经开区国控站点优良率增加 10 个百分点。全面压实安全生产领导责任、部门监管责任、企业主体责任，扎实推进安全生产专项整治三年行动。争取地方政府专项债券 28.17 亿元、抗疫国债 1 亿元。建立盘活"三资"联席会议工作机制，盘活各类资金 60 亿元。稳步推动"两水"上市，星沙水务公司引战股改、"两水"特许经营权授予顺利完成。

（五）布局全链条，营商环境优化构筑新优势

一是延伸产业链。围绕采购供应链、生产制造链、终端销售服务链，组织召开 4 条产业链企业供需对接会，举办工程机械关键技术供需对接会、集成电路产业对接沙龙活动。聚焦工程机械高端装备设备，引进凯恩利工程机械液压件、德国托马斯等产业链项目。落地实施市民购买本地产汽车消费优惠政策，兑现 2504 辆园区产汽车销售补贴约 700 万元。

二是提质环境链。深入贯彻"四精五有"理念，全力打造宜居园区。湖南第一师范学院星沙实验小学、康礼·克雷格学校开学，南雅星沙实验学校、长沙师范学院幼儿园双双落户星沙产业基地。星沙污水处理厂扩容（四期）提标项目实现试通水，星沙水厂改扩建工程完成 9 个单项主体建设。全省最大规模公租房项目产业员工生活配套园公租房项目一期全面建成。电网"630 攻坚"36 项任务全部完成。

三是优化服务链。相对集中行政许可权改革成功打造为湖南首个审批权限全集中改革案例。扎实推进外贸、金融、政策兑现、预服务等系列综合窗服务矩阵建设。与国网湖南综合能源服务有限公司在湖南首创"区域能源数据中心"。企业服务卡启动试运行。在全省率先试点"制造业资金合作计划"。全

年累计向企业拨付本级扶持资金32.44亿元，协助企业争取上级财政资金5.56亿元。开展近20场金融集市活动，促成企业融资近20亿元。扎实落实减税降费政策，全年新增减税降费11亿元。

四是打通人才链。围绕引育留用全流程持续优化服务链条。国家级人力资源服务产业园已集聚各类人力资源机构180余家，年招聘服务能力达4万人。成功获批"机械与动力工程专业高级职称评审委员会"，为全省唯一试点园区。探索"员工共享"模式，实现汽车与工程机械企业技工人才在园区整合共享。

二　2021年工作展望

2021年，长沙经开区经济社会发展总的指导思想是：坚持以习近平新时代中国特色社会主义思想为指导，深入贯彻党的十九大和十九届二中、三中、四中、五中全会精神，坚定不移把学习贯彻习近平总书记考察湖南重要讲话精神作为全部工作的主题主线、引领高质量发展的根本遵循，认真落实中央和省委、市委的决策部署、科学把握新发展阶段、全面贯彻新发展理念、积极构建新发展格局，坚持和加强党对经济工作的领导，坚持稳健但不保守、求进但不冒进，主攻强园富县、坚持人智驱动、推动产城共兴、实现融合升级，坚定不移抓项目、兴产业、强实体，打造"三个高地"，奋进"两个率先"，加快"两区"高质量发展，在忠实践行"三高四新"战略、奋力建设现代化新湖南示范区中干在实处、走在前列，彰显新担当、展现新作为，确保"十四五"开好局，以优异成绩庆祝建党100周年。重点做好以下五个方面工作。

（一）深耕实体经济，打造以先进制造业为主导的现代化产业高地

1.做大主特产业优势增量

落实"湖南实施打造国家重要先进制造业高地规划"，大力实施先进装备制造业倍增、智能制造赋能、产业链供应链提升等"八大工程"。以"三智一芯"为主攻方向，加快"两主一特"产业向高端化、智能化、绿色化、融合化方向发展，着力提升产业发展质量效益和核心竞争力。工程机械及先进轨道

交通装备产业聚力"研发一流技术、制造一流产品、打造一流企业、完善一流配套、搭建一流平台、推进一流项目",加快产品高端化、生产智能化,着力构建集研发设计、整机及关键零部件制造和物流、维修服务全产业链,全力打造世界一流产业集群。汽车及零部件产业瞄准电动化、网联化、共享化发展方向,以《新能源汽车产业发展规划(2021~2035年)》为导向,抢抓产业恢复性增长契机,积极引导整车企业向能源绿色化、控制智能化、车型高端化推进,着力打造比较优势明显的汽车产业新板块。以新一代半导体及集成电路为特色的电子信息产业多点发力,依托蓝思科技黄花生产基地持续扩大显示功能材料领域领先优势;引导企业开展集成电路设计和功率半导体器件细分领域技术创新,鼓励固态存储、超高清视频、工业控制等领域芯片研发和产业化,加快构建集成电路细分领域"芯"高地。

2. 布局引领未来产业集群

一是推动生物技术及生命健康产业高端、差异化发展。落实自贸试验区产业定位,高起点编制产业发展专项规划和行动计划,从国际医疗合作先行(特许医疗)、高端医疗装备研制和干细胞生物技术治疗等细分领域精准定位,针对性出台产业扶持政策,瞄准行业细分领域龙头企业和顶尖科学家开展生物医药产业精准招商,积极打造有影响力的生物医药产业空间。二是加快发展以区块链为特色的数字产业。持续推动《湖南省区块链发展总体规划(2020~2025年)》落实落细,制定区块链"十四五"规划,突出抓好区块链基础技术研发、优质企业引进、安全监管强化、应用场景建设、产业生态培育,着力推动区块链赋能制造业;加快推进区块链产业园建设,积极创建国家级区块链产业园区和基地。

3. 加快产业数字化智能化升级

着力打造国家级"5G+工业互联网"融合先导区,推广复制标杆企业经验做法,推动5G应用从生产外围环节向核心制造环节延伸,持续打造一批标杆项目。鼓励龙头企业带动、配套中小企业协同、系统集成商配合的链式智能化改造,打造智能、柔性产业链。依托湖南工业互联网创新中心打造公共服务平台,为中小企业提供升级样板。推进实施新型智慧城市示范城市顶层设计和三年行动计划,强化5G等数字基础设施建设。落实长沙市新型智慧城市建设发展要求,推进智慧园区(三期)项目建设。

4.大力涵养产业生态

持续推进产业链项目引建，以核心企业为磁极，带动零部件、原材料企业就近发展，提升主导产业本地配套率，实现产业链上中下游贯通融合，构建各类配套企业集聚集合的产业发展生态。瞄准汽车、工程机械关键零部件企业实施精准招商，强化主机企业招商带动作用，引进工程机械液压油缸、液压阀、液压马达、液压阀、液压泵、驱动桥等高端装备设备项目，以及汽车发动机、变速箱、关键总成和新能源汽车电池、电机、电控等核心零部件项目，加快推动恒立液压、力源液压、启泰传感器、上海托马斯、玉柴发动机等零部件配套项目落地。以"4+1"制造业标志性项目为引领，全力推进牵引性、标志性、变革性重大产业项目，聚焦全链条动能培育、全过程调度管理、全要素服务保障，全力推动重大项目加速建设、达产达效。建立线上线下联动的"产业链供需集市"，推动整机企业与配套企业产业链供需对接和高效协作。实施制造业就近配套专项行动，加快工程机械零部件配套产业园建设。全力探索"科技+产业+平台+金融"产业互联网，推动企业"上云用数赋智"，打造多方共赢、创新升级、跨链融合的产业发展新格局。

（二）聚焦关键核心，打造以产学研协同为主方向的科创高地

1.聚焦产业制高点，攻克关键技术

瞄准园区"两主一特"及新兴产业"卡链处""断链点"，支持龙头骨干企业承担国家、省、市重大科技专项，聚焦发动机、液压元器件、变速箱和减速机、传感器、电控装置、芯片6个"关键零部件"，着力突破一批关键核心技术。完善园区科技创新鼓励政策，推动规模以上工业企业研发投入全覆盖。推动传统产业企业强化技术革新、工艺创新、装备更新，开发具有自主知识产权的首台（套）装备、首批次材料、首版次软件，实现企业技术改造和产品升级，推动"园区制造"向"园区创造"转变。

2.聚焦技术制高点，抢占先发优势

依托长沙市技术转移转化基地，吸引国内外知名高校、科研院所在园区设立成果转化中心、创办延伸企业。举办产业链技术对接活动，促进园区企业与高校、院所、新型研发机构以及产业链上下游的技术对接合作。加强原创技术保护力度，探索开展数字知识产权保护，加快打造全国一流知识产权综合服务

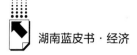
中心。发挥企业在科技创新中的主体作用，支持领军企业组建创新联合体，带动中小企业创新活动。完善激励机制和科技评价机制，落实好攻关任务"揭榜挂帅"等机制。

3. 聚焦人才制高点，打造人才高地

突出以才兴产、以产聚才，充分发挥知识溢出效益，进一步做大人才规模、做优人才结构、做强人才实力。紧扣"两主一特"和新兴产业，聚焦"高精尖缺"人才需求，建设高层次人才服务中心、海外创业人才服务站。实施工匠筑造计划，培育一批具有影响力的技能大师。深化校地校企合作，加快人才"产学研用"一体化。创新人才引进模式，运用人才找人才、靶向引才、柔性引才等方式，引进更多科技领军人才、青年科技人才和创新团队。创新人才服务模式，建立高层次人才服务绿色通道，建设适宜国际人才居住和发展的"类海外"环境。

4. 聚焦平台制高点，激活创新引擎

积极引入中国信通院在5G、工业互联网、人工智能等重大前沿领域的基础研究技术，加快打造长沙经开区工业互联网创新中心。加强政企协同，联合三一集团、山河智能等优势企业积极申报创建国家工程机械创新中心、国家级工业设计中心、国地联合工程研究中心、国家重点实验室、国家技术创新中心。紧扣研发与转化两大核心功能，探索"园区＋平台"发展模式，建立共性研发平台。

（三）深化创新赋能，打造以自贸试验区为主载体的改革开放高地

1. 强化典型带动，彰显引领示范

坚持"为国家试制度，为地方谋发展"，围绕"半年出成果、一年要评估、三年基本完成"要求，切实抓好专业化运营管理、特色化产业支撑、差异化制度创新，高质高效推进自贸试验区建设，在重大项目引进、经验复制推广、外资外贸推动、市场主体新增等方面走在前列，致力打造全球高端装备制造业基地，努力建成贸易投资便利、产业布局优化、金融服务完善、监管安全高效、辐射带动突出的一流自贸区，着力打造实施"三高四新"战略的示范平台。

2. 突出制度创新，推进高端赋能

坚持大胆试、大胆闯、自主改，立足区块实际，全力以赴抓实"113 + X"项制度试点任务复制推广，扎实推进省政府《关于加快推进中国（湖南）自由贸易试验区高质量发展的若干意见》各项政策落实落地，着力发挥制度赋能作用。一是赋能产业高端化发展。探索建设高端装备制造业全球售后服务中心，加快探索形成工业大数据创新治理机制、"5G + 工业互联网"先导区融合创新机制。二是赋能外资外贸增量提质。加强进出口平台渠道建设，探索工程机械二手设备出口新模式以及融资租赁服务高端装备制造业发展的集成业务模式。三是赋能营商环境优化升级。全面推广涉企检查"云备案"平台，实现区块内涉企检查有序适度。四是紧扣服务国际化，打造功能平台。高起点建设国际金融港、国际人才港、国际制造业总部经济中心、国际人才社区等功能性平台，全面提升国际化服务品质，为集聚全球高端要素提供平台保障。

3. 优化发展布局，深化"腾笼换鸟"

以自贸试验区建设为契机，统筹优化园区空间布局和产业布局。积极布局园区未来发展空间，争取将126平方公里建设用地扩区需求纳入市、县国土空间总体规划（2035年），提前启动大众以南片区控规编制工作。聚焦自贸试验区内重大项目用地保障，开展园区空间格局优化研究。大力实施土地空间、产业项目、融资负债、政策支持"腾笼换鸟"，着力破除发展瓶颈、汇聚发展优势、增强发展动力。

（四）坚持精准精细，营造更具竞争力的经济发展环境

1. 精准优化服务环境

开展营商环境改革试点举措先行先试，重点构建以企业为中心的全生命周期服务体系。全力打造"建设园区零杂音、服务项目零延误、维护企业零干扰、扶持发展零争利、行政事务零收费""五零"园区。加强对中小微企业的精准帮扶，持续发挥金融集市作用，构建政策性和市场化良性互动的金融服务体系。落实好减税降费、援企稳岗等各项纾困惠企政策。

2. 全面提质配套环境

落实规划提升、风貌严控、特色塑造、形象提质四大工程，建设更加有颜

值、有气质、有内涵、有格调、有品位的品质园区。协同引进华夏实验、麓山国际、湖南一师合作办学项目，加快推进湖南三博医院、长沙金东方颐养中心及长沙师范星沙附属幼儿园、南雅星沙实验学校建设。推进产业员工生活配套园、黄金集团人才公寓运营，打造全省示范、全国一流示范小区。落实现代化长沙智慧电网各项任务，加快推动新三年行动计划落地见效。优化企业服务卡线上平台和线下服务，将海外及高端人才急需的政务、住房等需求纳入服务范围。

3. 精心保护生态环境

深入打好蓝天、碧水、净土、静音保卫战，加强污染防治攻坚战长效机制建设，持续开展依法治污、精准治污、科学治污，深化大气污染联防联控，加强危险废物收集处理，推动大气、水、土壤质量持续改善。按照国家2030年前碳排放达峰行动要求，加快调整优化产业结构、能源结构，广泛推行清洁生产，推动生产方式全面绿色转型。

4. 营造安全发展环境

聚焦安全生产，狠抓责任落实，扎实推进专项整治三年行动，重点推进"园中园、厂中厂"、有限空间等专项整治，持续加强建筑施工质量、消防、特种设备安全监管，确保园区安全生产形势持续稳定。坚持疫情联防联控机制不松懈，充分发挥驻企联络机制作用，区县一体着力做好常态化疫情防控。

（五）全面从严治党，筑强建设现代化示范区政治保证

1. 坚持知行合一，推动习近平总书记考察湖南重要讲话精神落地生根

坚持把学习贯彻落实习近平总书记考察湖南重要讲话精神，与党的十九届五中全会精神结合起来，与巩固拓展"不忘初心、牢记使命"主题教育成果、开展"四史"教育结合起来，推动学习向实处着力、向深处拓展。围绕习近平总书记考察湖南重要讲话精神落实情况开展监督检查，确保讲话精神在园区落地见效。围绕自贸试验区建设、"六稳""六保""5G＋AI＋区块链"赋能等重点工作开展监督检查，严肃处理不作为、慢作为、乱作为等行为。

2. 突出"两个维护"，铸牢绝对忠诚的政治品格

增强政治意识，善于从政治上看问题，善于把握政治大局，不断提高政治

判断力、政治领悟力、政治执行力。以本地红色资源、红色故事为鲜活教材，深度挖掘和阐发其时代价值，教育引导党员干部从党的光辉历史中汲取砥砺奋进的力量，自觉把"四个意识""四个自信""两个维护"融入"血脉"。紧扣"七种能力"、锻造"八大本领"，始终做到分析问题考虑政治因素、推动工作落实政治要求、处理问题防范政治风险。严格落实党管意识形态工作责任制，切实抓住"关键少数""关键节点""关键阵地"，借助"1＋2＋N"媒体资源打造全媒体宣传平台，与央媒、海外媒体、省市主流媒体加强联动，探索媒体智库建设，着力提升宣传报道的深度、广度、精度，全方位讲好园区故事、展示发展成就、凝聚各方力量。

3. 聚焦强基固本，全面夯实党建基础

聚焦"建党百周年"重大节点，以"聚焦高质量、星沙在行动"主题活动为统揽，着力推进"七个一"献礼工程，汇聚共促高质量发展磅礴力量。聚焦"党建提质年"重大任务，扎实推动企业党委会换届和党建工作片区党群服务中心建设，完善互联共建联组设置，做到党建指导全覆盖，贯彻《党员权益保障条例》《党员干部教育培训五年规划》，落实省委"标杆型党组织"建设和市委组织部"两个覆盖"质量提升工作计划。

4. 科学选人用人，锻造全面过硬的干部队伍

注重精准育才，推行理论武装、党性锻炼、专业培训、素质提升、调研实践"五位一体"培训模式。把准用好"三个区分开来"，充分释放容错纠错、能上能下的制度效能，让吃苦者不吃亏、流汗者不流泪、担当者无后顾之忧。根据自贸试验区建设需要，积极争取各类编制资源，选优配强新设部门工作力量；加大园区干部引进培养力度，适时开展新一轮人员招考工作。开展新进人员入职培训和园区干部轮训工作，提升干部队伍综合素质。加大编制资源统筹使用，充分调动各类人员积极性，激发干部队伍整体活力。开展干部人事档案专项整理和规范工作，加强和完善干部人事基础工作。

5. 持续反腐倡廉，巩固风清气正的政治生态

建立重点岗位、关键环节廉洁风险立体防控机制。开展违反中央八项规定精神和隐形变异"四风"问题、优化营商环境等专项整治，持续整治形式主义、官僚主义。压实巡视整改责任，严肃问责自查自纠敷衍了事，整改措施"假大空"，整改不及时、不到位等行为，切实巩固提升巡视整改成效，确保

整改"不悬空""全见底"。坚持依法统计、绝不造假，精准服务发展大局。健全问题线索审批、报备、移交、反馈等制度，建立巡查与各类监督统筹衔接、贯通融合机制。紧紧盯防群众及企业身边的腐败问题和不正之风，坚决查处滥用职权、权力寻租、利益输送、行贿受贿等问题，不断增强执纪问责的震慑力，全面营造良好的政治生态。

B.46
2020年望城经开区发展报告
及2021年展望

望城经开区管委会

2020年，望城经开区以习近平新时代中国特色社会主义思想为指导，坚决贯彻落实上级决策部署，始终围绕制造业高质量发展这一中心工作，紧盯全年目标任务，扎实开展"百日竞赛"活动，牢牢稳住经济基本盘，努力推动园区各项工作再上台阶。

一 2020年工作情况

（一）经济实力稳步增强

规模工业总产值同比增长18.8%，固定资产投资同比增长13.1%，限额以上社会消费品零售总额同比增长24.9%，税收收入同比增长19.1%，外贸进出口总额同比增长38.9%，发展速度稳居全市前列，呈现出稳中有进、稳中趋优、稳中向好的态势，获评湘江新区重大贡献奖一等奖，先后在全省发改工作、工信工作、高质量发展工作会议上作典型发言，荣登"湖南省2019年省级及以上产业园区综合评价"榜首。

（二）"双统筹"工作推进有力

坚持早谋划、早行动。率先派出驻企联络员、率先制定"六个到位""七个必须"防控标准，千方百计保障口罩、体温枪等防疫物资供应，牢牢守住"外防输入"防线。用心用情助力企业复工复产，率先出台"望十条"，组织开展"春风行动"、包车接员工返岗、银企对接等系列活动，314家

"四上"企业第一时间全部复工、全员返岗，复产率、返岗率、用电量等综合指标排名位居全市国家级园区首位，"双统筹"工作得到省委主要领导充分肯定。

（三）项目招引更加精准

沉着应对中美贸易摩擦、华为被"封杀"带来的负面影响，始终保持高质量发展定力，秉持精明增长、可持续发展理念，聚焦智能终端、新一代半导体等六大重点产业链，开展以商招商、链式招商。全年引进产业项目81个，投资过亿元项目21个，"三类500强"项目3个，智能终端产业链项目36个，桑特液压、瑶华科技、贝迪电子等一批掌握核心技术、实现国产替代的"专精新特"项目成功落户。

（四）项目推进全面提速

开展"项目大竞赛"活动，推行"日巡查、周通报、月讲评、半年一观摩"调度机制。市重大项目投资完成全年任务的120%，永杉锂业入选全市制造业标志性项目，益海嘉里、立邦新材、中信戴湘、恒茂高科等63个新建项目开工建设，德赛电池、吴赣制药、智能终端配件产业园等68个项目竣工投运，释放产能百亿元以上。在全省产业项目建设推进现场观摩会上，望城经开区作为唯一园区代表作典型发言，项目建设经验在全省推介。

（五）产业能级有效提升

比亚迪电子产值突破百亿元大关，智能终端实现产值126.6亿元，澳优乳业启动三期建设，中信戴卡推动"一基地、两园区"建设，主导产业持续发力，产业结构不断优化。以智能制造为统领，实施市场主体培育三年行动计划，全年铺排智能化改造项目82个，技改投资大幅增长50.9%，创建市级智能制造示范企业38家，新增"四上"企业63家。成功创建国家级大中小企业融通型双创特色载体，为全省唯一获批园区，实施市级企业技术研发中心"清零行动"，新增市级以上企业技术中心、工程研究中心8家，国家级博士后工作站2家，创建高新技术企业74家，同比大幅增长39%。

（六）营商环境持续改善

建立健全问题收集办理闭环机制，全年开展4次"企业大走访、问题大破解"行动，318个困扰企业发展"顽症"得到妥善解决。继续推进"一件事一次办"，全面开展规划设计预审查服务，更大力度推行告知承诺、容缺受理，全力助跑项目建设。落实"六稳""六保"任务要求，开展大型银企对接活动7次，帮助企业融资超过100亿元，支持小微企业贷款贴息超过3000万元；促成企业开辟本地市场，达成合作额超25亿元，累计为企业兑现各级惠企奖补资金3.9亿元。

（七）改革创新激发活力

深化"亩产论英雄"改革，建立"448"的入园评价体系，从源头把控高质量发展关；加大低效用地、闲置用地处置力度，出台专项政策，清理腾退"厂中厂"等低效企业，3家停产企业实现"腾笼换鸟"，16个企业实现二次开发。在国家自然资源部2020年度集约节约用地综合评价中，望城经开区综合得分排名全省第一。持续深入推进集团公司改革转型，推动内部资源有效整合，集团公司获"AA＋"信用等级评定。

二　2021年工作展望

2021年，望城经开区将以习近平新时代中国特色社会主义思想为指导，认真贯彻落实习近平总书记考察湖南重要讲话精神和中央、省委、市委、区委经济工作会议精神，奋力践行"三高四新"战略，坚定制造业高质量发展，以产业项目建设为主抓手，统筹推进招商引资、产业培育、环境优化、要素保障等重点工作，确保园区规模工业产值同比增长15%，税收收入同比增长15%，固定资产投资同比增长10%，社会消费品零售总额同比增长12%以上，在加速构建"双循环新格局"中贡献更多园区力量。

（一）聚焦产业转型升级，加快构建现代产业体系

1. 狠抓产业链建设

强化系统思维和全局观念，聚焦六大重点产业链。智能终端将围绕荣耀、

比亚迪两大龙头企业做好增量文章，聚焦手机、平板电脑、可穿戴设备等项目开展泛智能终端产业链招商，当好全市智能终端产业发展主力军；新一代半导体将依托长沙在新一代半导体衬底材料上形成的基础，以下游芯片封装、芯片应用为发力点，抢占未来产业发展高地；新型合金将对标轨道交通、航空航天、工程机械等产业市场需求，引进基础零部件项目。

2. 突出智能制造转型

以智能制造为主攻方向，制订 2021 年智能制造试点示范企业培育目录和计划，推动传统优势产业积极实施数字化、智能化转型，加快建设一批数字化生产线、车间和智能工厂，力争全年铺排技改项目 50 个以上，新增市级以上智能制造示范试点企业 30 家以上。

3. 培育发展市场主体

继续实施市场主体培育"三年行动计划"，抓牢企业"入规、升高、上市、扩面"工作，力争全年新增入规工业企业 20 家、高新技术企业 50 家以上。加强上市辅导和股权投资，分梯队储备上市企业 30 家，支持联智科技、贝迪电子实现科创板上市。支持黑金刚、泰嘉科技、衡开智能等企业做强做优，打造一批在关键元器件、基础零配件具备极强竞争力的"专精特新""小巨人"企业。盘活金桥、亿达、高星总部经济基地，培育和引进一批"四新"经济市场主体和现代服务业项目，迅速补齐现代金融、软件业等生产性服务业短板。

（二）坚持项目为王，保持经济强劲增长动力

1. 突出招商选资精度

按照"精准、舍得、执着"要求，始终保持高质量发展定力，突出"448"亩均效益，严格把好招商项目效益关，算好经济账、长远账，确保园区可持续发展。聚焦六大重点产业链和"两主一特"产业定位，实施精准招商、以商招商、链式招商，持续引进世界 500 强、央企、民营 500 强等旗舰型项目，力争全年引进 1～2 个投资过 30 亿元的制造业标志性项目。

2. 加快项目建设进度

持续开展项目建设大竞赛活动，落实"五个一批"和"一对一"联点帮扶工作机制，以开展项目观摩、组织重点项目集中开竣工为抓手，加强项目跟踪服务，加大项目协调推进力度。全力推动永杉一期、戴湘二期、澳优三期、

恒茂高科加快投产，益海嘉里、立邦新材、百菲乳业、兆恒科技快建设，5G产业园、松森金属、贝迪电子、诊禾医疗开工。

3. 强化要素保障力度

制定个性化征拆激励机制，激发责任街道的主观能动性，切实提高征拆工作效率，确保园区扫尾项目和新铺排项目按时交地清表，力争全年完成土地报批1500亩以上、拆迁腾地3000亩以上。建立低效、停产企业"一企一策"有序退出机制，加快大藏虫草、盈成油脂、百威英博等闲置用地的盘活、退出，着力为高端产业和优质项目腾挪空间。全力争取2021年专项债资金支持，确保为5G智能终端产业园等重点项目建设提供充足资金保障。

（三）突出企业至上，持续增强园区吸引力

1. 深化行政审批制度改革

推进相对集中行政许可权改革试点，组建行政审批和政务服务局，实现"一枚印章管审批"。坚持线上与线下两手抓、两手促，健全完善并联审批、告知承诺、容缺受理、联合验收、承诺制审批等新模式，优化审批服务流程，提高行政审批效率；设立铜官工业园政务服务中心，实现企业办事不出园。

2. 优化发展要素供给

进一步梳理完善产业政策体系，加快惠企政策兑现速度，推动政策无延时、无误差落实；聚焦难点、痛点，搭建银企对接、春风行动、四零采购等对接服务平台，尽一切努力优化人工、水电气、融资等生产要素成本，切实提升园区企业的体验感、获得感和幸福感。

3. 支持骨干企业产能提升

对旺旺集团、五矿集团、中航工业等29家总部、研发、销售在外的企业，进行发展再动员，发挥比较优势，出台支持政策，推动企业投资再加码、产能再提升、订单再攀升，引爆新的增长点。

（四）统筹产城融合，提升城市功能品质

1. 突出规划引领

加快调区扩园步伐，着力抓好白箬南片区和铜官工业园北片区规划编制，确保园区未来战略空间格局落到实处。加快城市规划修编，完善城市功能，拓

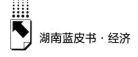
展建设发展用地，提升土地综合开发效益。落实"四精五有"品控管理要求，强化规划要素审查，强化规划在城市建设中的统领作用。

2. 完善城市功能

围绕提升产业承载能力和产城融合水平，加快城市公共设施建设。加快雷高路、银星路长益复线、郭亮路等市政道路建设，确保全年新增通车里程14公里以上。启动雅礼望城实验学校建设，完成南雅望城学校、明德望城学校建设。合理利用主次干道、企业工厂周边空坪隙地，改造为停车场、健身休闲场所、社区绿地等，实现城区增颜值、提气质。

3. 实施"四精五有"提质行动

实施"绿化310精品工程"，以点带面提升园区整体形象品质。高标准推进腾飞路、普瑞路等重要主干道路提质改造，打造市政道路样板路段。实施老城区、乌山中小企业园环境综合治理工程，有力推动老城区"有机更新"。

4. 强化综合管理

做好"平安园区"创建工作，进一步压实企业主体责任和部门监管责任，推进企业安全生产标准化创建，大力开展隐患排查治理，加强应急管理规范化，确保全年不发生较大以上安全生产事故。坚持源头治理，加强对企业污水排放情况、污水处理设施的在线监控和定期检查；督促在建工地，严格落实扬尘污染防治"8个100%"要求；加强工地污水、清洗废水和危废固废管理，全力争创环境保护诚信园区。

（五）全面深化改革，不断激发创新活力

1. 提升企业科技创新能力

实施"四大行动"，分类推动企业创新能力提升。实施"破零"行动，推动100家小微企业实现专利破零、融资破零、商标破零、研发平台破零、研发投入破零；实施"倍增"行动，发掘和培育优质小微企业，支持30家中小企业实现产值倍增、发明专利倍增、研发投入倍增；实施"提质"行动，以获批国家级双创特色载体为契机，实施"产业博士攻坚团""科技特派员"计划，帮扶企业引进关键技术攻关人才；实施"攻坚"行动，围绕主导产业，继续承接和建设一批省部级以上创新平台，开展共性技术攻坚和产业化研究。

2. 持续推进集团公司转型

全面理顺集团公司管理体制机制，完善公司法人治理结构设计，加快建立现代企业制度，提高运营管理水平。重点推进振望公司、铜官公司市场化转型，切实经营好国有资产运营、股权投资、金融投资、土地二级市场经营开发等业务，增强平台公司盈利能力和"造血"功能。加强对集团公司的监管和考核，确保国有资产保值增值。坚持控增量、调结构、守底线，积极置换存量债务，优化政府债务结构，降低政府债务成本。

3. 探索项目绩效评价机制

健全亩产效益综合评价体系，探索弹性供地制度，探索园区从"供土地"向"供平台"转变，推广"可租、可售、可退出"标准厂房建设模式，整理盘活一批闲置土地、厂房，促进集约用地。强化效益观念，实行部门联动，建立健全招商项目履约和绩效评价机制，强化对项目履约管理的统筹和监管。

B.47

2020年浏阳经开区（高新区）发展报告及2021年展望

浏阳经开区（高新区）管委会

　　2020年，浏阳经开区（高新区）在市委、市政府的坚强领导下，统筹推进常态化疫情防控和经济社会发展，以浏阳经开区、高新区合并为动力，以推进制造业高质量发展为引领，在大战大考中交出了一份高质量发展的优异答卷。全年规模工业总产值同比增长12.5%，规模工业增加值同比增长8.1%；固定资产投资同比增长15.2%；财政总收入同比增长6.5%，其中，税收收入同比增长11.6%，税收收入占浏阳市的比例首次超过50%；获批国家新型工业化产业示范基地、国家绿色工业园区和国家再制造高新技术产业化基地。

一　2020年发展情况

（一）逆势前行，防疫复工实现双战双胜

　　面对来势汹汹的疫情，浏阳经济区（高新区）坚持人民至上、生命至上，以战时状态、战斗精神，快速响应、严密防控，防疫复工走在全省前列。率先建立防疫督导和复工复产两支队伍下沉服务企业，为575家企业配备防疫专员，组织核酸检测近1万人次。创新防疫手段，率先探索大数据疫情预警防控，为健康码推广奠定了基础，编制的《企业复工防疫实操手册》被中央电视台新闻联播宣传推介。在全国防控严峻的形势下，确保了园区规工企业3月13日全面复产，42个重点在建项目全部复工。其中，蓝思科技高峰期6万多人平稳有序生产，惠科光电2月10日开工即到位施工人员600人，3月4日主体工程开工后，组织施工人员近7000人大规模快速度建设，其后5批次287

名韩国籍人员顺利入境。4月9日，长沙市"大干一百天、实现双过半"竞赛活动现场推进会在园区召开，充分肯定了园区竞赛活动取得的成绩。园企同心，全力奋战，夺回疫情损失，多家企业实现逆势高位增长，其中，蓝思科技全年实现产值195.7亿元，同比增长45.8%；盐津铺子实现产值23.98亿元，同比增长61.1%；迪诺制药实现产值8.99亿元，同比增长60.3%；宇环数控实现产值2.77亿元，同比增长287.3%；博大科工实现产值3.08亿元，同比增长11.9%。园区企业彰显大爱精神和社会担当，积极助力全国疫区抗疫，捐款捐物达4000余万元。

（二）强强联合，主特产业发展势头强劲

按照长沙市委战略部署，浏阳经开区、高新区实现平稳有序合并，园区体量增大、实力增强、工作增彩，"1＋1＞2"的成效充分彰显，产业格局更大、实力更强。紧扣"三主两特四链一新"精准发力，采取线上线下、小分队外出招商，围绕强链、延链、补链选优选强，全年引进项目78个。牵头长沙市显示功能器件、生物医药、环境治理技术及应用、碳基材料等4条产业链建设工作，全年规工企业营业收入分别增长66.2%、28.5%、12.7%、4.4%。奋力推进项目建设，以政府投资带动社会投资，全年铺排政府投资项目100个。144个产业项目全年完成总投资330亿元，占年度计划的116.5%。其中，4个项目列入湖南省"五个100"工程重大产业项目，3个项目纳入长沙市制造业标志性重点项目。长沙惠科项目提前35天封顶，提前1个月点亮投产，实现14个月建成一座世界一流超高清面板生产基地目标，创全国同类项目最快建设速度，在2020年长沙市项目建设流动观摩评比中园区勇夺第一。蓝思新材料、豪恩声学、泰科天润等35个项目实现竣工或投产，积蓄了跨越发展的强劲动力。

（三）转换动能，企业转型升级成效显著

坚持质量效益为先，提升发展水平。狠抓企业"入规、升高、上市、扩面"，全年新增规模企业37家、高新技术企业73家，企业竞争力持续攀升；南新制药登录科创板，华纳大药厂IPO成功过会，A股上市企业达到8家，34家企业纳入上市后备库，上市企业矩阵愈发强大；新增4家省级、55家市级

智能制造试点示范企业（车间），省、市级智能制造示范企业（车间）达182家，占长沙市总量的18%，智能升级继续领跑。聚焦增强创新驱动力，规模工业研发支出35亿元，新增发明专利申请240件、授权102件，九典制药技术中心获国家企业技术中心认定，惠科光电、春光九汇获批省100个重大产品创新项目，菁益医疗"等离子手术设备"成为全省首个获批国家级创新医疗器械产品，35家企业获批省、市级"小巨人"企业。强力推进低效企业盘活工作，完成12家僵尸、低效企业处置退出，盘活土地545亩。

（四）奋发有为，三大战役取得阶段性成果

以问题为导向，精准聚焦、靶向发力，着力打好"三大攻坚战"。守住了风险底线。两园合并后，虽然园区化债的压力增大，但按照"化存量、控增量"要求，积极化解政府隐性债务风险，政府性债务余额同比下降14.8%，未发生区域性、系统性风险。筑牢了生态屏障。经开片区雨污分流改造全部完成，高新片区雨污分流和截污干管、管网建设强力推进，投资3.6亿元的北园污水处理厂正式运营，污水收集、处理能力大幅提升。加强依法治污，全面实行排水许可制，在全省率先完成排污许可证登记率、发证率"双100%"。强化科技治污，投资3300余万元的智慧环保应用平台在全省率先建成投入使用，引进"环保管家"对72家重点企业提供一站式环保服务。完成了脱贫攻坚任务。通过产业扶贫、教育结对帮扶等形式，帮助对口扶持的龙山县苗儿滩镇13个贫困村整体稳定脱贫，贫困发生率由30.5%降至1%，小河乡乌石村贫困发生率由10.8%降至0。

（五）倾情服务，营商环境打造响亮品牌

受疫情冲击，园区企业和企业家度过了艰难的一年。园区全力助推企业危中寻机、化危为机，助力企业解除困境、闯过难关。落实落细惠企政策，指导企业降低成本，节约资金约8200万元，减租免租约1000万元；协助企业申报各类项目扶持奖励资金近3亿元，70余家企业纳入防疫重点保障企业，完成争资3.2亿元；强化银企对接，助力86家企业融资4亿元；严格兑现税费征收政策，全年为企业减税约3亿元、减免社保费用2亿元；获批3000亩土地规划指标，有力保障了项目用地。全力提升人才服务成效，搭建校企合作平

台，促成蓝思、惠科等 10 多家企业与湘潭大学等 8 家院校签订战略合作协议；组织招聘会 35 场，推荐就业 1.2 万人，69 人认定为长沙市高层次人才，397 人认定为浏阳市"专业英才"。

（六）阔步前行，改革开放释放强大活力

持续提升行政效能，梳理政务服务事项清单，实现"清单之外无审批"；开展"三集中三到位"改革，深化"一件事一次办"改革，提升"帮代办和 24 小时不打烊"服务，行政服务更加便利高效。全面推行工业投资建设项目"容缺许可，拿地开工""先建后验"审批服务，审批时限全流程压缩至 30 天内。园区与永安镇财税、征拆、建设等体制机制得到了有效理顺，园镇融合进一步深化。委属国有企业改革稳步推进，8 家国有企业整合优化为 3 家，功能定位更加明晰、主业主项更加突出，凝聚了更大的发展合力。湖南省乡村振兴示范区暨非洲非资源产品集散深加工园落户园区，成为园区承接湖南自贸区长沙片区政策、打造联动创新区的重要抓手，将有力推动城城融合、产城融合、城乡融合。

（七）统筹推进，新城建设迈出实质步伐

坚持以人民为中心的发展思想，社会民生事业取得新成效。积极参与顶层设计，推动金阳新城纳入长沙市"十四五"重点建设片区。长沙市委十三届十次全会明确金阳新城"一城三区"发展定位，战略规划通过长沙市委常委会审议。协调加快轨道交通东延、黄花机场至金阳新城道路工程等道路交通建设，明确了涉园乡镇土地规划、片区开发等工作原则，确保金阳新城建设统筹推进。加快打造数字化、智慧化新城，在长沙市工业园区中率先实现 5G 信号全覆盖，"智慧金阳"建设成果初显，搭建了园区云计算中心和数据中台，在全省率先试点启动智慧灯杆项目建设。进一步优化园区教育资源配置，浏阳首所本科院校湖南电子科技职业学院以及湘麓医药专科学校、长郡浏阳附属第二小学启动建设，全省青少年举重训练基地在长郡·浏阳实验学校设立。着力创建平安、和谐、文明园区，开展"大清查、大化解、大整治"专项行动，实现扫黑除恶三年目标；积极开展安全生产专项整治三年行动，牢牢绷紧安全生产之弦，实现安全生产"零事故"；深化文明创建，强化拆违控违、渣土运输等管理，园区形象展现新面貌。

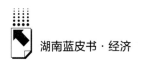
二 2021年展望

2021 年是"十四五"开局之年，是中国共产党百年华诞，是省委实施"三高四新"战略首战之年，也是推进金阳新城高水平建设和园区高质量发展的关键之年。园区将以"三高四新"战略为引领，以高质量发展为导向，更好统筹发展和安全，聚力高标准招商、加速度建设、变革性创新、深水区改革、高层次开放和金阳新城建设，进一步强化担当、抬高坐标、压实责任，在践行"三高四新"战略中守好主阵地、驰骋主战场、当好主力军，奋力实现"十四五"精彩开局，全年力争实现规模工业总产值同比增长 15%，规模工业增加值同比增长 12%，固定资产投资同比增长 10%，财政总收入同比增长 8% 左右。为此，我们将重点抓好以下六个方面工作。

（一）聚力高质量，在打造先进制造业发展新高地中勇担当

着力提升先进制造业集群竞争力、企业竞争力、数字经济竞争力、产业生态竞争力，健全产业链、汇聚新能量，在打造国家重要先进制造业高地上争当"领头雁"。一是要放大主特产业优势。聚焦主特产业和优势产业链，新引进项目 60 个以上，实现产业项目"皓月当空"和"繁星满天"并重。加快中小尺寸面板、玻璃基板、偏光片等关键项目引进，强健显示功能器件产业链"筋骨"。加力推进生物药、高端辅料药、医疗器械与装备等领域壮大，做强生物医药产业集群。加快引进汽车及零部件、LED 芯片、碳化硅等领域一批产业项目，壮大智能装备制造、新材料产业。以健康产业园、长沙智中心、联东 U 谷等平台为"磁极"，吸引集中度高、集聚度强、集约度佳的优质项目"拎包入住"。用好产业投资基金，招引一批基金管理公司和优质市场化基金，为战略性新兴产业发展持续赋能。二是要强力攻坚项目建设。以项目建设为首务，突出项目支撑作用。全面优化项目管理，实施"五联三促"项目推进工作机制，形成全流程调度的管理机制，下大力气破解征拆、供地、基础配套等关键要素瓶颈，确保项目建设全速推进。加快北园拓展片区综合开发项目等 93 个基础设施项目建设，以基础设施完善保障产业项目建设，支撑城市功能完善。铺排建设 82 个产业项目，力争实现年度投资 266 亿元。确保蚕桑丝绸智

造产业城、碳化硅纤维产业化、中韩智能装备制造等一批重大签约项目迅速落地建设，推进威尔曼新药研发基地、润星高端创新药生产基地、科达智能装备制造生产及总部基地等一批重点在建项目严格按时序推进，实现22个项目年内投产，力促长沙惠科、豪恩声学、泰科天润等一批已投产项目满产超产。三是要培育壮大企业集群。围绕"入规、升高、上市、扩面"强主体，真金白银鼓励支持企业做大做强，开展智能化改造和示范创建，打造枝繁叶茂"产业森林"。力争市级以上智能制造示范企业（车间）增至210家以上，高企数量增至200家以上，新挂牌上市企业达到2~3家。推进"工厂革命"，升级智慧工厂、无人工厂，将长沙惠科、泰科天润等高精尖项目打造成为"灯塔工厂"。盘活僵尸、低效企业19家以上，助推"腾笼换鸟"、机器换人、空间换地。

（二）聚力新动能，在抢占创新驱动发展新赛道中争先进

以创新驱动发展，强力抓生态、抓攻坚、抓转化、抓平台、抓人才，进一步激活高质量发展的动力活力，催生高质量发展的新动能新优势。一是要营造优良创新生态环境。完善科创政策支持体系，公布奖励标准，对企业研发投入、技术创新、平台建设、人才引育等方面加大扶持力度。整合提升双创资源，对园区一批国家级众创空间、国家级孵化器、省级孵化器实施集中运营管理，做好"概念＋实体"文章，实现由"小而散"向"大而专"转变，提供更优质的双创载体。二是要提升企业技术创新能力。强化企业创新主体培育，紧盯研发投入，力争企业R&D经费投入占比达到3.2%。继续强化与重点院校和科研院所的合作，共建创新研究院等科技人才与产业对接的平台，推进科技成果高效转化。加强科研平台建设，力争今年再新增5家市级以上研发平台。三是要激发人才创新创业活力。围绕产业链完善人才链，严格兑现人才政策，在生物医药、新材料、高端装备等领域发力，引进一批高层次人才。大力弘扬"企业家精神"，培养造就具有国际眼光、超前创新思维、擅长管理创新的企业家。借助湖南省汽车技师学院、中协高新等一批优质职业院校，积极推进校企合作、工学一体培养制度，培育更多"园区工匠"，壮大高素质产业工人队伍。

（三）聚力优格局，在谋求深化改革开放新突破中抓重点

聚焦全局发展所急所需，坚定不移深化重点领域、关键环节改革，抢抓机

遇扩大开放，在敢闯敢试中稳扎稳打，在破解难题中激发活力。一是要推进体制机制改革。加快构建更加科学合理的园镇财政管理体制，以及征拆、土地、规划等工作机制，进一步激发园镇融合更大合力。加强园区机构职能和机构编制资源统筹，持续优化机构设置，着力提升部门工作效率。进一步完善监管体系、优化治理架构、强化政策扶持，支持国企市场化转型、聚焦主责主业、激活经营机制，加快做大做优做强。二是要推动更高水平开放。精心打造非洲非资源产品集散深加工园，积极争取创建自贸区联动创新区，最大限度承接自贸区的辐射和溢出效应。加快建设生物医药国家外贸转型升级基地，依托蓝思、惠科、尔康制药等外向型企业，大力实施"走出去、引进来"战略，推动外资外贸高质量发展。三是要持续优化行政审批服务。纵深推进"放管服"改革，落实省、市赋权承接工作，确保审批权限应接尽接。充分发挥产业项目"先建后验""容缺审批"等改革作用，全面提升项目建设和企业开办速度。推进市民服务中心建设，统筹"智慧政务"等项目实施，充分运用"互联网＋政务服务"数据平台，让企业"一次都不跑"。继续推进"一件事一次办""三集中三到位"改革，争取"相对集中行政许可权改革"试点，打造便民、高效、规范的一流服务体系。

（四）聚力大跨越，在谱写金阳新城发展新篇章中显身手

加速城市建设提质、配套功能提档，致力于将金阳新城打造成"长沙新门户、东翼新引擎"。一是要前瞻谋划布局。借助金阳新城规划建设大势，高质量编制国土空间规划、片区规划和各项专项规划，进一步优化城市空间、产业布局。围绕"一城三区"总体定位，参照绿色范例新城85项关键指标，推动交通、产业、公共服务一体化建设。严格控制金阳新城范围内乡镇土地开发建设，确保新城建设一盘棋推进。二是要完善城市功能。着力畅通内外路网循环，积极对接启动长沙轨道交通东延，争取黄花机场T3航站楼至金阳新城道路工程年内开工，推进金城大道道路提质改造、北盛大道、洞阳路、健康大道北延、经七路等重点道路建设，确保新G319（开元大道）拓宽改造续建工程等完成建设。持续优化教育资源配置，推进湖南工信学院、湘麓医药专科学校、中协高科二期等加快建设，确保湖南电子科技职业学院、长郡二小顺利开学。健全医疗卫生体系，引进三甲医院分院，与现有的二级医院、卫生院、社

区卫生室构建园区分级诊疗体系。强化生产生活要素保障，加快推进南园二水厂扩建、三水厂新建工程建设，完成洞阳变电站迁改及一批"电力630攻坚"项目建设。三是要加快品质提升。贯彻落实"四精五有"理念，持续提升城乡颜值。大力发展文旅科技产业，加快与华侨城文旅科技集团、中华恐龙园文化旅游集团的合作，以一批优质文旅项目带动区域开发。加快永安、洞阳等集镇老旧小区提质改造，对城郊接合部进行整治提升，推进永安收费站改造工程和洞阳收费站改造一期工程建设，塑造门户新形象。下足城市管理"绣花功夫"，加强对环境卫生、园林绿化、市容秩序、市政设施的精细管理和精心维护，开展停车整治专项行动，树立靓丽、整洁、有序的城市形象。大力提升厂区品质，严格把关新厂房设计，建设一批现代化、精致美观的高品质厂区，开展老旧厂区环境专项整治行动，切实改善厂区面貌。

（五）聚力控风险，在夯实经济社会发展新防线中守底线

注重攻坚重点和常态长效相结合，全力筑牢债务化解、环境治理、社会大局等防线，夯实基础、提升水平，为专心专注发展创造条件。一是要科学防范化解债务风险。深化预算管理改革，加强预算约束和绩效管理，强化全口径债务管理，抓实化解隐性债务风险工作，确保财政运行安全可持续。通过积极争取上级资金补助、加大税收征管力度等方式，增加财政可用财力。引导督促国企拓宽经营，增加经营性现金流和利润，通过发行专项债券、加强与金融机构合作，扩大融资渠道，降低融资成本，避免新增政府隐性债务，不断消化存量债务。二是要扎实有力推进环境治理。深入推进"智慧环保"建设，落实"环保管家"制度，建立全方位环境监测网络。着力做好高新片区雨污分流改造，推进截污设施建设和管网改造，完成永安污水处理厂改扩建，加快启动北园污水处理厂二期及南园污水处理厂提质改造工程，筹划尾水湿地公园建设，不断提升污水收集和处理能力。进一步落实"河长制"工作，深化流域综合治理，确保捞刀河石塘铺断面水质持续稳定达标。严格落实属地责任和部门监管责任，着力解决工业废气异味问题。三是要全力维护大局和谐安定。抓好常态化疫情防控，坚持人物同防，严格风险地区来园人员闭环管理和进口冷链食品及物流监管，全力巩固来之不易的防控成果。以实施"安全生产专项整治三年行动计划"为纲领，全面落实安全生产责任制，深化推进危化品、工程

建设、道路交通、消防等领域专项整治，加快各类问题隐患整改，确保生产安全"零事故"。巩固平安园区建设成果，建立健全日常监管、依法严惩、综合治理等长效机制，严厉打击各类违法犯罪活动，确保人民安居乐业、社会安定有序。

（六）聚力抓党建，在激发大奋进的强大动能中大作为

百年风华正茂，奋斗书写华章。在建党100周年这个具有历史意义的重要年份，要全面落实党的建设总要求，全面加强党建引领，以奋力拼搏的姿态、只争朝夕的状态、事成至上的生态、守正创新的势态，建功新时代，奋进新征程。一是要以政治建设引领前行方向。学深悟透笃行习近平新时代中国特色社会主义思想，扎实开展建党100周年纪念系列活动，高质量高标准开展好党史学习教育，从党的百年奋斗历程中汲取砥砺奋进的强大动力，做到学史明理、学史增信、学史崇德、学史力行，大力传承红色基因，弘扬红色传统，坚定理想信念的无畏牺牲精神，坚定艰苦卓绝的无我斗争精神，坚定人民至上的无私奉献精神，点燃接续奋斗的"红色引擎"，为园区高质量发展和金阳新城高水平建设提供永不枯竭的澎湃动力。以党建促进队伍建设，将"党建＋微网格"与企业服务深度融合，"网格员"要切实履行企业服务员、非公企业党建指导员、防疫指导员职责，做到人在"网"中走，事在"格"中办。实现非公企业党建"两个全覆盖"，继续开展"三最评选"，打造全省非公党建工作样板，助推非公企业在践行"三高四新"战略中彰显更大作为、贡献更大力量。二是要以过硬作风提升干事效能。要大力弘扬"三牛精神"，立足岗位动起来、干起来、严起来。要当好"企业管家"，脚踏实地，奋力攻坚，把企业面临的痛点、难点、堵点变成我们工作的亮点、特点、闪光点。要全面践行"点对点工作法""一线工作法"，深入项目工地、企业车间等一线察实情、出实招、办实事，以实际行动持续创优营商环境。三是要以坚决态度推进廉政建设。严格落实党风廉政建设"两个责任"，建立健全重点领域专项监督检查制度，重点整治新形式主义、新官僚主义等工作作风突出问题，靶向整治招商引资、项目建设、营商环境优化等工作中存在的"肠梗阻"、慢作为问题，打好作风建设攻坚战，切实提高执行力。

B.48
2020年郴州高新区发展报告
及2021年展望

郴州高新区管委会

2020年，在郴州市委、市政府的正确领导下，郴州高新区坚持以习近平新时代中国特色社会主义思想以及习近平总书记在湖南考察时的重要讲话精神为指导，认真贯彻落实党的十九大和十九届二中、三中、四中、五中全会精神，"创新引领、开放崛起""产业主导、全面发展"战略，切实做好"六稳"工作，落实"六保"任务，深入开展"三个推进年""四大专项行动"，全力打好"三大攻坚战"，全力推动园区社会经济高质量发展。

一 2020年工作情况

（一）积极应对新冠肺炎疫情，经济发展大局得到稳定

突如其来的新冠肺炎疫情，给园内企业员工生命安全和身体健康造成巨大威胁，也对区内企业发展带来前所未有的冲击。面对这一严峻考验，党工委、管委会统筹全局、果断决策，干部职工上下同心、全力以赴，疫情防控阻击战取得重大战略成果，统筹推进疫情防控和经济社会发展工作取得积极成效。一是科学安排部署。及时传达精神，安排部署工作。及时召开高新区苏仙区新型冠状病毒感染的肺炎疫情防控工作部署会，对工作进行了整体安排部署。成立专班，压实责任。严格按照"四早"要求，成立防控工作小组和防控工作指挥部，建立领导一对一联系企业机制，将辖区内116家重点项目企业分至副处以上领导及各部门，做到分工明确、责任落到实处。其他企业分片区包干，在建项目、租用厂房的企业、综保区内企业实行归口管理，企业平台分片负责。

二是广泛宣传动员。在辖区内的 LED 滚动播放防疫知识、信息。制作宣传横幅、海报挂在各小区厂区；在微信公众号、党建工作群、企业微信联络群等网络平台及时发送各类防疫防控相关信息文件等，提醒企业做好防疫防控工作，不信谣，不传谣。三是严格落实措施。建立了与市、区相关部门沟通、通报制度，与企业、白露塘镇政府、苏仙区政府联防联控，形成了纵向到底、横向到边立体化防控体系。四是全面复工复产。制定出台《郴州高新技术产业开发区管理委员会关于各生产经营企业及项目单位节后复工复产工作的紧急通知》《郴州高新区企业复工复产流程图》《郴州高新区疫情防控期间企业防控措施检查对照表》等系列操作性文件，严格按照"双分"（分期、分批）、"双控"（控数量、控规模）、"五个一"（一个企业、一名领导、一个部门、一支队伍、一个微信群）工作要求，落实复工复产"五个一"的工作制度（制定一套切实可行的复产方案、部署一次全面彻底的疫情排查、开展一次安全责任承诺、组织一次全员安全教育培训、实施一次全面的安全检查），做到疫情不排查不复产、企业不安全不复产。五是强化复工监管。将企业分成了 500 人以上、300 ~ 500 人、100 ~ 300 人、100 人以下四种类型，"一企一策"制定复工复产工作后的监管措施。成立了督查组，下发了《关于严肃干部职工疫情防控工作纪律的通知》，对企业的主体责任及驻企联络员的指导监管责任进行督查，对工作落实不力的严肃问责。通过严密组织，科学防控，园区未发生一例确诊病例，确保了员工人身安全、园区企业及时有序复工，为全年经济高质量发展打下了良好基础。

（二）夯实经济发展基础，经济发展质量得到提高

一是经济发展更好。预计全年完成规模工业总产值 293.2 亿元，规模工业增加值 95.73 亿元，增长 4.5%；完成固定资产投资 108 亿元，增长 15%。全年累计入库全口径税收总收入 6.89 亿元，同比增长 1.0%；入库区级口径税收 1.01 亿元，地方财政收入完成 1.06 亿元，同比增长 4.29%，总税比和地方税比分别为 97.2% 和 94.8%。二是产业基础更实。坚持育大不放小，把符合条件的 24 家企业纳入"四上企业"，不断做大园区经济"盘子"。其中，新增韩电电子、和瑞电子、长歌智能等 16 家规模工业企业；新增巨信检测、郴江电力、南方稀贵等 3 家重点服务业企业；新增立锦有色、正威供应链等 5 家限

上批发零售企业。11 家企业获评 2020 年"专精特新""小巨人"企业，其中国家级 3 家、省级 8 家。湖南炬神电子有限公司技术中心被认定为 2020 年度湖南省企业技术中心。三是科技创新更活。高新区获 2019 年科技部火炬中心统计先进单位、2019 年省园区产业高质量发展奖励、成功创建省级大众创业、万众创新示范基地、成功列入省 2020 年绿色制造体系创建计划。共组织申报各级科技计划、创新平台 49 项，申报郴州国家可持续发展议程创新示范区建设专项项目 9 个、郴州粮机申报省级创新团队。实施"发明专利清零计划"，申请专利 807 件，授权专利 602 件。成功申报高新技术企业 32 家，其中新增 22 家。目前园区高新技术企业共有 79 家。拥有知识产权贯标企业 16 家，省级知识产权示范企业 5 家，国家知识产权优势企业 7 家。拥有柿竹园院士工作站、郴州粮机技术中心等科技创新平台 35 家。柿竹园钨尾矿资源化综合利用取得重大突破。郴州矿物宝石产业园将成为全国首个开发性 PPP 研究成果转化项目。格兰博年产 400 万台智能机器人生产线项目列入省重大科技创新项；格瑞普高压高功率无人机锂离子电池研发及产业化项目、粮机新一代智能型粮机系列产品研制生产线项目列入省重大产品创新项目。四是风险把控更稳。全年支付到期债务本金 61.64 亿元、利息 11.51 亿元，不但确保了存量债务不新增、资金链条不断裂，而且通过合理审计核减工程造价减债 3.93 亿元，超额完成年度减债任务 3.66 亿元的 7.4%，使存量隐性债务总量下降到 113 亿元，关注类债务 11 亿元已全部转换成经营性债务，债务风险可控。全年深入开展火灾防控活动，共开展排查 567 次，检查单位 215 家次，发现火灾隐患 92 处，督促整改 88 处，责令停产 1 家、查封 1 家，安全生产形势平稳向好。完成园区所有 10 蒸吨以下燃煤小锅炉的淘汰整治，引进华润燃气、新奥燃气两家燃气企业，继续推动钻石钨、湘金等企业完成锅炉和工业窑炉燃煤改燃气工作；启动了柿竹园片区超标渗水治理工程（二期），完成柿竹园高湾丘尾矿库废水治理工程。第二次全国污染普查调查工作已经全面完成并达标通过验收。五是发展规划更优。梳理拟纳入国家、省、市"十四五"规划的重大项目和重大事项，科学开展园区"十四五"规划编制工作，为园区未来五年发展谋篇布局。制定中国（湖南）自由贸易试验片区的产业发展规划和科学布局空间规划 2 个，包含现代物流产业发展专项规划、有色金属产业发展专项规划、宝玉石产业发展专项规划、交通物流及关键运行设施规划、公共服务保障体系规划等 5 个专项规划。

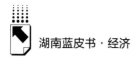

（三）大力推进精准招商，招商引资成效明显

一是目标明。积极抢抓对接粤港澳大湾区和湘南湘西承接产业转移示范区建设机遇，以项目落地能力建设为核心，以提升产业链价值为导向，聚焦主导产业，聚力"三类500强"企业，完善"两图五库"，实施全员招商、产业链精准招商。二是效果好。新引进重大招商项目43个、资金额164.1亿元、到位资金48.95亿元，分别为"三个推进年"年度任务的145.45%、126.23%、145%。全年预计实际利用外资2.68亿美元，同比增长12.5%，为全年任务的102%，其中外商直接投资2066万美元，同比增长516.5%，总量占全市实际使用外商直接投资任务（3500万美元）的59%。预计实现外贸进出口28.4亿美元，同比增长63.47%，为全年任务的105.58%。已履约、开工项目均为43个，履约率均达100%。三是优势强。完成外贸进出口总额28.4亿美元，占全市外贸总量50%以上，其中综保区完成外贸进出口额20.39亿美元，同比增长79.3%。实现外贸进出口业绩的企业首次突破70家，同比增长92.11%，新增破零企业41家，进出口过千万美元的企业42家，较去年同期增加27家。一批招商引进的项目实现当年引进当年投产达效。如长歌智能从签订合同到投产仅用了不到2个月，目前已完成产值1.59亿元，纳税1000万元；兴盛优选西南物流园从签合同到动工，用时不足2个月，年底试运营。郴州高新区获评国家外贸转型升级基地（电子信息）。

（四）实行项目跟踪帮扶，项目建设成效显著

一是抓服务。大力推进"交地交证即开工"工作，将之前摘牌后总计100个工作日的建设审批事项压缩到10个工作日内完成。全面推行"标准地＋承诺制"模块，探索用地管理新模式。大力发展工业地产，代市政府起草了《郴州市产业园区用地管理暂行办法》，现已经市政府常务会研究通过。挂牌出让土地996.66亩，实现土地收入5.57亿元，正在挂牌2宗，面积82.47亩，可实现土地出让收入1.76亿元。二是重成效。列入市重大（重点）产业建设项目24个，新建项目11个，续建项目13个，计划总投资231.7亿元，完成年度投资38.81亿元。24个在建项目完成年计划投资78亿元，完成年计划的199%。其中，列入市重点产业建设项目11个，计划总投资150.2亿元，年计

划完成投资 31.86 亿元，实际完成投资约 55 亿元，为年计划的 172.63%；列入省"五个 100"项目 4 个，年计划完成投资 8.86 亿元，完成投资约 13.7 亿元，是年计划的 154.6%。列入省"5 个 100"重大产业项目湖南正威新材料科技城一期项目于 12 月 25 日如期竣工投产。荣获 2020 年度湖南省开发园区土地节约集约用地特等奖。

（五）扎实推动改革创新，营商环境持续优化

一是组织机构不断健全。印发了《郴州高新区内部机构设置方案》，完成了园区内部机构设置工作，成立市应急管理局高新技术产业开发区分局、市生态环境局高新区分局，新组建了企业服务部、人力资源部。核定完成郴州综合保税区管理局编制数，使用 16 名编制获批。二是自贸试验区建设紧中有序。抓实顶层设计。对标省里，成立了以书记、市长为组长的高规格郴州片区工作领导小组；《中国（湖南）自由贸易试验区郴州片区实施方案》已经省领导小组会议审议通过。抓制度创新。国家发布的 260 项制度中已落实 191 项，重点复制推广"不动产登记业务便民模式""人民币跨境支付"等事项。对郴州片区 102 项制度创新任务进行分解，重点突破"包装材料循环利用监管模式创新""入区化妆品抽样即放行"等事项，力争形成典型案例。抓好简政放权。积极争取并承接省级相关经济管理权限 91 项，拟批复 53 项。同时，深化"一件事一次办"改革，力争园区事务园内办结，管理权限闭环运行。抓招商引资。紧密对接大湾区，开展招商 20 余次，重点跟踪洽谈深圳科技工业园集团、深圳华科、深圳（香港）雅晶园、光大集团等 30 多个项目。揭牌以来，新签约项目 36 个，签约金额 122.22 亿元；新增注册企业 125 个，注册资金 14.5 亿元。抓项目建设。18 个签约项目中，宾泽医学检测中心等 12 个项目已提前投产。特别国债项目中，正威新材料科技城铜基新材料一期已经投产；自贸试验区郴州片区立式标识性建筑已完成建设；自贸大厦对外运营；标志性大门、综保区智能科技产业园、海关集约式监管中心等项目正在有序推进。三是企业帮扶不断巩固。针对年初新冠肺炎疫情，大力开展"企业服务年"活动，对企业实行全方位帮扶。全年帮助企业向上争取资金 5771 万余元。全年累计办理动产抵押 3 件，融资金额共计 3379.46 万元。办理股权出质 9 起，融资金额 10480 万元。园区与市中小担保公司签订合作协议，园区 2 家企业贷款 500 万

元，并对 20 余家企业做了尽职调查。拨付产业引导资金 42696 万元，支持湘威新材料、宁邦广场、福瑞康电子等重点招商项目加速落地加快建设。积极协调处置金贵、金旺事件，引进优质企业进行资产重组、盘活，增强有色行业发展后劲。与 3 家人力资源机构共同开展劳务协作站建设改革试点，建立了 53 个"劳务协作工作站"，为园区输送员工 2226 人。通过举办创业培训、创新创业大赛等工作，促进新增创业主体 539 家。扎实开展职业技能培训，全年共培训 9456 人次，结业率达 90%。加大对受疫情影响企业补贴累计达 1245 万元，其中职业技能培训 467 万元、招聘会补贴 434 万元、就业创业补贴 244 万元、招工稳岗补贴 100 万元。四是保税政策优势不断释放。全年累计减税 4901 万元，办理留抵增值税退库 3331 万元，切实帮助企业减负增效。郴州获得国务院批复成为跨境电商综合试验区，郴州综保区获得内销选择性征收关税政策试点。郴州综保区内共 12 家企业享受一般纳税人试点资格，累计实现销售额 41012 万元，销项税额 4965 万元。台达电子全年节省税费 43 万元。五是政务环境不断改善。大力推进行政审批改革和工程领域审批改革，挑选了企业需要的 165 项行政许可或者其他行政管理权限，全面下放。切实优化办事流程，深化"一件事一次办"改革，实施"一窗受理、并行办理""一网通办"，为企业节省时间。企业开办时间压缩到 3 个工作日内，企业设立登记时间压缩到 1 个工作日内，实现企业设立登记基本立等可取。积极推进企业登记全程电子化改革和使用电子营业执照，通过全程电子化登记 568 件。开展"证照分离"改革全覆盖试点，对 106 项涉企行政审批事项实施"证照分离"改革。同时，大力开展文明创建和诚信园区建设，园区荣获 2020 年湖南省中小企业"上云上平台"工作先进单位；被评选为 2019 年文明标兵单位；荣获 2019 年度"郴州市诚信示范园区"称号；园区机关创建为节水型机关。园区 11 家企业获得了市级"诚信示范企业"的称号，台达电子公司成功加入"阳光诚信联盟"。六是综合保障不断增强。办理上级文件、领导交办件、请示等文件 230 件，完成了高新区经济工作会、现场办公会、开竣工仪式等大型会议 20 余次，"两委"办公会议、主任办公会议、主任专题会议等重要会议 40 余次，办文办会质量得到提升。落实郴州市委督查室、市政府督查室、书记批示件、市长批示件等各项督查回复件 40 余件，督办件 300 余件，形成督查通报 19 期，做到园区工作件件有回应。后勤保障坚实有力。牵头完成《关于支持自贸区高新区高质量发展的若干政策措施》等重要文件起草，撰写领导讲话材料90余篇，撰写各类汇报材料170余篇，共发表理论文章8篇，共制发各类公文近320件，起草、印发各种会议纪要、备忘录30余期。在主流媒体上发表《突出"六抓"实现园区高质量发展》《郴州高新区党员干部冲锋在前助力企业防疫复产》等理论、新闻稿件85篇，其中在省级媒体发表33篇，市级媒体发表52余篇。累计报送"三推办"信息45篇，成功上稿15篇，向市委办信息科报送信息100余篇次，提高了园区的影响力，树立了良好形象。

2020年疫情受疫情影响，园区工作在破冰中前行，在探索中推进，虽然取得了一定的进展和成效，但从总体来看，离目标还有一定的差距。主要是经济总量依然不大，化债防风险任务异常艰巨，主导产业培育任重道远，招引龙头项目不多，发展环境有待优化，生态环境治理任务艰巨，民生事业欠账较多，安全生产压力大，信访维稳积案化解任务繁重，部分干部职工本领不强，服务质量不优，等等。

二　2021年工作展望

2021年要以习近平新时代中国特色社会主义思想为指导，全面贯彻党的十九大和十九届二中、三中、四中、五中全会精神，坚决落实习近平总书记关于湖南工作系列重要讲话指示精神和中央、省委、市委经济工作会议精神，坚持稳中求进工作总基调，立足新发展阶段，贯彻新发展理念，构建新发展格局，以推动高质量发展为主题，以深化供给侧结构性改革为主线，以改革创新为根本动力，以满足人民日益增长的美好生活需要为根本目的，大力实施"三高四新""新理念引领、可持续发展"战略，坚持扩大内需战略基点，坚持系统观念和底线思维，更好统筹发展和安全，坚持精准施策，扎实做好"六稳"工作、全面落实"六保"任务，巩固拓展疫情防控和经济社会发展成果，推动经济平稳健康运行、社会和谐稳定，确保"十四五"开好局，以优异成绩庆祝建党100周年。

2021年主要经济预期目标是：规模工业增加值增长4.9%左右，固定投资增长11%左右，新增规模工业企业9家，新增高新技术企业10家。全年力争引进项目44个（1个500强、2个产业链项目），1亿元以上项目17个，引进资金 200 亿元（其中到位资金 40 亿元以上），资金到位率 20% 以上，合同履约率 100%，实际利用外资 2.89 亿美元，同比增长 10%。内联引资 76.53 亿元，同比增长 12%，高新区（不含综保区）外贸进出口额 7.9 亿美元，同比增长 15%。新增市场主体 2000 家以上，新增内资注册资本增幅 15%，新增金融机构 10 个。要对标对表完成上述目标，我们将从以下几个具体方面努力。

（一）全力以赴推进自贸试验区郴州片区建设

一是把准功能定位。按照"为国家试制度、为地方谋发展"使命要求，加快中国（湖南）自由贸易区郴州片区建设，坚决扛起自贸试验区建设的重大政治责任。二是全面统筹扎实推进。瞄准目标任务，以郴州片区建设统筹、引领推动郴州高新区高质量发展。以制度创新为核心任务，加强改革系统集成，充分发挥开放、改革、创新的联动效应。三是强力推动平台建设。全面推进矿物宝石产业园、对接粤港澳物流产业基地、金融与贸易创新中心、湘粤港澳产业合作示范区、外贸综合服务中心、跨境电商产业园、智慧园区、研发设计保税维修再制造中心、加工贸易升级示范中心和中非贸易展示交易中心等平台建设，支撑郴州片区高质量发展。四是确保完成目标任务。高标准高质量建设郴州片区，力争一年内《总体方案》落实率 50%，提交国家制度创新案例 2 项，税收增速达到 10%，固定资产增速达到 15%，新增市场主体 2000 家等，使自贸片区和园区经济总量、贸易投资、市场主体和科技创新等各类指标迈上一个新台阶。

（二）深化"三个推进年""四大专项行动"

重点推进三个方面的工作。一是强化精准招商。以郴州高新区、以综合保税区政策红利基础，发挥跨境电商综合试验区、中国（湖南）自由贸易试验区郴州片区政策优势，继续围绕园区三大主导产业链实施产业链精准招商，聚焦有色金属、电子信息和装备制造等三大主导产业，加快建链、延链、强链、补链，促进产业集聚发展。聚焦"三类 500 强"，重点引进一批资本聚集度高、核心竞争力强、经济效益显著的企业。围绕产业链部署创新链、围绕创新链布局产业链，重点引进一批战略新兴产业、先进制造业、现代服务业项目，努力在推进园区高质量发展过程中抢得先机、赢得主动。二是推进项目建设。

继续开展"产业项目大建设"和"产业项目建设年"活动，重点推动湖南郴州正威新材料科技城项目二期、宁邦城市综合体项目、电力成套科技设备制造、鑫惠智能制造产业园等项目加快建设。着力打造宝石产业园、跨境电子商务集聚区、炭材料产业园，积极用市场化的方式盘活创新创业园、万信达科技园、东谷云商产业园发挥更大效益，推动宁邦广场、中源国际城三、四期、华一千里湖山二期、郴州雅礼学校竣工投产。三是强化产业扶持。优化园区产业链金融服务体系，第三方服务购买体系，打造知识产权产业链。继续加大电子信息、装备制造产业升级力度，大力支持现代服务业发展，不断调优产业结构，增强抵御市场风险能力。继续在争资立项上加大力度，推动一批发展前景优、经济效益好、环保效益高的项目加快实施，不断增强企业科技创新能力和水平，推动园区产业转型升级，促进园区高质量发展。

（三）坚持创新驱动

以"高、新"为导向，聚焦主责主业。一是推动科技成果转化。重点在有色金属材料，铜、银加工增值以及企业研发投入上突破，实现以创新带动新产品的市场竞争力。发展技术转移、检验检测认证、创业孵化、知识产权、科技咨询等科技服务机构，提升专业化服务能力。加大对科技型中小企业重大创新技术、产品和服务采购力度。搭建园企、校企合作平台，打造科技资源支撑型、高端人才引领型等创新创业特色载体。二是推进园区体制机制改革。按照自贸试验区郴州片区建设要求，优化绩效考核和薪酬管理机制，提升园区服务效能、提升抓实高质量发展的能力，提高干部工作激情。统筹推进行政效能监管工作和"营商环境效能评价"工作，严格落实行政效能监管红黄牌制度；全面推进行政审批制度改革，不断深化联合会商制度和联审批、承诺制审批试点工作。三是加速平台公司转型。全面构建"管委会＋平台公司"管理模式，真正把高科投公司从"政府融资平台"转型为"企业化、市场化、专业化"的经营主体，彻底剥离政府融资职能，实现多元化发展。

（四）优化营商环境

一是优化服务。深入开展"一次办结"等改革，深化"多证合一""一照一码""证照分离"等举措。推进审批要件一窗受理、审批资料网上流转、审

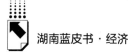
批进度一窗查询、审批办件一窗下载，形成具有郴州高新区独特魅力的工程建设项目审批服务体系。推动工程建设项目审批服务"一网通办"。深入推动管理队伍转作风、提效能。二是健全平台。加快自贸试验区郴州片区政务大厅、跨境电商综合平台、外贸服务信息平台、企业办事信息平台等平台建设，推动"互联网＋企业""互联网＋贸易""互联网＋中介服务"等政务服务方式。将商标窗口提升为知识产权窗口，兼并商标业务一窗办和知识产权咨询，并争取专利的申请受理。三是防范风险。在保证隐性债务不增加的情况下，控制经营债务在合理范围，同时与金融机构积极对接其他投资项目的融资，助力郴产投集团公司改革转型后的发展。全力打好污染防治攻坚战。

B.49
2020年邵阳经开区发展报告及2021年展望

邵阳经开区管委会

　　邵阳经开区位于邵阳市东部，2016年由湖南邵阳经济开发区与宝庆工业集中区合并而成的省级开发区，托管邵阳市双清区"一镇十村"，现有人口20万，核准面积16.11平方公里，实际控规面积29.18平方公里，远期规划面积60平方公里。重点发展显示功能材料、先进装备制造、智能家居家电、新能源新材料等优势产业，现入驻企业530余家。

　　2020年邵阳经开区在市委、市政府的坚强领导下，统筹疫情防控和经济社会发展，以产业建设为龙头的各项工作取得较好成效，国家级经开区创建取得重大进展，全年获评"全省真抓实干先进园区""制造强省高质量发展园区""省级特种玻璃特色产业园区""省级绿色生态示范园区"，成功申报为国家小型微型企业创业创新示范基地。

一　2020年工作情况

（一）经济指标保持高速增长

　　全年完成技工贸总收入802亿元，同比增长16%；实现规模工业总产值411亿元，同比增长25%；实现规模工业增加值84亿元，同比增长12%，高出全市8个百分点，高出全省7.3个百分点；完成固定资产投资125亿元，同比增长27%，高出全市18.3个百分点，高出全省19.3个百分点；实现外贸进出口总额6.64亿美元，同比增长11%；实现税收20亿元，同比增长18%；新增规模工业企业63家，引进和认定高新技术企业65家，实现历史新高。

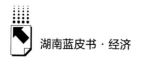
（二）招商引资取得重大突破

全年举行集中签约5次，共引进各类产业项目91个，完成合同引资额385.97亿元，其中"500强"企业1家，投资200亿元项目1个，投资50亿元项目1个，投资10亿元项目3个，投资8亿元项目3个，投资2亿元及以上项目9个。显示功能材料、先进装备制造、新能源新材料等3大产业链项目达70个。

（三）产业项目建设快速推进

先后开展征地拆迁"百日会战""秋季攻坚"和重点产业项目"百日会战"行动，投资200亿元的"601工程"、占地2000亩的三一智能生态汽车城开工建设，三一南北厂区智能化完成改造、年产值达140亿元，彩虹邵阳第二条生产线完成安装调试，智能终端产业园和新经济产业园运营投产。另有欲勤光学、兴悦科技、特种玻璃研究院、铭基集团、宝隆产业园一期、元通发制品、时代联合（标准化厂房）、富兰地（过渡厂房）、东昇新型超硬材料（过渡厂房）、口味王扩产项目等16个项目建成或投产。东盟科技产业园、兴达精密、电子信息产业园、北创光电、分享通信、金属门窗等12个项目基本完成厂房主体。特种泵、富兰地（用地项目）、翌凌锂电池材料产业园、慕容集团时尚智能家居、南京苏盾、湘中制药二期等11个项目完成场地平整或启动基础建设。全年完成征地2089亩、倒房391栋、迁坟2670棺，征拆实物完成量超前两年总和，报批土地3245亩，出让土地1974亩，挂牌商业用地440余亩，实现融资到位资金72亿元，化解各类债务21.4亿元，与省财信金控、省高创投合作各成立1只规模为10亿元产业发展基金，为产业项目建设提供了有力保障支撑。

（四）优化营商环境迈出新的步伐

在全区大力倡导"三个主动"服务理念，出台服务企业"十个严禁"，创新"三员"服务机制，落实政策兑现会、企业解难帮困联席会制度，兑现政策资金5亿元。投资3000万元建设园区大数据中心和网上政务服务大厅，90%以上的审批事项可实现网上一站式办理。全年招聘企业用工1万余人，引进高层次人才团队5个，引进各类人才1500余名。

（五）党的建设得到切实加强

第一时间将党的理论路线、方针政策和党中央、省委、市委决策部署落实落地，实现村级换届平稳推进，省委"1+5"文件有力落实，19个村（社区）"一门式"公共服务全覆盖，非公企业党的工作全覆盖。狠抓党风廉政和干部作风建设，干部职工廉政意识、风险意识和效率意识明显增强，干事创业的氛围日趋浓厚。全面梳理权力清单、风险清单、制度清单，廉洁园区创建得到全市通报表扬。

（六）社会事业取得全面进步

建档立卡贫困人口全部实现脱贫，省实地考核实现了"零扣分"。为民办实事项目全面完成，各类民生支出应保尽保，文明创建、信访化解、社会治理扎实推进，平安建设、安全生产获全市先进。

二 "十四五"是再创佳绩的重要期

"十四五"时期发展的指导思想：以习近平新时代中国特色社会主义思想为指导，全面贯彻党的十九大和十九届二中、三中、四中、五中全会精神，坚决贯彻落实习近平总书记关于湖南工作系列重要讲话精神，立足新发展阶段、贯彻新发展理念、构建新发展格局，以高质量发展为主题，大力推进实施"三高四新"和"二中心、一枢纽"战略，围绕建设具有国际竞争力的一流园区目标，奋力打造以机械装备制造为主导的先进制造业高地，具有特种玻璃核心技术的科技创高地，对接"一带一路"、粤港澳大湾区和湖南自贸区的改革开放高地，创建成功国家级经开区，全力在推动高质量发展上闯出新路子，在构建发展格局中展现新作为。

"十四五"时期发展的主要目标：技工贸总收入、固定资产投资、财政收入、规模工业总产值、规模工业增加值等主要经济指标力争实现年均11%以上的增长。重点打造"三高一区"：打造以机械装备制造为主导的先进制造业高地，打造具有特种玻璃核心技术的科技创新高地，打造对接"一带一路"、粤港澳大湾区和湖南自贸区的改革开放高地；打造"二中心、一枢纽"建设

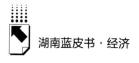
的核心引领区。

2021年是"十四五"开局之年，也是园区奋力建设千亿园区、创建国家级经开区的关键之年。邵阳经开区将紧紧围绕党中央、省委、市委的决策部署，深入贯彻新发展理念，确保实现两位数以上的快速增长，园区综合排名力争保持全省前5名之列，力争建成千亿园区、创建国家级经开区，为"十四五"发展开好局、起好步。

（一）坚定实施新发展战略

围绕省委打造"三高四新"的战略部署，强化政治自觉、行动自觉，主动担当作为，加快推进以三一生态智能产业园为龙头的先进机械装备制造产业集群建设，加快推进以盖板基板玻璃项目为主导的显示功能材料产业集群快速壮大，加快推进东盟产业园、中非产业园等建成投产；围绕高质量建成"二中心一枢纽"的发展战略，加快推进中国特种玻璃谷，湘南湘西承接产业转移先行区，湖南对接非洲、东盟地区最大的产业集聚区建设，加快产业拓城步伐，推进园区在产业发展、科技创新、城乡一体和辐射带动上在全市发挥引领示范作用，全力在推动园区高质量发展、推动区域经济发展中彰显新担当，奋力谱写园区发展的新篇章。

（二）牢固树立高质量发展理念

充分认清当前开发区的发展动能正由要素驱动向创新驱动转变，产业结构正由中低端向中高端转变，洼地效应正由政策优惠向服务增效转型的新动向、新趋势，从创新、协调、绿色、开放、共享发展五个方面牢牢把握新发展理念，坚持用高质量发展理念贯穿于园区发展建设始终。

1. 致力创新发展

深入实施"高企倍增"计划，重点培育高新技术企业，对高企和拥有高技产品的企业入园给予扶持引导。建设运营好新型显示功能玻璃研究院、先进制造技术研究院等技术研发平台，并积极培育和引入国家级（省级）工程技术中心、重点实验室、院士工作站等新型研发平台，带动园区制造企业转型升级。出台针对重点企业、主导产业配套的人才引进政策，在个人所得税、购房补贴、子女就学、配偶就业、医疗保健等方面给予政策支持。

2. 致力集约节约发展

深化"亩均效益"理念,强化集约节约发展意识,对标国家级经开区综合评价指标,将单位土地面积生产总值、单位面积税收产出强度、单位面积工业固定资产投资强度等发展质量指标作为企业入园、政策兑现、项目供地的刚性指标。要坚决开展"腾笼换鸟"行动,对湘商产业园、工业地产园区内的僵尸企业,对真占假用、高占低用、挪作他用、圈而不用的企业项目,坚决予以清理。

3. 致力特色发展

坚持走特色化、差异化发展路子。以盖板基板项目为引领,以省级特种玻璃特色产业园平台为依托,积极引进下游产业链项目。以三一专汽、三一生态智能产业园等为龙头,推动国际数控机床产业园、富兰地、特种泵、皇冠微型压缩机等掌握核心技术的项目建设投产,加快汽车零部件产业集聚,打造链条不断完整、具有邵阳特色的先进装备制造产业集群。以拓浦精工智能制造为核心,精心培育碧桂园智能家居、慕容集团智能沙发等行业标杆企业,发展壮大以高端厨电为代表的智能家居家电产业。快速推进磷酸铁锂正极材料、湖南时代联合新能源、桑德鸿捷项目建设,加快建成锂电池生产循环经济产业园。加速培育新经济新业态产业,推进新经济产业园建设,不断拓展产业发展空间。发挥发制品国家外贸出口转型升级示范基地优势,加快东盟产业园、中非产业园建设,积极发展外向型产业。

4. 致力绿色发展

坚定产业生态化、生态产业化的发展方向,落实最严格的生态环境保护制度,严格落实生态保护红线、永久基本农田、城镇开发边界等空间管控。持续实施污染防治攻坚,深入开展蓝天、碧水、净土保卫战,持续抓好国土卫片执法、农村违法建房等专项治理工作。坚决完成中央、省环保督察交办反馈问题整改,空气质量优良天数超全市平均水平。严格落实河长制,统筹抓好环境综合整治、垃圾分类治理、文明创建,全面提升城乡生活品质。大力发展循环经济产业、新能源新材料和绿色环保产业,全面夯实绿色园区、生态园区基础。

(三)全方位推进产业项目建设

2021年,全区建设省、市、区重点产业项目78个,项目的数量和质量前

所未有，全部投产后将再造一个邵阳经开区，园区将实现翻天覆地的变化。抓好今年产业项目建设，必须做好以下5个方面工作。

1. 持之以恒抓招商

出台50条更具含金量的优惠政策，好项目、大项目，产业链和高新技术项目实现一事一议。针对"三类500强"企业建立重要客商资源库，完善重点客商跟踪制度，千方百计借力高位招商，全力招大引强。要加大外商投资项目、高新技术产业项目和具有核心技术的"小巨人"项目招商。要推行产业链精准招商、团组招商，拉长、延伸主导产业链条。要推进智能终端产业园、东盟科技产业园、亚太宝隆产业园、电子信息产业园、智能家居产业园、中非产业园快速布满投产。

2. 持之以恒抓征拆

持续推进征地拆迁攻坚行动，继续落实领导包干管总、靠前指挥、亲自安排、亲自协调、亲自督战的工作要求，持续发扬"5+2""白加黑"和敢打攻坚战、持久战的工作作风，全力推进征地拆迁攻坚，为项目建设提供最有力的保障。要主动突破土地批报政策逐步收紧的瓶颈，加大土地报地力度，强化用地服务保障。

3. 持之以恒抓融资

不断拓宽渠道，全面抓好资金筹集，为产业项目建设提供支撑保障；加快商业地块的征拆和挂牌出让，加快启动十井铺街区综合开发，及时将手中的资源"变现"用于产业建设；加快平台公司转型，推进平台公司AA+平台创建，提高收益、融资能力；加强项目申报，积极向上争取资金、债券支持，引导和帮助企业申报各类政策资金；加强银企对接，运营好产业发展基金，破解企业融资难、融资慢、融资贵问题。

4. 持之以恒抓调度

拿出与时间竞争、与问题对抗、与自己较量的精神，以项目大提速带动产业大发展。坚持领导干部带头抓项目，部门主动抓项目，围绕项目抓落实、摸实情、出实招、办实事，个个争当推动项目的主攻手；坚持绩效激励导向抓项目，建立起"以项目建设论英雄"为导向的绩效考核机制，绩效考核奖励向项目建设部门倾斜，树立起抓项目得实惠、不抓项目挨批评的鲜明导向，对项目建设中敢于担当、推进有力的"能人里手"要优先予以重用或提拔；坚持常态跟踪调度抓项目。进一步加快节奏、提升效率，打造环环紧扣、步步为营的项目推进体系。项目负责领导每周至少要召开一次项目调度会，研究解决项目推进各个环节中的困难和问题；创新督查方式抓项目。通过 OA 系统、电子显示屏发布"动态图""龙虎榜"等形式调度项目，实现一周一通报，形成动态管控、动态评比、动态考评、动态解决的项目推进机制。

（四）着力推动营商环境升级

始终让"让主动担当成为一种常态，让主动服务成为一种习惯，让主动落实成为一种气候"根植于心，主动服务，敢于担当，营造"亲""清"政商关系，打造一流营商环境。

1. 深入"放管服"改革，进一步简政放权

根据《湖南省园区赋权指导目录》，积极向上争取相关权限，全面实现"园区事项园区办结"。重点推进工程建设项目审批制度、"一件事一次办"和"三集中三到位"制度改革，确保政务服务"只进一扇门""最多跑一次"，真正实现"一站式"办结。

2. 强化企业服务

进一步健全"三员"跟踪服务机制（即：在招商、项目建设、企业投产三个阶段分别设立"招商联络员、全程代办员、驻企服务员"进行全程跟踪服务），加强人员培训，强化督导考核，不断提升服务能力，全力协调解决企业困难；进一步健全企业联席会议制度，确保企业（项目）问题第一时间解决；进一步健全政策兑现会议制度，缩短兑现时限，简化兑现流程，提高兑现效率，提升服务能力。

3. 破除发展顽疾

全面落实"十个严禁"规定，坚决破除制约民营企业参与市场竞争的各类障碍和隐性壁垒，切实消除在准入许可、经营运行、招投标等方面的不平等待遇；着力解决重点项目建设中的历史遗留问题，现行政策没有明确的边界问题，历届班子做出的决策问题。要解放思想，敢于担当去解决问题和落实工作，只要是出于公心，不为私利，不触碰底线，都要敢于大胆破题、大胆解决落实。

B.50
2020年醴陵经开区发展报告及2021年展望

醴陵经开区管委会

党的十九届五中全会吹响了开启全面建设社会主义现代化国家新征程、向第二个百年奋斗目标进军的冲锋号角。中央提出的"十四五"主要目标和2035年远景目标是今后五年乃至更长时间中国经济社会发展的行动指南。湖南省实施"三高四新"战略,在"十四五"时期,要实现经济成效更好、创新能力更强、改革开放更深、文明程度更高、生态环境更美、生活品质更优、治理效能更佳。这些都将指引醴陵经开区大力推进高质量发展,为"千亿产业园区、国家级经开区"的战略梦想而努力奋斗。

一 2020年工作情况

(一)经济实力稳步增强

2020年,醴陵经开区实现技工贸总收入585.5亿元,增长12.9%;规模工业增加值186.5亿元,增长10.1%;固定资产投资129.2亿元,增长14.8%;高新技术产业主营业务收入214.9亿元,增长15.1%;完成进出口总额30.2亿元,全省产业园区综合评价2019年度名列第11位,并荣获省园区产业高质量发展奖励。

(二)承载能力日益提升

构建了"一谷一城一园"空间发展格局,"一谷"即中国陶瓷谷,"一城"即渌江新城,"一园"即东富工业园。2019年,醴陵经开区完成第一轮调区扩区，核准面积增加到8.81平方公里。全区基础设施建设完成投资42亿元，园区内道路、水、电、燃气等生产生活性配套服务设施以及学校、医疗、商业、商住等生活性基础配套设施基本齐备。开展亮化、绿化、美化、净化等环境整治工程80余项，辖区内"三创四化"工作已基本完成。建成污水处理厂4座。醴陵市高新集团市场化转型加快推进，着力打造成园区综合运营服务商。2020年，公司总资产达167.91亿元，净资产70.45亿元，融资到位34.63亿元，投资到位21.48亿元。公司已步入良性发展轨道，为醴陵经开区破解资金压力、增强项目承载能力提供了有力支撑。

（三）产业发展提质增效

"十三五"期间，大力推进产业链建设，打造产业集群，已经形成以非金属矿物质品业（陶瓷、玻璃）为主导，电子设备制造、通用设备制造为特色的产业结构。总企业数402家，规模以上工业企业297家。陶瓷产业转型升级取得成效，华联、精陶、陶润等一批企业已实现自动化和智能化生产；玻璃产业注重产业链条向纵深拓展，引进建设发电玻璃、电子玻璃、节能玻璃等科技含量高、发展潜力大、带动作用强的科技型项目，提升了产业核心竞争力。"两特"产业稳中向好。2020年电子设备制造业总产值达18.42亿元，通用设备制造业总产值达34.97亿元。

（四）项目建设大步推进

"十三五"期间，按照"建链、强链、补链、延链"要求，醴陵经开区共实施项目409个，完成总投资700亿元，其中，省重点项目4个，株洲市重点项目105个，醴陵市重点项目290个。打造了醴陵电力电瓷电器产业园、玻璃产业园、釉下五彩城、陶瓷艺术城、交通装备产业园、创新创业园等"园中园"和五彩陶瓷特色产业小镇。

（五）创新驱动成效显著

产业平台进一步完善，为园区产业发展提供有力支撑。目前醴陵经开区共有各类研发中心和公共服务平台36个，其中，国家级研发中心6个，省级及以上研发机构数16个，省级及以上众创空间孵化器3个。建立了工业互联网

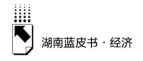

平台、物流互联网，进一步完善了原材料、研发、设计、检测等公共服务平台。2020年，R&D经费内部支出总额113484万元，专利申请数共1088件，专利申请授权数780件。

（六）体制机制改革创新

醴陵经开区优化后的"三定方案"获批，相关派驻机构已全部到位。新增内设工作机构企业服务中心、项目推进办、征拆安置办。成立了醴陵经开区财政局，设立了金库。104项市本级行政审批权已全部下放到位，园区的审批体系已建立，实现了"园区事园区办"。

二 2021年工作展望

"十四五"时期是醴陵经开区实现"千亿产业园区、国家级开发区"目标的机遇期和关键期。从2021年开始，集中攻坚项目建设、产业升级、创新驱动、承载力提升、公司市场化转型，大力实施经济总量、工业增加值、高新技术企业、上市企业数量倍增计划。2021年工作的总体目标是：实现技工贸总收入660亿元，增长12.7%；工业增加值206亿元，增长10.5%；固定资产投资142亿元，增长10%；高新技术产业主营业务收入244亿元，增长13.5%；财政收入达到12亿元，增长20%；引进项目20个以上，其中投资10亿元以上项目1个，5亿元以上项目2个，1亿元以上项目10个；高新集团总资产达到180亿元以上，负债率控制在60%以内，融资到位35亿元以上，实现经营收入33亿元以上。

（一）加速产业升级，壮大园区实力

一是坚持规划引领，推动产业集聚发展。编制完成醴陵经开区"十四五"和千亿产业发展规划、经开区国土空间发展规划。坚持"一谷一城一园"总体布局，启动株醴新城的产业布局。二是实施精准招商，强特色育动能。全年计划引进5000万元以上产业链项目20个以上。三是加快动能转换，推动产业转型升级。日用陶瓷要大力推进智能化改造，电瓷要挺进和拓宽高端市场，陶瓷新材料要加强产学研合作，重点发展高性能结构陶瓷、能源与环境陶瓷、超

塑性纳米陶瓷。玻璃产业要着力向精深加工拓展，加快推动已入园项目建成投产。电子设备制造业要延伸产业链条。通用设备制造业要完成时代金属轨道交通生产基地和元创机械研发项目，并谋划液压机械专业园建设。四是实施"四个一批"企业成长计划。培育一批企业上市，推动一批项目投产达效，推动一批企业扩产扩能，推动一批企业储备项目开工建设，进一步提升产业发展质效。五是坚持创新驱动，建设产业公共服务平台。建设陶瓷产业创新服务平台，引导组建产业配套专业化企业联盟。加快滨华电瓷电器检验检测中心二期建设，打造玻璃国家级研发平台和国家级液压检测中心。六是大力发展总部经济，做大园区经济体量。完善总部经济政策体系、服务体系，加快建成华联华瓷汇总部中心，推动烟花、服饰、防水等企业总部入园。

（二）加快配套建设，夯实园区承载力

一是加快产城融合。围绕"优环境、塑形象、提功能"的要求，进一步加大五彩陶瓷特色小镇、东富工业园、横店产业园的配套设施建设，启动株醴新城设施规划和建设，进一步增强服务功能。二是加快水电路气建设。全年安排配套设施项目40个，总投资6.4亿元。按照"竣工一批、推进一批、启动一批"的原则，加快完善陶子湖片区、东富工业园、横店产业园产业配套设施。三是突出安置先行。加快推进陶艺雅园一二期等5个安置区续建工程，启动陶艺雅园三期等7个安置区建设，助推征拆腾地。全年建成宅基地350个以上，安置拆迁户300户以上。四是实施"三提一改"。提高规划设计标准，提质管网和环保设施，提升园区整体形象，改革市政公共设施管养机制，进一步优化发展环境。

（三）强化要素保障，增强园区发展能力

一是狠抓财政增收强后劲。全年园区财政收入增长20%。二是狠抓土地供应强支撑。实施征拆攻坚，完成陶子湖片区等35个项目的征拆腾地工作，计划征地1960亩，腾地3410亩，拆迁155户。加大土地储备，扩宽发展空间，高新集团全年完成土地收储800亩。完成工业用地报批1400亩以上，工业用地出让800亩以上。三是狠抓融资筹资强活力。加强金融政策研判，拓宽融资渠道，明确融资目标和路径，确保全年融资到位35亿元以上。四是狠抓

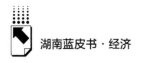
公司经营强实力。坚持市场化导向，积极开展资源经营，拓展地产业务，做实建筑板块，发展现代物流，强化资本运作，打造"园区综合运营商"。

（四）推进片区开发，推动园区能级跨越提升

建立健全"以片区开发推进整体发展、以片区平衡保障持续发展、以片区功能完善推动能级提升"的建设模式。一是制定片区规划。编制完成中国陶瓷谷、东富工业园、株醴新城发展规划。结合园区发展现状、"十四五"规划、千亿产业发展规划、经开区国土空间规划及调区扩区成果，将三大板块划分为12个功能片区。二是明确开发重点。加强片区开发研究，对各片区的基础设施、功能定位、业态布置、空间布局、综合平衡、开发次序制定时序进度安排，形成片区规模效应。三是加大片区平衡力度。强化规划引导、市场运作，培育建设一批特色"园中园"和片区项目，重点推进"外部合作＋集团内部一二级开发联动"业务模式，搭建融、投、建、管一体化片区开发平台。充分利用政策、资本、产业三级优势，对片区实行整体开发，降低开发运营和产业培育成本，促进片区良性发展。

B.51
2020年江华高新区发展报告及2021年展望

江华高新区管委会

回顾2020年这极不平凡的一年，面对国际国内形势的深刻复杂变化，特别是突如其来的新冠肺炎疫情，江华高新技术产业开发区（以下简称江华高新区）认真落实中央和省、市决策部署，统筹推进疫情防控和经济社会发展，扎实做好"六稳"工作，全面落实"六保"任务，经济呈现总量扩大、质量提升、活力增强的良好态势。"十四五"期间，江华高新区将永葆初心、牢记使命、乘风破浪、扬帆远航，朝着争创国家高新技术产业开发区、争当全省贯彻落实"三高四新"战略排头兵的目标，提前谋划、科学部署，在全面建设社会主义现代化新征程中担当作为，向党和人民交出一份满意的答卷。

一 2020年工作情况

（一）经济逆势上扬稳步增长

2020年，江华高新区坚持稳中求进的工作总基调，深入实施创新引领开放崛起战略，努力克服新冠肺炎带来的影响，通过不懈努力，与园区相关的开放崛起"五大行动"、制造强省、优化营商环境、园区发展4项工作获得省政府真抓实干奖，已连续4年获得省政府真抓实干奖励。实现规模工业总产值197.2亿元，同比增长10.33%；实缴规模工业税金3.14亿元，同比增长34.69%，纳税额200万元以上的工业企业23家，较去年增加3家，其中纳税额1000万元以上的工业企业6家；进出口总额突破6亿美元，新增规模工业企业24家。江华高新区被评为2019年度湖南省园区产业高质量发展园区、省

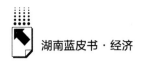

级绿色园区，在全省139家省级及以上园区最新综合评价中排名第19位，连续3年在湘南地区排名第一，连续5年保持在全省产业园区第一方阵。

（二）抗疫众志成城、有序有效

面对突如其来的新冠肺炎疫情，江华高新区紧盯疫情形势变化，统筹谋划强化组织领导，在疫情防控和复工复产工作上"两条腿"走路，持续精准发力。2月底，企业、项目复工复产率达到97%以上，比粤港澳大湾区提早一个多月，抢占了发展先机。1月27日（2020年大年初三）号召高新区干部职工身先士卒深入企业开展疫情防控摸排工作，通过派驻驻企防疫联络员、协助企业调配防控物资等有力措施，全面助力企业复工复产。江华高新区企业复产率为99%，员工复工率为105%，申报发放8914名员工复工用工一次性补贴267.42万元，新增减税降费798.99万元。2020年担保费率统一从2%下降为1%，帮助飞优特电子有限公司等8家企业办理贷款担保4500万元。实现疫情防控和复工复产两不误。

（三）产业集聚发展形势喜人

江华高新区全面梳理产业链条，深入剖析招商诉求，确定以江华电机电器行业协会成员企业为核心，产业链上中下关联企业为支撑的成链招商思路，变"引产业"为"引集群"，瞄准产业链条开展招商引资。全年共接待客商200余批次，集中签约引进项目31个，其中电机电器及配套项目有24个，合同引资37.16亿元，正在洽谈的意向小家电项目还有强森电机、新健电机、丰辉制氧机等10余个，项目落地将进一步完善"马达＋小家电"产业链体系，提升整体竞争力。在招商引资捷报频传的同时，继续加大科技创新力度，新增高新技术企业17家，总数达到41家，高新技术产值占比达到70%。豪曼新能源创建省级博士后科研流动站、瑶珍粮油创建省级企业技术中心、被评为省级工业质量标杆企业，飞优特被评为省级智能制造示范车间。2020年"创新创业"大赛中，飞信达获国赛优秀企业，佛尔盛获省总决赛三等奖。明意湖荣获全省首批制造业单项冠军。九恒数码、长锦成、瑶珍粮油、金洱电子获评湖南省"小巨人"企业。明意湖、威斯特、运弘达、六月香在省股权交易所挂牌上市。

（四）要素保障服务明显增强

一是加大土地征收和土地报批力度。2020年完成土地征收261.82亩，房屋拆迁签订协议及拆除30余户，迁坟156穴。积极向上争取用地指标，共报批用地1395亩，完成供地1702.2亩。二是拓宽资金筹措渠道。在不增加政府债务的前提下，用市场化主体进行融资和争取债券资金，全年共筹集各类资金6.57亿元，极大地保障了园区发展建设和工作运转。三是提升企业服务水平。坚持以一流服务创一流营商环境，把企业的事当作自己的事来做，把客商的事当作自己的事来办。让积极、主动、无私的"母亲式"服务，成为企业放心投资、安心生产、专心经营的坚强保证，增强了园区发展软实力。通过线上报名、线下招聘、送工到岗、第三方劳务介绍等一系列方式吸引员工本地就业，2020年举办3场专场招聘会，同时对接各乡镇向高新区企业输送员工，为高新区47家急需用工企业招聘到近3000人，基本保障企业用工需求。四是完善基础设施建设。新建海联110KV变电站投入使用，完成沱瑶2线、沱盛1线、沱盛2线、海联1线、海联2线等5条10KV专线，有效解决园区用电负荷不足问题；完成道路路基5.63km，安装供水管网21.83km，安装雨污管网15.33km，综合管网2.6km，耀丰标准厂房综合改造项目、南屏路及寿域路竣工验收，四海大道完成路面硬化，完善园区设施维护，夯实了园区发展硬实力。五是强化综治维稳。江华高新区和江华县公安局共同建设了高新区警务工作办公室，形成了"四级联动"的园区警务工作新体系，建立了"五位一体"的园区风险治理责任体系。

（五）三大攻坚战继续再推进

圆满完成脱贫攻坚的历史使命。2020年是脱贫攻坚的收官之年，也是决战决胜之年。高新区坚决落实脱贫攻坚"四个不摘"要求，扎实开展脱贫质量"回头看、回头查、回头改"，做到问题清零。落实江华县"规模工业进园区、小微企业进乡村"的产业发展模式，各规模工业企业在乡镇开设13个扶贫车间，创造就业岗位1032个，吸纳344名贫困劳动力脱贫致富，成为产业扶贫的主力军。园区生态环境不断改善。持续推进蓝天、碧水、净土三大保卫战，高新区全面禁燃效果显著，渣土调运管理规范有序，空气质量优良率达

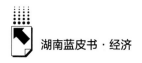
97%，省环保督察"回头看"交办的"县城污水处理二厂进水浓度偏低问题"按要求办结，高新区内没有发生一般及以上环境污染事件。政府综合债务率持续下降。统筹抓好化债与发展的关系，完成全年化债任务，较2019年下降10余个百分点。

二 2021年工作展望

2021年正值中国共产党成立100周年华诞，也是实施"十四五"规划的开局之年，高新区所有的工作都将围绕开好局、起好步来展开，以"开局就是决战、起跑就是冲刺"的劲头做好全年工作。

2021年工作的总体要求是：坚持以马克思列宁主义、毛泽东思想、邓小平理论、"三个代表"重要思想、科学发展观、习近平新时代中国特色社会主义思想为指导，全面贯彻党的基本理论、基本路线、基本方略，深入落实习近平总书记对湖南工作系列重要讲话指示精神，坚定不移贯彻新发展理念，坚持稳中求进工作总基调，以推进高质量发展为宗旨，统筹好安全和发展，坚持创新引领开放崛起，全力争创国家高新技术产业开发区，争当全省贯彻落实"三高四新"战略排头兵，建设宜业宜居宜游最具品质活力园区。

主要预期目标是：高新区实现规模工业总产值同比增长20%，高新技术产值占比要达到70%以上；规模工业增加值、缴纳税金、进出口总额分别要增长15%以上，产业工人要达到1.8万人以上；新增年缴纳200万元以上的企业15家以上，新增入统规模企业30家以上。

为实现2021年的预期目标，具体工作举措概括起来就是"三个打造""四个提升"。

打造先进制造业高地。重点打造稀土产业、手机钢化膜、电机电器全国重要生产基地，快递单和不干胶占全国70%的份额，紧紧围绕"小马达"来做好产业发展的大文章，吸引更多有发展潜力的电机、电器企业和配套企业落户园区，加快完善产业链布局，力争尽快实现电机电器产业链全闭环，零配件100%本地化生产。加快电机电器、稀土产业、手机钢化膜、快递单和不干胶等产业建链、补链、延链、强链，力争全年营收分别达到50亿元、30亿元、10亿元以上。

打造科技创新高地。以争创国家高新技术产业开发区为总揽，落实好支持科技创新的科技投入、税收优惠等政策措施。积极推进"粤港澳区域科技创新＋江华制造"模式，把江华打造成粤港澳大湾区协同创新基地。支持企业与粤港澳大湾区联合设立研发机构或技术转移机构，探索建立"研发在湾区，生产在江华"的科创飞地。聚焦电子信息、电机电器、新材料等优势产业中的重大技术需求，鼓励、扶持企业申报省级及以上技术研发中心、工程技术中心1个以上，申报发明专利递增15%以上，高新技术企业要新增15家以上，高新区要升级为国家级绿色园区，高新区科技企业孵化器要升级为国家级孵化器。

打造营商环境高地。强化政银企合作，鼓励金融机构参与项目招商、企业发展；强化完善进出口"两仓"建设、出口退税办理等综合服务。用好用足民族地区优惠政策、国家和省市扶持政策等，完善《江华瑶族自治县招商引资三十条政策》，把优化营商环境、深化积极主动无私的"母亲式"服务作为江华高质量发展的核心竞争力来打造，常态化开展营商环境满意度测评。依托互联网、大数据等信息技术，推进"智慧园区"建设，打造服务型园区，打造"最多跑一次"改革升级版，为项目提供一站式服务，实现办事"只进一个门、只找一个人、最多跑一次"。健全"三个一"全程代办制和容缺审批制，简化审批环节，提高办事效率。

提升党建引领效能。一是坚持用习近平新时代中国特色社会主义思想武装头脑、推动工作，增强"四个意识"、坚定"四个自信"、做到"两个维护"，确保各级党委政府的各项决策部署在园区得到贯彻落实。二是推动政治建设常态化考察，落实党建教育制度化、常态化机制，教育引导广大党员坚定理想信念、锤炼政治能力。三是抓好干部教育培训，提升"七种能力"，增强"八种本领"，大力培养孺子牛、拓荒牛、老黄牛式干部。

提升产业发展质量。一是强化产业链招商、领导招商、全民招商，瞄准"三类500强"企业、行业领军企业、总部经济开展靶向招商，力争全年引进产业项目50个以上，引进"三类500强"企业3个以上，新增"小巨人"企业5家以上，大力支持贵德集团上市。要提高投入产出效益，以营收和税收论英雄。二是要提高投入产出效益，以亩均效益论英雄。严格落实项目建设联席会议制、项目指挥长负责制，按照"六个尽快"的要求，加强项目调度、跟踪问效。高新区部门副职以上要主动对接、靠前服务，督促企业落实倒排工期，坚持一线问题一线解决，解决不了的问题及时向指挥长汇报。三是着力构建以项目为主体、以市场为导向、产学研结合的创新体系，促进科技成果转化。积极组织企业参与产品推介、展览展销、协作配套、供需对接等市场开拓活动。鼓励、支持企业创建省级及以上重点实验室、工程实验室、工程技术研究中心等研发平台。鼓励和支持企业申请专利，申报创建驰名商标、地理标志商标、马德里国际商标。

提升要素保障能力。一是补齐要素短板。积极筹措资金，重点完善供水、供电、物流、公租房等配套设施。继续完善园区"双回路"系统，保障园区24小时供电，力争开通江华—湛江的铁海联运，建设内陆港，提升园区综合物流能力；要加大征地征收和土地报批力度，完成园区扩区调区，建立绩效管理体系，重点保障招商引资项目落地需求；要树立"以在江华创业就业为荣"的导向，教育、引导江华籍在外的大学生、务工人员把建设江华作为自己的诗和远方、人生追求，积极主动为江华的发展作贡献，争取再招用3000名以上新型产业人才。二是维护社会稳定。持续深入开展扫黑除恶专项斗争，严厉打击非法集资、金融诈骗、暴力犯罪、毒品犯罪等违法犯罪行为。完善应急管理和安全生产风险管控，坚决遏制重特大安全事故发生。

提升队伍建设水平。一是加强规范化、制度化建设。贯彻落实《党政机关厉行节约反对浪费条例》《党政机关公务接待管理规定》等管理制度。制定完善园区内部考核机制，既要对干部职工的日常工作进行考核，也要对各部门负责的疫情防控、安全生产、项目推进、税收贡献等工作进行考核，还要对企业履行合同情况进行考核，形成用制度管人、用制度管事、用制度管物的管理机制。二是坚持"严"字当头、全面从严、一严到底。提升日常监督实效，坚持决策部署到哪里，监督检查就跟到哪里，加强对选人用人育人及党风廉政等情况的监督。严格贯彻落实党中央八项规定，持续发力纠"四风"。

"十四五"规划是开启社会主义现代化新征程，向第二个百年奋斗目标进军的关键期。"十四五"期间江华高新区将紧跟时代浪潮，认真贯彻落实"创新引领、开放崛起"战略，以开放承接产业转移，以创新驱动产业转型，"转移＋转型"两手抓，推进园区高质量发展。力争到2025年高新区开发面积扩展到18平方公里，规模工业总产值达到500亿元，工业税收达到8亿元，外贸进出口总额达到10亿美元，新增入统规模企业100家，高新技术企业累计达到80家，建成湘、粤、桂三省区边界最具特色和品质活力的"国家高新技术产业开发区"。

B.52
2020年石门经开区发展报告及2021年展望

石门经开区管委会

2020年，石门经开区紧紧围绕"工业新区、产业新城、双创基地"的发展目标，抢抓机遇，开拓创新，发展步伐越来越快，综合实力越来越强，成功创建省级高新园区，在2019年全省省级及以上产业园区综合评价排名中位列第十，创造了园区发展新的历史。

一 2020年发展情况

2020年，石门经开区91家规模工业企业实现规模工业总产值227.9亿元，同比增长9.63%，其中，新材料、电子信息、农副产品深加工"两主一特"产业总产值144.4亿元，同比增长14%；增加值同比增长7.6%；规模工业入库税金4.14亿元，同比增长16.1%，其中，税收超500万元的企业有海螺水泥、大唐石门发电、长安石门发电、湘佳牧业股份等7家；税收过百万元小于500万元的企业有富博科技、成功高分子等10家。新增愿景新材料、德锂新能源、比沃新能源等入规企业12家，净增7家；新增湘佳牧业1家上市企业。主要实施了四大战略，综合提升园区发展水平。

（一）坚持"筑巢引凤"战略，产城一体提升园区承载力

"栽下梧桐树，引得凤凰来。"2020年，石门经开区依托资源禀赋和区位优势，不断加强园区综合功能建设，有效提升了园区的承载力。

一是规划引路，科学布局。2020年，石门经开区坚持以打造宜居宜业的生态科技产业新城为总揽，统筹推进产业发展和城市建设，完善了"一区三

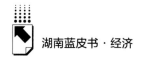

园"总体规划、"两主一特"产业发展规划、园区"十四五"规划等一系列规划，进一步明确了园区的产业定位和发展方向。又启动了调区扩区工作，为园区后续发展留足空间。

二是以产定园，特色建园。在"两主一特"产业基础上，石门经开区精心打造了以湘佳股份为龙头的农副食品特色产业园、以航天磁电为龙头的新材料特色产业园和以富博科技为龙头的电子信息特色产业园等专业特色"园中园"，为产业集聚发展打造平台，形成多个特色专业园区"齐头并进、百花齐放"的局面。

三是三生协调，综合配套。着眼生产、生活、生态"三生"协调，2020年，共投入园区基础建设资金10.6亿元，实施园区路网及管网配套项目、五期标准化厂房等基础设施建设项目7个，建成标准化厂房14.79万平方米。相继完成了大汉新城、市民之家等一批投资过亿元的产城融合项目，园区"乐业"与"宜居"更加有机统一。

（二）坚持"项目立园"战略，引育并举壮大园区竞争力

项目是经济增长的引擎，是园区高质量发展的核心支撑。2020年，石门经开区坚定不移把项目建设摆在突出位置，不断加快大项目、好项目招引力度、建设进度、投产速度，为园区高质量发展积蓄了强劲动能。

一是聚焦项目招引。明确园区90%以上的干部要拿出90%以上的精力抓招商、抓项目。大力推行小分队招商、节会招商、以商招商、驻点招商，先后吸引了正大集团、愿景集团、正崴集团等一大批国字号和500强企业来园区投资兴业。2020年，石门经开区累计新引进亿元项目18个，总投资77亿元，其中10亿元以上项目2个。新开工亿元项目8个，总投资23.6亿元。新投产亿元项目7个，总投资14亿元。特别是湘佳牧业于2020年4月成功实现主板上市，成为中国生鲜家禽第一股。

二是引导产业聚集。为做细做实建链、补链、延链、强链这篇文章，积极引导重点企业向园区发展，优质资源要素向园区集聚，重大产业项目进入园区集中建设。2020年，石门经开区先后引进了富博智能科技、比沃锂电池、优德电子等4家电子信息企业，累计投资达8亿元，投产达效后，可年创产值9亿元、实现税收3000万元、解决就业2000人以上。

三是狠抓项目落地。持续深入推进产业项目建设年活动，对每个重点项目，均按照"五位一体"的模式，全程跟踪服务，确保项目建设进度。其中富博科技、愿景新材料、优德电子等重大项目当年签约、当年开工、当年投产，刷新了"石门速度"。

（三）坚持"创新驱动"战略，科技支撑激发园区内生力

创新是园区高质量发展的最大动力。为此，石门经开区积极挖掘一切创新资源，搭建创新平台，着力提高园区创新发展能力和高新技术产业发展水平。

一是搭建创新创业体系。建立起了"政府主导、园区引领、企业主体、中介服务"的创新体系，相继出台了科学技术奖励、专利权质押贷款管理、专利奖励和专利申请资助等一系列创新优惠政策，设立了500万元的科技创新风险基金。与深圳市兴科达知识产权代理有限公司长沙分公司等12家科技服务机构、金融机构缔结长期合作关系，为园区企业提供技术开发、知识产权、成果转化、科技培训等服务。

二是加强创新平台建设。2020年，石门经开区建成了科技孵化器等创新创业载体；正在建设愿景新材料院士工作站等研发平台4家。目前，建成的中小企业创业园总投资达1.2亿元，孵化面积达2万平方米，入驻企业20余家；建成的电子商务产业园作为国家商务部电子商务进农村示范项目已入驻各类商家35家，可提供直接就业岗位1200余个。

三是推动创新成果转化。鼓励企业广泛开展"产学研用"合作，多种形式促进成果转化项目在石门落地实施。2020年，共申请专利452项，授权146项，并获得多项省、市级创新荣誉。如愿景新材料项目被列入湖南省"五个100"重大项目中的"100个重大产品创新项目"；湘佳牧业公司被纳入常德市重点品牌推介；湖南鑫天源新材料等3家企业被认定为省级高新技术企业。

（四）坚持"放权松绑"战略，放管结合提升园区吸引力

坚持把优化环境作为园区发展的生命线，建设与管理并行，监督与服务并重，切实提升园区发展活力。

一是创优体制机制。坚持把体制机制改革作为激发园区发展活力的核心抓手，持续推进"一权两制一司"改革，释放园区潜能。县发改局等13个职能

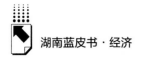
部门共下放了55项行政管理审批权限，继续落实好"2号公章"；采取联合办公方式，对进园企业实行一个窗口对外、一条龙服务、一支笔审批；建立了灵活高效的用人机制，面向社会招聘相关技术人员2名。

二是优化为企服务。坚持县委书记兼任园区党工委第一书记，县长兼任园区管委会第一主任，全面加强了园区工作领导力量。严格落实领导干部联系企业及企业特派员制度，全面推行企业办事"最多跑一次""三乱三强"零容忍等优化环境工作机制，2020年通过跟踪服务、现场办公等系列工作形式，为园区企业解决融资、用工、用地、生产经营、周边环境等方面实际问题30多个。

三是强化政策支持。强化政策支持，在今年疫情的严重冲击下，为了帮助企业渡过难关，我们又出台了"惠企20条"，为企业减免社保保费3814.6万元、税费6064.7万元，落实中小微企业贷款19.2亿元。

二　2021年工作思路

2021年，石门经开区将全面贯彻中央、省委、市委、县委经济工作会议精神为契机，以开启"一个战略、一县五地、四个新石门"新征程，打造"湖南省高质量发展示范园区"的战略部署为引领，坚持园区和产业同步转型升级，积极拥抱湖南省自由贸易试验区建设，深入推动产城融合发展，加快补齐体制机制、产业发展、公共服务三大短板，高水平推动石门经开区始终走在"全市省级园区第一方阵"。重点做好以下几方面工作。

（一）全力破解体制机制难题

坚持问题导向，着力解决当前面临的产业发展不均衡、发展空间不足、开发资金短缺等难点、节点问题。一是加强规划引领，破解土地要素制约。牢牢抓住我区"十四五"规划和新一轮国土空间规划编制的绝佳机遇，开展经开区产业发展规划研究，通过合理调整规划、优化空间布局，按照"东进、南跨、北调、西联"的总思路，有序开展园区调区扩区工作，进一步拓宽发展空间。二是健全体制机制。①理顺工作机制。推动在园区内部形成职责边界清晰、层层负责、团结协作的工作责任机制，通过明确工作开展程序、明确主办协办关系及强化牵头部门责任等着力解决职能交叉、职责重叠、权责不清等问题，不断提高行政效能。②深化行政审批改革。以"投资者动动嘴，园区干部跑断腿"的"一站式"服务，确保企业"办事少跑路，审批不出园"。对内积极承接县政府下放到园区的行政管理和审批（申报）权限，依法规范使用"2号公章"；对外向行政审批改革效果突出的其他园区学习先进经验，积极探索在全面落实工程改革体制的前提下如何确保"办事不见面，效率不打折"。③深化人事改革。创新用人机制，推行园区市场化、企业化管理模式，园区专业技术人员根据工作需要面向社会公开招聘。

（二）深入推动产业转型升级

持续优化园区产业布局。一要盯住"转"字做文章。聚焦"两主一特"，通过"抓龙头、铸链条、建集群"，招引、培育1~2家产业链主导企业，建齐、补强电子信息产业链。紧盯"三类500强"和上市公司，加快引进投资强度高、产出效益高、科技含量高、产业关联度高的"四高"项目，新培育年税收过百万元的企业3家。二要围绕"升"字下力气。把园中园建设作为推动产业升级的重要平台，入园项目一律按照石门大道以东重点布局农副产品深加工产业、电厂以西配合三江新材料产业园和海螺建材产业园布局新材料产业、宝峰创业园布局电子信息产业的原则排布。

（三）大力提升园区公共服务

一抓服务能力建设。牢固树立"一切围绕项目、一切服务项目、一切服从项目"理念，全面实行"一个项目、一名班子成员、一套服务班子、挂图作战、一抓到底"的项目推进机制和"项目呼叫、班子赶到、问题销号"的项目服务机制，将班子成员的统筹领导作用、业务部门的推动作用及属地的保障跟进作用形成合力，全速推进在建项目。全力推进愿景新材料、航天磁电三期、湘佳年产100万吨饲料、富博传导技术、安德丰三期等项目，为石门"开放强市、产业立市"再添新名片。强化调度，压实在建项目的推进责任，所有项目均制定立路线图、时间表、责任书，实行高频高位调度，事事到天到人，环环紧扣、步步紧逼，以目标倒逼进度、以任务倒逼责任，让项目建设天天有进度、周周有变化、月月有形象。二抓基础配套。拉通九峰路；推动建设

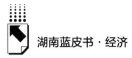

长沙路，电厂以西片区中渡路、月亮西路、喻家路、兰香路，畅通园区微循环。建成 10 万平方米五期标准化厂房和 5.5 万平方米配套员工公寓楼；推进六期标准化厂房及三江新材料产业园配套员工公寓楼规划设计和开工建设；筹划七期标准化厂房。完善三江新材料产业园市政框架，建成竹园塔河堤（包含生态路），健全排水、排污系统。

"十四五"期间，园区将贯彻湖南省"创新引领、开放崛起"的总体部署，坚持产业立园的指导思想，以省、市、县的"十四五"规划为指导，以"夯实基础产业、培育优势产业、引进发展潜力产业"为战略方针，以石门县域及周边区域的资源为依托，以县域内已有的技术、市场和优势企业为支持，进一步优化石门经开区以新材料、电子信息为主导产业、以农副产品深加工为特色产业的"两主一特"产业体系，通过创新平台建设、重点企业培育、重大项目招商、产城融合发展、循环经济等创新发展行动，建设具有"特质"的工业园区和新型发展产业基地。

附 录
Appendices

B.53
2020年湖南经济与产业发展大事记

1月1日 中国（湖南）自由贸易试验区四至范围和示意图正式对外公布。湖南自贸试验区实施范围119.76平方公里，涵盖三个片区：长沙片区79.98平方公里（含长沙黄花综合保税区1.99平方公里），岳阳片区19.94平方公里（含岳阳城陵矶综合保税区2.07平方公里），郴州片区19.84平方公里（含郴州综合保税区1.06平方公里）。

1月4日 全省14个市州全部完成印发"三线一单"生态环境分区管控意见及清单，湖南省"三线一单"编制成果发布的任务圆满画上句号，成为全国首个发布全域环境管控单元生态环境准入清单的省份。

2月21日 出台《稳企稳岗稳就业十条措施》，涉及政策支持、就业服务、职业培训、创业扶持、失业保障等方面，以真金白银支持、真心实意的服务、真抓实干的担当，助力企业复工复产、共渡难关。

3月11日 从省机场管理集团获悉，中国民航局近日发布的2019年民航机场生产统计公报：我国境内31个省区市中，湖南的机场旅客吞吐量、货邮吞吐量增速均排名全国第八。

3月20日 湖南省政府对省扶贫办《关于对2019年度邵阳县等20个县脱贫摘帽进行批复的请示》做出批复。批复邵阳县、隆回县等20个县市符合贫困县退出条件，同意脱贫摘帽。至此，湖南所有贫困县（市、区）摘帽。

4月28日 湘江鲲鹏首台服务器下线暨湖南省鲲鹏生态创新中心落成及展厅启用仪式在长沙举行。

5月7日 一台25吨极光绿纯电动汽车起重机在长沙中联重科泉塘工业园下线。这是全球首台纯电动汽车起重机，被誉为工程机械版"特斯拉"。

5月6日 省工信厅联合人民银行长沙中心支行发布2020年湖南省产融合作制造业重点企业名单，811家优质企业入选，其中有112家企业连续三年入选。

5月18日 湖南省政府联合中信集团共建的岳麓山种业创新中心在长沙挂牌成立。

6月9日 省政府与中粮集团在长沙签署战略合作协议，根据协议，双方将在粮食、油料、生猪、茶叶、酿酒、营养健康产学研协同创新、产业扶贫、优势特色农产品开发、城镇建设、金融服务等十个方面开展深度合作。

6月10日 湖南省科技创新奖励大会在长沙召开。会议表彰了2019年度湖南省科学技术奖。287项获奖项目（团队、人选）中，省自然科学奖74项，省技术发明奖26项，省科学技术进步奖180项，省科学技术创新团队奖3项，省国际科学技术合作奖3人。

6月20日 中国人民银行长沙中心支行等10部门日前联合出台《湖南省进一步强化中小微企业金融服务的若干措施》，打出系列政策组合拳，多措并举强化中小微企业金融服务，全力支持保市场主体、稳定就业。

6月28日 湖南国家应用数学中心在湘潭大学举行揭牌仪式，标志着湖南数学界首个国家级平台正式落户。

7月28日 《湖南省推进湘赣边区域合作示范区建设三年行动计划（2020～2022年）》对外公布。湖南省将在示范区湖南范围内推进100个重点项目，总投资2897亿元。

8月22日 在中车株洲电力机车有限公司，全球首列机场捷运储能式有轨电车成功下线，将运行于云南昆明长水国际机场。

8月30日 在北京举行的第二届中国国际化营商环境高峰论坛暨《2020年中国城市营商环境发展评估报告》发布会上，湖南省长沙、湘潭、浏阳3地入选中国最具投资营商价值城市（区域）。

9月17日　湖南省第11届农业机械、矿山机械、电子陶瓷产品博览会在娄底落幕。在为期3天的展会上，现场成交2.7632亿元，意向协议成交5.3712亿元。

9月21日　国务院新闻办公室举行新闻发布会，发布北京、湖南、安徽3省市自由贸易试验区总体方案及浙江自由贸易试验区扩展区域方案。湖南自贸试验区正式扬帆起航，成为中国改革开放的"新地标"和"试验田"。

9月23日　湘西世界地质公园揭碑仪式在湘西世界地质公园博物馆（永顺县芙蓉镇）举行。

9月26～28日　以"育新机、开新局：变革中的大企业发展"为主题的2020中国500强企业高峰论坛在河南郑州召开，中国企业联合会、中国企业家协会发布了2020中国企业500强榜单，8家湖南企业上榜。

10月29日　首届湖南（岳阳）口岸经贸博览会在岳阳市正式开幕，现场共有59个重大项目成功签约，项目总投资308亿元，其中外资项目9个，分别来自德国、澳大利亚、俄罗斯、坦桑尼亚、乌干达等国家以及中国香港和台湾地区。

11月3日　2020世界计算机大会在湖南长沙开幕。本届大会主题延续"计算万物·湘约未来"，聚焦"计算产业新动能"，旨在展示行业发展新技术新成果，携手应对疫情带来的全球性挑战。

11月4日　湖南首家国家级制造业创新中心——国家先进轨道交通装备创新中心在株洲正式揭牌。

11月12日　湖南省中非经贸合作研究会在长沙成立，定位为中非经贸合作高端智库、综合性专业服务机构、开放型资源整合平台、市场化运营促进中心。

11月14日　第六届中国民营企业合作大会在长沙开幕。

11月16日　工业和信息化部公布了《2020年国家技术创新示范企业名单》，全国共有63家企业获评，其中有湖南省5家企业，认定企业数量在全国各省（市）中排名第二。

11月21日　工业和信息化部公布第二批国家级"专精特新""小巨人"企业公示名单，69家湖南企业榜上有名，上榜企业数量居全国第九位，在中部六省中排第二位。

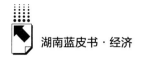
11 月 28 日　由湖南工商大学校长、中国工程院院士陈晓红牵头的国家基础科学中心"数字经济时代的资源环境管理理论与应用"正式揭牌。国家自然科学基金委副主任侯增谦、副省长朱忠明、省政协副主席张大方、中南大学校长田红旗及部分院士、专家学者共同见证湖南省首个国家基础科学中心的扬帆启航。

11 月 28 ~ 30 日　以"创新引领、智造未来"为主题的"2020 网络安全·智能制造大会"在长沙举行。

12 月 3 日　中国船舶集团有限公司与华菱钢铁集团有限责任公司在长沙签署战略合作协议。

12 月 11 日　2020 年一乡一品国际商品博览会暨第五届全国民族地区发展大会在长沙开幕。

12 月 21 日　湖南省政府新闻办召开全省"100 个重大产品创新项目"建设推进情况新闻发布会。省工信厅今年牵头组织实施"100 个重大产品创新项目"120 个，到 11 月底，120 个项目已实际完成投资 81.26 亿元，为年度计划的 124.04%。

12 月 25 日　湖南省国有资产管理集团有限公司正式挂牌，成为继兴湘集团后第二家省级国有资本运营平台。

12 月 26 日　湖南能源大数据中心有限公司揭牌暨湖南能源大数据智慧平台上线发布会在省电力公司举行。

B.54

参考文献

［1］ 许达哲：《扎实做好今年经济工作　以优异成绩庆祝建党 100 周年》，《新湘评论》2021 年 1 月 16 日。

［2］ 许达哲：《大力实施"三高四新"战略　奋力建设现代化新湖南》，《新湘评论》2020 年 12 月 16 日。

［3］ 毛伟明：《湖南省政府工作报告》，《湖南日报》2021 年 2 月 5 日。

［4］ 《中共中央关于制定国民经济和社会发展第十四个五年规划和二〇三五年远景目标的建议》，http：//cpc. people. com. cn/n1/2020/1104/c64094 – 31917780. html，最后检索时间：2021 年 4 月 13 日。

［5］ 《湖南省国民经济和社会发展第十四个五年规划和二〇三五年远景目标纲要》，《湖南日报》2021 年 3 月 26 日。

［6］ 罗艳芳：《文旅融合擦亮"锦绣潇湘"品牌》，《湘声报》2021 年 1 月 24 日。

［7］ 禹新荣：《科学谋划和推动"十四五"时期湖南文化和旅游高质量发展》，《中国文化报》2021 年 1 月 21 日。

［8］ 周丛笑：《湖南 GDP 突破 4 万亿元》，《长沙晚报》2021 年 1 月 20 日。

［9］ 《湖南省 2020 年国民经济和社会发展统计公报》，http：//tjj. hunan. gov. cn/hntj/tjfx/tjgb/jjfzgb/202103/t20210316_ 14837950. html，最后检索时间：2021 年 4 月 13 日。

［10］ 胡伟林：《关于湖南省 2020 年国民经济和社会发展计划执行情况与 2021 年计划草案的报告（摘登）》，《湖南日报》2021 年 2 月 14 日。

［11］ 王振亚：《坚持稳中求进工作总基调　大力实施"三高四新"战略》，《湖南日报》2021 年 1 月 27 日。

［12］ 石建辉：《湖南：稳中求进开创财政工作新局面》，《中国财经报》2020 年 12 月 28 日。

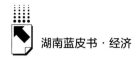

［13］湖南省财政厅：《湖南：以更加积极有为的财政政策服务经济高质量发展》，《中国财经报》2021年3月11日。

［14］湖南省工业和信息化厅：《湖南：奋力打造国家重要先进制造业高地》，《中国电子报》2021年1月26日。

［15］肖君臻：《创新开放谋发展　阔步迈向新征程》，《湘声报》2021年1月26日。

［16］伍鹏程、向尚婷：《湖南商务发展再上新台阶》，《国际商报》2021年1月21日。

［17］吉映：《湖南省布局今年农业农村十大重点工作》，《湖南科技报》2021年3月9日。

［18］张尚武：《湖南今年粮食总产量力争达到603亿斤》，《湖南日报》2021年2月26日。

［19］鹿山：《奋力推进住房和城乡建设事业高质量发展迈上新征程》，《中国建设报》2021年1月15日。

［20］高慧：《坚持高质量发展　助力建设富饶美丽幸福新湖南》，《中国旅游报》2021年1月29日。

［21］龙文泱：《潇湘风暖满园春》，《湖南日报》2021年3月21日。

［22］郑建新：《长沙市政府工作报告》，《长沙晚报》2021年2月4日。

［23］李广军：《大数据产业规模突破700亿元》，《长沙晚报》2021年1月27日。

［24］曹娴、庞惠文：《2020年湖南人工智能核心产业产值超百亿元》，《湖南日报》2021年1月28日。

［25］定律：《2020年我国十种有色金属产量突破6000万吨大关》，《中国有色金属报》2021年2月2日。

［26］吴鑫矾：《从国字号测试区迈向先导区》，《长沙晚报》2020年10月14日。

［27］一文看懂典型城市的智能网联汽车产业特色发展之路，http://news.ccidnet.com/2020/0520/10525949.shtml，最后检索时间：2020年5月20日。

［28］赵昕宇：《工信部支持湖南长沙创建国家级车联网先导区》，《高科技与

产业化》2020 年 10 月 31 日。

[29] 王晗:《湖南(长沙)国家级车联网先导区正式揭牌》,《湖南日报》2020 年 11 月 4 日。

[30] 周游、段知:《长沙集齐智能网联汽车领域三块国家级牌照》,《长沙晚报》2021 年 2 月 2 日。

[31] 易风:《长沙国家智能网联汽车质量监督检验中心正式获批》,《人民邮电》2021 年 2 月 4 日。

[32] 吴鑫矾:《全国第三,长沙底气在哪里》,《长沙晚报》2020 年 5 月 17 日。

[33] 关于印发《湖南省冶金行业"十二五"发展规划》的通知,http://www. hunan. gov. cn/xxgk/wjk/szbm/szfzcbm_19689/sjjhxxhwyh_19708/gfxwj_19709/201201/t20120129_4885437. html,最后检索时间:2011 年 12 月 9 日。

[34] 褚赞赞:《湖南打造千亿级化工新材料产业链》,《中国建材报》2021 年 1 月 27 日。

[35] 李寿生:《加快推进化工园区"新集结"勇做行业高质量发展的排头兵——在 2020 中国化工园区与产业发展论坛上的讲话》,《中国石油和化工》2020 年 11 月 5 日。

[36] 孟建华:《湖南省石化行业 2017 年经济运行情况及 2018 年工作目标和思路》,《中国石油和化工经济分析》2018 年 5 月 1 日。

[37] 李芳蕾:《创新技术不断突破前 11 月装机发电快速增长》,《中国工业报》2020 年 12 月 29 日。

[38] 孟建华:《平价让"风光"行业更风光》,《中国石油和化工经济分析》2018 年 5 月 1 日。

[39] 张子瑞:《湖南省石化行业 2017 年经济运行情况及 2018 年工作目标和思路》,《中国能源报》2021 年 1 月 4 日。

[40] 能源资讯:《大众用电》2021 年 12 月 5 日。

[41] 王芳:《碳中和,吹响"十四五"风电冲锋号》,《风能》2020 年 12 月 6 日。

[42] 张子瑞:《中国企业稳占七席,金风远景跻身四强》,《中国能源报》2021 年 3 月 15 日。

［43］刘恩侨：《全球能源结构转型大势》，《中国经济报告》2021 年 1 月 30 日。

［44］《关于全面推进乡村振兴　加快农业农村现代化的实施意见》，《湖南日报》2021 年 3 月 29 日。

［45］李克强：《政府工作报告》（摘登），《人民日报》2021 年 3 月 5 日。

［46］朱洪武：《政府工作报告》，《永州日报》2021 年 1 月 22 日。

［47］张迎春：《湘潭市政府工作报告》，《湘潭日报》2021 年 2 月 24 日。

［48］刘志仁：《郴州市政府工作报告》，《郴州日报》2021 年 2 月 4 日。

［49］朱健：《衡阳市政府工作报告》，《衡阳日报》2021 年 1 月 25 日。

［50］刘事青：《邵阳市政府工作报告》，《邵阳日报》2021 年 2 月 22 日。

［51］毛伟明：《确保实施"三高四新"战略见到新气象》，《新湘评论》2021 年 1 月 16 日。

［52］邹文辉：《常德市政府工作报告》，《常德日报》2021 年 1 月 12 日。

［53］《开启新征程　展现新作为》，《常德日报》2021 年 1 月 7 日。

［54］刘革安：《张家界市政府工作报告》，《张家界日报》2021 年 1 月 15 日。

［55］龙晓华：《湘西自治州政府工作报告》，http：//district. ce. cn/newarea/roll/202103/02/t20210302_ 36351317. shtml，最后检索时间：2021 年 4 月 13 日。

［56］张值恒：《政府工作报告》，《益阳日报》2021 年 1 月 31 日。

［57］李伟：《擘画宏伟蓝图》，《益阳日报》2021 年 1 月 13 日。

［58］刘事青：《政府工作报告》，《邵阳日报》2021 年 2 月 22 日。

［59］卢小伟：《产业崛起势正劲，项目潮涌逐浪高——湖南推进产业项目建设综述》，《新湘评论》2020 年第 9 期。

［60］杨立军：《邵阳市第十六届人民代表大会第七次会议隆重开幕》，《邵阳日报》2021 年 1 月 7 日。

［61］郑建新等：《实施"三高四新"战略永不懈怠，建设现代化新湖南一往无前》，《湖南日报》2021 年 1 月 30 日。

［62］胡伟林：《关于湖南省 2020 年国民经济和社会发展计划执行情况与 2021 计划草案的报告（摘登）》，《湖南日报》2021 年 2 月 14 日。

权威报告·一手数据·特色资源

皮书数据库
ANNUAL REPORT(YEARBOOK)
DATABASE

分析解读当下中国发展变迁的高端智库平台

所获荣誉

- 2019年，入围国家新闻出版署数字出版精品遴选推荐计划项目
- 2016年，入选"'十三五'国家重点电子出版物出版规划骨干工程"
- 2015年，荣获"搜索中国正能量 点赞2015""创新中国科技创新奖"
- 2013年，荣获"中国出版政府奖·网络出版物奖"提名奖
- 连续多年荣获中国数字出版博览会"数字出版·优秀品牌"奖

成为会员

通过网址www.pishu.com.cn访问皮书数据库网站或下载皮书数据库APP，进行手机号码验证或邮箱验证即可成为皮书数据库会员。

会员福利

- 已注册用户购书后可免费获赠100元皮书数据库充值卡。刮开充值卡涂层获取充值密码，登录并进入"会员中心"—"在线充值"—"充值卡充值"，充值成功即可购买和查看数据库内容。
- 会员福利最终解释权归社会科学文献出版社所有。

数据库服务热线：400-008-6695
数据库服务QQ：2475522410
数据库服务邮箱：database@ssap.cn
图书销售热线：010-59367070/7028
图书服务QQ：1265056568
图书服务邮箱：duzhe@ssap.cn

社会科学文献出版社 皮书系列
SOCIAL SCIENCES ACADEMIC PRESS (CHINA)
卡号：827446533964
密码：

基本子库
SUB DATABASE

中国社会发展数据库（下设 12 个子库）

整合国内外中国社会发展研究成果，汇聚独家统计数据、深度分析报告，涉及社会、人口、政治、教育、法律等 12 个领域，为了解中国社会发展动态、跟踪社会核心热点、分析社会发展趋势提供一站式资源搜索和数据服务。

中国经济发展数据库（下设 12 个子库）

围绕国内外中国经济发展主题研究报告、学术资讯、基础数据等资料构建，内容涵盖宏观经济、农业经济、工业经济、产业经济等 12 个重点经济领域，为实时掌控经济运行态势、把握经济发展规律、洞察经济形势、进行经济决策提供参考和依据。

中国行业发展数据库（下设 17 个子库）

以中国国民经济行业分类为依据，覆盖金融业、旅游、医疗卫生、交通运输、能源矿产等 100 多个行业，跟踪分析国民经济相关行业市场运行状况和政策导向，汇集行业发展前沿资讯，为投资、从业及各种经济决策提供理论基础和实践指导。

中国区域发展数据库（下设 6 个子库）

对中国特定区域内的经济、社会、文化等领域现状与发展情况进行深度分析和预测，研究层级至县及县以下行政区，涉及省份、区域经济体、城市、农村等不同维度，为地方经济社会宏观态势研究、发展经验研究、案例分析提供数据服务。

中国文化传媒数据库（下设 18 个子库）

汇聚文化传媒领域专家观点、热点资讯，梳理国内外中国文化发展相关学术研究成果、一手统计数据，涵盖文化产业、新闻传播、电影娱乐、文学艺术、群众文化等 18 个重点研究领域。为文化传媒研究提供相关数据、研究报告和综合分析服务。

世界经济与国际关系数据库（下设 6 个子库）

立足"皮书系列"世界经济、国际关系相关学术资源，整合世界经济、国际政治、世界文化与科技、全球性问题、国际组织与国际法、区域研究 6 大领域研究成果，为世界经济与国际关系研究提供全方位数据分析，为决策和形势研判提供参考。

法律声明